ÖZS-Sonderband 7
Soziale Evolution

Tamás Meleghy · Heinz-Jürgen Niedenzu (Hrsg.)

Soziale Evolution
Die Evolutionstheorie
und die Sozialwissenschaften

Springer Fachmedien Wiesbaden GmbH

Bibliografische Information Der Deutschen Bibliothek
Die Deutsche Bibliothek verzeichnet diese Publikation in der Deutschen Nationalbibliografie;
detaillierte bibliografische Daten sind im Internet über <http://dnb.ddb.de> abrufbar.

tamas.meleghy@uibk.ac.at
heinz-juergen.niedenzu@uibk.ac.at

Die Drucklegung wurde gefördert durch
Österreichische Forschungsgemeinschaft
Österreichische Nationalbank
Universität Innsbruck
Land Vorarlberg
Stadt Innsbruck
Wirtschaftskammer Tirol

1. Auflage Juli 2003

Alle Rechte vorbehalten
© Springer Fachmedien Wiesbaden 2003
Ursprünglich erschienen bei Westdeutscher Verlag/GWV Fachverlage GmbH, Wiesbaden 2003

www.westdeutscher-verlag.de

Das Werk einschließlich aller seiner Teile ist urheberrechtlich geschützt. Jede Verwertung außerhalb der engen Grenzen des Urheberrechtsgesetzes ist ohne Zustimmung des Verlags unzulässig und strafbar. Das gilt insbesondere für Vervielfältigungen, Übersetzungen, Mikroverfilmungen und die Einspeicherung und Verarbeitung in elektronischen Systemen.

Die Wiedergabe von Gebrauchsnamen, Handelsnamen, Warenbezeichnungen usw. in diesem Werk berechtigt auch ohne besondere Kennzeichnung nicht zu der Annahme, dass solche Namen im Sinne der Warenzeichen- und Markenschutz-Gesetzgebung als frei zu betrachten wären und daher von jedermann benutzt werden dürften.

Gedruckt auf säurefreiem und chlorfrei gebleichtem Papier

ISBN 978-3-531-14043-8   ISBN 978-3-322-97108-1 (eBook)
DOI 10.1007/978-3-322-97108-1

Inhaltsverzeichnis

Tamás Meleghy / Heinz-Jürgen Niedenzu
Vorbemerkung.. 7

Tamás Meleghy / Heinz-Jürgen Niedenzu
Einleitung: Die Evolutionstheorie und die Sozialwissenschaften.......... 9

Mihály Sárkány / Péter Somlai
Von der Fortschrittsidee zur Postmoderne
Der soziokulturelle Evolutionismus und die Veränderungen
der historischen Anschauung... 33

Nico Wilterdink
The Concept of Social Evolution: Its Meanings and Uses................... 53

Michael Schmid
Evolution und Selektion
Handlungstheoretische Begründung eines soziologischen
Forschungsprogramms.. 74

Antonio Scaglia
Überholtheit oder Aktualität?
Zur gegenwärtigen Relevanz des evolutionistischen Paradigmas für die
Sozialwissenschaften... 102

Tamás Meleghy
Methodologische Grundlagen einer evolutionären Soziologie............ 114

Gerhard Vowinckel
**Biotische und kulturelle Evolution: Eigengesetzlichkeit und
Interdependenz**.. 147

Peter Meyer
Machtkonkurrenz, Motor der sozialen Evolution?
Neuere Beiträge evolutionärer Forschung... 163

Johan Goudsblom
Veränderung erzeugt Veränderung
Von biologischer zu soziokultureller Entwicklung 180

Heinz-Jürgen Niedenzu
Die Genese normativer Strukturen im Hominisationsprozess
Vorüberlegungen zu einer Soziologischen Anthropologie 198

Detlef Weinich
'Constraints' im Zivilisationsprozess
Das Konzept der Eigengesetzlichkeiten bei Norbert Elias im Lichte neuerer
evolutionsbiologischer, insbesondere systemtheoretischer Konzepte 218

Gerda Bohmann
Fundamentalismus als Stadium sozialer Evolution?
Konstitutionstheoretische und methodologische Überlegungen
am Beispiel des radikalen Islamismus 239

Henrik Kreutz
Evolution und Metamorphose
Explikation der pragmatistischen Evolutionstheorie von Charles S. Peirce
und ihre Anwendung auf die Diagnose der westlichen Gesellschaft 267

Eva Buchinger
**Technik und Gesellschaft: Evolutionäre Betrachtungen einer
folgenreichen Beziehung** 297

Thomas Junker
**Biologie und gesellschaftliche Reformprojekte in der ersten Hälfte
des 20. Jahrhunderts** 316

Max Preglau
**Sozio-Biologie als letzte „große Erzählung" – wider den
biologischen Reduktionismus** 331

AutorInnenverzeichnis 348

Vorbemerkung

Seit ihren disziplinären Anfängen kennzeichnet entwicklungsorientiertes Denken die großen Theorieentwürfe in der Soziologie und in der Sozialanthropologie, und genauso lange sind diese auch mit Vorwürfen wie evolutionistisches Denken, teleologische Orientierung und geschichtsphilosophische Spekulation, um nur einige zu nennen, konfrontiert. Hinzu kommt in der aktuellen Diskussion, dass die Zuständigkeit der Sozialwissenschaften für das 'Soziale' und der damit einhergehende Erklärungsanspruch sowohl im Mikrobereich des Verhaltens und Handelns als auch auf der Ebene der gesellschaftlichen Organisationsformen und der damit einhergehenden Prozesse heute vor dem Hintergrund der Allgemeinen Evolutionstheorie zunehmend von biologischen Teildisziplinen in Frage gestellt werden.

Die in diesem Band zusammengeführten Beiträge gehen auf einen Workshop zum Thema 'Soziale Evolution' zurück, den wir im Oktober 2001 am Institut für Soziologie der Universität Innsbruck durchgeführt haben. Ziel dieser Veranstaltung war es, zu diskutieren und zu hinterfragen, inwieweit die Evolutionstheorie und evolutionäres Denken ein heuristisch geeignetes Erklärungskonzept für soziologisch relevante Fragestellungen, also etwa das Natur-Kultur-Problem, das Problem sozialer Ordnung, Entstehung und Wandel von Institutionen, Mechanismen und/oder Logik gesellschaftlicher Entwicklungsprozesse etc., darstellt. Die Beiträge des Bandes diskutieren aus unterschiedlichen Blickwinkeln die wissenschaftsgeschichtlichen Verankerungen, die mögliche Fruchtbarkeit wie auch die Grenzen evolutionstheoretisch orientierten Denkens für den soziologischen und sozialtheoretischen Diskurs.

Ohne entsprechende Rahmenbedingungen wären weder die Durchführung der Tagung noch die Drucklegung der Beiträge möglich gewesen. Für die finanzielle Förderung danken wir der Österreichischen Forschungsgemeinschaft, der Österreichischen Nationalbank, der Universität Innsbruck, dem Land Vorarlberg, der Stadt Innsbruck und der Wirtschaftskammer Tirol. Darüber hinaus gebührt ein ganz herzlicher Dank Doris Daberto, die die editorische Bearbeitung der Manuskripte übernommen hat und selbst angesichts ungeplanter zeitlicher Verzögerungen nie die Geduld mit uns verlor.

Tamás Meleghy / Heinz-Jürgen Niedenzu

Einleitung: Die Evolutionstheorie und die Sozialwissenschaften

Tamás Meleghy / Heinz-Jürgen Niedenzu

Die Thematisierung von Prozessen sozialer Evolution ist sowohl ein klassisches als auch disziplingeschichtlich durchgehend verfolgtes Erkenntnisinteresse der Soziologie, aber auch ihrer Nachbarwissenschaften, also etwa der Kultur- und der Sozialanthropologie. Dieses geteilte Grundanliegen hat seinen Niederschlag in praktisch allen theoretischen Hauptströmungen erfahren, ungeachtet seiner paradigmatisch unterschiedlichen Konzeptualisierungen und theorieimmanenten Gewichtungen. Wenn auch der theoretisch-begriffliche Zugang nach wie vor kontrovers diskutiert wird und die Reichweite der Modelle unterschiedlich ist, so lässt sich doch für die gegenwärtige Theoriediskussion in verallgemeinernder Absicht festhalten, dass die Historizität des eigenen Gegenstandes unbestritten und das Stadium deterministisch-teleologischer Geschichtsmodelle endgültig überwunden zu sein scheint[1]. Umstrittener ist demgegenüber das 'Wie', d.h. wie die Undeterminiertheit geschichtlicher Prozesse mit der Vorstellung eines strukturierten Zusammenhangs gesellschaftlicher Entwicklungen, einer Konturiertheit prozessualer Abläufe, zusammengedacht werden kann, ohne in überwundene geschichtsphilosophische Vorstellungen zurückzufallen[2]. Es geht also um ein adäquates theoriegeleitetes Verständnis der geschichtlich manifesten Ausbildung und Entwicklung unterschiedlichster humangesellschaftlicher Organisationsformen und damit um sehr strittige Fragen, nämlich inwieweit empirisch rekonstruierbare Prozessabläufe einem Mechanismus, einer Gesetzmäßigkeit oder gar einer Abfolgelogik folgen bzw. mit deren Hilfe erklärt werden können.

Schon die hier getroffene semantische Unterscheidung bei der Frage nach der Erklärbarkeit sozialer Evolution, in Weiterung damit auch nach der Triebkraft oder den Triebkräften in diesen Prozessen, birgt offensichtlich Sprengstoff in sich, weil sofort der Verdacht aufkommen könnte, einem schon überholt geglaubten Geschichtsdeterminismus das Feld bereiten zu wollen. Die Diskussionslage erhält eine weitere Zuspitzung, wenn sie um die Frage nach dem Stellenwert und der Relevanz der Allgemeinen Evolutionstheorie für die Sozialwissenschaften und deren Erklärungsbemühungen hinsichtlich langfristiger Wand-

---

1 Vgl. F. Welz 1998: 18ff.
2 Zum Verständnis von und zum Umgang mit der Geschichte in den verschiedenen soziologischen Theorien siehe die Beiträge in F. Welz/ U. Weisenbacher 1998.

lungsprozesse gesellschaftlicher Organisationsformen erweitert wird. Hier bietet sich ein recht disparates Bild und der an dieser Thematik Interessierte gewinnt bald den Eindruck, dass die sich an dieser Diskussion beteiligenden Forscher und Forscherinnen weniger miteinander reden, aber umso häufiger aneinander vorbeireden. So waren auch wir in der Vorbereitung der diesem Band zugrunde liegenden Tagung mit als sehr wohl typisch zu bezeichnenden Wortmeldungen aus der soziologischen Zunft konfrontiert wie etwa folgenden: Die Idee eines gerichteten evolutionären Prozesses, also einer gesetzmäßigen Höherentwicklung, sei, genauso wie die Organismusanalogie, ein alter Hut – ein Relikt des 19. Jahrhunderts. Oder: Die Geschichte werde doch von Menschen, das heißt von ihren bewussten Handlungen, gemacht, und sie unterliege nicht irgendwelchen geheimnisvollen evolutionären Gesetzen. Welchen Sinn hätte es also, solche Ideen jetzt noch einmal aufzuwärmen?

Hinter diesen und ähnlichen Wortmeldungen stehen zum einen vermutlich schlichtweg Missverständnisse bzgl. evolutionstheoretischer Konzepte, zum anderen aber wohl auch wenig reflektierte Abwehrreaktionen gegenüber einer 'Biologisierung des Sozialen', die in derartigen Diskursen häufig unterstellt wird. Ersteres lässt sich einfacher ausräumen, denn es ist nur allzu offensichtlich, dass Evolution auch in den Lebenswissenschaften nicht unbedingt Höherentwicklung bedeutet und dass die moderne Evolutionstheorie die kritisierten Vorstellungen genauso wie die soziologischen Kritiker ablehnt. Insofern zeigen diese Wortmeldungen und zahlreiche ähnlich gelagerte Debatten nur, dass Befürworter und Kritiker der Evolutionstheorie häufig ganz unterschiedliche Konzepte von Evolution in ihren Köpfen haben. Die als zweite angeführte Befürchtung dagegen ist gravierender, geht es doch dabei um die sehr grundsätzliche Frage, ob der Soziologie als Disziplin ein eigener Gegenstandsbereich zukommt, der sich nicht nur analytisch von biologischen Phänomenen separieren lässt, sondern dessen Strukturen und prozessualen Abläufe sich weitgehend unabhängig vom 'naturalen Geschehen' erklären lassen.

Wir möchten im Folgenden in einem ersten Schritt, ohne jeden Anspruch auf Vollständigkeit, das evolutionäre Denken in der Soziologie in aller Kürze mittels einiger weniger Hinweise auf entsprechende Vertreter solcher Ansätze illustrieren, ohne es aber weiter inhaltlich zu kommentieren und zu analysieren. Daran anschließend möchten wir etwas genauer drei Traditionslinien für das Verständnis evolutionärer Prozesse skizzieren. Die damit vorgenommene Differenzierung innerhalb des evolutionstheoretischen Diskurses ist insofern wichtig herauszuarbeiten, weil sie Auswirkungen hat auf die Frage nach dem möglichen heuristischen Wert evolutionären Denkens für das sozialwissenschaftliche Erkenntnisinteresse; auf diese Anschlussthematik kann an dieser Stelle allerdings nur hingewiesen werden, ohne sie hier weiter verfolgen zu können[3]. Abschließend sollen die in diesem Band versammelten Beiträge zum einen vor dem Hintergrund dieser drei evolutionären Heuristiken verortet werden, zum anderen dann aber noch detaillierter vorgestellt werden.

1 Evolutionäres Denken und sozialwissenschaftliche Theoriebildung

Oft wird übersehen, dass bereits vor Erscheinen von Charles Darwins 'Origin of Species' (1859) die entwicklungstheoretische Orientierung innerhalb der Soziologie ausgeprägt war und daher nicht allein auf den Einfluss Darwins zurückgeführt werden kann, sondern, neben anderen Traditionen, zu ganz erheblichen Teilen auf Überlegungen von Herbert Spencer fußt. Die Ansicht darüber aber, ob die beiden Anwendungen entwicklungstheoretischen Denkens einen gemeinsamen theoretischen Kern aufweisen, ist bis heute stark kontrovers[4].

Die allermeisten Soziologen, Sozial- und Kulturanthropologen der Gründergeneration im 19. Jahrhundert waren in diesem Sinne Entwicklungstheoretiker[5]. Prominente und einflussreiche Vertreter des Gedankens einer sozialen Evolution waren, neben dem bereits genannten Herbert Spencer, in dieser Epoche Auguste Comte, Lewis Henry Morgan, Karl Marx und Friedrich Engels. Und auch die funktionalistische Wende, angelegt u.a. bei Emile Durkheim und vollzogen durch Forscher wie Bronislaw Kaspar Malinowski, bedeutete – trotz der weit verbreiteten gegenteiligen Ansicht – keineswegs die grundsätzliche Ablehnung der Evolutionstheorie, sondern lediglich die Kritik an deren spekulativen Auswüchsen sowie eine forschungsstrategisch-empirische Ergänzung[6]. Dasselbe lässt sich vom Strukturalismus sagen. Auch diese Position beinhaltete nicht die Ablehnung des Entwicklungsgedankens, sondern die Suche nach immer wiederkehrenden, stabilen Mustern innerhalb des ewigen Stromes des Wandels[7]. Und

---

3 Einen Versuch in diese Richtung haben etwa B. Giesen und Chr. Lau (1981) unternommen, die aus der biologischen Evolutionstheorie ein allgemeines Erklärungsmodell abstrahieren, um dieses dann als Raster für die Untersuchung der Erklärbereiche der verschiedenen soziologischen Paradigmen zu verwenden. Demgegenüber zeichnet B. Baldus (2002) mehr die Entwicklung im biologischen evolutionstheoretischen Diskurs nach und plädiert dann in Auseinandersetzung insbesondere mit der Luhmannschen Systemtheorie für eine evolutionäre Soziologie. In einer früheren Arbeit (B. Baldus 1981) hat er eine Theorie soziokultureller Evolution skizziert, wobei wesentliche Komponenten aus der Darwinschen Evolutionstheorie gewonnen werden.
4 Zu dieser Diskussion der Traditionsbildung vgl. E. Francis 1981, B. Giesen und Chr. Lau 1981, K. Liesmann 1985, F. Wuketits 1989 sowie B. Ganzer 1990.
5 Vgl. L. Gumplowicz (1928: 91), der berichtet, dass sich auf dem Pariser Soziologenkongress 1897 die Mehrzahl der Soziologen für die biologische Richtung, welche in der Gesellschaft einen Organismus sieht, dessen Funktion die Soziologie zu untersuchen habe, ausgesprochen hätte. Für einen Überblick zu den verschiedenen klassischen und neueren Modellen und den immanenten Problemen siehe bspw. R. Collins 1988: Chap. 1, St.K. Sanderson 1990 oder A. Testart 1992.
6 Vgl. K.-H. Kohl 1990: 239.
7 Vgl. J. Piaget 1980 und A. de Ruijter 1991.

die Theorie der sozialen Evolution lebt weiter fort, teilweise in mehr oder weniger reiner Form, wie bei Leslie Alvin White[8] und Marvin Harris (1990) in der Kulturanthropologie, bei Friedrich A. von Hayek[9] in der Ökonomie und bei Norbert Elias (1987, 1989), Günter Dux (1982, 2000), Walter G. Runciman (1989-1990) und Stephen K. Sanderson (2001) in der Soziologie. Ihren Stellenwert hat sie aber auch in der strukturfunktionalistischen Systemtheorie Talcott Parsons', in Niklas Luhmanns Theorie selbstreferentieller Systeme und in der kritischen Theorie von Jürgen Habermas. In letzter Zeit machten wiederum zwei Anwendungen des evolutionären Ansatzes, die evolutionäre Erkenntnistheorie[10] und die Soziobiologie[11] von sich reden. Vor kurzem schließlich hat Michael Schmid (1998) sein Konzept der strukturellen Selektion auf handlungstheoretischer Grundlage in konzentrierter Form vorgelegt.

Lange Zeit wurde die Zuständigkeit und der Erklärungsanspruch der Soziologie für das 'Soziale' im engeren Sinne, verstanden als die soziokulturelle Organisations- und Lebensweise des Menschen im Spannungsfeld von Statik und Dynamik, nicht wirklich in Frage gestellt; zum Teil übernahm sie dabei Weltdeutungsaufgaben, die traditioneller Weise der Theologie und der Philosophie vorbehalten waren. In jüngster Zeit aber ist die Soziologie mit der Situation konfrontiert, dass ihr Gegenstandsbereich und ihr diesbezüglicher Erklärungsanspruch zunehmend unter Druck durch andere Disziplinen und Paradigmen gerät, am stärksten wohl durch die neue Leitwissenschaft des 20. Jahrhunderts, der Biologie. Zunehmend und sehr öffentlichkeitswirksam werden, vor dem Hintergrund der Allgemeinen Evolutionstheorie, in der (Sozio-)Biologie bewährte Erklärungsstrategien herangezogen, um sowohl individuelle als auch soziale Verhaltensweisen, Gruppenstrukturen, Konflikte um Ressourcen und Macht, aber eben auch die Dynamik gesellschaftlicher Entwicklung und sozialen Wandels verständlich zu machen. Die generelle Zuständigkeit der Biologie wird zum einen gerechtfertigt durch ein erweitertes Verständnis von Sozialem und Kulturellem, welches nur eine graduell und qualitativ unterschiedliche Problemlösungskapazität, aber keine prinzipielle Trennung zwischen tierischen und menschlichen Problemlagen und Lösungsmöglichkeiten vorsieht, sondern im Gegenteil nach Kontinuitäten im Sinne der allgemeinen Evolution der Lebensformen sucht[12]; zum anderen aber bietet die Biologie einen Königsweg der Erklärung mittels eines reduktionistischen soziobiologischen Verständnisses von verursachenden Faktoren an, wie sie etwa in Richard Dawkins' Metapher vom

---

8 Vgl. Chr. Guksch 1990.
9 Vgl. V. Vanberg 1994.
10 Vgl. R. Riedl 1980.
11 Vgl. E.O. Wilson 1975.
12 Im Unterschied dazu betont die Soziologie die Eigenlogik im Humanbereich, unterstreicht also die Diskontinuität.

'egoistischen Gen' (1976) zum publikumswirksamen Ausdruck kommt. Eine Suche nach letzten Erklärungsprinzipien ist aber schon vor Darwin ein Kennzeichen der individualistischen Sozialtheorie in der Tradition von Thomas Hobbes (1966) und David Hume (1978, 1996) und hat seine Fortführung bis in die moderne Rational-Choice-Theorie gefunden.

Die Berührungs- bzw. Abgrenzungspunkte zwischen Allgemeiner Evolutionstheorie und soziologischer Theorie finden sich insbesondere in zwei Bereichen: Zum einen geht es um die Mikroebene individueller Verhaltensstrategien und im Zusammenhang damit in einem allgemeineren Sinne um das jeweils zugrunde liegende Menschenbild als anthropologischer Ausgangslage und die sich daraus ergebende Konzeptualisierung der Genese humantypischer Sozialstrukturen; zum zweiten aber geht es um eine allgemeine Theorie sozialen Wandels. In beiden Fällen verfolgt die (deutschsprachige) Soziologie in aller Regel eine Abgrenzungsstrategie gegenüber der Biologie, einmal durch Verweise auf die Gehlensche Anthropologie, zum anderen durch die Betonung der Eigenlogik sozialer Prozesse auf der Ebene des Humanen, die sich einer biologischen Interpretation verschließen. Immer steht die Abgrenzung der vormenschlichen Welt des Natural-biologischen vom Kulturell-sozialen der Humanwelt und nicht das Anschlussproblem im Vordergrund, nicht zuletzt wohl auch aus disziplinär gedachten Legitimationserfordernissen der Selbständigkeit des eigenen Gegenstandsbereiches. Betont und postuliert wird also ein gegenstandsangemessener Bruch und nicht eine gegenstandsadäquate Kontinuität. Umso mehr erscheint es uns als angebracht, die theoretische Aufarbeitung der Thematik der sozialen Evolution in ein Verhältnis zur Allgemeinen Evolutionstheorie zu setzen, um so noch einmal den Kern evolutionstheoretischer Argumentation herauszuarbeiten.

2 Evolutionstheoretische Heuristiken

Wenn man einmal versucht, die verschiedenen klassischen und aktuellen Modelle für die Erklärung von Prozessen sozialer Evolution nach der jeweils zentralen Erklärungsstrategie zu ordnen, so lassen sich sowohl im wissenschaftsgeschichtlichen Rückblick als auch analytisch einige wenige Hauptargumentationslinien herauspräparieren, die in unterschiedlicher Akzentsetzungen in bestimmten Epochen diskursbestimmend waren bzw. nach wie vor heuristisch wirksam sind. Unter Vernachlässigung der Tatsache, dass es angesichts konkreter Erklärungsprobleme immer natürlich auch Überschneidungsbereiche zwischen diesen Modellen gab und gibt, möchten wir in idealtypischer Absicht und mit Bezug auf das jeweilige Hauptargument drei Traditionslinien evolutionstheoretischen Denkens auseinander halten. Dementsprechend unterscheiden wir im Folgenden unter Bezugnahme auf die klassische Ausformulierung des jeweils kennzeichnenden Grundgedankens, damit gewissermaßen aber auch die Verästelung der

Gedankenführung verkürzend und Interferenzen ausblendend, zwischen der Spencerschen Differenzierungstheorie, der Darwinschen Selektionstheorie sowie der Riedlschen oder systemischen Evolutionstheorie.

2.1 Herbert Spencer: Evolution als naturgesetzlich verlaufender Prozeß einer Höherentwicklung

Die Spencersche Evolutionstheorie ist stark von der Physik, insbesondere dem zeitgenössischen Wissensstand zur Thermodynamik, inspiriert worden. Dem Ziel der Grundlegung einer monistisch-naturalistischen Metaphysik verpflichtet, versteht Spencer unter Evolution einen allgemeinen oder universellen Vorgang, der alle Daseinsbereiche überspannt. Entsprechend glaubte er, mit einem derartigen Evolutionskonzept einen Generalschlüssel für das Verständnis anorganischer, organischer und überorganischer, das heißt gesellschaftlicher Vorgänge, gefunden zu haben. Somit beansprucht Spencer mit seiner Theorie nichts Geringeres als gleichzeitig die Entwicklung des Sonnensystems, die Entwicklung von Organismen, die psychische Entwicklung von Menschen und nicht zuletzt die gesellschaftliche Entwicklung ursächlich erklären zu können[13]. Evolution wird für ihn zu einem das ganze Universum beherrschenden kosmischen Geschehen.

Alle oben angeführten Vorgänge lassen sich als Verkörperungen oder Manifestationen eines einzigen dynamischen Prinzips oder dynamischen Gesetzes interpretieren, dem Gesetz des Fortschritts. Dieses allgemeine Entwicklungsgesetz bzw. Grundgesetz der Evolution besagt, dass die Entwicklung immer vom Zustand der unzusammenhängenden Gleichheit zur zusammenhängenden Ungleichheit oder Verschiedenheit der Dinge führt[14]. Ein anschauliches Beispiel für diesen Vorgang liefert auf der organischen Ebene die Entwicklung (Entfaltung) einer wenig differenzierten befruchteten Keimzelle zum wohlstrukturierten, aber vielfältig differenzierten Organismus während der embryonalen Entwicklung bei Säugetieren[15]. Ein anderes Beispiel für diesen Vorgang, diesmal auf der überorganischen Ebene, liefert der Wandel von ursprünglichen, segmentären Gesellschaften, bestehend aus relativ gleichen und autonomen Elementen, zu komplexen, stark arbeitsteiligen modernen Gesellschaften[16]. Spencer postuliert mit seinem Evolutionsgesetz also nicht nur eine bestimmte Entwicklungsrichtung, die

---

13 Vgl. E. Francis 1981: 214 und J.D.Y. Peel 1971: 131.
14 Vgl. P. Kellermann 1967: 73 und J.D.Y. Peel 1971: 137.
15 Spencer hat die Idee, dass Entwicklung zunehmende Differenzierung bedeutet, von dem deutschen Anatomen und Embryologen von Baer übernommen, der Beobachtungen in zwei verschiedenen Bereichen machte: Er stellte 1. fest, dass höher entwickelte Tiere anatomisch betrachtet immer die Differenzierteren waren, und 2., dass während der embryonalen Entwicklung ein vergleichbarer Differenzierungsvorgang stattfindet. Von Baer verknüpfte diese beiden Befunde miteinander und behauptete, die Ontogenese würde die Phylogenese nachvollziehen. Vgl. E. Pál 1999: 162f.; J.D.Y. Peel 1971: 136f.
16 Vgl. P. Kellermann 1967: 73.

Entwicklung des Homogenen zum Heterogenen, also eine zunehmende Differenziertheit, sondern sie beinhaltet für ihn gleichzeitig immer auch Höherentwicklung oder Fortschritt[17].

Zentrales Merkmal dieser Fortschrittsbewegung ist also der Prozess der Ausbildung von immer differenzierteren und komplexeren Strukturzusammenhängen. Differenzierung, Spezialisierung und Arbeitsteilung setzen sich auf allen Entwicklungsebenen durch, weil diese Prozesse mit einer höheren Effizienz einhergehen. Die ökonomische Arbeitsteilung gibt hier das Modell für alle anderen Differenzierungsvorgänge ab, von der Entwicklung der Planeten bis hin zur Entwicklung von Gesellschaften und Kulturen[18].

Woher aber stammt die Tendenz zur Differenzierung, wie lässt sich der Differenzierungsprozess seinerseits begründen? Die Antwort auf diese Fragen liefert nach Spencer die fundamentale Einsicht, dass jede Einzelursache Veränderungen in mehreren Bereichen bewirkt. Diese Entdeckung führt ihn zur Formulierung des Prinzips der Vervielfältigung der Wirkungen, dem gemäß Naturereignisse, wissenschaftliche Erfindungen, neue gesellschaftliche Einrichtungen immer eine Vielzahl von Folgen haben, Entwicklungen in mehreren Bereichen gleichzeitig in Gang setzen[19]. Später glaubte Spencer einen noch tieferen Grund dieser Tendenz, nämlich die „Unbeständigkeit des Homogenen"[20], gefunden zu haben.

Als treibender Motor der Evolution auf der überorganischen oder gesellschaftlichen Ebene wird als Nahursache der ständige Bevölkerungsdruck ausgemacht: Die Knappheit der Ressourcen führt zum Kampf ums Überleben, den nur die am besten angepassten Individuen bestehen. Die Anpassung ist also zunächst die Leistung des individuellen Organismus, die Selektion bewirkt dann die Anpassung der Gattung. Verknüpft werden diese beiden Arten der Anpassung mittels der von Lamarck übernommenen Idee der Vererbung erworbener Eigenschaften[21]. Dabei löst dieser Vorgang Spencer zufolge sowohl auf der Ebene der Individuen als auch auf der Ebene der Sozietäten einen Veredelungsprozess aus: Die Individuen werden intelligenter, die Sozietäten gebrauchen ihre Ressourcen effizienter[22].

---

17 „Jener Gedanke von der Fortentwicklung vom homogenen zum heterogenen erschloss mir schließlich die Erkenntnis, dass dieses ein generelles Merkmal des Fortschritts sei – sowohl innerhalb der unorganischen als auch der organischen und superorganischen Welt" (H. Spencer 1905: 102).
18 Vgl. J.D.Y. Peel 1971: 139.
19 „Auf dem Wege der Untersuchung hinsichtlich der Ursache dieser Erscheinung gelangte ich bald zu dem Schluß, dass dieselbe stets in der Vervielfältigung der Wirkungen begründet liege" (H. Spencer 1905: 102). Vgl. auch J.D.Y. Peel 1971: 139; E. Pál 1999: 163.
20 H. Spencer 1905: 102; vgl. auch M. Schmid/ M. Weihrich 1996: 18f.
21 Vgl. P. Kellermann 1967: 78.
22 Vgl. J.D.Y. Peel 1971: 138f.

Im Verlauf des evolutionären Prozesses lässt dann der Populationsdruck allmählich nach, was Spencer mit einer empirisch fundierten zoologischen Tatsache begründet: Im gesamten Tierreich lässt sich demnach eine inverse Beziehung zwischen Gehirngröße (und damit Intelligenz) und Fertilität feststellen. Daraus folgt aber, dass mit steigender Intelligenz der Individuen ihre Fertilität sinkt und damit auch der Bevölkerungsdruck nachlässt[23]. Die Tendenz zur Differenzierung, das heißt auch zur Spezialisierung und Arbeitsteilung, drängt die Individuen andererseits in einen Zustand zunehmender Abhängigkeit, wodurch die Entwicklung von höheren Formen der sozialen Organisation und das Entstehen sozialer Gefühle unvermeidlich werden. Die soziale Evolution führt auf diese Weise zu einem Endzustand, der durch gesellschaftliche Vollkommenheit und maximales Glück der Individuen charakterisierbar ist[24].

In dem von Spencer vorausgesagten Endzustand der gesellschaftlichen Evolution ist schließlich auch der Übergang von kriegerischen zu industriellen Gesellschaften vollzogen. Das primäre Problem von Gesellschaften des zuerst genannten Typs ist die Abwehr von äußeren Feinden, die gesellschaftliche Organisation ist auf dieses Problem hin ausgerichtet. Das bedeutet unter anderem, dass das Glück des einzelnen Individuums dem Interesse des Kollektivs, zu überleben, untergeordnet wird. Gesellschaften des zuletzt genannten Typs sind friedfertiger Natur, von ihnen geht keine Bedrohung aus. Das Ziel dieser Gesellschaften wird entsprechend die Förderung der Interessen ihrer Bürger sein[25].

Die Frage, inwieweit es Spencer gelungen ist, seine Fortschrittsthese zu begründen, ist hier unerheblich. Wichtig für unseren Zusammenhang ist lediglich, dass er diese Idee mit Nachdruck vertrat und dass er bemüht war, für sie ein wissenschaftliches Fundament zu konstruieren.

2.2 Charles Darwin: Variation und Selektion als evolutionärer Mechanismus

Die Evolutionstheorie in ihrer Darwinschen Fassung[26] versteht sich als ein Versuch, die Vielfalt der Arten und ihre Veränderungsdynamik als einen Prozess natürlicher Auslese deszendenztheoretisch zu modellieren. Ausgangspunkt ist

---

23 Vgl. J.D.Y. Peel 1971: 138f.
24 Vgl. P. Kellermann 1967: 90.
25 Die Frage, inwieweit kriegerische und industrielle Gesellschaften verschiedene Ebenen der sozialen Evolution repräsentieren, wird kontrovers diskutiert. Manche Autoren glauben, dass diese Typen gleichzeitig auch verschiedene Stufen der gesellschaftlichen Evolution darstellen, für andere Autoren hat diese Typologie mit der Frage der Höherentwicklung nichts zu tun (vgl. E. Pál 1999: 171ff.). Eindeutig scheint aber zu sein, dass es nach Spencer im Endzustand der sozialen Evolution nur Gesellschaften des industriellen Typs geben wird (H. Spencer 1887: 181).
26 Ch. Darwin 1859; zur Theorie wie auch ihrer sozialhistorischen Einbettung siehe bspw. auch O. Rieppel 1992: 127ff.; J. Reichholf 1994, 2. Teil/ Kap. 1; F. Wuketits 1998, passim.

die Vorstellung einer dynamisch zu verstehenden Einpassung von Organismen (Individuen) in eine sich stetig verändernde Umwelt, welche sowohl die natürlichen terrestrischen Gegebenheiten als auch die inner- und zwischenartlichen Lebens- und Konkurrenzverhältnisse umfasst. Dabei unterstellt Darwin in Fortführung von Malthusschen Überlegungen zur Bevölkerungslehre, dass die Gesamtzahl der Organismen tendenziell immer größer ist als die Zahl der Organismen, die auf Grundlage der Ernährungs- bzw. Umweltsituation überleben können. Einer so verstandenen Umwelt fällt im Entwicklungsprozess der Arten mithin die entscheidende Rolle zu, weil sie die Matrix abgibt, auf der sich die Artorganismen bewähren müssen ('Kampf ums Dasein').

Erfolgreich zu sein bedeutet sich fortzupflanzen, somit die Generationenfolge zu sichern und als Folge die Art über die Zeit hinweg zu stabilisieren. Der Mechanismus der natürlichen Auslese setzt dabei an vorauszusetzenden, immer wieder rein zufällig auftretenden, organischen Veränderungen an. Manche dieser phänotypischen Variationen zwischen den Individuen einer Art werden sich negativ, andere positiv auf die Überlebens- und Fortpflanzungschancen der betreffenden Organismen auswirken, etliche schließlich bleiben folgenlos. Werden neue Eigenschaften auf die Nachkommen vererbt, so werden sich vorteilhaftere Eigenschaften – sofern die Umwelt relativ stabil ist – in der Population schließlich durchsetzen. Die phänotypische Variabilität innerhalb einer Art und die Verteilung der Varianten wird also auf Selektionsprozesse zurückgeführt, in denen bestimmte Merkmalsausprägungen (Varianten) unterschiedlich erfolgreich waren bzw. sind und die zudem in Reproduktionsprozessen weitervererbt werden, an denen dann die natürliche Selektion im Sinne eines extern induzierten Vorganges wiederum erneut ansetzen kann. In der Folge kann das im Wege der Fortpflanzung zu phänotypischen Merkmalsverschiebungen innerhalb einer Art führen, ebenso wie es zu völlig neuen physiologischen Entwicklungen in der Evolution der Arten kommen kann. Mit Hilfe des geschilderten Mechanismus kann das Auftreten neuer Eigenschaften, bei geographischer Isolation die Entstehung neuer Arten, erklärt werden. Wichtig dabei ist: Welche Eigenschaften sich durchsetzen, hängt immer von der konkreten Umweltsituation ab. Kein gesetzmäßiger Trend, keine gesetzmäßige Entwicklungsrichtung, beispielsweise die Zunahme der Differenziertheit oder die Komplexität der Organismen, wird hier behauptet. Gäbe es hingegen nicht die erklärungsmäßige Verbindung von organismusinternen Mutationsvorgängen mit dem organismusextern generierten Selektionsdruck, so gäbe es auch keine Entwicklung, sondern nur die Alternative: unveränderte Weiterexistenz oder Extinktion[27].

---

27 Aus der heutigen Sicht beruhen Mutationen nicht allein auf Veränderungen im Genom, sondern zum vermutlich größeren Teil auf Rekombinationsvorgängen, die an vorhandenen und in Selektionsprozessen bereits bewährten genetischen Bauteilen im Sinne eines intragenetischen Austausches ansetzen.

Auftretende Mutationen[28] unterliegen dem Darwinschen Modell zufolge einem blinden Zufallsgeschehen, sie sind keine kausalistisch interpretierbaren Reaktionen auf Umweltereignisse, sondern durch organismische Prozesse 'eigenmächtig' verursacht. Die innerartliche Variabilität ihrerseits, also Zahl und Verteilung der Varianten, hängt wohl von logisch vorweglaufenden Mutationen ab, ist aber trotzdem nicht kausal mit diesen zusammengeschlossen, weil der Selektionsprozess dazwischen steht. Es ist mithin einzig die dynamisch verstandene Umwelt als externe Größe, die als Selektionsfaktor bezüglich der Anpassungs- und Überlebensfähigkeit der Organismen fungiert, indem sie am Phänotyp ansetzt und sich am Reproduktionserfolg bemisst. Ursache einer sich stabilisierenden Variation ist im strengen Sinne also nicht die Mutation, sondern das Selektionsgeschehen als 'bewertende Instanz'. Dabei ist, wie bereits angesprochen, zu berücksichtigen, dass es auch selektionsneutrale Mutationen gibt, die also zu einem bestimmten Zeitpunkt oder einer Zeitperiode keinen selektionsrelevanten Vorteil mit sich bringen, aber von den Organismen reproduktiv weitergegeben werden.

Entsprechend diesem skizzierten Modell ist Evolution für Darwin ein gradueller und kontinuierlich vonstatten gehender Anpassungsprozess, der zu sukzessiven 'Verbesserungen' oder Änderungen der Organismen einer Art führt, wobei der Organismus weitgehend durch externe Kräfte 'angepasst' wird. In seiner Evolutionstheorie geht es Darwin allerdings ursprünglich nicht um ein hierarchisches Stufenmodell im Sinne einer 'Höherentwicklung', d.h. nicht um 'Fortschritt' als einem teleologisch zu verstehenden Prozessablauf. 'Entwicklung' meint vielmehr einen sachbezogenen Bewährungsprozess spezifischer Anpassungen oder von Änderungen, die sich als erfolgreicher erweisen in Bezug auf Erfordernisse und Veränderungsprozesse in der Umwelt einer Art, die also eine positive Selektion erfahren im Gegensatz zu anderen Merkmalsentwicklungen und -ausprägungen innerhalb einer Art.

In einem späteren Werk hat Darwin, zusätzlich zum Mechanismus der externen Selektion, also der Selektion durch Umweltbedingungen, Überlegungen zu einem zweiten Mechanismus angestellt, der ebenfalls selektierend wirkt. Es geht um das Problem, dass evolutionär Merkmale entstanden sind, die als wenig förderlich oder gar als hinderlich im Kampf ums Dasein anzusehen sind, denen aber im Kontext der Fortpflanzung eine positive Selektionswirkung zukommt. Darwin hat diese Phänomene mit dem Begriff der sexuellen Selektion zu fassen versucht.

---

[28] Die genetischen Vorgänge waren Darwin natürlich noch nicht bekannt, so dass die Verwendung des Mutationsbegriffs sich hier auf ein späteres Wissen bezieht, welches aber voll kompatibel mit den Darwinschen Grundannahmen ist.

Die an Darwin anschließende Fortentwicklung der Evolutionstheorie[29] ist unter anderem gekennzeichnet durch die Integration der Genetik, in welcher im Rahmen der sog. Synthetischen Theorie das Modell der phänotypisch ansetzenden Selektion ergänzt wurde durch die Erkenntnisse der Änderungen von Genfrequenzen in Populationen. In den Sozialwissenschaften hat das Selektionsmodell eine starke heuristische Faszination auf die Entwicklung von Modellen gesellschaftlichen Formwandels ausgeübt. Dabei ist allerdings festzuhalten, dass der 'soziologische Darwinismus' (E. Francis) seine Anleihen sehr viel stärker bei Spencer als bei Darwin nimmt, insbesondere dann, wenn er mit Begriffen wie Entwicklungsgesetzen, Fortschritt, Letztursachen und Ähnlichem mehr sowie methodisch nicht vertretbaren Analogien operiert[30]. Trotzdem ist festzuhalten, dass häufig die Orientierung an der passiven Anpassungsrolle im Vordergrund stand, so dass es primär darum ging, externe Einwirkungsfaktoren als Ursachen gesellschaftlichen Wandels zu bestimmen. Allzu häufig wurde dabei übersehen, dass die biologische Evolution im Sinne von Darwin keinem gesetzmäßigen Ablauf folgt, sondern auf einem Mechanismus oder Algorithmus, nämlich dem der Verbindung von Variation und Selektion, beruht.

2.3 Rupert Riedl: Evolution als ein systemisch gebundener Entwicklungsprozess

Mit den Überlegungen zur sexuellen Selektion wurde der Weg für ein erweitertes Verständnis evolutionärer Prozesse freigemacht, wobei sich dann in zunehmendem Maße die Frage nach der Bedeutung organismusinterner Prozesse und deren evolutionären Stellenwert stellte. Diese Erweiterung der Perspektive um organismusinterne Vorgänge ist insofern folgenreich, weil dieser damit aus seiner relativ passiven Rolle im Verhältnis zu Umweltprozessen befreit wird, ihm eine eigenständigere Rolle im Evolutionsgeschehen zufällt. Aus einem verallgemeinernden und über das Fortpflanzungsverhalten hinausgehenden Verständnis muss der äußere Selektionsdruck vom Organismus aktiv aufgenommen werden, d.h. der Organismus setzt sich zu den Selektionsfaktoren in ein Verhältnis im Sinne eines Filters und bestimmt damit mit darüber, inwieweit den potentiellen Selektionsfaktoren reale Wirkungskraft zukommt. So kann ein Organismus etwa durch ein erfahrungsgesteuertes Lernverhalten potentielle Selektionsfaktoren neutralisieren, wodurch es nicht zu organischen Veränderungen kommt, obwohl ein Selektionsdruck vorhanden ist; er kann aber auch selber direkt selektiv wirk-

---

29 Zur 'Evolution' der biologischen Evolutionstheorie siehe beispielsweise die Beiträge in W. Wieser 1994.
30 Zu den verschiedenen Spielarten (sozial-)darwinistischen Denkens, den grundlegenden Thesen und den wichtigsten Einwänden siehe E. Francis 1981.

sam werden, indem er etwa auf die Kriterien sexueller Auswahl Einfluss nimmt[31].

Zunehmend wurde aber auch das Verhältnis von Struktur und Funktion zum Gegenstand der Diskussion. In der Rekonstruktion der Evolution der Arten erscheint uns ja die Abfolge nur allzu häufig als ein zielgerichteter Anpassungsprozess, der bestimmten funktionalen Imperativen folgt, was schließlich zu Überlegungen zur Pfadabhängigkeit evolutionärer Abläufe führte. Damit wird die Zielgerichtetheit nicht teleologisch interpretiert, sondern man geht nunmehr davon aus, dass spezifische Bedingungskonstellationen auch nur spezifische Entwicklungsrichtungen offen lassen, somit kanalisierenden Charakter haben, insofern also Entwicklungspfade zulassen oder ausschließen. Der Evolutionsprozess lässt sich mithin als kontingent im Sinne der Unvorhersagbarkeit spezifischer Entwicklungen von Anpassungsleistungen begreifen, aber er ist nicht zufällig im Sinne von willkürlich, weil die Abfolge von Bedingungskonstellationen im strukturbildenden Sinne die theoretisch denkbaren Möglichkeiten für Weiter- oder Neuentwicklungen beschränken. Evolution folgt, anders als bei Spencer, keinem richtungsbestimmenden Naturgesetz; vielmehr ist jeder erreichte Zustand Folge einer unvorhersagbaren Sequenz vorhergegangener Zustände, wobei viele Mutationen, wie angesprochen, funktionslos bleiben, mitgeschleppt werden können; nichtsdestotrotz findet der Einfluss kontingenter Umweltfaktoren als Selektionsmechanismus organismische Strukturen vor, die sich mit Bezug auf ihrem evolutionärem Erfolg nicht mehr völlig beliebig umbauen lassen, wie es der Darwinsche Selektionsmechanismus nahe legen könnte[32].

In diesem Kontext setzen nun auch die Überlegungen von Riedl an, der konstatiert, dass die Darwinsche Evolutionstheorie nicht in der Lage ist, langfristige Entwicklungsprozesse mit einem Richtungssinn zu erklären, obwohl diese häufig in der organischen Welt beobachtbar sind[33]. Sie kennt wohl, wie er ausführt, einerseits blinde oder zufällige Mutationen, anderseits selektive Entscheidungen der Umwelt über die Fortpflanzungschancen der Individuen, aber dabei handelt es sich immer nur um Momententscheidungen ohne jegliche Weitsicht. Um aber solche langfristigen und gerichteten Trends in der Natur erklären zu können, muss man Riedl zufolge – neben der äußeren oder Umweltselektion (auch:

---

31 So scheinen bei der Weibchenwahl die intern vonstatten gehenden ungleichmäßigen Bewertungen von Signalen eine selektierende Rolle zu spielen. Vgl. dazu die Ausführungen von H. Winkler 1994: 204ff.
32 Vgl. F. Wuketits 1998: 96; St. Gould 1991: 317ff. und O. Rieppel 1992: 197; im Unterschied zum Neo-Darwinismus, wo im von der Selektion gesteuerten Anpassungsprozess die Struktur und ihr Wandel von ihrer Funktion her bestimmt wird, werden hier die Gesetzmäßigkeiten der Struktur stärker in Rechnung gestellt.
33 Zum Folgenden vgl. R. Riedl 1975: 89; 1985: 66ff.; 1987: 144ff.

Marktselektion) – innere oder systemische Mechanismen annehmen, für deren Kennzeichnung der Begriff der Orthogenese herangezogen wird[34].

Hinderlich für die Entwicklung des systemisch-evolutionären Denkens und damit für die Lösung des Problems der Orthogenese wirkte sich für Riedl der Umstand aus, dass die moderne Wissenschaft zwei der vier seit Aristoteles bekannten Ursachenarten aus ihrer Betrachtung ausgeschlossen hat. So sind von Wirk(Kraft)-, Material-, Form- und Zweckursache (causa efficiens, materialis, formalis et finalis) in den Naturwissenschaften als einzig legitime Ursachenarten die Wirk(Kraft)- und die Materialursache übrig geblieben, wobei letztere in naturwissenschaftlichen Erklärungen als „Randbedingungen" auftaucht. Aus systemisch-evolutionärer Perspektive handelt es sich um spezifische „Ursachen von unten", um Kräfte und Materialien, die von der jeweils tieferen Systemschicht bereitgestellt werden. Die Folge der allgemeinen Betonung dieser beiden Ursachenarten war nach Riedl das Aufkommen des Reduktionismus.

Innerhalb der Lebenswissenschaften hat die Idee der Umwelt- oder Marktselektion die „Ursachen von oben" wieder ins Spiel gebracht. Die Form- und Zweckbedingungen des übergeordneten Systems spielen in dieser Perspektive bei der Auswahl der von der tieferen Ebene bereitgestellten Kräfte und Materialien eine entscheidende Rolle. Die Konzeption von „Ursachen von oben" ist die Grundidee des Idealismus, in der Biologie und in den Sozialwissenschaften führte sie zum Funktionalismus.

Die Berücksichtigung aller vier Ursachenarten ist nun entscheidend für das Verständnis der Gerichtetheit evolutionärer Prozesse. Die Orthogenese wird für Riedl nämlich erst dann verstehbar, wenn man von einer Vielzahl hierarchisch angeordneter Systeme, in denen die Selektion der Kräfte und der Materialien durch die Form- und Zweckbedingungen des jeweils höheren Systems (von den „Ursachen von oben") bestimmt wird, ausgeht.

Hier taucht allerdings ein gewichtiges intellektuelles Problem auf. Wenn es stimmt, dass der Zusammenschluss von Elementen eines Systems immer den Auswahlbedingungen des darüberliegenden Systems unterliegt, dann muss es zu jedem System von vornherein ein Obersystem gegeben haben. Wie ist das möglich? Riedl beantwortet diese Frage mit einer interessanten Wendung, wonach alle Systeme als Einschübe zwischen Systemteilen und einem übergeordneten Ganzen entstehen: Staaten beispielsweise entstehen als Einschübe zwischen Individuen und Gruppen als Systemteilen und dem Ökosystem als Obersystem, Unternehmen entstehen als Einschübe zwischen Individuen als Systemteilen und dem Gesamtsystem der Wirtschaft[35].

---

34 „Man bezeichnet solche gerichteten Änderungen oft als Trends, wenn man meint, dass die Milieuselektion zu ihrer Erklärung ausreicht, man spricht von Orthogenese, wenn man meint, dass zudem unbekannte, innere Mechanismen steuernd wirken müssen" (R. Riedl 1975: 228).
35 Vgl. R. Riedl 1985: 77.

Wie kann nun das Zusammenspiel zwischen evolutionären Prozessen auf mehreren hierarchisch angeordneten Systemebenen das Zustandekommen einer gerichteten Entwicklung – also der Orthogenese – erklären? Bei der Beantwortung dieser Frage stützen wir uns auf die einschlägigen Ausführungen von Karl Popper[36].

Im Gesamtsystem eines Organismus lassen sich zumindest drei verschiedene Ebenen oder Bereiche unterscheiden: a) eine anatomisch-physiologische ausführende Struktur, b) eine Fähigkeitsstruktur und c) eine Präferenz- oder Neigungsstruktur. Treten Mutationen innerhalb der ausführenden Struktur auf, so werden die entstandenen Organismen nur dann lebensfähig sein, wenn die Veränderung zur bisherigen Struktur passt, das heißt auch, dass die Harmonie des Zusammenspiels der Teile nicht zerstört wird. Mutationen innerhalb der Fähigkeitsstruktur verändern das Können, die Geschicklichkeit des Organismus. Eine solche Veränderung kann die Chancen des Organismus, zu überleben, sich zu vermehren, verbessern oder verschlechtern, solche Veränderungen können aber auch in einen mehr oder weniger fitnessneutralen Bereich fallen. Veränderungen in diesem Bereich wirken sich jedenfalls nicht so leicht tödlich aus wie im organisch-ausführenden Bereich. Veränderungen innerhalb der Präferenz- bzw. Neigungsstruktur des Organismus mindern – was die interne Abstimmung des Gesamtsystems betrifft – die Überlebenschancen des Organismus am wenigsten, können aber gravierende Folgen im Außenverhältnis haben. So kann z.B. die Veränderung der Bevorzugung von bestimmten Nahrungsarten die Entdeckung einer ganz neuen ökologischen Nische bedeuten.

Diese Überlegungen lassen erkennen, dass es die Veränderungen innerhalb der Ziel- oder Neigungsstruktur sind, die die Entwicklung anleiten bzw. ihr eine Richtung geben. Veränderungen, die auf der Ebene der Fähigkeitsstruktur und der anatomisch-ausführenden Struktur auftreten bzw. aufgetreten sind, können, bei Veränderungen der Ziel- und Neigungsstruktur, einen ganz neuen „Sinn" erhalten. Das bedeutet aber, dass die Entwicklung der Fähigkeiten und der Ausführungsorgane von Tendenzen der Ziel- und Neigungsstruktur gesteuert wird, also eine „zielgerichtete" wird[37].

Mit dem Aufkommen der systemischen Theorie wurde die Evolution von Systemen innerhalb einer umfassenderen Ordnung thematisiert. Damit wird der Darwinschen Selektionstheorie in gewisser Weise eine grundlegendere Betrachtung vorgeschaltet: Evolution meint nämlich in dieser Perspektive einen Vorgang, bei der die Darwinsche Umwelt- oder Marktselektion zumindest unmittelbar noch keine Rolle spielt. Die Frage lautet hier nicht „Erhöht oder mindert eine neue Eigenschaft den (Fortpflanzungs-)Erfolg eines Organismus?", sondern

---

36 Vgl. K. Popper 1973: 412ff.
37 Vgl. K. Popper 1973: 305; vgl. auch T. Meleghy 2001: 185ff.

„Passt ein verändertes oder neues Element zu der Struktur der jeweils übergeordneten Einheit?". Grundlegend für dieses Konzept ist die Vorstellung, dass die Welt einen hierarchischen Aufbau aufweist: Organismen bestehen aus Organen, Organe aus Geweben, diese aus Zellstrukturen, letztere aus Zellen, Zellen bestehen aus Biomolekülen, diese aus Molekülen, letztere aus Atomen und Atome aus Quanten. Das Prinzip dieser Hierarchie lautet: Die jeweils untere Ebene liefert Energie und Material, die Auswahl oder Selektion erfolgt nach den Kriterien der jeweils übergeordneten Einheit. So gesehen ist ein Organismus ein vielschichtiges hierarchisches System innerer evolutionärer Mechanismen. Mit Hilfe des Konzeptes der inneren oder systemischen Evolution lassen sich scheinbar zielgerichtete Entwicklungen auf der Ebene des Organismus bzw. auf der Ebene der jeweiligen Ganzheit erklären.

3   Diskussion und Vorstellung der Beiträge

Wir haben im Vorstehenden aus pragmatischen Gründen zwischen drei evolutionären Heuristiken unterschieden, ohne damit natürlich behaupten zu wollen, dass es neben den drei hier diskutierten Evolutionstheorien keine weiteren gibt oder geben könnte. Ebenso lässt sich über die vorgenommene Unterteilung trefflich streiten; so könnte man mit guten Gründen behaupten, dass man den Riedlschen oder systemischen Ansatz genauso gut als eine besondere Variante des Darwinismus betrachten kann, und wir würden uns diesem Argument nicht verschließen. Nichtsdestotrotz aber eröffnet unserer Meinung nach die hier verfolgte Unterscheidung neue Perspektiven für eine differenziertere Auseinandersetzung mit evolutionstheoretischen Ansätzen.

Im Folgenden möchten wir auf die Beiträge dieses Bandes in doppelter Weise eingehen: In einem ersten Schritt versuchen wir aufzuzeigen, inwieweit von den Autorinnen und Autoren Gesichtspunkte und Traditionslinien angesprochen werden, die den vorgestellten drei evolutionären Heuristiken zugeordnet werden können bzw. implizit oder explizit das jeweilige Verständnis evolutionärer Prozesse thematisieren. Dabei ist allerdings zu beachten, dass dieser Versuch der Systematisierung ex post erfolgt, d.h. die Beiträge wurden ohne Kenntnis dieser von uns hier vorgenommenen Unterscheidung verfasst. Dementsprechend erfolgt das Aufzeigen von Verbindungen hier aus metatheoretischer Perspektive, setzt sich damit evtl. in gewisser Weise auch über die Intentionen der Autorinnen und Autoren hinweg, die zum Teil aus einem völlig anderen theoretischen Kontext heraus argumentieren. In einem zweiten Schritt werden die Beiträge dann in ihrer Reihenfolge und mit ihrer Themenstellung näher vorgestellt.

3.1 Diskussion

Wie wir gesehen haben, unterscheiden sich die drei vorgestellten Verständnisse von Evolutionstheorie recht grundlegend voneinander. In der sozialwissenschaftlichen Literatur wurde und wird nun hauptsächlich Spencers Entfaltungs- und Fortschrittsidee kritisiert. Vom aktuellen Stand des Wissens aus betrachtet wird dabei ein Punkt als besonders schwerwiegend erachtet, nämlich die Gleichsetzung embryonaler, das heißt weitgehend genetisch gesteuerter Entwicklungsvorgänge, mit Entwicklungsprozessen, also z.B. der gesellschaftlichen Entwicklung; in diesem Fall aber spielt eine genetische Steuerung überhaupt keine Rolle.

Die Einwände gegen die Spencersche Fortschrittskonzeption werden in diesem Band insbesondere in den Beiträgen von Mihály Sárkány/ Péter Somlai, Nico Wilterdink und Michael Schmid diskutiert. In der aktuellen entwicklungstheoretischen Diskussion, im Neo-Neo-Evolutionismus, spielt, wie Mihály Sárkány und Péter Somlai zeigen, das Spencersche Entwicklungskonzept kaum mehr eine Rolle. Die Geschichte des evolutionären Denkens, und zwar sowohl in der Biologie als auch in den Sozialwissenschaften, lässt Nico Wilterdink zufolge insgesamt eine Bewegung weg vom Spencerschen und hin zum Darwinschen Evolutionskonzept erkennen. Anders allerdings sieht, worauf wiederum Mihály Sárkány und Péter Somlai hinweisen, die aktuelle polit-ökonomische Debatte aus. Diese Diskussion wird demnach, nicht zuletzt durch den Einfluss des erstarrten Neo-Liberalismus, immer noch von Spencers Fortschrittsidee beherrscht.

Dass es aber mit der Idee des Fortschritts auch in der wissenschaftlichen Diskussion nicht endgültig vorbei ist, zeigt Henrik Kreutz' Beitrag. Die von ihm vertretene pragmatistische Evolutionstheorie, sein Konzept der Metamorphose, läuft, zumindest teilweise, auf eine Neubelebung des Spencerschen Entfaltungs- und Entwicklungskonzeptes hinaus.

Auch die Darwinsche Evolutionstheorie wurde häufig zur Zielscheibe der Kritik, wobei wiederholt behauptet wurde, sie sei im Wesentlichen nichts anderes als eine Tautologie: Nach dieser Theorie, so lautet das Argument, überleben nur die jeweils gut angepassten Individuen, und folglich müssen die jeweils Überlebenden gut angepasste Individuen sein. Dann bedeutet aber gut angepasst zu sein dasselbe wie Überleben. Erwähnt wird das Argument in den Beiträgen von Henrik Kreutz und Tamás Meleghy. Ist diese Kritik zutreffend? Wir sollten an dieser Stelle Folgendes bedenken: Glauben nicht alle Eltern und Erzieher, ja alle Erwachsenen, wenn sie Kindern Ratschläge erteilen, zu wissen worauf, das heißt auf welche Eigenschaften, Fähigkeiten und Kenntnisse, es im Leben tatsächlich ankommt? Oder in der Sprache der Evolutionstheorie ausgedrückt, welche kindlichen Investitionen fitness-steigernd sind? Und sind diese Erwachsenen immer im Unrecht?

Kritik am Darwinismus wurde darüber hinaus auch dahingehend geäußert, dass ihre Anhänger aus dieser Theorie vorschnell sehr bedenkliche politische Programme abgeleitet hätten, und dies würde auch auf die Gegenwart zutreffen. Auf diesen Vorwurf trifft man insbesondere in den Beiträgen von Thomas Junker und Max Preglau. Das ist zweifellos ein zutreffender und sehr gravierender Vorwurf. Normen und Vorschriften lassen sich nie aus irgendwelchen empirischen Behauptungen alleine ableiten[38]. Dieses Problem wurde im Zusammenhang mit dem Darwinismus bereits im 19. Jahrhundert ausführlich diskutiert[39]. Die Darwinsche Evolution vermag aber, wie Nico Wilterdink, Peter Meyer und Johan Goudsblom in ihren Beiträgen überzeugend demonstrieren, manche universellen Trends der menschlichen Entwicklung zu erklären.

Zu erwähnen ist hier der Umstand, dass es sich bei dieser Erklärung im Prinzip um eine darwinistische Erklärung handelt. Vorangetrieben werden die von den oben erwähnten Autoren charakterisierten Entwicklungsvorgänge nicht von zufälligen Mutationen, sondern von Entdeckungen, die sich bewähren und Nachahmer finden oder dieses eben nicht tun. Dieser Vorgang der Kulturevolution unterscheidet sich in manchen ihrer Merkmale deutlich von dem Prozess der biotischen Evolution[40].

Einzelne Aspekte und Überlegungen, die sich dem heuristischen Rahmen der Riedlschen oder systemischen Evolutionstheorie zuordnen lassen, werden in mehreren Beiträgen aufgegriffen, ohne dass aber dieser Bezug immer implizit oder explizit eine Thematisierung erfährt. Michael Schmid, Antonio Scaglia, Tamás Meleghy und Gerhard Vowinckel diskutieren u.a. die Natur der Beziehungen zwischen verschiedenen Systemebenen sowie einige methodologische Implikationen des Ansatzes; Eva Buchinger geht es um die Evolution technologischer Innovationen. Detlef Weinich zeigt in seinem Beitrag, dass es sich beim Eliasschen Evolutionsprozess um einen soziologischen oder menschenwissenschaftlichen Anwendungsfall der Riedlschen oder systemischen Evolutionstheorie handelt. Nicht unmittelbar in unsere Systematik einordnenbar erscheinen uns dagegen die Beiträge von Heinz-Jürgen Niedenzu und Gerda Bohmann, die vor dem Hintergrund einer historisch-genetischen Theorie argumentieren. Heinz-Jürgen Niedenzu geht es um das Wechselspiel biotischer und soziokultureller Systeme, während Gerda Bohmann die Entstehung des modernen arabischen Fundamentalismus erörtert. Aber auch in diesem Ansatz ließen sich Verknüpfungspunkte zu den von uns diskutierten Evolutionstheorien finden.

---

38 Vgl. insbesondere K. Popper 1975: 96f. sowie T. Meleghy 2001: 226ff.
39 Vgl. L. Gumplowicz 1928: 317ff.
40 Kulturelle Merkmale verbreiten sich außerhalb des Erbganges, die Kultur entwickelt sich lamarckistisch und nicht darwinistisch. Vgl. T. Meleghy 2001: 394ff.

3.2   Vorstellung der Beiträge

Wie ist die Beziehung zwischen Evolution und Höherentwicklung oder Fortschritt zu denken? *Mihály Sárkány und Péter Somlai* gehen in ihrem Beitrag „Von der Fortschrittsidee zur Postmoderne. Der soziokulturelle Evolutionismus und die Veränderungen der historischen Anschauung" dieser Frage in der Geschichte der Sozial- und Kulturanthropologie und der Soziologie nach. Die wechselvolle Geschichte der Beziehungen zwischen diesen beiden Konzepten wird von den Autoren vor dem Hintergrund gesellschaftlicher Vorgänge und Ereignisse analysiert. In letzter Zeit haben sich in dieser Frage deutliche Bruchlinien (Widersprüche) zwischen Theorie und gesellschaftlicher Praxis aufgetan. Während das Spencersche Konzept der gesetzmäßigen Höherentwicklung vom aktuellen Evolutionismus abgelehnt wird, wird die Praxis in den Industrieländern immer noch von der Idee des Fortschritts, primär an Hand ökonomischer Indikatoren gemessen, beherrscht. Und die Erwünschbarkeit des Fortschritts wird auch in den Entwicklungsländern nicht in Frage gestellt. Diskutiert wird nur, ob und wie Fortschritt auf eine mit der Tradition vereinbare Weise erzielt werden kann.

Auch *Nico Wilterdink* beschäftigt sich in seinem Beitrag „The Concept of Social Evolution: Its Meanings and Uses" mit dem Verhältnis zwischen zwei verschiedenen Konzepten der Evolution. Das eine ist für ihn im Wesentlichen deskriptiv angelegt, es beschreibt einen gerichteten Prozess, der bestimmte Phasen durchläuft. Das andere stellt dagegen auf Erklärungen ab, es führt einen grundlegenden Mechanismus an, der bestimmte Trends zu erklären vermag. Die Geschichte des evolutionären Denkens lässt nun dem Autor zufolge sowohl in der Biologie als auch in den Sozialwissenschaften eine Bewegung weg von der ersten und hin zu der zweiten Konzeption erkennen. Eine integrierte Theorie der sozialen Evolution müsste nach Wilterdink aber beides leisten, sie sollte die empirisch beobachtbaren Entwicklungstrends der Menschheitsgeschichte beschreiben und sie sollte diese Trends mit der Hilfe der Darwinschen Theorie erklären.

Im Gegensatz zu den beiden ersten Beiträgen ist *Michael Schmids* Aufsatz „Evolution und Selektion. Handlungstheoretische Begründung eines soziologischen Forschungsprogramms" nicht historischer Natur. Ausgangspunkt der Argumentation ist aber auch hier das Konzept der gesetzmäßigen evolutionären Entwicklung, die von Schmid einer vernichtenden Kritik unterzogen wird. Das vielleicht grundlegendste Problem wird von ihm im holistischen Charakter dieser Theorie, d.h. auch im Fehlen einer Mikrofundierung, gesehen. Eine solche müsste natürlich auch einen nomologischen Kern, d.h. ein empirisches Gesetz erhalten. Diskutiert wird von Schmid anschließend die Frage, ob und inwieweit die Colemansche Rational-Choice-Theorie für die Evolutionstheorie diesen Dienst leisten könnte.

Antonio Scaglia vergleicht in seinem Beitrag „Überholtheit oder Aktualität? Zur gegenwärtigen Relevanz des evolutionistischen Paradigmas für die Sozialwissenschaften" den evolutionären Ansatz mit anderen in der Soziologie verbreiteten Theorien. Er kommt zu dem Schluss, dass dem evolutionären Paradigma in seiner Darwinschen Version innerhalb der Sozialwissenschaften durchaus ein Platz einzuräumen ist, allerdings, wie er betont, immer nur neben anderen, etwa systemtheoretischen und verstehenden Ansätzen. Insbesondere müsste nach ihm die Darwinsche selektionstheoretische Perspektive durch das Sinnverständnis der Handelnden ergänzt werden.

Die Soziologie hat sich, wie *Tamás Meleghy* in seinem Beitrag „Methodologische Grundlagen einer evolutionären Soziologie" ausführt, seit den Zeiten Comtes und Spencers insofern grundlegend geändert, als dass sie sich von einer Teildisziplin der Biologie zu einer konsequent geistes- bzw. kulturwissenschaftlich orientierten „Sozialwissenschaft" gewandelt hat. Damit ist, wie der Autor zeigt, auch die Orientierung an den Lebenswissenschaften und das Interesse an der Evolutionstheorie verloren gegangen. Die Soziologie sollte sich aber auf ihre Anfänge bei Comte und Spencer rückbesinnen. Die grundlegende Theorie einer solchen lebenswissenschaftlichen orientierten Soziologie ist nach ihm die Darwinsche Evolutionstheorie. Der Autor versucht anschließend die Fragen zu beantworten: Was ist eine evolutionäre (darwinistische) Erklärung? Welche Eigenschaften weist eine solche Erklärung gegenüber dem naturwissenschaftlichen Erklärungsmodell auf?

Evolution bedeutet, wie *Gerhard Vowinckel* in seinem Beitrag „Biotische und kulturelle Evolution: Eigengesetzlichkeit und Interdependenz" zeigt, immer auch Informationsgewinnung. Dabei werden in seinen Ausführungen die Bioevolution, die psychische Entwicklung des Menschen und die Kulturevolution als drei Prozesse der Informationsgewinnung gedeutet, die jeweils eigenen Gesetzen gehorchen, gleichzeitig aber aufs Engste miteinander verbunden sind. Der Autor charakterisiert drei verschiedene bereichsspezifische Arten des Erklärens (biologisches, psychologisches und soziologisch- kulturwissenschaftliches Erklären) und zeigt die Eigengesetzlichkeiten und die Interdependenzen zwischen den drei Erklärungsebenen auf.

Peter Meyer beschäftigt sich in seinem Aufsatz „Machtkonkurrenz, Motor der sozialen Evolution?" mit der Rolle der Macht in der sozialen Evolution. Sein Zugriff auf dieses Phänomen erfolgt vom Ansatzpunkt der modernen Evolutionsbiologie. Macht ist demzufolge eine selektiv begünstigte Institution, die vergesellschafteten Individuen dazu verhelfen soll, ihre Interessen gegen Gefährdungen aus der Umwelt, aber auch gegen Trittbrettfahrer zu verteidigen, was letztlich zur Vergrößerung der Überlebenschancen jedes Einzelnen beiträgt. Machtdifferenzen zwischen verschiedenen Arten und Gesellschaften sind in dieser Perspektive die Folge des Wettbewerbs der verschiedenen Spezies und der Konkurrenz von Gesellschaften. Soziale Evolution wird hier als ein Prozess zunehmender Machtentfaltung interpretiert, indem sich diejenigen durchsetzten, welche Ressourcen der Macht durch verschiedene Innovationen maximieren konnten. Meyer zeigt aber auch, dass die Entfaltung von Macht mit sozialen und ökonomischen Kosten verbunden ist, die schließlich auch zu ihrem Scheitern führen kann.

Johan Goudsblom stellt in seinem Beitrag „Veränderung erzeugt Veränderung. Von biologischer zu soziokultureller Entwicklung" die Frage: Was ist das Spezifische an der soziokulturellen Evolution? Das Neue daran ist für ihn das Medium der Macht als Selektionskriterium. Die wichtigsten Impulse gingen von der Entdeckung jeweils neuer Machtmittel aus, von denen nach dem Autor die Entdeckung des Feuers, des Ackerbaus und der Industrie am bedeutendsten waren. Der Prozess, den der Autor beschreibt, führt zunächst zur Verschiebung der Machtbalancen zwischen Menschen und den physisch stärkeren Tieren, später zwischen verschiedenen Menschengruppen.

Der Beitrag „Die Genese normativer Strukturen im Hominisationsprozess. Vorüberlegungen zu einer Soziologischen Anthropologie" von *Heinz-Jürgen Niedenzu* thematisiert das Verhältnis von biologischer Grundmatrix und soziokultureller Lebensweise, von biologischer Kontinuität und kultureller Selbstkonstitution. Im Fokus steht dabei der Bruch im societären Organisationsmodus, also der Übergang von biologischen Prädeterminationen hin zur normativ-soziokulturellen Lebensweise. Ausgehend von Überlegungen von Heinrich Popitz zu spezifischen Konstruktionsprinzipien des Normativen, welche in allen bekannten Gesellschaften in gleichartigen Strukturen zum Tragen gekommen sind, wird seine Konzeptualisierung als Wegweiser verwendet, das reichhaltige naturwissenschaftliche Wissen über die Evolution der Menschen auf seine gesellschaftswissenschaftliche Relevanz hin zu strukturieren. Auf diese Weise versucht der Autor zu klären, welche gattungsgeschichtlichen Bedingungskonstellationen die Möglichkeit der Ausbildung einer humansozialen Lebensweise schufen, ohne dass diese in irgendeiner Weise durch die Ausgangslage präjudiziert noch in einem deterministischen Sinne als notwendige Folge angelegt gewesen wäre.

Detlef Weinich versucht in seinem Beitrag „'Constraints' im Zivilisationsprozess. Das Konzept der Eigengesetzlichkeiten bei Norbert Elias im Lichte neuerer evolutionsbiologischer, insbesondere systemtheoretische Konzepte" das Verhältnis des Eliasschen Zivilisationsprozesses zur Evolutionstheorie zu klären. Er zeigt, dass es sich bei dem von Elias beschriebenen Prozess nicht um die Darwinsche, sondern um die Riedlsche oder systemische Evolution handelt. In der Biologie sind nach Weinich die bereits vorhandenen Strukturen (z.B. Organe) die systemischen Selektionsbedingungen (Constraints), in der gesellschaftlichen Entwicklung erfüllen die bereits vorhandenen Institutionen die gleiche

Rolle. Das ist die Selektion von oben, die untere Ebene (die Materialbedingungen) wird vom Stand der jeweils erreichten Affektkontrolle gebildet.

In ihrem Beitrag „Fundamentalismus als Stadium sozialer Evolution? Konstitutionstheoretische und methodologische Überlegungen am Beispiel des radikalen Islamismus" rekonstruiert *Gerda Bohmann* die Veränderung des islamischen Weltbildes auf dem Hintergrund des sozioökonomischen Wandels, den die islamischen Gesellschaften während der letzten 150 Jahre durchlaufen haben. Anschließend stellt sie die Frage, inwieweit der dargestellte Transformationsprozess als soziale Evolution im Sinne einer nicht einfach umkehrbaren Strukturfolge gesellschaftliche Entwicklung bestimmt werden kann. Diese Frage wird von ihr in drei verschiedenen evolutionstheoretischen Kontexten untersucht, in jenem der Systemtheorie Niklas Luhmanns, in jenem der universalpragmatisch fundierten Konstitutionstheorie Jürgen Habermas' sowie in jenem der historisch-genetischen Theorie Günter Dux'. Sie gelangt dabei zu dem Ergebnis, dass für diesen Zweck die historisch-genetische Konzeption sozialer Evolution am geeignetsten ist. Diese hat nach ihr gegenüber den beiden anderen Konzeptionen den Vorteil, eine zeitgemäße Methodologie für die konkrete empirische Rekonstruktion von Weltbildern zu liefern und zugleich deren genetischen Verbund mit gesellschaftlichen Strukturen systematisch erklären zu können.

Henrik Kreutz stellt in seinem Beitrag „Evolution und Metamorphose. Explikation der pragmatistischen Evolutionstheorie von Charles S. Peirce und ihre Anwendung auf die Diagnose der westlichen Gesellschaft" der von ihm kritisierten Darwinschen Evolutionstheorie die von Charles S. Peirce entwickelte pragmatistische Evolutionstheorie gegenüber. Evolution ist für Peirce kein ziel- und zweckloser Vorgang, vorangetrieben durch blinde Variation des Vorhandenen und anschließender Selektion wie bei Darwin, sondern ein Prozess mit Richtungssinn, die stufenweise Verwirklichung eines Potenzials, also eine Art Metamorphose. Kreutz nützt anschließend die von ihm auf diese Weise rekonstruierte pragmatistische Evolutionstheorie als Bezugsrahmen für eine Diagnose aktueller Entwicklungstendenzen der Globalgesellschaft.

Mit ihrem Aufsatz „Technik und Gesellschaft: Evolutionäre Betrachtungen einer folgenreichen Beziehung" möchte *Eva Buchinger* einen Beitrag zum Verständnis technologischer Innovationsprozesse leisten. Zu diesem Zweck benützt sie zwei Instrumente: die Evolutionäre Erkenntnistheorie und die Theorie Sozialer Systeme. Von der zuerst genannten Theorie übernimmt sie die Vorstellung, dass es sich bei der Technik um eine bestimmte Art des Wissens handelt, von der an der zweiten Stelle genannten Theorie die Idee von komplexen hierarchisch angeordneten Systemstrukturen. Auf diese Weise kann sie die technologische Innovation als Wachstum von Wissen erklären. Die Entwicklung des Wissens wird von ihr wiederum als ein von blinden Variationen und von verschachtelten Hierarchien von Selektionen gesteuerter Vorgang beschrieben.

Thomas Junker diskutiert in seinem Beitrag „Biologie und gesellschaftliche Reformprojekte in der ersten Hälfte des 20. Jahrhunderts" verschiedene biologisch-evolutionstheoretisch motivierte Reformprogramme in der ersten Hälfte des 20. Jahrhunderts. Gemeinsame Grundlage aller dieser Programme war, wie Junker zeigt, der biologische Determinismus und die Evolutionstheorie. Manche dieser Programme waren höchst pessimistisch und konservativ, andere wiederum optimistisch und progressiv. Ausführlich diskutiert wird eine einschlägige programmatische Schrift des Genetikers und Evolutionstheoretikers Erwin Bauer „Der Untergang der Kulturvölker im Lichte der Biologie". Der Autor zeigt schließlich die Schicksale ausgewählter Reformprogramme auf. Mancher dieser Programme scheiterten aus heute verständlichen Gründen, andere werden, teils mit veränderter Begründung, bis in die Gegenwart weitergeführt.

Im den Band abschließenden Beitrag „Sozio-Biologie als letzte 'große Erzählung' – wider den biologischen Reduktionismus" setzt sich *Max Preglau* sehr kritisch mit der gesamten Sozio-Biologie auseinander. Seine Kritik richtet sich gegen alle Ansätze, die von der Biologie kommend etwas über das menschliche Verhalten bzw. über die menschliche Gesellschaft aussagen wollen, insbesondere aber gegen die Humanethologie, Soziobiologie und Verhaltensgenetik. Er versucht zu zeigen, dass die reduktionistische Sozio-Biologie ihre Erklärungsansprüche vielfach zu Unrecht und zu umfassend erhebt, und dass insofern auch ihre Gestaltungsempfehlungen und die an sie anknüpfenden politischen Ideologien und anthropotechnischen Steuerungsutopien einer rationalwissenschaftlichen Grundlage entbehren.

Literatur

Baldus, Bernd (1981): Soziokulturelle Evolution. Ein epistemologisches Modell für die Analyse menschlicher Geschichte. In: Stehr/ Meja (Hrsg.) (1981): 206-225

Baldus, Bernd (2002): Darwin und die Soziologie. Kontingenz, Aktion und Struktur im menschlichen Sozialverhalten. In: KZfSS 31. 2002. 316-331

Collins, Randall (1988): Theoretical Sociology. San Diego (Calif.): Harcourt Brace Jovanovich

Darwin, Charles (1859): On the Origin of Species by Means of Natural Selection. London: Murray

Dawkins, Richard (1976): The selfish Gene. Oxford: Oxford Univ. Press

Dux, Günter (1982): Die Logik der Weltbilder: Sinnstrukturen im Wandel der Geschichte. Frankfurt am Main : Suhrkamp

Dux, Günter (2000): Historisch-genetische Theorie der Kultur. Instabile Welten – Zur prozessualen Logik im kulturellen Wandel. Weilerswist: Velbrück Wiss.

Ehalt, Herbert Ch. (Hrsg.) (1985): Zwischen Natur und Kultur. Wien/ Köln/ Graz: Böhlau

Elias, Norbert (1987): Engagement und Distanzierung. Arbeiten zur Wissenssoziologie I. Frankfurt am Main: Suhrkamp

Elias, Norbert (^{14}1989): Über den Prozeß der Zivilisation. Soziogenetische und psychogenetische Untersuchungen. 2 Bände. Frankfurt am Main: Suhrkamp

Felkai, Gábor (Hrsg.) (1999): A szociologia kialakulása. Budapest: Új Mandátum

Francis, Emerich (1981): Darwins Evolutionstheorie und der Sozialdarwinismus. In: KZfSS 33. 1981. 209-228

Ganzer, Burkhard (1990): Lewis Henry Morgan. In: Marschall (Hrsg.) (1990): 88-108

Giesen, Bernhard/ Lau, Christoph (1981): Zur Anwendung darwinistischer Erklärungsstrategien in der Soziologie. In: KZfSS 33. 1981. 229-256
Gould, Stephen Jay (1991): Zufall Mensch. Das Wunder des Lebens als Spiel der Natur. München/ Wien: Carl Hanser Verlag
Guksch, Christian E. (1990): Leslie Alvin White. In: Marschall (Hrsg.) (1990): 277-294
Gumplowicz, Ludwig (1928): Soziologische Essays, Soziologie und Politik. Innsbruck: Wagner
Harris, Marvin (1990): Kannibalen und Könige. Die Wachstumsgrenzen der Hochkulturen. Stuttgart: Klett-Cotta
Hobbes, Thomas (1966): Leviathan oder Stoff, Form und Gewalt eines bürgerlichen und kirchlichen Staates (hg. von Iring Fetscher). Neuwied/ Berlin: Luchterhand (engl. Org. 1651)
Hume, David (1978): Ein Traktat über die menschliche Natur. Buch II: Über die Affekte. Buch III: Über Moral (hg. von Reinhard Brandt). Hamburg: Felix Meiner (unveränderter Nachdruck der ersten Auflage von 1906; engl. Org. 1739/1740)
Hume, David (^{2}1996): Eine Untersuchung über die Prinzipien der Moral (hg. von Gerhard Streminger). Stuttgart: Reclam (engl. Org. 1777)
Kellermann, Paul (1967): Kritik einer Soziologie der Ordnung. Organismus und System bei Comte, Spencer und Parsons. Freiburg i.Br.: Rombach
Kohl, Karl-Heinz (1990): Bronislaw Kaspar Malinowski. In: Marschall (Hrsg.) (1990): 227-247
Liesmann, Konrad (1985): Selektionen. Zum Verhältnis von Evolutionstheorie und Geschichtsphilosophie. In: Ehalt (Hrsg) (1985): 195-221
Marschall, Wolfgang (Hrsg.) (1990): Klassiker der Kulturanthropologie. München: Beck
Meleghy, Tamás (2001): Soziologie als Sozial-, Moral- und Kulturwissenschaft. Untersuchungen zum Gegenstandbereich, zur Aufgabe und Methode der Soziologie auf Grundlage von Karl Poppers „Evolutionärer Erkenntnistheorie". Berlin: Duncker und Humblot
Pál, Eszter (1999): Herbert Spencer. In: Felkai (Hrsg) (1999): 149-179
Peel, John David Yeadon (1971): Herbert Spencer. The Evolution of a Sociologist. New York: Basic Books
Piaget, Jean (1980): Der Strukturalismus. Stuttgart: Klett-Cotta
Popper, Karl (1973): Objektive Erkenntnis. Ein evolutionärer Entwurf. Hamburg: Hoffmann und Campe
Popper, Karl (1975): Die offene Gesellschaft und ihre Feinde, Band I: Der Zauber Platons. München: A. Franke (4. Aufl.)
Reichholf, Josef H. (1994): Der schöpferische Impuls. München: dtv
Riedl, Rupert (1975): Die Ordnung des Lebendigen. Systembedingungen der Evolution. Hamburg/ Berlin: Paul Parey
Riedl, Rupert (1980): Biologie der Erkenntnis. Berlin/ Hamburg: Paul Parey
Riedl, Rupert (1985): Die Spaltung des Weltbildes: Biologische Grundlagen des Erklärens und Verstehens. Berlin/ Hamburg: Paul Parey
Riedl, Rupert (1987): Kultur – Spätzündung der Evolution? Antworten auf Fragen an die Evolutions- und Erkenntnistheorie. München/ Zürich: Piper
Rieppel, Olivier (1992): Unterwegs zum Anfang. Geschichte und Konsequenzen der Evolutionstheorie. München: dtv
Ruijter, Arie de (1991): Claude Lèvi-Strauss. Frankfurt am Main/ New York: Campus
Runciman, Walter G. (1989-1990): A Treatise on Social Theory. Vol. 1-3. Cambridge: University Press
Sanderson, Stephen K. (1990): Social Evolutionism. A Critical History. Cambridge (Mass.)/ Oxford: Blackwell
Sanderson, Stephen K. (2001): The Evolution of Human Sociality. A Darwinian Conflict Perspective. Lanham/ Boulder/ New York/ Oxford: Rowman & Littlefield
Schmid, Michael (1998): Soziales Handeln und strukturelle Selektion. Beiträge zur Theorie sozialer Systeme. Opladen: Westdeutscher Verlag
Schmid, Michael/ Weihrich, Margit (1996): Herbert Spencer: Der Klassiker ohne Gemeinde: und eine Bibliographie und Biographie (Supplement zu Herbert Spencer: Einleitung in das Studium

der Sociologie. Ungekürzte Neuausgabe der 2. Aufl. Leipzig 1896/ Hrsg. Jürgen Cromm). Göttingen/ Augsburg: WiSoMed, Jürgen Cromm

Spencer, Herbert (1887): Die Principien der Sociologie, Bd. 2 (System der synthetischen Philosophie, Band VII). Stuttgart: Schweizerbart

Spencer, Herbert (1905): Eine Autobiographie. Stuttgart: Robert Lutz

Stehr, Nico/ Meja, Volker (Hrsg.) (1981): Wissenssoziologie. (Kölner Zeitschrift für Soziologie und Sozialpsychologie, Sonderheft 22/1980). Opladen: Westdeutscher Verlag

Testart, Alain (1992): La question de l'évolutionnisme dans l'anthropologie sociale. In: Revue française de sociologie 33. 1992. 155-187

Vanberg, Viktor (1994): Kulturelle Evolution und die Gestaltung von Regeln. Tübingen: Mohr

Welz, Frank (1998): Einleitung: Soziologische Theorie und Geschichte. In: Welz/ Weisenbacher (Hrsg.) (1998): 9-32

Welz, Frank/ Weisenbacher, Uwe (Hrsg.) (1998): Soziologische Theorie und Geschichte. Opladen/ Wiesbaden: Westdeutscher Verlag

Wilson, Edward O. (1975): Sociobiology. The new Synthesis. Cambridge (Mass.): The Belknap Press of Harvard Univ. Press

Winkler, Hans (1994): Tierisches Verhalten – ein Motor der Evolution. In: Wieser (Hrsg.) (1994): 194-220

Wieser, Wolfgang (Hrsg.) (1994): Die Evolution der Evolutionstheorie. Von Darwin zur DNA. Heidelberg/ Berlin/ Oxford: Spektrum

Wuketits, Franz M. (1989): Grundriß der Evolutionstheorie. Darmstadt: Wissenschaftliche Buchgesellschaft

Wuketits, Franz M. (1998): Naturkatastrophe Mensch. Evolution ohne Fortschritt. Düsseldorf: Patmos

Von der Fortschrittsidee zur Postmoderne
Der soziokulturelle Evolutionismus und die Veränderungen der historischen Anschauung*

Mihály Sárkány / Péter Somlai

Durch den Einfluss der Aufklärung hat sich die Auffassung vom historischen Fortschritt im 19. Jahrhundert weit in Europa verbreitet. Die sich damals herausbildenden neuen Wissenschaften der Gesellschaft und Kultur, die Soziologie und die Kulturanthropologie, wurden ebenfalls mehr und mehr von dieser Anschauung durchdrungen. Unter diesem Signum entstanden die Theorien der soziokulturellen Evolution und blieben lange Zeit in Geltung. Im letzten Drittel des 20. Jahrhunderts brachen die neuen Wellen der neo-evolutionistischen Theorien radikal mit dieser Interpretation der Evolution als historischem Fortschritt. Dadurch wiederum verblassten die Abschnittsgrenzen der Universalgeschichte, wurde die Bedeutung der Modernisierung unsicher. In unserer Studie stellen wir die *diesbezüglichen Tendenzen der Gestaltung der soziologischen und kulturanthropologischen Theorien* dar und behandeln die Folgen dieses Prozesses.

1 Progressivismus

Die Theorien über die Evolution der Gesellschaft und der Kultur im 19. und bis in die Mitte des 20. Jahrhunderts waren „konzeptuelle" Konstruktionen (G.P. Murdock 1965: 135). Ihre Schöpfer ordneten Angaben von Gesellschaften aus den verschiedensten Perioden und geographischer Umgebung zu irgendeiner Art von Entwicklungsreihe an. Manche von ihnen stimmten mit den seit der Antike existierenden allgemeinen Vorstellungen vom Fortschritt überein. So hielt sich z.B. lange Zeit, bis zur Wende vom 19. zum 20. Jahrhundert, die von dem vermutlich Aristoteles folgenden Dikaiarchos tradierte Ansicht, die Wildbeuterei, das Hirtentum und der Feldbau seien die Wirtschaftsformen gewesen, die in dieser Reihenfolge bei der Ausbeutung der natürlichen Ressourcen die Charakteristiken des Progresses des Menschen waren, und aus ihnen habe sich die Evolution der Wirtschaft ergeben (W.P. Koppers 1915/16: 611-651). Andere Denker wiederum, die sich auf eine – infolge gründlicherer Kenntnisse der nah-

---

* Für die kritischen Bemerkungen zur ersten Variante unserer Studie gebührt Péter Gedeon, Dénes Némedi und Eszter Pál unser herzlicher Dank. Eine große Hilfe bei der Fertigstellung unserer Arbeit war die Unterstützung durch OTKA (T-037764).

und fernöstlichen Kulturen und des immer mehr Räume erfassenden ethnologischen Interesses – gewachsene Menge von Angaben stützen konnten, kamen zu Folgerungen, die sich schwer mit der herrschenden Auffassung der betreffenden Zeit und ihren Moralprinzipien vereinbaren ließen. Wir wollen nur das offensichtlichste Beispiel dafür erwähnen – die Auffassung, ganz am Anfang sei die Promiskuität allgemein gewesen, dieser sei dann die Gruppenehe auf dem Weg zur Monogamie gefolgt, und im Einklang damit sei der gewohnten Männerherrschaft ein „Matriarchat" vorausgegangen (J.J. Bachofen 1861, L.H. Morgan 1877). Unabhängig davon, wie begründet die „Theorien" waren – das waren sie bei keinem der angeführten Beispiele –, war ihnen allen gemeinsam, dass ihre Schöpfer zwischen Evolution und Progress ein Gleichheitszeichen setzten.

Dieser Zusammenhang, von den Ergebnissen der europäisch-nordamerikanischen industriellen Zivilisation her betrachtet, wurde lange Zeit auch nicht in Frage gestellt. Die neuen Momente der Produktion materieller Güter, die gewachsene Komplexität und die Herausbildung neuer Formen der Gesellschaftsorganisation, die Zunahme der geistigen Leistungen und Erfindung ihrer Ausdrucksmittel waren Beweise dafür, dass die für die Natur allgemein als gültig anerkannte Evolution auch auf den seine Existenz mit der Kultur verwirklichenden Menschen bezogen werden könne. Und wie hätten all jene, die sich im Gedankenkreis der Evolution bewegten, nicht in den Beweisen für die Evolution einen Fortschritt sehen sollen, wo doch die Charakteristiken ihrer eigenen Zivilisation augenscheinlich die Richtung verkörperten, welche die Entwicklung zu nehmen schien.

Mit der Idee des Fortschritts wollten die Theoretiker der Aufklärung wie Ferguson oder Condorcet eine Richtung angeben, deren Abschnitte und Stationen zeigten, bis wohin die Völker und Reiche im Vergleich zueinander in der Zivilisierung, also in den Leistungen von Industrie, Landwirtschaft und Wissenschaften, bei der Verfeinerung der Sitten gelangt waren. Und diese Anschauung versprach der Evolutionismus des 19. Jahrhunderts mit Naturgesetzen zu untermauern. Die Richtung des Fortschritts gab auch die Methode für die historische Forschung und das gesellschaftswissenschaftliche Denken an. Das Wesen der *Comparative Method* ist, dass die gegenwärtige Welt wie ein großes Museum ist. In diesem Museum vermag der Besucher, also die entwickelte Menschheit, aus den Fundstücken der Primitiven, der Jäger und Fischer sowie der Feldbauer, seine eigene Kindheit und Jugendzeit zu erkennen. Dadurch entsteht der Anschein, dass sich die Zukunft aus jener Geschichte ablesen lässt, deren Ablauf gesetzmäßig ist und deren Gesetze mit den Regularitäten der Gestaltung der Natur bzw. des Lebens übereinstimmen. Wir, die Teilnehmer an der aufgeklärten Kultur und Mitglieder der modernen Gesellschaften, haben diese Regularitäten entdeckt, und wenn wir sie befolgen, dann gehen wir gemäß den universellen

Gesetzen der Evolution und zugleich in progressiver Weise, im Zeichen des Fortschrittes vor.

Auch Darwin selbst hat die von ihm entdeckten Gesetze so interpretiert,[1] und beispielsweise im Zeichen dieser Methode machte Marx im Vorwort zum Band I von „Das Kapital" seine deutschen Leser darauf aufmerksam, dass die Analyse des britischen Kapitalismus nicht nur eine Angelegenheit der Briten sei, denn „das industriell entwickeltere Land zeigt dem minder entwickelten nur das Bild der eignen Zukunft" (K. Marx 1867: 6).

Den Schlüssel zum progressivistischen Evolutionismus sahen viele von den späteren Kritikern in der *teleologischen Geschichtsanschauung* und darin, dass die als Ziel gesetzte Zukunft und der Weg zu ihr die Gesellschaftsanschauung von A. Comte, H. Spencer, K. Marx und anderer bestimmte (N. Elias 1986: 156). Auch die Entwicklungsidee wurde auf Grund dessen für lange Zeit mehr als eine wissenschaftliche Theorie. Es gab „progressivistisch" genannte Gruppen und Richtungen (z.B. in den USA am Anfang des 20. Jh.), die in scharfem Gegensatz zu den „reaktionären" Bestrebungen standen. „Progressiv" und „reaktionär" wurden in Europa, besonders in dessen östlicher Hälfte, zu Sammelbegriffen. Erstere vertraten die Zukunft, die Wissenschaft, die Demokratie, die Verbürgerlichung (und später den Sozialismus), letztere die Vergangenheit, die Privilegien, den Klerikalismus und das veraltete Weltbild. So wurde der Evolutionismus für lange Zeit „zur Philosophie, Theodizee, moralischen Vision, indem er die Rolle der Religion einnahm" (E. Gellner 1981: XVII).

2 Methodologische Kritiken

Allerdings wurde der Fortschrittsbegriff schon seit langem für bedenklich gehalten, und wer die evolutionistischen Theorien nicht akzeptierte, tat dies vor allem aus methodologischen Gründen. Vieles warf man ihnen vor, und zwar mit Recht. Das Beweismaterial wurde als zu wenig beurteilt. Die Interpretation der zur Verfügung stehenden Angaben schien einseitig zu sein und die Phantasie eine unbegründet große Rolle zu spielen. Man vermisste einen Maßstab, ohne den der Entwicklungsverlauf der einzelnen Gesellschaften nicht verglichen und infolge dessen auch nicht in eine logische Reihe gestellt werden konnte; infolge dessen akzeptierte Durkheim (1894) die Evolution höchstens im Falle einzelner Gesellschaften. Aus all diesen Gründen wurden die eigenen Schüler statt zur Erarbei-

---

[1] Im letzten Teil seines Werkes „Über die Entstehung der Arten durch natürliche Zuchtwahl (...)" schrieb er: „(...) können wir mit Vertrauen auf die Zukunft von gleichfalls unberechenbarer Länge blicken. Und da die natürliche Zuchtwahl nur durch und für das Gute eines jeden Wesens wirkt, so wird jede fernere körperliche und geistliche Ausstattung desselben seine Vervollkommnung zu fördern streben" (C. Darwin 1972: 568).

tung von evolutionistischen Schemata oder einer „conjectural history" (A.R. Radcliffe-Brown 1952: 3) zu anderen Tätigkeiten angeregt.

Die Verwerfung des Evolutionismus war selbst im Kreis derer nicht mit der Negierung jeder Art von Fortschritt verbunden, die mit dem kulturellen Relativismus, mit dem Verstehen der Kulturen in sich und mit ihrer Gleichwertigkeit argumentierten. Die quantitative Zunahme erkannten sie an, auch wenn sie qualitative Unterschiede ablehnten.

In der Mitte des 20. Jahrhunderts kam allerdings diese Selbstsicherheit ins Wanken. Leslie White, der die kulturelle Evolution von der technischen Entwicklung her angeht und sie im Pro-Kopf-Verbrauch an Energie misst, betrachtet die mit der Atomenergienutzung beginnende Periode voll Zweifel. „New technologies in the past have rendered old social systems obsolete but they have replaced them with new systems. The new nuclear technology however threatens to destroy civilization itself, or at least to cripple it to such an extent that it might require a century, a thousand, or ten thousand years to regain its present status (...) technology is still the leading character in our play, even though it may turn out to be a villain instead of the hero (...) The belief and faith that civilization, won at such great cost in pain and labor, simply cannot go down in destruction (...) is but a naive and anthropocentric whimper"– schreibt der die Verwirklichung der Evolution für ein Naturgesetz haltende Autor, der dasselbe vom Fortschritt nicht behauptet (L.A. White 1949: 389-391).

Seine Warnung hat natürlich seine evolutionistische Wahrnehmung der Vergangenheit nicht tangiert. Noch jahrzehntelang erschienen Arbeiten, unter ihnen sein groß angelegtes Werk „The Evolution of Culture" (L.A. White 1959), die hinsichtlich der gesamten Menschheit zu belegen versuchten, dass es allgemeine eindeutige Beweise des kulturellen Fortschritts gebe – wir denken hier in erster Linie an Carneiros Studien (1962, 1973) –, dass sich die verschiedenen Ebenen soziokultureller Integration beschreiben ließen, oder dass sich in einem geographisch und historisch umgrenzbaren Raum ein Veränderungsprozess abgespielt habe, der aufgrund der verfügbaren, vor allem archäologischen Funde und ethnologischen Parallelen als Evolution dargestellt werden könne, wie dies Steward und Faron (1959) an der Beschreibung der südamerikanischen Indianervölker demonstriert haben.

Seit den 1960er-Jahren wurde die neo-evolutionistische Richtung allerdings immer mehr in den Hintergrund verdrängt und es trat eine anti-evolutionäre Wende ein. Das Wesen dieser Wende war, dass die *Forscher und Theoretiker bestrebt waren, sich radikal von den früheren „progressivistischen" Hypothesen und ihrem theoretischen Rahmen zu trennen.* Die Verfasser dieser Studie können im gegebenen Rahmen nicht unternehmen, die Wende im gesamten Bereich der Gesellschaftswissenschaften detailliert zu beschreiben. Sie haben sich im Weiteren nur darum bemüht, einige Entwicklungen dieser Wende zu skizzieren, indem sie die heutige Gestaltung zweier Wissenschaften, der Kulturanthropologie und der Soziologie, untersuchen.

In der zweiten Hälfte des 20. Jahrhunderts mehrten sich jedoch Stellungnahmen, die auf die ökologischen Schranken der menschlichen Entwicklung aufmerksam machten. Es wurde die Ansicht formuliert, dass in der globalen Weltordnung mit ihrer Wechselwirkung von Zentrum und Peripherie die Masse derer breiter wird, denen keine Möglichkeit gegeben ist, jener Segnungen der Zivilisation teilhaftig zu werden, die den Alltag der Bewohner der industriellen Spitzenzonen der Welt ausmachen, sodass sich infolge dessen zwischen dem logischen Verlauf der Gesellschaftsentwicklung und ihrer erlebbaren Wirklichkeit eine Kluft auftut. Es überrascht nicht, dass sich das Interesse von abstrakten Evolutionsschemata auf die konkreten historischen Prozesse verlagerte, die diese Weltlage hervorgerufen haben.

Natürlich lassen sich solche Meinungen, die den menschlichen Fortschritt in Zweifel zogen, auch schon seit der Antike anführen. Deren Vertreter nannten sich jedoch nicht Evolutionisten. In der neuen Situation begannen jedoch die an der Evolution Interessierten zu untersuchen, ob die historischen Datenreihen überhaupt die als gesellschaftliche und kulturelle Evolution beschriebene Karriere des Menschen auf der Erde unterstützen.

Zu einem wichtigen Fragenkreis derartiger Untersuchungen wurde *der Zusammenhang von demographischen Veränderungen, Ernährung und kultureller Evolution*. Wir denken unter anderen an Arbeiten von Stephen Polgár (1975), Marshall Sahlins (1972), Marvin Harris (1978) und Marc Cohen (1989). Es wurde festgestellt, dass alle großen Veränderungen, die die frühere Forschung je einer Wirtschaftsform glaubte zueignen zu können, langsam herangereift waren und sich als revolutionär in ihrer Auswirkung und nicht im Tempo ihres Ablaufs erwiesen. Sie waren bei weitem nicht unbedingt mit einer Verbesserung der Ernährung oder einem für den Einzelmenschen messbaren Wachstum der Lebenschancen verbunden, und sie betrafen auch die einzelnen Menschengruppen nicht gleich vorteilhaft. Und für die Menschheit als Ganzes war bis zur Periode der Entfaltung des Kapitalismus eine bescheidene Wachstumsrate charakteristisch. Zwar schaltete die Menschwerdung größtenteils jene gewissen biologischen Mechanismen aus, die die Populationen der dem Menschen vorausgehenden Arten hatten relativ beständig sein lassen, doch folgte die Vermehrung des Menschen nicht der Malthusschen Prophezeiung. Man kann zwar nicht behaupten, dass bewusste Bevölkerungspolitik die Mitglieder der „original affluent society" (M. Sahlins 1972: 1. Kap.) zu „Mördern des Garten Edens" (M. Harris 1978: 1. Kap.) gemacht hatte, sondern eher Überlegungen der Existenzerhaltung, wie auch später das langsame Bevölkerungswachstum das Ergebnis von Entscheidungen war, die aus den verschiedensten kulturellen Präferenzen hervorgingen.

Eine wesentliche Änderung in diesem Prozess brachte *die industrielle Revolution*, die vorübergehend den Arbeitskraftbedarf steigerte und die Möglichkeit schuf, auch die zur Versorgung nötigen Güter zu produzieren. Zudem kam noch eine wissenschaftliche Revolution hinzu, als deren Ergebnis eine Serie von demographischen Explosionen in verschiedenen Teilen der Welt erfolgte. Deshalb können wir heute schon von durchschnittlicher Lebensdauer auch in dem Sinne des Wortes sprechen, dass sie von vielen erreicht wird und ihre Länge in der modernen Gesellschaft erheblich zugenommen hat, während weltweit und regional die Ungleichheiten der Lebenschancen erhalten blieben, ja sogar gewachsen sind (A.E. Imhof 1985; M. Harris/ E.B. Ross 1987; M.N. Cohen 1989: 140-142).

Auf jeden Fall darf die Geschichte nicht einfach als Entwicklung dargestellt werden. Es hat auch Devolutionen und Involutionen gegeben (C. Geertz 1963). Zuweilen schritten die Bewohner im Randgebiet der Erfolgreichen voran, wie im Falle des Übergangs zum Feldbau, oder die unter den schlechtesten Bedingungen Lebenden erwiesen sich in einer Gesellschaft, der es an Individuen mit Unternehmungsgeist und Reichtum an Ideen mangelte, als Antriebsmotor, wie in den mittelalterlichen Städten. Diese Erkenntnisse, von denen wir mit gewisser Übertreibung auch sagen können, dass Kulturanthropologen die bekannten historischen Tatsachen in ihr eigenes Begriffsnetz einfügten, um an ihnen neue Fragen aufwerfen zu können, haben dazu angeregt, die Veränderungsprozesse detailliert und im Zusammenhang von Ursache und Wirkung darzulegen, vereinfachende Erklärungen zu vermeiden und Modelle mit heuristischem Wert zu suchen – und all das dient wiederum der Interpretation der Prozesse. Lehrreich in dieser Hinsicht ist es, die Studien über die Entwicklung der politischen Organisation zu verfolgen, besonders jene über die Entwicklung des Staates, umso mehr, als dies der Bereich gesellschaftlichen Seins ist, in dem die Forscher auch heute vielleicht am meisten von Evolution sprechen.

Vergleichen wir beispielsweise Engels' Erörterungen mit den heutigen Überlegungen und achten dabei nicht nur auf die Ausrichtung, sondern auf die Argumentation, dann werden wir die Abstraktionsebenen, auf denen sich die Autoren bewegen, als höchst unterschiedlich befinden. Engels leitet die Herausbildung des Staates aus seiner Funktion ab, indem er sagt, dass in der in Klassen geteilten Gesellschaft ein über der Gesellschaft stehendes Machtorgan benötigt wird, das dem Gegensatz der Klassen Schranken setzt, ihren Zusammenstoß abschwächt und im Interesse der herrschenden Klasse im Rahmen der „Ordnung" hält (F. Engels 1884: 143).

In dieser „Ursprungs"-Erklärung bekommen also ein gewisser gesellschaftlicher Umstand, der einen Bedarf anmeldet, und die gesellschaftliche Antwort, die den Bedarf befriedigt, großes Gewicht. Aber weder der Bedarf noch die Antwort auf ihn lassen sich auf bekannte Angaben zurückführen, sondern allein auf die

Interpretation einzelner Angaben entsprechend der marxistischen Geschichtsauffassung. Es mag genügen, wenn wir auf die Diskussionen hinweisen, wie schwer der Begriff 'gesellschaftliche Klasse' in den Gesellschaften der frühstaatlichen Stufe zu interpretieren ist.

Henri Claessen hat sich Jahrzehnte hindurch mit der Frage der Entstehung des Staates beschäftigt, allein und mit anderen Bände herausgegeben zur möglichst vielseitigen, also an Hand von möglichst vielen Beispielen vorgenommenen Beleuchtung des Phänomens (H.J.M. Claessen/ P. Skalník 1978, 1981). Die Herausbildung der frühen Staaten führte er auf den gemeinsamen Einfluss einer ganzen Reihe von Faktoren zurück. Solche sind Bevölkerungsdruck, Krieg, Eroberung, Ideologie, Mehrproduktion sowie allgemein der Erwerb der Herrschaft und Kontrolle über die Wirtschaft und der Einfluss schon bestehender Staaten. Dabei betonte er, dass diese Faktoren im jeweiligen Fall in unterschiedlichem Maß und Intensität beteiligt waren, wobei sich die Fälle in einem „komplexen Interaktionsmodell" miteinander verbinden ließen. In diesem Modell gibt es keinen Primärfaktor, dagegen existieren positive und negative Feedbacks, und dementsprechend sind Entwicklung und Rückfall sowie die Folge der Entscheidungen oder der Auswahl nicht immer vorauszusehen. Letztlich reduzierte Claessen die Erklärung auf vier Faktoren: Ideologie, Beherrschung und Kontrolle der Wirtschaft, Gesellschaftsform, die dem Lauf der soziopolitischen Evolution die Richtung gibt, und schließlich „besitzt die herausragende sozialpolitische Form ein eigenes Moment, das als vierter Faktor anzusehen ist" (H.J.M. Claessen 1989: 235). Die Antwort wird also auf einer weit niedrigeren begrifflichen Abstraktionsebene als die Engelssche formuliert, wenn man sich dem partikulären historischen Kontext annähert.

3 Evolution und Geschichte

Wenn die Entstehung eines Phänomens dem Zusammenspiel mehrerer Faktoren zuzuschreiben ist und diese in sehr verschiedenen Kombinationen auftreten können, zudem auch der Ausgang des Prozesses nicht wirklich voraussehbar ist, dann wird es fraglich, wie weit die Prinzipien der Evolution anwendbar sind. In diesem Fall pflegt die Frage nach dem Begriffsverhältnis von Evolution und Geschichte aufzutauchen (S.C. Humphreys 1977: 341). Dieses Problem ist von wenigen untersucht worden, während sie doch leichthin Stellung für die Präferierung einer der beiden Interessenrichtungen bezogen, was überrascht, weil beide Interessen aus denselben Phänomenen gespeist werden: aus den auf die Vergangenheit bezogenen Angaben. Und keine der Richtungen begnügt sich mit bloßer Aufzählung der Angaben (J.W. Raum 1983: 291).

Einer dieser wenigen, Leslie White, sah die Beziehung 1945 folgendermaßen. Logisch und begrifflich lassen sich drei kulturelle Prozesse derselben Ereignisse voneinander trennen, und diesen entsprechen drei Typen von Interpretation:

1. temporaler Prozess, d.h. die chronologische Reihe individueller Ereignisse, diesen studiert die Geschichte;
2. formaler Prozess, der sich mit den Phänomenen nicht von ihrer temporalen, sondern von der strukturellen und funktionellen Seite her beschäftigt, und deren adäquate Untersuchung ist die strukturell-funktionalistische Methode;
3. temporal-formaler Prozess, der uns die Formen der Phänomene als chronologische Reihe darbietet, und dessen Interpretation ist der Evolutionismus.

Alle drei Interpretationen sind legitim, notwendig und bieten die Möglichkeit, Kenntnisse zusammenzufassen, aber die evolutionistische ist grundlegender als die beiden anderen, weil sie das Phänomen in seiner Vollständigkeit erfasst, während die historische oder die strukturell-funktionalistische Annäherung immer nur eine seiner Seiten betrachtet und deshalb zu Teilergebnissen führt. Aber auch ein Teilergebnis ist nicht zu verachten, und White verteidigt die „Wissenschaftlichkeit" der historischen Methode, er hält sie nur für ein anderes Verfahren des Betreibens von Wissenschaft als das evolutionistische Interesse.

Mit dieser Stellungnahme versuchte White, den Unterschied, den die neukantianischen Philosophen zwischen nomothetischen und idiographischen Wissenschaften machen und den Boas in die amerikanische Anthropologie vermittelt hat, zu überwinden – ob mit Erfolg, kann in Frage gestellt werden. Denn er hält für das Charakteristikum des temporalen Prozesses den Zufall und nicht die Vorhersehbarkeit (also lassen sich daraus kaum Gesetzmäßigkeiten herauslesen), während er den determinativen Charakter des temporal-formalen Prozesses betont, der in großem Maße voraussehbar ist, sodass sich evolutionistische Theorien formulieren lassen (1949: 229-230). Folglich wiederholte er nur in anderer Form den Unterschied, der neben anderen von Boas (1896) zwischen der Bestrebung um eine den konkreten Gang der Ereignisse beschreibenden (wie es eigentlich ist) und zu erklären versuchenden Geschichte und einer Darstellung der vom zeitlichen und räumlichen Kontext abstrahierenden Evolution schon formuliert wurde.

Es ist sinnvoll, sich hier auch auf Murdocks Argumente zu berufen. Seiner Ansicht nach entsprechen die als maßgeblich betrachteten neo-evolutionistischen Theorien der amerikanischen Kulturanthropologie keineswegs den Kriterien der Evolution, weil

1. die Evolution ein tatsächlich ablaufender Veränderungsprozess und nicht die klassifizierende Charakteristik einer Reihe aufeinander folgender Erscheinungen ist,

2. die Evolution aus wirklichen Ereignissen besteht und nicht aus deren Abstraktionen, „so that evolutionary development is historical in the strictest and most literal sense",
3. der Verlauf der Evolution grundsätzlich divergent und multilinear ist; wo es parallele Evolution gibt, sind die Ergebnisse nur in typologischem Sinne ähnlich und nie identisch,
4. „evolution operates by a purely fortuitous mechanism, and is neither predictable, predetermined, nor purposive" (G.P. Murdock 1965: 134).

Es gibt nicht nur zahlreiche voneinander abweichende Auffassungen der Evolution, sondern auch des Interesses an der Geschichte, was bei ihren Vergleichen nicht geringe Schwierigkeiten verursacht. Wenn wir nur an den französischen Annales-Kreis denken, der bei der Darstellung der Geschichte das Ineinanderspiel der fast ständig wirkenden Faktoren, der langwirkenden Faktoren und der kurzzeitig zur Geltung kommenden Einflüsse berücksichtigt, dann sehen wir bereits ein Beispiel, das über das von White aufgeworfene historische Interesse hinausweist und sich gleichzeitig auch nicht mit der evolutionistischen Abstraktion begnügt. Es fällt auch nicht schwer, Bestrebungen zu registrieren, die in der Geschichte die Entdeckung von Regularitäten und Gesetzmäßigkeiten beabsichtigen, wobei sie bis zu geschichtsphilosophischen Verallgemeinerungen gelangen, wie beispielsweise Ferenc Tőkei (1965: 86), wenn er einen Unterschied zwischen dem typischen und dem allgemeinen Weg der Entwicklung macht und dafür aus den logisch aneinander gereihten sozioökonomischen Formationen die Asiatische Produktionsweise hervorhebt.

Aufgrund dieser Ausführungen kann der Gedanke aufgeworfen werden, dass die Forschung im Zeichen der Evolution oder der Geschichte manchmal nur eine Frage der Sprache ist. Wenn Kirch (1984) beispielsweise die Evolution der polynesischen Vorstände beschreibt und dabei eine uralte polynesische Gesellschaft rekonstruiert, die sich, über die Inseln verstreut, differenzierte und transformierte, wobei sie viele kleine gesonderte Welten schuf, die gemeinsame gesellschaftsorganisierende Grundlagen hatten, dann geht er genauso vor wie die Urgeschichtler der europäischen Gesellschaften, wenn sie sich bloß auf archäologische Funde und sprachliche Fakten stützen können. Der einzige Unterschied ist nur, dass Kirch mit Vorliebe das biologisch begründete Arsenal der Evolutionsbegriffe benutzt, allerdings die Wörter nur im abstrakten, metaphorischen Sinne verwendend – später aber auch darauf verzichtete, in seiner erneuten Rekonstruktion der ozeanischen Urgeschichte (P.V. Kirch 1997). Des Weiteren gibt es wesentlich detailliertere Kenntnisse über die Produkte des angenommenen Prozesses, über die im 18. bis 20. Jahrhundert gründlich beschriebenen Gesellschaften, als jene, die wir über die europäischen Völker besitzen, die mit der Schriftlichkeit den Schauplatz der Geschichte betraten. Natürlich unternehmen andererseits die Urhistoriker wahrscheinlich manchmal etwas Unmögliches und sind höchstens fähig, einzelne und noch dazu nicht allzu lange Evolutionen zu skizzieren, einzig aufgrund der Datenbasis, die sie als Geschichte darstellen.

Die Beispiele ähnlicher Übereinstimmungen der sich um beide Begriffe gruppierenden Forschungen, die Fälle von unter dem Namen der Evolution laufenden historischen Untersuchungen ließen sich noch vermehren; Durham (1992: 339-341) liefert in seinem Überblick eine Reihe von ihnen. *Dennoch ist es in Wirklichkeit irreführend, ein Gleichheitszeichen zwischen dem Interesse an der Evolution und dem historischen Interesse zu setzen.* Denn der Unterschied der Orientierung ist unbestreitbar. Selbst wenn der Historiker sich noch am ehesten auf der philosophischen Ebene bewegt, bemüht er sich, ausgehend von individuellen Ereignissen und sie zum Prozess ordnend, eine allgemeine Erklärung für ihre Individualität zu finden, ohne dabei die Irreversibilität der Zeit zu vergessen. Gestützt auf das kulturelle anthropologische Material hat das Schulbeispiel solcher Forschung Erik Wolf geliefert. Er bewies mit der Darstellung einer Vielzahl von Einzelfällen, dass in jenem Prozess, in dessen Verlauf sich Europa auf die ganze Welt erstreckte, die außereuropäischen Gesellschaften diesen Prozess nicht einfach passiv erduldeten, sondern sich manchmal aktiv anpassten und zu anderen Zeiten ausgeplünderte Opfer waren. Aber ihre gesellschaftlichen und kulturellen Eigenheiten tragen auf jeden Fall die Begegnung mit den Europäern und die Spuren der dieser folgenden wirtschaftlichen und sonstigen Beziehungen an sich, die nicht einfach als Weiterleben uralter Traditionen, sondern in ihrer historischen Gestaltung zu verstehen sind, seien sie auch noch so überraschend wie die die Güter der nordamerikanischen Indianer zerstörenden *potlatch* (E.R. Wolf 1982: 184-192).

Der Forscher der gesellschaftlichen und kulturellen Evolution wollte nicht zu solchen Folgerungen gelangen. Er begnügte sich mit der Feststellung der Eigenarten einzelner gesellschaftlicher Entwicklungsebenen, mit der Skizzierung ihrer aufeinander folgenden Reihe, und war davon überzeugt, er habe die Richtung der Geschichte und den Wirkungsmechanismus jener Faktoren gefunden, die diese Richtung als wirklichen Prozess erklären.

4 Von der neo-evolutionistischen Soziologie zum Aufgeben der Fortschrittsidee

Ein regelmäßiges Nacheinander der Abschnitte der Universalgeschichte setzte auch die Soziologie des 19./20. Jahrhunderts voraus. Die Begriffe „Industriegesellschaft" ebenso wie „Kapitalismus" waren in einen umfassenderen historischen Prozess eingebettet, der als Modernisierung zu betrachten war. Es gab zwar voneinander abweichende – positivistische, liberale bzw. marxistische – Varianten dieser Anschauungsweise, aber auch wichtige gemeinsame Züge. So ging jede Variante von der jahrtausendlangen Gestaltung der europäischen Gesellschaftsgeschichte aus. Man war der Ansicht, die sich im Laufe der industriellen Revolution, vor allem seit Beginn des 19. Jahrhunderts zuerst im Westen und dann auch in anderen Teilen der Welt verbreitenden modernen Gesellschaften seien „entwickelter" (also „progressiver") als die Gesellschaftstypen oder -formationen, die zu früheren historischen Abschnitten gehörten. Das wichtigste Beweismaterial und die Quelle der Evolution lieferte die moderne Technik bzw. die auf ihr beruhende Industrie. Entsprechende historische und damit zugleich evolutionäre Bedeutung erhielten auch die moderne Wissenschaft, die moderne Wirtschaft, das politische und Rechtssystem sowie die unterschiedlichen Institutionen der modernen Gesellschaft.

Den Gedanken einer so allgemeinen Richtung der Gesellschaftsentwicklung akzeptierten sogar jene noch lange (wie z.B. E. Durkheim und seine Schüler), die ansonsten die evolutionistischen Thesen von H. Spencer und anderen bestritten. Wir erinnern wieder daran, dass die Fortschrittsidee bis ans Ende der 1960er-Jahre zu den Leitideen der Gesellschaftswissenschaften gehörte. Natürlich gab es wichtige Kritiker der Idee der Progression – von J.-J. Rousseau über die Romantiker und Nietzsche bis zu den „Kulturkritikern" des 20. Jahrhunderts. Aber ihre Argumente wiesen die Soziologen gerade mit Berufung auf die Evolutionsgesetze und mit dem Hinweis zurück, die technischen, wirtschaftlichen, wissenschaftlichen oder politischen Ergebnisse der modernen Gesellschaften bewiesen am nachdrücklichsten die Gültigkeit der Evolution als Fortschritt.

Der *Optimismus des Progressivismus* erfüllte die Soziologie lange Zeit. Theoriehistorisch ist auch sehr interessant, dass daran weder die Berichte über Auschwitz und andere faschistische Todeslager noch über den Abwurf der Atombombe auf Hiroshima etwas änderten. Die unmenschlichen Mächte und zerstörerischen Kräfte betrachtete die modernistische Soziologie nach 1945 als Faktoren, die eine Menschheit, die aus der Vergangenheit lernt, schon bald aus den künftigen Gesellschaften ausschließen und damit überwinden werde. Die Marxisten erwarteten dies von der Welt des den Kapitalismus abzulösenden Kommunismus, die liberalen Soziologen dagegen – vor allem in den Vereinigten Staaten – von der nach und nach verbesserten Selbstregelung der „offenen Gesellschaft".

Man denke nur an den „main stream" der soziologischen Theorie in der Mitte des 20. Jahrhunderts und manche seiner Vertreter, wie *T. Parsons, R. Aron* und *R. Dahrendorf!* Sie alle interpretierten die menschliche Geschichte als Entwicklung vom Zustand der primitiven Gesellschaften bis zu den modernen Industriegesellschaften. Sie schlossen sich dem herrschenden Standpunkt der früheren Soziologie an, dass die Modernisierung einen Gegensatz zu den Traditionen, dass Mobilität und Offenheit einen Gegensatz zu Beständigkeit und Geschlossenheit bedeuten. T. Parsons interpretierte die historischen Typen der

Gesellschaften von der Modernisierung her, indem er bei ihnen vier „Evolutionsuniversalien" (evolutionary universals) unterschied (Technologie, auf Inzestverbot beruhende Verwandtschaftsorganisation, sprachliche Kommunikation und als vierte die Religion – s. T. Parsons 1964).

Neben der Industrialisierung und der technischen Entwicklung hatte die Evolutionstheorie dieser Periode auch einen *politischen Aspekt*. In der Sowjetunion und den mit ihr verbündeten Ländern verkündete man im Zeichen der gesetzmäßigen Entwicklung die Höherwertigkeit des Sozialismus, wohingegen die Liberalen für die Leistungen der modernen Demokratien und Wohlfahrtsstaaten eine evolutionäre Erklärung gaben. Man denke nur an T.H. Marshall, der die Theorie von der allmählichen, stufenweisen Ausweitung der Menschenrechte von den bürgerlich-politischen über die wirtschaftlichen und sozial-kulturellen bis hin zu den Solidaritätsrechten formulierte (T.H. Marshall 1964).

Derartige Theorien schufen die Basis der soziologischen Interpretation der Modernisierung etwa bis ins letzte Drittel des 20. Jahrhunderts. Doch von den 1970er-Jahren an änderte sich die Lage gründlich. Bevor wir auf die Veränderungen der neo-evolutionären Theorien eingehen, wollen wir an das breitere historische Umfeld und den Hintergrund dieser Prozesse erinnern.

Seit der zweiten Hälfte der 1960er-Jahre kam es in den Industrieländern zu neuen gesellschaftlichen, politischen und kulturellen Entwicklungen. Anfangs war nur zu erkennen, dass sich eine ganze Generation (die „große Generation") und vor allem die Teilnehmer an den amerikanischen, west- und osteuropäischen Studentenbewegungen gegen die Welt ihrer Eltern, gegen die Werte der Konsumgesellschaft wandten. Aber in den Brennpunkt der Kritik des neuen, postmateriellen Wertsystems und der mit ihm verbundenen Gegenkultur gerieten bald neben den Werten des Massenkonsums und der manipulierten Öffentlichkeit die nukleare Bewaffnung, die Zerstörung der natürlichen Umwelt, die amerikanischen und sowjetischen Varianten der Großmachtpolitik im Verein mit ihren in der Dritten Welt geführten Kriegen, des Weiteren die weltwirtschaftlichen Ungleichheiten und die Armut der Menschen in der Dritten Welt.

All das gestaltete die Geschichtsauffassung und den Zeitgeist radikal anders. Ein gutes Beispiel für die Kraft und den Charakter der Veränderung ist die Art, wie in den 1970er-Jahren im Westen die Bücher Solschenizyns, besonders „Der Archipel Gulag", aufgenommen wurden. Das dort Beschriebene wurde nicht mehr so interpretiert wie die Ereignisse im Zusammenhang mit dem Nazismus bzw. den beiden Weltkriegen des Jahrhunderts, also nicht als Einzelfall, Sackgasse oder ein Fehler derer, die vom Hauptweg der Entwicklung abgewichen waren, nicht mehr als etwas, das wir hinter uns lassen können, wenn wir die Ratio zum Triumph geführt haben. Bis zum Ende des 20. Jahrhunderts hatte jene Modernisierungstheorie, die den Industriegesellschaften verschiedenen Typs – der kapitalistischen wie der sozialistischen – eine Zukunft der friedlichen Konvergenz verhieß, all ihren Kredit verloren Die Verunsicherung zeigt sich gut daran, wie schwer die Antwort auf die Herausforderung des sich ausbreitenden Terrorismus gefunden wurde oder mit welchem Unverständnis die in der Dritten Welt auftauchenden Bestrebungen einer Gesellschaftsgestaltung aufgenommen wurden, einzelne Errungenschaften der westlichen Zivilisation anzunehmen, aber ihre Wertordnung abzulehnen.

Später wurde das geistige Klima mit noch größerer Kraft durch die neuen Wellen der Globalisierung, dann durch den Untergang der Sowjetunion und der sozialistischen Systeme Osteuropas und später durch die ethnischen und religiösen Gegensätze, Kriege, den aggressiven Fundamentalismus bzw. die als „Tribalismus" bezeichneten Ideen und Bestrebungen überall in der Welt umgestaltet. Angesichts der die Blutrache und Blutbäder, die Kämpfe um Sarajevo, Srebrenica und den Kosovo zeigenden Fernsehsendungen verlor der Gedanke seine Glaubwürdigkeit, in entwickelten Zivilisationen gebe es keinen Platz mehr für den „Barbarismus". Diese Entwicklungen veränderten bis zum Ende des 20. Jahrhunderts die Mentalität und nahmen nach und nach dem Gedanken der historischen Progression und damit dem ursprünglichen Geist des Evolutionismus die Glaubwürdigkeit.

5 Der Neo-Neoevolutionismus, die Postmoderne und ihre Folgen

Zu der Veränderung des „Zeitgeistes" passten gut die Entwicklungen, die in der Gesellschafts- und Kulturtheorie bzw. in den einzelnen Gesellschaftswissenschaften vor sich gingen. Das lässt sich an der Modifizierung der wichtigen methodologischen Richtungen der Geschichtsschreibung und damit der Geschichtsanschauung erkennen. In den Vordergrund trat die Erforschung der Ereignisse gegenüber der der „long durée", die der Mikrogeschichte gegenüber der der Makrogeschichte, die Untersuchung der Erinnerung und der Mentalität gegenüber der der „Fakten" und der Gesellschaft. Voraussagen sind nur in einem engen Bereich, einem spezifischen Rahmen möglich – es ist ein falscher Versuch, Prognose im historischen Sinne der Modernisierung zu treiben. In der neuen Anschauung gibt es für den Universalismus keinen Platz – er wird als Beispiel der europäischen Höherwertigkeit verworfen (K. Jenkins 1997).

Diese Veränderungen, die Verbreitung des Kontextualismus und der Mikrogeschichte bzw. parallel mit ihnen der neuen, konstruktivistischen Richtungen in der Wissenschaftstheorie, waren alles Entwicklungen, die mit der Umgestaltung des gesellschaftswissenschaftlichen Evolutionismus übereinstimmten. Sie stimmten deshalb mit ihr überein, weil alle diese Richtungen erkenntnistheoretisch von der kontingenten Wirklichkeit und der konstruktiven Natur des Wissens ausgingen.

Am Ende des 20. Jahrhunderts öffneten sich in einer ganzen Reihe von Wissenschaftsgebieten – z.B. in der Ethologie, der Evolutionspsychologie, der Kommunikationstheorie und mehreren Bereichen der Informatik, in der Erforschung der künstlichen Intelligenz, bei der Untersuchung sprachlicher Veränderungen, in der sog. „cognitive science" (J. Barkow/ L. Cosmides/ J. Tooby 1992) – neue Forschungsbereiche, man wendete neue Kenntnismethoden und Prinzipien an. Die neuen Methodologien und Interessenrichtungen übten auch großen Einfluss auf die Gesellschaftswissenschaftler aus, vor allem auf jene, die zwar ihren Bruch mit der progressivistischen Geschichtsanschauung vollzogen hatten, aber an der evolutionistischen Methodologie bei der Untersuchung der kulturellen und gesellschaftlichen Erscheinungen festhalten wollten. So geschah es, dass sich *statt Konzeptionen, die sich auf die Richtung der Geschichte bezogen, immer mehr kybernetische bzw. biologische Modelle auch bei der Erklärung der gesellschaftlichen und kulturellen Phänomene verbreiteten.* Das lässt sich in der Volkswirtschaftslehre (J.J. Vromen 1995), der Soziologie (S.K. Sanderson 2001) und der Politologie (G. Schubert 1989) beobachten. Von den vielen diesbezüglichen Beispielen sei hier auf die Analyse der Wirkungsweise unterschiedlicher Adaptations- und Selektionssysteme bzw. auf die Anwendung solcher auf genetischen Algorithmen beruhender Modelle hingewiesen, mit denen Gesellschaftswissenschaftler das Geschehen in kooperativen Gesellschaftsorganisationen oder die Regularitäten bei der Entstehung von Machtkonflikten erklärten (J. Skvoretz/ T.J. Fararo 1995).

Die kybernetisch-biologische Auffassung hat dadurch zu einem wieder neuen Abschnitt des Evolutionismus geführt, den man vielleicht Neo-Neoevolutionismus nennen könnte. Dem gemäß ist die gesellschaftliche Evolution auch weiter eine „Steigerung der Komplexität der Gesellschaft", aber dieser Prozess ist zufallsgeneriert mit zunehmend unwahrscheinlicher Komplexität und wachsender Selektivität. Statt bruchlosen Voranschreitens charakterisieren seinen Ablauf häufiger Stillstand, Brüche, Stockungen und Umkehrungen. Das Ergebnis ist Selbstregulation auf einem bestimmten Niveau. Nach dieser Auffassung hat die Evolution nicht einen einzigen und einheitlichen Träger und ist deshalb nur in der Mehrzahl gültig.

Gemäß diesen neuen Gesichtspunkten waren die Anhänger des Neo-Neoevolutionismus bestrebt, ihre Hypothesen über die früheren Grundfragen der Gesellschaftswissenschaften zu erarbeiten, etwa über die Entstehung der Moral und normativen Ordnung (M. Ridley 1997). Derartige Forschungen trennten sich am radikalsten von den Modellen teleologischer oder intentionaler Handlungen, die auf das Verstehen von Zielen und Absichten gerichtet sind. *Sie bemühten sich nicht um das „Verstehen" der Aktoren, Interessen und Handlungsmotive und auch nicht der Entscheidungssituationen, sondern in den Vordergrund der Untersuchung traten vor allem die unbeabsichtigten Folgen der Entscheidungen.*

Gefördert wurde dies auch durch die Verbreitung des seit den 1980er-Jahren immer populärer werdenden methodologischen Individualismus und der rationalen Entscheidungstheorie. Die neo-neoevolutionistische Gesellschaftsforschung versuchte also endgültig jene Bande zu zerreißen, die ihre Theorie noch – wenn auch noch so locker – mit der früheren evolutionistischen Theorie und dadurch mit der Idee vom Fortschritt verknüpften. Solche Bestrebungen bestätigten die theoriehistorische Auffassung N. Luhmanns, wonach *der Weg der Evolutionstheorien von der Idee des Fortschritts über die strukturalistische Theorie hin zur die wachsende Kontingenz betonenden neo-evolutionistischen Systemtheorie führt:* „We can distinguish three different ways of connecting different phases, stages, or epochs in social history. The first uses the idea of progress. The second describes history in structural terms as increasing differentiation and complexity. The third describes history and, in particular, evolution as increasing improbability (...)" (N. Luhmann 1992: 283).

Als Diskussionspartner N. Luhmanns war es *J. Habermas,* der am längsten die Gesellschaftstheorie des Evolutionismus zu vertreten versuchte. Er hatte schon Mitte der 1970er-Jahre in mehreren Vorträgen und einer Studie (J. Habermas 1976) betont, dass man die Theorie der soziokulturellen Evolution erneuern müsse. In diesem Bestreben erarbeitete er die Theorie des kommunikativen Handelns und innerhalb dieser die Zusammenhänge der Rationalisierung von Lebenswelten und der wachsenden Komplexität von Handlungssystemen (J. Habermas 1981). Demnach ist die Modernisierung ein Prozess, in dem die immer differenzierten Lebenswelten von den gesellschaftlichen Subuntersystemen immer mehr „kolonialisiert" werden. Als Ergebnis der soziokulturellen Evolution haben wir dezentrierte Weltbilder, und der Entwicklungsabschnitt der modernen Gesellschaften – im Sinne der von J. Piaget geschaffenen Theorie von der kognitiven Entwicklung der Kindheit – ermöglicht die aufgrund von Prinzipien vor sich gehende Kommunikation.

Diese theoretische Konstruktion, die die Geschichte des Menschengeschlechts gemäß den Abschnitten und Regularitäten der Individualentwicklung zusammenfasst, versucht, die evolutionistische Anschauung entsprechend der ursprünglichen Intention der Aufklärung aufrecht zu erhalten. Nur ist das nicht gelungen. J. Habermas wendete sich vom „Produktionsparadigma" des historischen Materialismus der Theorie des kommunikativen Handelns zu. Der Richtungswechsel seines Denkens verknüpfte sich mit der Verbreitung der postmodernen Theorien.

Sowohl die neo-neoevolutionistischen als auch die postmodernen Theorien betrachten den gesamten Fragenkreis der Progression als ungültig. Dementsprechend verwenden die Soziologen in den letzten ein bis zwei Jahrzehnten den Begriff *„Fortschritt"* gar nicht mehr, bzw. benutzen nur noch selten und eher in speziellem Sinne, auf die Dritte Welt angewendet, den Begriff *„Entwicklung".*

Die aus der Sicht unserer Studie wichtigste Folge haben J. Alexander und P. Sztompka zusammengefasst: „The crisis of confidence in progress ... has become a crisis in the explanatory power and emancipating potential of western sociological theory" (J. Alexander/ P. Sztompka 1990: 3).

Die Umgestaltung der Soziologie bezeugt die Zeichen der so eingetretenen Störung. Die weitere Differenzierung der Theorien und empirischen Untersuchungen ist im heutigen gesellschaftswissenschaftlichen Feld nicht abgebrochen. Dessen Ergebnis wurde allerdings nicht die Integration in einem entwickelteren Paradigma, sondern viel eher die Multidisziplinarität und mit ihr die zunehmende Verstreutheit der soziologischen Kenntnisse und des Wissens. Die Soziologie des 20. Jahrhunderts befand sich noch im Zentrum der Gesellschaftstheorie, neuerdings aber hat sich auch das theoretische Interesse in Richtung der Kultur verschoben.

Die Veränderungen in der soziologischen Umgangssprache und Denkweise hat auch der Globalisierungsprozess gefördert. Seit Entstehen ihrer Wissenschaft haben die Soziologen ihre zu untersuchenden Gesellschaften bzw. deren Fortschritt im nationalstaatlichen Rahmen interpretiert (D. Némedi 2000). Dementsprechend abstrahierten sie – zumeist implizit – von den internationalen Zusammenhängen der wirtschaftlichen, politischen und kulturellen Erscheinungen der betreffenden Gesellschaft. Am Ende des 20. Jahrhunderts konnten die Globalisierungswirkungen allerdings nicht mehr in Klammern gesetzt werden, weil sie angefangen von der Gefährdetheit der natürlichen Umwelt über die Migration bis in die Pattern der Massenkultur auffällig nachdrücklich geworden waren. Somit war dann auch der wichtigste Bezugsrahmen der soziologischen Forschungen, der Begriff „Gesellschaft", in Frage gestellt.

Die neo-neoevolutionistische Soziologie wurde also von der Hypothese einer Richtung der Geschichte und damit vom Fortschritt als einem durch die Modernisierung zentral gewordenen Zusammenhang der gesellschaftlichen Veränderung befreit. Die postmoderne Kritik stellt die „Abenddämmerung der Moderne" fest und hat diesen Zusammenhang als in Konkurs gegangenes Projekt der Aufklärung, als weiterhin nicht mehr zu beglaubigende Narrative der menschlichen Emanzipation entlarvt (J.-F. Lyotard 1985).

Damit ist allerdings die Auffassung der ganzen Geschichte von Gesellschaft und Kultur „als Weg der Menschheit" ungewiss geworden, von deren Interpretationsdimensionen in den letzten Jahrhunderten gerade der Fortschritt die wichtigste geworden war.[2] Dass die fortschrittsorientierte Anschauung abgelehnt und

---

2 Den engen Zusammenhang zwischen der modernen Geschichte und der Idee vom Progress begreift Karl Löwith so: „Die Krise in der Geschichte des europäischen Geistes, in deren Verlauf der Progress an die Stelle der Vorsehung trat, fällt in das Ende des 17. und den Beginn des 18. Jahrhunderts" (K. Löwith 1979: 99). Ähnlich sieht dies auch R. Koselleck: „Die historische und die fortschrittliche Weltsicht sind gemeinsamen Ursprungs" (R. Koselleck 2000: 324).

die Modernisierung außer Geltung gesetzt wurde, hatte somit schwere Folgen, weil eine charakteristische Anschauungsweise der Gesellschaftswissenschaften unsicher geworden war. Denn die Geschichte war nicht nur ein Wissenschaftszweig unter den Gesellschaftswissenschaften gewesen, sondern hatte einen Gesichtspunkt und Maßstab zur Interpretation sämtlicher gesellschaftlicher und kultureller Phänomene geboten.

Derartige Folgen der postmodernen Anschauung induzieren im Denken sowohl der entwickelten als auch der Entwicklungsländer sehr starke Spannungen. Unserer Ansicht nach resultieren diese Spannungen im Falle der ersteren vor allem aus dem Gegensatz, der zwischen einerseits dem neuen gesellschaftswissenschaftlichen Denken und dem „Zeitgeist" und andererseits den Prozessen des in den entwickelten Ländern zu verfolgenden Wirtschaftswachstums, der kapitalistischen Akkumulation und technischen Entwicklung entstanden ist. Denn diese letzteren Prozesse belegen, dass in den technischen Entwicklungen, den Investitionsentscheidungen und anderen Bereichen der Wirtschaft keine solche postmoderne Umgestaltung vor sich ging, wie wir sie vorangehend in der Geschichtsanschauung und den Gesellschaftswissenschaften skizzenhaft dargestellt haben. Die Dimension des „Entwicklungsrückstands" blieb das als universell verstandene Bezugssystem der wichtigen Wirtschaftsprozesse, der angewandten Wissenschaften und der technischen Entwicklung. Das gesellschaftstheoretische „Einrosten" der Idee des Fortschritts hat kaum Einfluss auf die Welt von Produktion, Handel oder Infrastruktur, also den Versorgungsbereich der sog. „materiellen Existenzbedingungen" der Menschen. Zwar stimmt es, dass die Berichte über Umweltschäden und der Umweltschutz in den letzten Jahrzehnten Spuren in der Wirtschaftsentwicklung der entwickelten Länder hinterlassen haben. Aber auch die neueren, die natürliche Umwelt schonender behandelnden Verfahren und Einrichtungen haben am Gang des Wirtschaftswachstums, an der Hauptrichtung der Entwicklungen nichts geändert.

Diese Richtung wird auch weiterhin gemäß den früheren Kriterien vorgegeben. Weder in der Produktion und Konsumtion noch in der Lebensweise hat eine neue Epoche begonnen. Als Beispiel sei erwähnt, dass es weder beim Verbrauch alternativer Energien noch bei der Änderung der konsumzentrischen Lebensweise der Bevölkerung in den entwickelten Ländern gelang, einen Durchbruch zu erzielen. Die wichtigste Dimension beim Messen der Wirtschaftsleistung ist unverändert das „Wachstum". Entwicklung, Planung, Optimalisierung – bei den diesbezüglichen verschiedensten Entscheidungen (von der Siedlungsplanung über den schulischen oder außerschulischen Unterricht bis zur Heilung) gibt auch weiterhin die als anerkannt geltende Richtung des Fortschritts die Ziele an. Mit dieser Richtung als Hypothese rechnen die meisten Menschen, wenn sie von Ingenieurvorstellungen oder Forschungsarbeiten hören, wenn sie ein neues Gebäude, ein Massenkommunikationsmittel oder medizinisches Gerät sehen.

Modernisierung in der Arbeitswelt, in den Betrieben und Haushalten bedeutete und bedeutet auch heute noch vor allem die Entwicklung bzw. Anwendung der Technik. In diesen Bereichen ist der Fortschritt unverändert das geltende Ziel, während immer weniger an den Sinn dieses Fortschritts glauben. „Voranschreiten" – das ist die in der Welt der technischen Zivilisation, der Wirtschaft und den Wohlfahrtseinrichtungen immer noch selbstverständliche Losung, wobei wir gar nicht mehr wissen, wohin wir gehen.

Die gleiche Frage stellt sich in den Entwicklungsländern ganz anders. Dort stößt die Forderung nach Modernisierung von Technik, Wirtschaft und Kommunikation, also der Anspruch auf Fortschritt, auf die Schranken von Armut, historisch entstandener internationaler Arbeitsteilung und Misstrauen gegen die unpersönlichen demokratischen Institutionen. In diesen Ländern besteht momentan eine Spannung zwischen dem Anspruch auf Fortschritt und den Schwierigkeiten, diesen Anspruch zu realisieren. Und auf solche Gesellschaften gerichtete Forschungen werden nicht durch die Aufgabe der Idee des Fortschritts, sondern durch die Suche nach einem Ausweg determiniert. Entweder – und das ist die schwächere Strömung – sucht man die Quellen der Erneuerung bei den vergangenen Existenzformen, oder – und das ist die dominante Bestrebung – man untersucht die Modalitäten der Schaffung moderner Verhältnisse, wobei man bestrebt ist, die Identität zu bewahren.

Literatur

Alexander, Jeffrey/ Sztompka, Piotr (1990): Introduction. In: Alexander/ Sztompka (1990): 1-12
Alexander, Jeffrey/ Sztompka, Piotr (Hrsg.) (1990): Rethinking Progress. Boston: Unwin Hyman
Bachofen, Johann J. (1861): Das Mutterrecht. Basel: Benno Schwabe
Barkow, J./ Cosmides, L./ Tooby, J. (Hrsg.) (1992): Evolutionary psychology and the generation of culture. New York: Oxford University Press
Boas, Franz (1896): The Limitation of the comparative method of anthropology. In: Race, Language and Culture. New York: Macmillan. 271-304
Carneiro, Robert L. (1962): Scale analysis as an instrument for the study of cultural evolution. In: Southwestern Journal of Anthropology 18. 149-169
Carneiro, Robert L. (1973): Scale analysis, evolutionary sequences and the rating of cultures. In: Naroll/ Cohen (Hrsg.): 834-871
Claessen, Henri J.M./ Skalník, P. (Hrsg.) (1978): The Early State. Mouton: The Hague
Claessen, Henri J.M./ Skalník, P. (Hrsg.) (1981): The Study of the State. Mouton: The Hague
Claessen, Henri J.M. (1989): Evolutionism in development. Beyond growing complexity and classification. In: Gingrich/ Haas/ Haas/ Paleczek (Hrsg.): 231-247
Cohen, Mark N. (1989): Health and the Rise of Civilization. New Haven: Yale University Press
Darwin, Charles (1972): Über die Entstehung der Arten durch natürliche Zuchtwahl. Stuttgart, 5. Aufl.
Durham, William H. (1992): Applications of evolutionary cultural theory. In: Annual Review of Anthropology 21. 331-355
Durkheim, Émil (1894): Les régles de la méthode sociologique. Paris: Nouvelle Edition Flammarion 1988
Elias, Norbert (1986): Was ist Soziologie? München: Juventa Verlag, 5. Aufl.

Engels, Friedrich (1884): Der Ursprung der Familie, des Privateigentums und des Staats. Berlin (1946): Verlag Neuer Weg GmbH.
Evans-Pritchard, E.E. (1981): A History of Anthropological Thought. London: Faber and Faber
Fischer, H. (1983): Ethnologie. Eine Einführung. Berlin: Reimer
Fracchia, Joseph/ Lewontin, R.C. (1999): Does Culture evolve? In: History and Theory 38/4. 52-78
Friedman, J./ Rowlands, M.J. (Hrsg.) (1977): The Evolution of Social Systems. London: Duckworth
Geertz, Clifford (1963): Agricultural Involution. Berkeley: University of California Press
Gellner, Ernest (1981): Inroduction. In: Evans-Pritchard (1981): xiii-xxxvi
Gingrich, A./ Haas, Si./ Haas, Sy./ Paleczek, G. (Hrsg.) (1989): Kinship, Social change, Evolution. Horn/ Wien: Berger et Söhne (Wiener Beiträge zur Ethnologie und Anthropologie 5)
Habermas, Jürgen (1976): Zur Rekonstruktion des historischen Materialismus. Frankfurt am Main: Suhrkamp
Habermas, Jürgen (1981): Theorie des kommunikativen Handelns. 1-2. Bd. Frankfurt am Main: Suhrkamp
Haferkamp, H./ Smelser, N.J. (eds) (1992): Social Change and Modernity. Berkeley/ Los Angeles: University of California Press
Harris, Marvin (1968): The Rise of Anthropological Theory. New York: Crowell
Harris, Marvin (1978): Cannibals and Kings. New York: Random House
Harris, Marvin/ Ross, E.B. (Hrsg.) (1987): Food and Evolution. Philadelphia: Temple University
Humphreys, S.C. (1977): Evolution and history: approaches to the study of structural differentiation In: Friedman/ Rowlands (Hrsg.) (1977): 341-371
Imhof, A.E. (1985): Die verlorenen Welten. München: C.H. Beck Verlag, 2. Aufl.
Jenkins, Kaith (Hrsg.) (1997): The Postmodern History Reader. London/ New York: Routledge
Kirch, Patrick (1997): The Lapita Peoples.Oxford: Blackwell
Kirch, Patrick V. (1984): The Evolution of the Polynesian Chiefdoms. Cambridge: Cambridge University Press
Koppers, Wilhelm P. (1915/16): Die ethnologische Wirtschaftsforschung. In: Anthropos 10/11. 611-651, 971-1079
Koselleck, Reinhart (2000): Zeitschichten. Studien zur Historik. Frankfurt am Main: Suhrkamp
Löwith, Karl (1979): Weltgeschichte und Heilsgeschehen. Stuttgart/ u.a.: Kohlhammer, 7. Aufl.
Luhmann, Niklas (1992): The Direction of Evolution. In: Haferkamp/ Smelser (eds) (1992): 279-293
Lyotard, Jean-Francois (1985): Histoire universelle et différences culturelles. In: Critique 41. 559-568
Maghew, L. (Hrsg.) (1982): T. Parsons on institutions and social evolutions. London/ Chicago: The University of Chicago Press
Marshall, T. H. (1964): Class, Citizenship and Social Development. Garden City/ New York: Doubleday
Marx, Karl (1867): Das Kapital. I. Berlin (1951): Dietz Verlag
Morgan, Lewis H. (1877): Ancient society. New York: World Publishing
Murdock, George Peter (1965): Culture ad Society. Pittsburgh: University of Pittsburgh Press
Naroll, R./ Cohen, R. (Hrsg.) (1973): Handbook of Method in Cultural Anthropology. Garden City: Natural History Press
Némedi, Dénes (2000): „A szociológia egy sikeres évszázad után" („Soziologie – eine Wissenschaft nach einem erfolgreichen Jahrhundert") (Ungarisch). In: Szociológiai Szemle Nr. 2. 3-16
Parsons, Talcott (1964): Evolutionary Universals in Society. In: Maghew (1982): 296-326
Polgar, Steven (Hrsg.) (1975): Population, Ecology and Social Evolution. Paris/ Mouton: The Hague
Radcliffe-Brown, Alfred R. (1952): Structure and Function in Primitive Society. London/ Oxford: University Press
Raum, Johannes W. (1983): Evolutionismus. In: Fischer (1983): 275-301
Ridley, Matt (1997): The Origins of Virtue. Human Instincts and the Evolution of Cooperation New York
Sahlins, Marshall (1972): Stone Age Economics. London: Routledge

Sanderson, Stephen K. (2001): The Evolution of Human Sociality: A Darwinian Conflict Perspective. Lanham, Rowman and Littlefield
Schubert, Glendon (1989): Evolutionary Politics. Carbondale
Skvoretz, John/ Fararo, Thomas J. (1995): The evolution of systems of social interaction. Current Perspectives. In: Social Theory 15. 275-299
Steward, Julien H./ Faron, Louis C. (1959): Native Peoples of South America. New York: McGraw-Hill
Tőkei, Ferenc (1965): „Az ázsiai termelési mód kérdéséhez" („Zur Frage der Asiatischen Produktionsweise") (Ungarisch). Budapest: Kossuth
Vromen, J.J. (1995): Economic Evolution. London/ New York: Routledge
White, Leslie A. (1945): History, evolutionism, and functionalism: three types of interpretation of culture. In: Southwestern Journal of Anthropology 1. 221-248
White, Leslie A. (1949): The Science of Culture. New York: Farrar, Straus and Giroux
White, Leslie A. (1959): The Evolution of Culture. New York: McGraw-Hill
Wolf, Eric R. (1982): Europe and the People without History. Berkeley/ Los Angeles: University of California Press

The Concept of Social Evolution: Its Meanings and Uses

Nico Wilterdink

Since the 1850s, when Herbert Spencer advanced his all-inclusive Law of Evolution (H. Spencer 1890; St. Andreski 1971) and Charles Darwin published his *Origin of Species* (1859), the concept of evolution has been both central to and controversial within the social sciences. Its acceptance and use among sociologists, anthropologists and other social scientists has had its ups and downs. Achieving wide popularity during the second half of the 19th century, the concept as applied to human societies underwent heavy criticism from the start of the 20th century. It expressed, according to many critics, crude determinism, naive beliefs in progress and Western ethnocentrism. A second reason for criticizing social evolutionism was that, since the end of the 19th century, it had become associated with various kinds of biological determinism that had been subsumed under the name of Social Darwinism, including racist ideas and eugenics.

The past few decades bore witness to a remarkable revival of evolutionary thinking in the social and behavioural sciences. This renewed interest comes from across several disciplines, ranging from psychology to political science and from anthropology to economics. It consists of different, though interconnected currents. Some social scientists take the biological evolution to be the explanatory basis for human behaviour and social life. This is the programme of human ethology and sociobiology which, in different versions and under different names, was launched in the 1970s and has been hotly debated ever since (see e.g. E.O. Wilson 1975, 1978; cf. N. Wilterdink 1976). Though heavily attacked as a new form of Social Darwinism, its impact on the social and behavioural sciences slowly grew. It led to a new and increasingly popular branch of psychology, called evolutionary psychology (see e.g. L. Barrett/ R. Dunbar/ J. Lycett 2002). It also led some sociologists, anthropologists and political scientists to develop sociobiological, 'biosocial' or 'biomaterialist' interpretations of human social phenomena (see e.g. P.L. Van den Berghe 1975; J.M.G. Van der Dennen 2000; St.K. Sanderson 2001).

The last few decades also saw a renewed interest in the study of long-term social change from an evolutionary perspective. While this may be linked to the increased popularity of biological evolutionary thinking, another reason can be found in developments in the subject-field of the social sciences: human societies. In particular the notion of globalization, the idea that societies all over the world are becoming more and more interdependent, has become commonplace within and outside the social sciences, shaping views not only of the future, the present and the recent past, but also of long-term social processes. It encourages social scientists to view the particular histories of specific societies as part of a wider development that ultimately comprises humanity as a whole, and to search for dynamic principles that go beyond time- and place-bound specificities. This is what theories of social evolution aim at.

This article deals with human social evolution as distinct from biological evolution. The first question in this context is, what is social evolution? In other words, what defines an evolutionary view of social processes? The answer to this seemingly simple question is far from self-evident. The article will proceed by proposing elements for an integrated theory of human social evolution. Its aim is to do some groundwork for the construction of a general theory of long-term social processes, which will contribute to our understanding of contemporary transformations.

1   The meanings of 'social evolution'

1.1   Change, development, evolution

Before dealing with *social* evolution, it is useful to say something about the concept of evolution in general. 'Evolution' is sometimes used as a synonym for 'development' or 'change'; but when we speak of an 'evolutionary theory' or 'evolutionary processes' the meaning of the concept is more specific. Not all changes or developments are evolutionary (though development and evolution have the same etymological meaning of 'unrolling' or 'unfolding').

The three terms can be ordered as specifications of one another. *Change* is a general concept that here requires no definition. *Development* can be defined as patterned or structured change. The concept implies that the change is not arbitrary but conforms to certain regularities. Often this will take the form of directionality; development in this sense is change in a certain direction over a longer period of time along one or more dimensions. *Evolution* refers to developments that exhibit regularities on a high level of generality. In other words, the concept of evolution implies the claim of a general theory of change. It involves the idea that specific changes or developments can be seen as examples or as parts of one Big Process, or that the same basic mechanisms explain the dynamics of different changes or developments. Though present-day evolutionists generally avoid expressions like 'the laws of evolution', their ideas are never too far removed from such a notion.

The assumption of regularities in change processes on a high level of generality can take two forms. In a descriptive sense, evolution is defined as a process that is one-directional and passes through certain stages. As an explanatory concept, evolution refers to general principles or recurring mechanisms that explain empirical trends (cf. B.G. Trigger 1998: 8-11). These two definitions are not mutually exclusive; the mechanisms may be advanced to explain the direction of the process and its phases.

In the history of the concept of evolution, both in biology and the social sciences, one can observe a shift from descriptive to explanatory definitions, from a stress on directionality and 'phaseology' to an emphasis on basic mechanisms. This does not mean that all evolutionary theorists have abandoned the assumption of directionality. Thus, the Santa Fe programme of 'complexity studies' attempts to show the logics behind evolutionary processes on different levels defined in terms of increasing complexity (St. Kauffman 1995).

1.2 Biological, cultural and social evolution

In the popular translations of Darwinian principles to human societies known as Social Darwinism, human social evolution was often reduced to the biological evolution of the human species. One source of confusion was the lack of clarity about the nature of biological evolution. Darwin's theory of natural selection could explain changes in species characteristics and the formation of new species without any reference to Lamarck's older theory, which held that acquired traits become innate through inheritance. Yet even Darwin did not rule out the possibility that this Lamarckian process played a role in evolution, and many of his self-proclaimed followers did not doubt that it was crucially important.

Advances in biology, particularly the development of modern genetics and its integration in evolutionary theory, led to a definitive rejection of Lamarckism, and therefore to a clearer distinction between biological evolution and the processes that are called cultural evolution. Biological evolution is 'genic'; it is based on gene mutations and variation in gene combinations that lead to differences in survival and reproduction chances among the genes-bearing organisms. Natural selection favours some genes and gene combinations at the cost of other ones and, as a consequence, brings about changes within a species as well as, under certain conditions, the formation of new species. Cultural evolution, on the other hand, is 'nongenic'; it consists of the creation, modification, acquisition and spread of collectively shared traits through social learning. Though culture in the wide sense is not absent in (nonhuman) animals, it is only among human beings that cultural evolution is crucial in the transformation of their societies.

Social evolution in the widest sense overlaps the distinction between biological and cultural, genic and nongenic evolution. It can be broadly defined as evolutionary change in the relations between the organisms of a given species. These changes are connected to either genic-biological or cultural developments. On the one hand, processes of interaction between gene modifications and changes in social relations – rendered by terms like competition, cooperation, communication, dominance and territoriality – have been found among a wide variety of animal species (R. Trivers 1985). On the other hand, the vast social changes that have taken place in the species *Homo sapiens* since their first appearance on earth can only be understood in connection to cultural innovations. *Sociocultural* evolution is the term that expresses the intimate and immediate interconnections between social and cultural processes in this development.

This article focuses on social evolution in this latter sense. This is not to deny that both biological and cultural evolutionary processes in mutual interaction were and still are crucially important in the development of the human species. The long process of hominisation, the hominid evolution that resulted in modern humans, was, as Edward Wilson (1998: 128) and other biologists have put it, a 'gene-culture coevolution'. On the one hand, gene-based changes, such as the growing size of the brain and the concomitant increasing capacity for learning and symbolic communication, created the conditions for sociocultural evolution, including the development of language and technology. On the other, the culture that was developing among hominids changed the conditions for 'natural' selection and therefore had an impact on biological evolution. Thus, once a rudimentary language had been developed, it enhanced the relative survival and reproduction chances of those individuals who had a relatively high genetic capacity for symbolic communication. With the emergence of modern humans, their increase in numbers and spread over the globe, sociocultural evolution accelerated. During the last 50,000 years and particularly since the beginnings of plant cultivation more than 10,000 years ago it vastly surpassed the pace of biological evolution. Human social evolution over this period was largely, though not exclusively, sociocultural evolution. It is in this sense that I will use the concept of social evolution in the rest of this article.

1.3 Social evolution as sociocultural evolution: two basic meanings distinguished

As was suggested above, the concept of evolution can refer either to the direction of a process or to its underlying mechanisms. This distinction also applies to social (sociocultural) evolution, which renders two basic meanings:

1. Social evolution refers to *long-term and general societal trends* or, to put it differently, to *dominant trends in human history*. Generality is sought here in the broadest possible scope. The aim is to detect patterns, main trends, phases in the history of mankind as a framework for the study of more particular historical developments.
2. Social evolution refers to *general and recurring mechanisms of social change*. These mechanisms are supposed to be more or less *analogous to the mechanisms of biological evolution*. The assumption is that the Darwinian principles that proved to be successful in biology can be helpful in explaining social processes.

These two definitions reflect two different evolutionary perspectives in the social sciences, connected to different traditions and disciplines. The first perspective is mainly represented by anthropologists and sociologists as well as some historians and archeologists. The second perspective is preferred by some economists, economic historians, economic and organisational sociologists and political scientists as well as some philosophers and biologists who wish to bridge the gap between the natural and the social sciences. Each perspective has been elaborated in different ways; each of them represents a bundle of different, sometimes even conflicting ideas. In what follows I will deal with these perspectives more extensively.

1.3.1 Main trends in human history

The first perspective on social evolution is rooted in a tradition that goes back at least to 18th century Enlightenment philosophy, represented by such thinkers as Turgot and Condorcet: the idea that humanity advances from lower to higher stages. This idea of general progress – in knowledge and morality, technology and prosperity – was basic to Comte's and Spencer's sociological theories (the latter substituting the more scientifically sounding term 'evolution' for 'progress'), the ethnological work of scholars such as Lewis Morgan and Edward B. Tylor as well as, in a different way, to Marx' and Engels' dialectical view of history (esp. F. Engels 1891). However diverse their views, they shared the assumptions that humanity as a whole progressed along certain lines and through certain stages, that different societies followed the same or similar paths along those lines, that societies, at a given point in history, differed with regard to the stage they were in, and that Western society represented the highest stage yet to be attained (cf. St.K. Sanderson 1990: 10-35, 50-74).

These propositions of classical social evolutionism came under attack at the end of the 19th century. The idea of unilinear evolution was partly replaced by multilinearity, a stress on the differences between developments in different parts of the world, as in Max Weber's comparative work. Progressive optimism increasingly gave way to ambivalence, scepticism or downright pessimism, which was sometimes reflected in cyclical theories forecasting the downfall of Western civilisation. Anthropologists such as Franz Boas defended cultural relativism as the starting-point for the truly scientific study and understanding of the diversity of human cultures. In the course of the 20th century, static approaches became dominant in both sociology and anthropology. It was with good reason that Talcott Parsons could open his theoretical synthesis *The Structure of Social Action* in 1937 with the rhetorical question: 'Who now reads Spencer?' However, social evolutionism was not dead. It remained part of Marxism, particularly its orthodox versions embodied in the Social Democratic parties until the 1930s and in Soviet Communism. Implicit evolutionism lingered on in functionalist sociological modernization theories, *en vogue* in the 1950s and 1960s, which took Western industrial development as the model for the so-called underdeveloped countries (W.F. Wertheim 1974).

Explicit social evolutionism came to the fore once again around 1960 among a number of American anthropologists and sociologists. This neoevolutionism, as it is usually called, had been pioneered by Leslie White since the 1940s, elaborated by other anthropologists like Julian Steward, and continued by Marshall Sahlins, Elman Service, Marvin Harris, Gerhard Lenski, and others (L.A. White 1949; M.D. Sahlins/ E.R. Service 1960; M. Harris 1979, 1993; G. Lenski 1966; G. Lenski/ P. Nolan/ J. Lenski 1995; see for overviews St.K. Sanderson 1990; B.G. Trigger 1998). These authors, while continuing the tradition of classical evolutionism, also differed from their 19th century predecessors in several respects. First of all, they could make use of a much larger stock of knowledge on 'pre-historical' societies, accumulated by archaeological research, particularly with respect to technology and material conditions. This may partly explain why neo-evolutionist theories were predominantly materialistic, giving causal priority to technological innovations, ecological conditions and/or demographic change. The direction of evolution was often measured by criteria such as the amount of energy production for human use, or the degree of control of natural forces by technological means. From this perspective it became common to regard the domestication of plants and animals and the mechanization of production with the help of fossil fuels as basic break-throughs in social evolution. One of the few exceptions to this preference for materialist interpretations was Talcott Parsons (1966) who in his later evolutionary writings continued his theoretical emphasis on cultural values as the basis for social order and change.

Neoevolutionism also differed from classical evolutionism in that it distanced itself from equating evolution with progress. If the concept of progress was still used, it mainly referred to technological advance or (which amounts to the same) increase of control capacity, which did not imply progress in terms of rationality, morality, or general well-being. Some authors even held a quite dismal view of the course of human history, and this pessimistic strain in evolutionist thinking became stronger after the 1960s (see e.g. St.K. Sanderson 1995: 354; G. Lenski/ P. Nolan/ J. Lenski 1995: 454). Another difference with classical evolutionism was that it was no longer assumed that all societies everywhere followed the same evolutionary path and went through the same stages; 'unilinear' evolution gave way, to some extent, to 'multilinear' evolution. On the other hand, the idea of dominant societal trends characteristic of humankind as a whole was not abandoned all together. In order to do justice to both the dominant trends and the plurality of social developments, Sahlins and Service (1960) proposed a distinction between 'general' and 'specific' evolution. However, the new evolutionism in anthropology and sociology did not become the dominant approach in these disciplines. The historical sociology that began to flourish during the late 1960s and 1970s, while reflecting a renewed interest in long-term social developments, was critical not only of static approaches of social reality but also of evolutionism, which was still largely identified with determinism, teleology, unilinearity, and belief in progress.

In recent years, the concept of evolution seems to have lost part of its negative connotations among anthropologists and sociologists. Though many of them are still reluctant to use the term for long-term social and cultural processes, evolutionary thinking is no longer so easily rejected, and is sometimes strongly defended. The new evolutionary approach of long-term social trends is a continuation of the neoevolutionism of a few decades ago, but it also differs from it in several respects. Neo-neoevolutionism (as it might be called, though this term perhaps suggests too much of a coherent theory) is now part of an interdisciplinary movement, which includes biology. This means that sociocultural evolution tends to be seen more explicitly in connection to the biological evolution of the human species and other species. Human social evolution is viewed in the context of 'nature' – human nature as well as the natural environment (cf.

A. Maryanski/ J.H. Turner 1992; F. Spier 1996; J. Diamond 1997). Here the impact of an increased 'ecological consciousness', the awareness of the continuous dependency of human beings on the natural environment, no doubt plays a role. Another important shift in the evolutionary approach of long-term social trends is the increased focus on intersocietal and global relations. Societal developments are placed in a world historical perspective. Human societies are not conceived of as autonomous social systems but rather as temporary units whose boundaries are contested and changing over time and whose functioning can be only be understood in the context of their relations with other societies (cf. St.K. Sanderson 1995; J. Goudsblom/ E. Jones/ St. Mennell 1996; M. Mann 1986). Inspirations for this approach have been derived from non-evolutionist social theorists like Immanuel Wallerstein (1974, 1979) and Eric Wolf (1982), and world historians like William McNeill (1963). Unlike Wallerstein's world-system theory, however, the new evolutionary approach takes the world population as a whole as the most encompassing unit of analysis. Social evolution is about human history or world history.

Even more clearly than the neoevolutionism of the 1960s, this approach rejects the idea that all societies in the world develop along parallel evolutionary paths and go through the same stages. If evolutionary stages are distinguished, they are situated on the level of humanity as a whole. For example, the sequence of 'hunting-gathering', 'agrarian' and 'industrial' does not apply to separate societies – no society went through these stages – but refers to a succession of types of societies that were dominant in world history. In this approach, the old opposition between 'evolution' and 'diffusion' becomes irrelevant. Diffusion, the impact of one society upon other ones, is an integral part of evolution. It remains to be seen how such a global perspective could be integrated into an explanatory theory of social evolution. In section 2 I will deal with that issue.

1.3.2 Darwinian mechanisms of social change

If social evolution is defined in terms of its underlying mechanisms, it is usually assumed that the basic Darwinian principles of change are also applicable to human societies and culture. These principles are abstracted from their original use in a biological context, and considered to be relevant for the understanding of change processes in widely different realms of reality. Key concepts are (random) variation, mutation, survival, fitness, competition, selection, transmission (inheritance, reproduction), and adaptation. Applied to human sociocultural change processes, the argument goes as follows. Sociocultural phenomena (behavioural patterns, cultural traits) exhibit, within certain limits, random variation. This leads to differential chances of survival for the units (individuals or groups) involved. Some units will survive, and traits that contribute to survival will reproduce themselves and spread through the population at the cost of other ones. The specific nature of this selection process depends on the characteristics of the (human and nonhuman) environment, and therefore changes in connection to changes in the environment. As a result, selection leads to adaptations to the changing environment. This Darwinian scheme has been applied to economic processes, technological innovation, changes in organisations and legal systems, and developments in knowledge and science. Thus, Karl Popper drew an analogy between the process of natural selection among animal species and the falsification of scientific theories by empirical testing (K.R. Popper 1972; cf. B. Giesen 1980: 66-72). It is particularly for explaining the dynamics of organisations and, especially, business organisations that the Darwinian approach has been used. This is not surprising; in Darwin's time, similarities between the 'struggle for existence' in nature and competitive capitalism were already observed by both critics of and adherents to his theory. More recent evolutionary and ecological theories of organisations, deriving inspirations from the work of the economist Joseph Schumpeter, elaborated the analogy further (R.R. Nelson/ S.G. Winter 1982; M.T. Hannan/ J. Freeman 1977, 1989). The survival units in these theories are organisations that are involved in competitive struggles. The organisations' reproduction units, comparable to the genes of biological organisms, are cultural traits or elements: routines, rules, rituals, know-how. Organisations of a certain type form a population, comparable to a species population. Their relevant environment consists of other types of organisations and social institutions, just as the environment of a species consists of the organisms of other species and (other) ecological conditions. The analogies are summarized in the following scheme:

Tabelle 1: Analogies between biological and organisational evolution

General	Biological	Human/ organisational
Survival units	Organisms	Organisations
Transmittable/inheritable traits (units of reproduction)	Genes	Cultural traits ('memes'): routines, rules etc.
Population	Organisms of one species	Organisations of one type
Environment	Other species; ecological conditions	Other types of organisations; social institutions

According to the evolutionary and ecological theories of organisations, changes in the environment force an organisation to abandon established routines and to enter into experimental search behaviour. Successful adaptation cannot be planned rationally, if only because information about the future is lacking, but is based on selection. To the extent that such an adaptation takes place, the organisation is likely to survive, expand, and out-compete other organisations. The successful organisation will establish new routines which are imitated by other ones. In this way, the evolutionary and ecological theories explain organisational continuity, change, and relative success or failure.

These theories are a useful correction to the simplifying assumptions of rationality and profit-maximizing behaviour still prevalent in economics and other areas of the social sciences. At the same time they illustrate the risks of drawing the analogies between the biological and the sociocultural levels of reality too far. When human organisations (or other groups) are defined as survival units comparable to biological organisms, they are easily naturalized like in older organismic models. Unlike biological organisms however, human collectivities (whether formal organisations or informal groups) do not have natural boundaries, since these boundaries depend on human decisions and practices. Unlike organisms, collectivities interpenetrate through overlapping memberships. They can split or merge, or become part of a larger collectivity. Like biological organisms, they can live longer than their constituent parts (subgroups or individual members); but the parts, unlike those of biological organisms, can also live on when the group dissolves. In other words, the 'death' of an organisation as a separate entity does not necessarily mean the death of its members, nor even always the end of the coordinated activities of the organisation: often organisations disappear as separate entities by merging with or being taken over by another one. This also illustrates that the line between life and death, survival and nonsurvival of human collectivities is not as sharp as in the case of biological organisms. Does a company 'survive' when it becomes a subsidiary of a larger company? Does a society 'survive' when it becomes a colony of a powerful state?

The analogy of cultural elements or 'memes', and genes is also problematic. Parts of human culture can hardly be conceived as discrete, separate units, as they always derive their meaning from other, related parts. As Richard Dawkins (1976: 209) already asked himself when he introduced the term 'meme', how many memes is a symphony? Moreover, cultural traits, contrary to genes, cannot be observed apart from their phenotypical manifestations in behaviour and artefacts. And thirdly, cultural traits can and often do change not only when they are transmitted, but also during the lifetime of the survival units who dispose of these traits.

These critical remarks are not intended as a rejection of any attempt to use (neo-)Darwinian concepts and notions outside the field of biology, but rather to use them in nondogmatic and flexible ways. Analogies can never substitute for empirical evidence. They can, however, serve as a source of new ideas, to be tested empirically.

Analogies between biological evolution and human social evolution have also been suggested by using the same kinds of formal models for these processes. The mathematical theory of games, originally developed for the analysis of strategic human choices, has been used to elucidate the 'strategies' of interacting organisms of a given species and their evolution over time (J. Maynard Smith 1982). The same type of reasoning in turn has been applied to the dynamics of human relations. Thus, Robert Axelrod (1984) in his treatise on 'the evolution of cooperation' demonstrated how stable cooperative relations are likely to develop among people who are involved in iterative games of the Prisoner's Dilemma type, and how such a development can also take place, on the basis of genic modifications, among simple organisms such as bacteria. Other theorists working in the same tradition have developed formal models to explain the evolution of norms or the extension of social networks on the basis of a set of well-defined assumptions.

However suggestive these models are, their relation to observable social processes is not quite clear. Their logical purity seems to be at the cost of empirical content. In particular, this problem pertains to complex long-term social developments on the macro level.

In the next section I will return to these long-term social developments, now in combination with the Darwinian approach.

2 Combining the perspectives: suggestions for a theory of social evolution

Is it possible to combine the two main perspectives sketched above? If so, how could they be combined in an integrated theory, a theory that explains main trends in human history with the help of Darwinian mechanisms?

It can hardly be put into doubt, to begin with, that there *are* such trends in human history. The human species has been highly successful from a biological point of view, i.e. in terms of survival and reproduction. Humans multiplied their numbers at the cost of other animals, particularly those animals who were biologically close to them, such as the apes. They increasingly learned to control natural forces with technological means and to make those forces work to their advantage. In other words, population growth, increasing dominance over other animals and an increasing technological control of natural forces are basic trends in human history. They resulted in an enormous intensification of the exploitation of natural resources by humans and, as a consequence, in long-term economic growth as measured by total energy use.

Population growth after some time, particularly since the beginnings of plant cultivation, went hand in hand with the growth of population densities and concentrations in certain areas and the extension of networks of human interdependence and communication. These developments in turn were connected to functional differentiation and specialisation, or division of labour, and a growing scale of purposefully coordinated activities, or organisation.

All these trends did not take place everywhere all the time; near-stability and countertrends were not exceptional. Yet the trends were dominant in that they determined the direction of the development of humankind as a whole in the long term (J. Goudsblom 1996: 26-29). If we indeed regard them as main trends in human history (and of course, much more could be added to this extremely short summation), the question remains of how to explain them. One way of explaining them is to point out their interconnectedness. Thus, population growth, through migrations and higher population densities, stimulated technological innovations in the direction of more control of natural forces, which in turn led to further population growth. This two-way causation process was at work in the transition from gathering and hunting to agriculture and pasturalism in certain areas of the world. Agriculture and relatively high population densities were the necessary conditions for the interconnected processes of occupational differentiation and specialisation, the growth of networks of interdependence and the formation and growth of organisations (in particular the coercive organisations called states) – processes that in turn facilitated technological innovation in favour of more intensive exploitation of natural resources. Similar positive-feedback processes were at work in the technological-ecological transformation called industrialisation, with its acceleration effects on long-term trends, including population growth, exploitation of natural resources, and extension of networks of interdependence and communication.

A 'deeper' explanation of long-term trends along Darwinian lines, for which only some elements will be suggested here, should start with the notion of variation. Random, non-determined, unpredictable variation in the behaviour of individuals forms the elementary basis of sociocultural change. While it is typical for human beings that their behaviour is moulded by their social milieu, it is also characteristic that this milieu leaves some room for variation. Furthermore, as most individual behaviour is social, i.e. oriented to other people and part of social interactions, it at least has a potential impact on other people. If an individual action that does not strictly conform to established rules is encouraged, rewarded and/or imitated by other people for some reason, it can become the basis for cultural innovation. For example, an individual way of speaking can become a family saying. Here, processes of social selection are at work on the micro level.

Similar processes of variation and selection occur on collective and macro levels. A cultural trait that originated in a small group can be taken over by other groups and finally become part of the dominant culture of the larger society. And from there it can spread to other societies. Cultural innovation is therefore a source of social differentiation as well as, potentially, social homogenization.

The selection of cultural traits on different levels is, at least partially, determined by the degree to which they contribute to the fitness of the individuals and groups involved. Fitness in the biological sense refers to physical survival and sexual reproduction. In the context of human sociocultural evolution it can be defined more broadly as referring to material well-being (beyond biological necessities) and social status as well. Human beings do not usually aim to maximize their fitness in this broad sense; they rather try to maintain the levels of fitness they have learned to accept as normal. It is particularly in times of 'crisis', when the maintenance of these levels is under threat, that people are inclined to enter into experimental behaviour and to accept innovations. In so far as innovations contribute to individual and collective fitness, they can be called *power resources* in the broad sense.

Power resources tend to expand and spread in terms of numbers of people involved and geographical areas. This is particularly the case if they modify the power relations between relatively large territorial groups called societies. The spread of a power resource X from society A occurs through population growth and geographical expansion of A; physical destruction of people in other societies (genocide, forced flight to less inhabitable parts of the world); partial or complete incorporation of other societies within A; and/or diffusion through emulation. All these processes were at work, for example, in the spread of agriculture from the Middle East and other areas from around 11,000 BP as well as the spread of mechanical industry throughout the last 250 years.

These and many other expansions were part of the sociocultural evolution on the level of humanity as a whole. As Goudsblom (1996: 24) suggested, they can be conceived in terms of a simple three stages model: in the first stage, no societies have the power resource X; in the second stage, some societies have X; and in the third stage, all societies have X. Besides agriculture and mechanical industry, X can be, for example, the use of fire, metallurgy (copper, bronze, iron), domesticated animals, ploughs, pottery, writing, money, bureaucratic organisations, double bookkeeping, firearms, organised natural science, tanks and computers. In all these cases the three stages model is applicable, since the new power resource changed the intersocietal power-dependence relations. As a consequence, the boundaries and the identities of the societies themselves changed in this process.

A few qualifications have to be added. The third and final stage will not always be fully attained, if only because ecological conditions for some societies prevent the introduction of a new mode of production as a source of power. Thus, the animal-drawn plough could not be used for that reason in Sub-Saharan Africa. Secondly, the spread of power resources among societies depends, of course, on actual social links between them. Where societies were isolated from one another, no power-dependence relations could develop, no diffusion could take place. It was only after the discovery of Australia by Europeans that agriculture and pasture were introduced there, and, consequently, Aboriginal cultures were destroyed. Firearms, horses, written law and other power resources spread to the Americas only after Columbus. Innovations in long-distance transportation and communication were themselves power resources by which contacts between human groups in different parts of the world grew more intense. Thirdly, the spread of power resources among societies does not necessarily lead to anything like an equal distribution, as is testified by the highly unequal distribution of all kinds of power resources – machinery, literacy, modern bureaucracy, computer use, scientific knowledge etc. – among the countries in the present-day world. Fourth, and related to that, the fact that a society 'has' a certain power resource can mean very different things. It can mean, for example, that only a small elite group can use it in a profitable way, or that it is monopolized by the state. Often, its production, maintenance and effective use depend on specialists' expert knowledge, which is not always available in the society in question. Fifth, intensified contacts between societies do not automatically lead to a diffusion of all power resources. These contacts may involve establishing an exploitative relationship in which the more powerful society enforces a profitable division of labour between itself and the other society. Thus, the colonial European powers in the nineteenth century forced their colonies to concentrate on the production of cash crops and raw materials instead of industrial products. The diffusion of power resources was a highly selective one. The colonial power and the colony could be regarded as two parts of one society, which in turn could be seen as part of a 'world-system'. This brings us to a final point, namely, that 'society' is a problematic concept; societies do not have clear, fixed, and uncontested boundaries, nor, therefore, clear, fixed, and uncontested identities.

Cultural innovations that contribute to the fitness of individuals and groups build upon one another and substitute more effective means to attain certain goals for less effective means. In other words, power resources tend to *accumulate* in the course of time under the impact of competition between individuals and groups. The accumulation of power resources can be regarded as a core trend in human history, to which all other trends are connected (cf. W.H. McNeill 1994). In some respects this general trend can be conceived in terms of quantitative growth – e.g., accumulation of physical capital (more and larger instruments and machines for material production), and growth of collective knowledge on the basis of specialisation and storage of information. Accumulation of power resources in terms of effectivity includes improvements of the technological means of production (as measured by total production, productivity of the land and/or labour productivity), technological advances in weaponry, and innovations in symbolic communication (such as the invention of writing) and organisational practices that render large-scale goal-directed coordination of human activities possible. It implies increasing control of natural forces as well as, though less unequivocally, increasing control of human activities for the attainment of collective goals. It remains an intriguing question how these developments are connected to changes in that which Norbert Elias (1970: 173-4) distinguished as the third type of control in the 'Triade der Grundkontrollen': self-control, or, in dynamic terms and more specifically, 'civilizing processes' (cf. N. Elias 1969).

Societies that have accumulated more power resources than other ones at a certain point in history may be called relatively 'advanced', since they have a larger impact on the course of human history (cf. R. Collins 2000). This does not mean, however, that the result is overall progress. The question whether, and to what extent and in what respects, the long-term evolution of humankind should be regarded as progress, is a normative one, which cannot be answered on scientific grounds alone. Even if we confine ourselves to the material well-being of human beings, the accumulation of power resources does not necessarily imply progress. The technological innovations that give higher rates of production do not bring per capita economic growth if there is a parallel population growth. This is what actually happened during the greater part of human history (E. Jones 1996). Secondly, accumulation of power resources often leads to greater inequalities between those who control these resources and those who do not. Thirdly, improvements in the means of destruction can bring about a decrease of physical safety. And finally, population growth and increasing technological control of the natural environment can have unintended consequences for the environment, and therefore, in the long run, for human material welfare.

Consider, for instance, soil erosion, water depletion, pollution, and the spread of harmful insects and microbes (W.H. McNeill 1976).

It was only during the past two centuries that the living conditions for large masses of the population in large parts of the world improved substantially. This is an important development, which, however, cannot be simply equated with overall progress. Though average income and self-reported happiness are positively correlated according to comparative survey research in rich and poor countries (R. Veenhoven 1984), an increase of average income in a country above a certain level does not contribute anymore to the average self-reported well-being. The additional income is mainly spent on 'positional goods' to be used in zero-sum status games (F. Hirsch 1977).

The growth of material prosperity in certain regions of the world brought about an enormous increase of material inequality between the inhabitants of different world regions. This might be seen as the continuation of the evolutionary long-term trend of growing socioeconomic inequality at least since the beginnings of agriculture. In this view, the accumulation of power resources is at the same time a process of growing divergence in power and privileges. However, particularly the developments during the last two centuries do not confirm this thesis in all respects. Within the prosperous industrial societies, inequalities of income, political rights and social status tended to diminish, at least since the beginnings of the 20th century. On the global level, Western political hegemony diminished with the decolonisation process after the Second World War. In spite of the dominant tendency of continuing growth of international income inequalities in this period, the inhabitants of poor countries on average improved their survival chances absolutely and relatively, as indicated by growth of per capita food consumption, the decrease of infant mortality and the rise of life expectancies (United Nations 1999).

To put it in general terms: accumulation of power resources is not necessarily confined to those who have already more power. The less powerful may be able to take over power resources. Moreover, in a situation of interdependence it is not always in the interest of the powerful to reduce the power resources of the less powerful to the minimum. This applies in particular to situations of intense competition between highly organised collectivities. Any collectivity in such a situation – e.g. a firm, or a national state – may win competitive strength by giving more power resources to the less powerful members. This may explain, to some extent, why the political elites of the competing national states of Western Europe have allowed or even actively initiated the extension of political and social rights to the lower classes since the 19th century. The liberal democracies, which were the result of these reforms, proved to be successful in the interstate struggles of the 20th century.

Sociocultural evolution is not only determined by selection of traits on the basis of their contribution to fitness. A basic source of unpredictability and indeterminateness is the symbolic nature of much of human culture. Symbols have by definition a non-intrinsic, more or less arbitrary relation to the objects to which they refer, which means that their social selection cannot be fully explained by the contribution they make to individual or collective fitness. If two groups who originally share the same language come to live in isolation from one another for a long time, their languages will diverge even when their living conditions are similar. While variation and selection are at work here, these mechanisms cannot be connected to 'objective' conditions. Such a process can be called 'cultural drift', more or less analogous to biological 'genetic drift' (E.O. Wilson 1975: 64-66; H.S. Becker 1982: 303-4). This element of arbitrariness also applies to cultural traits other than language, such as group symbols (e.g. the colours of the flag), ritual forms and various social norms. For example, it certainly contributes to individual and collective fitness to conform to the modern traffic norm 'keep one side of the road', but the specific norm – either right or left – has not been selected on that basis. Another, well-known example is QWERTY, the order of the first six letters of the upper row of the standard typewriter. This order was selected not because it proved to be more effective than other ones, but because of the dominant market position of the firm which introduced it.

As this example illustrates, power is the key to explaining the spread of such cultural traits. Diffusion from a more powerful group to a less powerful one not only includes sources of collective power such as technology and organisational practices, but also cultural traits such as language and clothing habits, which are only (potential) power resources because they belong to the culture of the more powerful group. Such cultural traits may contribute to the fitness of the members of the less powerful group for two reasons: they facilitate communication with members of the more powerful group; and they may function as signs of superior status.

Language is a prime example. It is, in De Swaan's terms, a 'hypercollective good', whose value for any individual depends on the number and the status of other socially relevant individuals who speak the language. Therefore, the expansion of a language spoken by a large and powerful group tends to be a self-reinforcing process even if it is not supported by formal and obligatory education. Today, the increasing dominance of English in the world is a case in point (A. De Swaan 2001).

As remarked, sociocultural evolution is characterized by processes of cultural differentiation and homogenization. During the greater part of human history, cultural differentiation was the dominant process – differentiation between largely autarkic, self-sufficient territorial groups. With the extension of networks of interdependence since the domestication of plants and animals, and the concomitant improvement of the means of transportation and communication, tendencies of homogenization have gradually become more important. They were accompanied, however, by new forms of differentiation that were less bound to territories: between classes and status groups in stratified societies; between occupational groups, each with their own specialist knowledge and capabilities; and between various other groups who consciously distinguish themselves by cultivating their own particular creeds, styles and symbols.

As is very visible in today's world, pressures for homogenization meet with resistance and are responded by efforts to define particular group identities, whether based on nationality, ethnicity, locality, religion, ideology or any other cultural trait or combination of traits that may serve as group markers (M. Castells 1997). Whereas homogenizing forces increasingly work in the direction of a dominant world culture, group differences are stressed with no less intensity than before. It is not too far-fetched to hypothesize that they serve to satisfy needs for group-belongingness that are rooted in humanity's evolutionary past (cf. P.J. Richerson/ R. Boyd 2001).

3 Concluding remarks

The second part of this article was intended to give some suggestions for a theory of social evolution that integrates two perspectives: the long-term view, which purports to describe main trends in human history and to detect regularities and transitions in these trends; and the (neo-)Darwinian approach that seeks basic explanatory principles. The latter approach has been used here selectively, with due attention to the differences between biological and sociocultural evolution. Conceived in this way, Darwinian mechanisms can help to explain the long-term trends.

The perspective followed here may also be characterized as relational or figurational (cf. N. Elias 1970). That is, human social life is conceived as consisting of shifting and overlapping networks or figurations of interdependence rather than social systems with sharp and stable boundaries and well-defined goals or interests. Social boundaries are always temporary, whether defined 'objectively' in terms of social isolation and self-sufficiency or 'subjectively' as being based on group identifications and distinctions between members and nonmembers. The implication is that the only long lasting social entity is humanity as a whole. Societies can only be understood in terms of their interconnections and as temporary parts of this encompassing entity. The relational view implies a global perspective.

The evolutionary study of long-term trends in human history is not only a fascinating subject-field in itself. It can also be used to shed light on the vast social transformations that we witness in the world today. Social scientists have advanced several concepts to describe these transformations: globalization, postindustrialism, postmodernization, the rise of the network society (see e.g. D. Kalb et al. 2000; D. Bell 1976; St. Crook/ J. Pakulski/ M. Waters 1992; M. Castells 1996). Much of what is described and analyzed under these headings can be viewed as the outcome and continuation of long-term evolutionary processes. By elaborating this perspective, we may hope to better explain contemporary changes and to get a clearer view of the options that are open for the future.

Today we are far removed from the Victorian optimism that inspired Spencer and other social theorists to develop their evolutionary views. The prevalent mood, at least among Western intellectuals, seems to be rather one of pessimism and anguish (O. Bennett 2001). Ecological disasters, the proliferation of nuclear, chemical and biological weapons, terrorism fed by aggressive fundamentalism, the growing power of big transnational corporations – these are some of the dangers foreseen. We may disagree about such prospects, but in so far as they are real, they do not invalidate the evolutionary perspective. On the contrary, in order to understand such tendencies and dangers, it will become all the more urgent to work out this perspective.

References

Andreski, Stanislav (1971): Introductory Essay: Sociology, Biology and Philosophy in Herbert Spencer. In: Herbert Spencer: Structure, Function and Evolution (edited by S. Andreski). London: Michael Joseph
Axelrod, Robert (1984): The Evolution of Cooperation. New York: Basic Books
Barrett, Louise/ Dunbar, Robin/ Lycett, John (2002): Human Evolutionary Psychology. Houndmills etc.: Palgrave
Becker, Howard S. (1982): Art Worlds. Berkeley etc.: University of California Press
Bell, Daniel (1976): The Coming of Post-Industrial Society. New York: Basic Books (sec. ed.)
Bennett, Oliver (2001): Cultural Pessimism. Narratives of Decline in the Postmodern World. Edinburgh: Edinburgh University Press
Castells, Manuel (1996): The Information Age, vol. I: The Rise of the Network Society. Malden/ Oxford: Blackwell
Castells, Manuel (1997): The Information Age, vol. II: The Power of Identity. Malden/ Oxford: Blackwell
Collins, Randall (2000): The Multidimensionality of Social Evolution and the Historical Pathways of Asia and the West. In: Goudsblom/ Wilterdink (2000): 138-163
Crook, Steven/ Pakulski, Jan/ Waters, Malcolm (1992): Postmodernization. London etc.: Sage
Dawkins, Richard (1976): The Selfish Gene. Oxford: Oxford University Press

De Swaan, Abram (2001): Words of the World. The Global Language System. Cambridge etc.: Polity Press
Diamond, Jared (1997): Guns, Germs and Steel. New York: Vintage 1998 (1997)
Elias, Norbert (1969): Über den Prozess der Zivilisation (2 Bände). Bern/ München: Francke Verlag (2. Auflage)
Elias, Norbert (1970): Was ist Soziologie? München: Juventa
Engels, Friedrich (1891): Der Ursprung der Familie, des Privateigentums und des Staats. Berlin: Dietz Verlag (4. Druck)
Giesen, Bernhard (1980): Makrosoziologie. Eine evolutionstheoretische Einführung. Hamburg: Hoffmann und Campe
Goudsblom, Johan (1996): Human History and Long-Term Social Processes: Toward a Synthesis of *Chronology* and *Phaseology*. In: Goudsblom/ Jones/ Mennell (1996): 15-30
Goudsblom, Johan/ Jones, Eric/ Mennell, Stephen (1996): The Course of Human History. Armonk/ London: M.E. Sharpe
Goudsblom, Johan/ Wilterdink, Nico (Hrg.) (2000): Sociale evolutie. Het evolutieperspectief in de sociologie. Groningen: Wolters-Noordhoff (special issue of Amsterdams Sociologisch Tijdschrift. 27. no. 1-2)
Hannan, M.T./ Freeman, J. (1977): The Population Ecology of Organizations. In: American Journal of Sociology. 83 (4). 929-984
Hannan, M.T./ Freeman, J. (1989): Organizational Ecology. Cambridge, Mass.: Harvard University Press
Harris, Marvin (1979): Cultural Materialism. New York: Vintage Books 1980 (1979)
Harris, Marvin (1993): Culture, People, Nature. An Introduction to General Anthropology. New York: HarperCollins (6th edition)
Hirsch, Fred (1977): Social Limits to Growth. London/ Henley: Routledge and Kegan Paul
Jones, Eric (1996): *Extensive* Growth in the Premodern World. In: Goudsblom/ Jones/ Mennell (1996): 63-82
Kalb, Don et al. (eds.) (2000): The Ends of Globalization. Bringing Society Back In. Lanham etc.: Rowman & Littlefield
Kauffman, Stuart (1995): At Home in the Universe. The Search for Laws of Complexity. New York: Oxford University Press
Lenski, Gerhard (1966): Power and Privilege. New York: McGraw-Hill
Lenski, Gerhard/ Nolan, Patrick/ Lenski, Jean (1995): Human Societies. New York etc.: McGraw-Hill (7th ed.)
Mann, Michael (1986): The Sources of Social Power. Vol. I: A History of Power from the Beginning to A.D. 1760. Cambridge: Cambridge University Press
Maryanski, Alexandra/ Turner, Jonathan H. (1992): The Social Cage. Human Nature and the Evolution of Society. Stanford: Stanford University Press
Maynard Smith, John (1982): Evolution and the Theory of Games. Cambridge: Cambridge University Press
McNeill, William H. (1963): The Rise of the West. Chicago: University of Chicago Press
McNeill, William H. (1976): Plagues and People. Harmondsworth: Penguin, 1979 (1976)
McNeill, William H. (1994): Immanuel Wallerstein's Vision of Past and Future. In: Diplomatic History 18. 269-276
Nelson, R.R./ Winter, S.G. (1982): An Evolutionary Theory of Economic Change. Cambridge/ London: The Belknap Press of Harvard University Press
Parsons, Talcott (1937): The Structure of Social Action. Boston: McGraw-Hill
Parsons, Talcott (1966): Societies. Evolutionary and Comparative Perspectives. Englewood Cliffs, N.J.: Prentice-Hall
Popper, Karl R. (1972): Objective Knowledge. An Evolutionary Approach. Oxford: Clarendon Press
Richerson, Peter J./ Boyd, Robert (2001): Institutional Evolution in the Holocene: The Rise of Complex Societies. In: Runciman (ed.) (2001): 199-234

Runciman, W.G. (ed.) (2001): The Origin of Human Social Institutions. Oxford/ New York: Oxford University Press
Sahlins Marshall D./ Service, Elman R. (eds.) (1960): Evolution and Culture. Ann Arbor: University of Michigan Press
Sanderson, Stephen K. (1990): Social Evolutionism. Cambridge, Mass./ Oxford: Blackwell
Sanderson, Stephen K. (1995): Social Transformations. A General Theory of Historical Development. Oxford: Blackwell
Sanderson, Stephen K. (2001): The Evolution of Human Sociality. Lanham etc.: Rowman & Littlefield
Spencer, Herbert (1890): First Principles. London/ Edinburgh: Williams & Norgate (5th edition)
Spier, Fred (1996): The Structure of Big History. Amsterdam: Amsterdam University Press
Trigger, Bruce G. (1998): Sociocultural Evolution. Oxford/ Malden: Blackwell
Trivers, Robert (1985): Social Evolution. Menlo Park etc.: Benjamin Cummings
United Nations (1999): Human Development Report 1999. New York/ Oxford: Oxford University Press
Van den Berghe, Pierre L. (1975): Man in Society. A Biosocial View. New York etc.: Elsevier
Van der Dennen, Johan M.G. (2000): Zelfzuchtige coöperatie en gewelddadige intergroepscompetitie in de homonoïde evolutie. In: Goudsblom/ Wilterdink (Hrg.): 32-54
Veenhoven, Ruut (1984): Conditions of Happiness. Rotterdam: Erasmus University Rotterdam
Wallerstein, Immanuel (1974): The Modern World-System. New York etc.: Academic Press
Wallerstein, Immanuel (1979): The Capitalist World-Economy. Cambridge: Cambridge University Press/ Paris: Editions de la Maison des Sciènces de l'Homme
Wertheim, W.F. (1974): Evolution and Revolution. Harmondsworth: Penguin
White, Leslie A. (1949): The Science of Culture. New York: Grove Press
Wilson, Edward O. (1998): Consilience. The Unity of Knowledge. New York: Alfred A. Knopf
Wilson, Edward O. (1975): Sociobiology. The New Synthesis. Cambridge/ London: The Belknap Press of Harvard University Press
Wilson, Edward O. (1978): On Human Nature. Cambridge/ London: Harvard University Press
Wilterdink, N. (1976): Biology and Sociology. Arguments for an Ethologically Based Sociology. In: The Netherlands' Journal of Sociology 12. 19-37
Wolf, Eric R. (1982): Europe and the People Without History. Berkeley etc.: University of California Press

Evolution und Selektion
Handlungstheoretische Begründung eines soziologischen Forschungsprogramms

Michael Schmid

1 Einleitung und thematische Eingrenzung

Unzweifelhaft gehört die Soziologie (neben der Sozialanthropologie[1]) zu den Sozialwissenschaften, die die der Biologie entstammenden evolutionstheoretischen Anregungen frühzeitig aufgegriffen haben und noch bis in jüngere Zeit der Frage nachgegangen sind, mit welchem Evolutionsverlauf die Gesellschaft rechnen könne[2]. Allerdings sind die Stimmen, die der Soziologie die Fortführung ihres evolutionstheoretischen Programms anraten, leiser geworden[3]. Ich möchte den Gründen dafür nachgehen und den Platz näher bestimmen, den ein wiederbelebtes evolutionstheoretisches Denken in der Soziologie einnehmen kann. Da ich die These vertreten möchte, dass eine derartige Wiederbelebung nur im Rahmen einer allgemeinen Handlungstheorie gelingen kann, werde ich mich auf deren Beleg konzentrieren und auf die Behandlung vor- bzw. nachgelagerter Fragen verzichten: Insbesondere lasse ich jeden Vergleich zwischen biologischen und sozialwissenschaftliche Erklärungen in der möglicherweise strittigen Annahme beiseite, dass eine Untersuchung der Logik biologisch-teleologischer Erklärungen kein erhellendes Licht auf die Erklärungsaufgaben einer evolutorischen Soziologie wirft[4]. Auch möchte ich die Koevolution zwischen Genom und Kulturentwicklung[5] ebenso übergehen wie die damit zusammenhängende Frage, in welchem Umfang Handlungsmotive, Zielsetzungen und Erwartungen menschlicher Akteure soziobiologisch fundiert und damit die kognitivistischen Einsei-

---

1 Vgl. M. Harris 1968.
2 Man erinnere sich an die Bemühungen von T. Parsons 1972 und 1975, J. Habermas 1976 und N. Luhmann 1997. Die Mängel all dieser Entwürfe sind leider nicht zu übersehen, vgl. M. Schmid 1982, 1989: 115ff., 2003.
3 Vgl. aber die Debatte in W. Schelkle/ W.-H. Krauth/ M. Kohli/ G. Elwert (Hrsg.) 2000: 257ff.
4 Vgl. E. Nagel 1979: 275ff, E. Mayr 1988.
5 Vgl. W.H. Durham 1991, C.J. Lumsden/ E.O. Wilson 1984, E.O. Wilson 1978, in Adaption auf das Problem der Normentstehung vgl. S. Wesche 2001. Die Soziologie diskutiert die Handlungs- und Kulturfähigkeit des Menschen schon seit geraumer Zeit vor dem Hintergrund der Darwinschen Theorie, vgl. zusammenfassend H. Esser 1993: 143ff.

tigkeiten der modernen Handlungstheorie vermieden werden können[6], obgleich ich gegen die Idee, dass Akteure mit selektionstheoretisch erklärbaren, handlungsbestimmenden „Vorprägungen"[7] versehen sind und daraus einige der „Restriktionen"[8] und Richtungsgeber ihres Zusammenlebens entstehen, keine Einwände vortragen werde. Und endlich möchte ich meiner Problemrekonstruktion den Nachweis ersparen, dass die aussichtsreichste Programmdiskussion wenigstens derzeit nicht in der Soziologie, sondern in der Ökonomie geführt wird[9]; ich werde deshalb dem Import tauglicher Argumente zumal aus der evolutorischen Institutionenökonomie[10] keine Beschränkung auferlegen.

2 Die Ausgangslage: Das klassische evolutionstheoretische Erklärungsprogramm

Die derzeitige Problemsituation lässt sich am Besten vor dem Hintergrund der mittlerweile „klassisch" zu nennenden entwicklungstheoretischen Fragestellung des 19. Jahrhunderts verstehen, wobei besonders der Einfluss von Marx und Spencer (und weniger von Darwin) für das soziologische Evolutionsverständnis prägend geworden ist[11]. Die soziologische Gesellschaftstheorie trägt, vor allem sofern sie sich als „Modernisierungstheorie" versteht, noch heute an diesem Erbe und wurde aus diesem Grund auch wiederholt und heftig kritisiert[12]. Ich muss verständlicherweise an dieser Stelle darauf verzichten, auch nur eine Skizze der Geschichte des sozialwissenschaftlichen Evolutionsdenkens vorzulegen[13], sondern beschränke mich auf eine analytische Rekonstruktion seines „harten Kerns"[14], den man – wie ich in Anlehnung an Nisbet, Mandelbaum und Sztompka vorschlage[15] – mit Hilfe von fünf, sich wechselseitig stützender Basisannahmen kennzeichnen kann:

Ein erstes Axiom hält fest, dass jede soziologische Entwicklungstheorie „Evolution" als *systemischen Vorgang* deutet; d.h. Einheit evolutionärer Prozesse sind institutionell geordnete, „strukturierte" Gesellschaften, „Gesellschafts-

---

6 Vgl. P. Meyer 1982, C. Badcock 1991, J. Lopreato 1984, H. Esser 1993: 119ff., S.K. Sanderson 2001.
7 C.J. Lumsden/ E.O. Wilson 11984: 124, vor allem auch R.D. Alexander 1987.
8 H. Esser 1993: 119.
9 Vgl. zur Klärung der Fronten zwischen Soziologie und Evolutionsökonomie M. Schmid 1992.
10 Vgl. dazu D. Hamilton 1990, G.M. Hodgson 1988 und G.M. Hodgson 1993.
11 Für die Details vgl. R.A. Nisbet 1969.
12 Für den Stand der Dinge vgl. H. Resasade 1984: 157ff.
13 Vgl. dazu R. Hofstadter 1959, S.K. Sanderson 1990.
14 Der Bezug auf I. Lakatos 1970 liegt mehr als nahe.
15 Vgl. R.A. Nisbet 1969, M. Mandelbaum 1971, P. Sztompka 1993: 197ff., aber auch S.K. Sanderson 1990.

formationen", wie Marx sie nannte[16], oder gesellschaftliche Teilsysteme (vornehmlich einzelne „Subsysteme"[17] oder „Funktionssysteme"[18]), die einem „natürlichen Wandel"[19] unterliegen. In diesem Sinn trägt das Evolutionsdenken „holistische" Züge. Dies bedeutet in erster Linie, dass Evolutionsprozesse nicht auf Einzelhandlungen reduziert werden können, sondern als transsubjektive oder „strukturelle" Transformationsprozesse zu verstehen sind. Handlungstheoretische Mikrofundierungen hält der klassische Evolutionismus deshalb in der Regel für entbehrlich oder übergeht sie mit Stillschweigen[20]; stattdessen konzentrierte er sich auf den Nachweis makroskopischer und d.h. weitgehend unbewusst und absichtslos funktionierender Prinzipien systemischer „Selbstordnung"[21].

Eine derart spontan verlaufende Evolution unterscheidet sich von historisch kontingenten Wandlungen und singulären Veränderungen durch ihre *Zielgerichtetheit*[22], wobei mindestens zwei unterschiedliche Vorstellungen darüber im Umlauf sind, wie die Richtungskonstanz der gesellschaftlichen Evolution modelliert werden soll. *Zum einen* unterstellt die Evolutionstheorie dem Gesellschaftsgeschehen eine *Steigerungsdynamik*, der zufolge im Verlauf der Gesellschaftsgeschichte bestimmbare Wertgrößen zunehmen, weshalb Spencer vorschlug, Evolution als „Fortschritt" aufzufassen[23]. Allerdings blieb dieser Begriff insoweit schillernd, als die Evolutionstheorie ganz verschiedene Maximanten im Auge hatte: Den „Wohlstand der Nationen"[24], die „Perfektibilität" des Passverhältnisses von Person und Struktur[25], „strukturelle Komplexität"[26], das gesamtgesellschaftliche „Anpassungsvermögen"[27] oder die gesellschaftliche Selbsttransformationsfähigkeit[28], kognitives[29] bzw. moralisches Wissen[30], „Rationalität"[31] und anderes mehr. *Zum anderen* sei die Evolution darauf angelegt, einen

---

16 Vgl. K. Marx 1974: 375ff.
17 Vgl. T. Parsons 1975.
18 Vgl. N. Luhmann 1997: 757ff.
19 R.A. Nisbet 1969: 166ff.
20 So muss man Spencers Handlungstheorie in seinem umfangreichen Werk mühsam aufspüren, vgl. M. Schmid/ M. Weihrich 1996: 29ff.
21 H. Spencer 1905, Bd. 1: 103.
22 Vgl. R.A. Nisbet 1969: 168ff., M. Mandelbaum 1971: 124ff.
23 H. Spencer 1967: 121ff.
24 Vgl. A. Smith 1974.
25 Vgl. H. Spencer 1978 passim.
26 Vgl. H. Spencer 1996, N. Luhmann 1997 u.a.
27 Vgl. T. Parsons 1972: 10, 41 u.a.; 1975: 40 u.a.
28 Vgl. A. Etzioni 1968.
29 Vgl. A. Comte 1967.
30 Vgl. J. Habermas 1976.
31 Vgl. W. Schluchter 1979.

ultimativen, stabilen Gleichgewichtszustand zu erreichen, weshalb sie mit Hilfe von *Gleichgewichtsdynamiken* modelliert werden kann³².

Diese Maximierungs- bzw. Gleichgewichtsprozesse vollziehen sich den evolutionistischen Vorstellungen folgend (häufig) *stufenförmig*³³. Derartige „Stufen" werden mit Hilfe unterschiedlicher, gestaltungswirksamer evolutionärer „Errungenschaften"³⁴ oder system- oder entwicklungstypischer „Organisationsprinzipien"³⁵ definiert, die ihrerseits die Ausgangsbedingungen weiterer Evolutionsschritte festlegen und eine Rückkehr zu einer bereits überwundenen Stufe behindern. Der Evolutionsprozess erhält auf diesem Wege nicht nur ein richtungsweisendes „Telos", sondern überdies einen unilinearen und deterministischen Charakter. Sofern die genannten Errungenschaften sich mit Zwangsläufigkeit durchsetzen, werden alle davon betroffenen Gesellschaften denselben Wandlungsprozess durchleben³⁶. Die infolgedessen postulierte Unabwendbarkeit, mit der alle Stufen zu durchschreiten sind, rechtfertigt die Vermutung, dass Evolutionsprozesse einer wenigstens im Nachhinein rekonstruierbaren „Entwicklungslogik"³⁷ unterliegen.

Damit ist zugleich die Vermutung angesprochen, dass jede Evolution (in einem wörtlichen Sinn verstanden) als *„Entwicklung"* verläuft³⁸; d.h. evolutionärer Wandel ist Auswuchs eines endogenen und sich spontan entfaltenden Potenzials, weshalb in vielen Fällen ontogenetische oder embryonale Entwicklungsmuster der Prozessmodellierung als Vorbild dienten³⁹. Richtungskonstanz und Zwangsläufigkeit des Evolutionsprozesses sind mit dieser These ebenso leicht in Übereinstimmung zu bringen wie mit der Idee, dass das Evolutionsgeschehen einem einheitlichen und „universalen Gesetz der Veränderung"⁴⁰ gehorche⁴¹.

---

32 Vgl. für diese Tradition C.E. Russett 1966 und B. Ingrao/ G. Israel 1990. Spencer 1854 war der erste, soweit ich sehe, der „social statics" als Bezugspunkt gesellschaftlicher Veränderungen einführte. Hodgson (1993: 86) unterstellt Spencer zu Recht, er verfolge die Idee eines „perfect equilibrium". Dass die gesellschaftliche Evolution eine entropischen Abschluss finde, widerspricht der Idee der Steigerungsfähigkeit dann nicht, wenn externe Störgrößen zugelassen bleiben, die den Evolutionsprozess immer von Neuem anschieben.
33 Vgl. R.A. Nisbet 1969: 24ff., 44ff., 1225ff., M. Mandelbaum 1971: 43f. So nach T. Parsons 1975: 52ff, J. Habermas 1976: 37, 153f, 176 u.a.
34 Vgl. T. Parsons 1969: 55.
35 Vgl. J. Habermas 1976: 35, 137f. u.a.
36 Vgl. R.A. Nisbet 1969: 182ff.
37 Vgl. J. Habermas 1976: 12, 231ff., S.K. Sanderson 1995: 392f.
38 Vgl. R.A. Nisbet 1969: 7ff., 21ff. u.a., M. Mandelbaum 1971: 43f.
39 Vgl. G.M. Hodgson 1993: 37ff., 61f., 160f., 275ff. u.a. Diese Semantik wird noch heute verwendet, vgl. R. Münch 1993.
40 H. Spencer 1967: 129.
41 Vgl. R.A. Nisbet 1969: 182ff., M. Mandelbaum 1971: 67-138.

Und endlich lässt sich jede Evolution als *Anpassung* deuten, d.h. die intern vorangetriebenen, gesetzmäßig sich entfaltenden Evolutionsprozesse dienen der Bewältigung von Umweltanforderungen, denen gegenüber ein evolutives System sich bewähren muss[42]. (Technologische) Anpassungssteigerungen, (strukturelle) Komplexitätszunahme, (ökonomische) Reichtumsakkumulation, antizipierendes moralisches Lernen und dergleichen sorgen für die erwartbare Erhöhung seiner Bewährungschancen, die sich in einem gesteigerten Grad der Umweltkontrolle niederschlagen. In aller Regel liegt solchen Systemanpassungen ein Selektionsprozess zugrunde[43], der untaugliche Problemlösungen und Anpassungsstrategien verwirft und auf diese Weise reproduktionsfähige Handlungsmuster[44], Institutionen oder Funktionsbereiche ausfiltert. Steigerungsdynamiken und Systemgleichgewichte sind infolgedessen als erfolgreiche Anpassungen zu verstehen.

3 Die Kritik der klassischen Evolutionstheorie

Diese Thesen haben die theoretischen Überlegungen zum „sozialen Wandel" nachhaltig beeinflusst[45]. Gleichwohl wurden sie *alle* ebenso eingehend kritisiert: Schon bald stellte sich heraus, dass man die postulierten Evolutionsprozesse ohne Berücksichtigung der eigeninteressierten Handlungen individueller Akteure nicht angemessen verstehen kann[46]; in Soziologenkreisen setzte sich die Einsicht indessen nur zögerlich durch, dass es dazu einer theoriegeleiteten Mikrofundie-

---

42 Vgl. A. Alland/ B. McCay 1973: 158ff.
43 Tatsächlich muss sich Spencer bestätigen lassen, dass er gerade keinen adäquaten Evolutionsmechanismus angibt (G.M. Hodgson 1993: 91), während Darwins Selektionstheorie über eine „general theory of the mechanism" verfügt, die die Transformation der Arten erklärt (P.Q. Hirst 1976: 26). Viel Überflüssiges ist zur Evolution geschrieben worden, weil man die explikative Bedeutung solcher Mechanismen unrichtig eingeschätzt hat. Die sozialwissenschaftliche Evolutionstheorie hat auf die genaue Kennzeichnung solcher Mechanismen immer auch deshalb geglaubt verzichten zu können, weil sie sich nicht auf Prognosen einlassen wollte, deren Scheitern die theoretischen Grundannahmen hätte testen können, und weil sie der „retrospective fallacy" (M. Mandelbaum 1971: 129) aufgesessen ist, d.h. dem Glauben, aufgrund historischer oder anthropologischer Berichte immer hinreichend über den Gang der Evolution informiert zu sein. Und zudem wird oft übersehen, dass es mindest zwei Arten von Mechanismen gibt: lamarckianische und darwinistische, vgl. dazu P. Van Parijs 1981, G.M. Hodgson 1993. Auf die damit verbundenen Probleme kann ich nicht eingehen.
44 Dass menschliches Handeln als Anpassungsleistung verstanden werden kann, erlaubt der Handlungstheorie den Anschluss an die biologische Evolutionstheorie, vgl. H. Esser 1993: 143.
45 Man vgl. die „Reader", H.P. Dreitzel (Hrsg.) 1967, W. Zapf (Hrsg.) 1969 und S.N. Eisenstadt (ed.) 1970. Vor allem A. Etzioni/ E. Etzioni-Halevy (eds) 1973 stellen die (damals) neuere Diskussion in einen eindeutigen Zusammenhang mit der evolutionstheoretischen Klassik.
46 Vgl. dazu W. Wickler/ U. Seibt 1977, R.D. Alexander 1987, C. Elworthy 1993 und viele andere.

rung[47] des strukturellen, makroskopischen Geschehens bedurfte, die es notwendig machte, den Einzelakteur bzw. dessen individuellen Eigenheiten oder Ausstattungen als die kausal ausschlaggebende Einheit des Evolutionsgeschehens zu betrachten[48]. Naheliegenderweise hat man aus dieser Notwendigkeit einer Mikrofundierung den Schluss gezogen, dass es eigenmächtige evolutive Makrogesetzlichkeiten, die sich unabhängig von den Handlungen der Akteure durchsetzen, nicht geben könne[49]. Nomologisches Wissen ist infolgedessen auf handlungstheoretische Thesen darüber beschränkt, angesichts welcher Anreize und Opportunitäten Akteure handeln oder nicht, weshalb jede „soziale Transformation" als historisch einmaliges, singuläres Geschehen interpretiert werden muss[50], das als solches nicht Gegenstand universeller Gesetze sein kann[51].

In der Folge dieses Einwandes verlor auch die Sichtweise an Überzeugungskraft, dass Evolutionsprozesse gleichgewichts- oder steigerungsorientiert und damit in einer ausgezeichneten Richtung verlaufen[52]. Stattdessen setzte sich die Auffassung durch, dass sie als ebenso erratisch wie unvorhersehbar[53] und oftmals suboptimal gelten müssen[54]. Als Grund dafür wird angegeben, dass das Evolutionsgeschehen zufallsabhängig[55], katastrophen-[56] und störanfällig[57] ist, weshalb die unterstellten Optimanten und Maximanten in zahllosen Fällen uner-

---

47 Damit ist nicht ein allgemeines Postulat angesprochen, dem Methodologischen Individualismus Platz zu lassen, oder, wie es seinerzeit Homans (1972) wollte, die Reduktion von Systemaussagen auf psychologische Aussagen gemeint, sondern die Erklärung emergenter sozialer Prozesse mit Hilfe handlungstheoretischer Annahmen und d.h. aus der Sicht der Akteure, vgl. programmatisch M. Hechter (ed.), 1983 und J.S. Coleman 1987. Es dürfte nicht Wunder nehmen, dass die Rational-Choice Theorie, die eine große Familienähnlichkeit zum biologischen „Prinzip Eigennutz" (W. Wickler/ U. Seibt 1977) aufweist, sich als erste Handlungstheorie für die Mikrofundierungsproblematik zu interessieren begann. Vor allem solche Theoretiker, die den menschlichen Akteur gemeinschaftstauglicher sehen wollen, neigen entsprechend dazu, die soziologische Grundbegrifflichkeiten nicht individualistischen Handlungstheorien, sondern dem „sozialen Handeln" zu entnehmen, sitzen dabei allerdings einer Theoriestrategie auf, die ein Kommentator als „Mythos" bezeichnet hat (vgl. C. Campbell 1996).
48 Vgl. B. Giesen 1980: 55ff.; M. Harris 1989, S.K. Sanderson 1995, S.K. Sanderson 2001 und zusammenfassend M. Schmid 1998: 215ff.
49 Vgl. A. Bohnen 2000.
50 So etwa M.D. Cohen 1978 und S.K. Sanderson 1995.
51 Vgl. K.R. Popper 1961: 107. Zweifel am nomolgischen Charakter von „Richtungsgesetzen" äußert auch M. Mandelbaum 1971: 114ff.
52 Den funktionalistischen Kritikern des klassischen Evolutionismus erschien die Richtung des sozialen Wandels als „das Problem der Evolution" (vgl. S.N. Eisenstadt (ed.) 1970: 153ff.).
53 Vgl. F.A. Hayek 1969: 144ff., 161ff. und F.A. Hayek 1982/2: 38 u.a.
54 Vgl. G.M. Hodgson 1993: 89ff. u.a. A. Bhaduri 1973 gibt ein schönes Beispiel für die stabile Suboptimalität einer Entwicklung.
55 Vgl. B. Baldus 1980: 208, 221ff.
56 Vgl. L. Clausen 1994.
57 Vgl. A. Smith 1973, A. Smith 1976.

reichbar bleiben; d.h. Entdifferenzierungen[58], Verarmungen und Ungleichheiten[59], Komplexitätsverluste, Anpassungsmängel und „disruptive Selektionen"[60], Stabilitätszerfall und Systemauflösungen[61], Konflikte und Anomien[62], Dauerwidersprüche und Kontrafinalitäten[63] sind ebenso wahrscheinlich und stellen zudem oftmals stabile und trotz aller Anstrengungen nicht überwindbare Zustände dar[64]. Wenn diese Beobachtungen zutreffen, dann müssen die klassischen Evolutionsmodelle *unvollständig* sein und empirisch maßgebliche Einflussgrößen vernachlässigen.

Hinzu trat die zunehmende Einsicht, dass Stufenprozesse empirisch keinen gesetzlichen Vorgaben folgen[65]. Entsprechende Thesen sind falsch oder formulieren allenfalls notwendige Bedingungen gesellschaftlichen Wandels, die durchlaufen worden sein müssen, wenn die unterstellten Zielzustände tatsächlich haben erreicht werden können, sie benennen aber keinen handlungstheoretisch fundierten Mechanismus, der hinreichend erklären könnte, weshalb und mit welcher Wahrscheinlichkeit entwicklungsdienliche Bedingungen erfolgreich realisiert und unter welchen Umständen externe und interne Störgrößen neutralisiert werden können.

Damit entfällt auch die Idee eines richtungsleitenden, inhärenten Entwicklungspotenzials. Wenn Gesellschaftsprozesse umwelt- und innovationsabhängig verlaufen und zudem durch das Handeln einer Vielzahl von Einzelakteuren vorangetrieben werden, die ihren individuellen Zielsetzungen und Erwartungen folgen, dann kann deren unkontrollierbare Gemengelage und die hintersinnigen und oft ebenso unbemerkbaren wie aversiven Interdependenzen keinesfalls sicherstellen, dass der gesellschaftliche Transformationsprozess einem Muster ontogenetischer Reifung folgt. Mit einer von allen Betroffenen gleichbewerteten Richtungskonstanz und Höherstufigkeit der gesellschaftlichen Evolution ist aufgrund der empirischen Variabilität und Gegenläufigkeit der Handlungen vieler individuell entscheidender Akteure deshalb ebenso wenig zu rechnen wie mit ihrer Zwangsläufigkeit[66]. Das muss heißen, dass sich innovative Errungenschaf-

---

58 Vgl. S.N. Eisenstadt 1969.
59 Vgl. M.I. Midlarsky 1999.
60 P.A. Corning 1883: 246.
61 Vgl. J. Tainter 1988.
62 Vgl. R.K. Merton 1964: 131ff.
63 Vgl. dazu J. Elster 1978: 167ff.
64 Vgl. G. Hernes 1995: 102ff.
65 Vgl. M. Schmid 1982: 169ff., W.L. Bühl 1984: 316ff.
66 Vgl. dazu J.S. Buchanan 1995, der argumentiert, dass globale Verteilungszustände dann nicht vorhergesagt werden können, wen man unterstellt, dass die Akteure das Recht auf eigenwillige Handlungen kontrollieren. Die materialistische Evolutionstheorie zieht sich deshalb auch da-

ten, die eine Gesellschaft auf eine „höhere Stufe" heben könnten, weder in allen Fällen einstellen und noch widerstandslos durchsetzen lassen.

Damit steht auch fest, dass Selektionen keinesfalls über längere reproduktionsrelevante Phasen hinweg anpassungsdienlich verlaufen müssen[67]; sie finden unter opportunistischen Bedingungen statt[68], weshalb globale Optima unerreichbar sind, und können jederzeit scheitern[69]. Zumal kollektive Handlungen können konfliktträchtige, desaströse und systemgefährdende Folgen haben und die reproduktionsnotwendigen Bestandsbedingungen sozialer Beziehungsformen zerrütten oder auflösen[70]. Umweltoffenheit heißt immer auch beschränkte und bisweilen unzureichende Umweltkontrolle. Die weitere Folge davon ist, dass unilineare und auf die Steigerung oder Sicherung des Adaptationspotenzials angelegte Selektionen nicht durchgehend zu erhoffen sind. Vielmehr gibt es zahllose evolutionäre Trajektorien[71] mit zumeist unsicherem Verlauf und zumindest offenem Ausgang. Aus der Sicht der Akteure heißt dies, dass alle Entscheidungen unter Unsicherheit gefällt werden.

Ich denke, man kann sich darauf einigen, dass diese unnachsichtige Kritik den „hard core" des soziologischen Evolutionsprogramms geschwächt und zu dessen Neubewertung Anlass gegeben hat. Diese erfolgte auf dreierlei Weise: *Zum einen* hat man die Notwendigkeit zumindest von partiellen Revisionen eingesehen, wollte aber zugleich wenigstens jene Teile des evolutionistischen Kernprogramms beibehalten, die plausibel machten, weshalb die bislang überblickbare Sozialevolution komplexitätssteigernd und progressiv verlaufen zu sein schien[72]. Diese Sichtweise erwies sich zwar insoweit als fruchtbar, als man die Suche nach übergreifenden und geschichtsmächtigen makroskopischen Entwicklungsgesetzen zugunsten der Identifikation vornehmlich jener Mechanismen einstellen durfte, welche die jeweiligen evolutionsdefinierenden Eigenheiten des

---

rauf zurück, dass Entwicklungsnotwendigkeiten allenfalls im Rückblick auf die Gesellschaftsgeschichte „rekonstruiert" werden können, vgl. H. Holzer 1978: 190 u.a.
67 Vgl. G.M. Hodgson 1993: 197ff.
68 Vgl. B. Baldus 1980: 212f.
69 Vgl. P.D. Nolan 1984: 126ff. Entsprechend ist die weitverbreitete Neigung, zumal die menschliche Evolution als „Erfolgsstory" zu erzählen, theoriehinderlich (vgl. M. Landau 1991) Gegen die Fruchtbarkeit des Darwinschen Erklärungsprogramms (vgl. M.R. Rose 2001) ist damit nicht gesagt.
70 Vgl. J. Tainter 1988.
71 Dass die Sozialevolution auf divergente Umweltumstände hochreaktiv reagiert und damit *multilinear* verläuft, hat Steward 1972 behauptet.
72 So verfahren T. Parsons 1972 und 1975, J. Habermas 1976, B. Giesen 1980, P.A. Corning 1983, R. Münch 1993 und N. Luhmann 1997.

gesellschaftlichen Entwicklungsgangs verursachten[73]. Auf der anderen Seite musste man auf diesem Wege ein funktionalistisches und zudem halbiertes Forschungsprogramm in Kauf nehmen, das nur jene Prozesse thematisieren kann, die die erwünschten Verlaufs- und Zielzustände der gesellschaftlichen Evolution ins Blickfeld rücken, und alle evolutionsbehindernden und destabilisierenden Umstände unbeachtet ließ[74].

Um solche funktionalistischen Abwege zu vermeiden, empfahlen *andere* heroisch auf jede Makrotheorie der Gesellschaft zu verzichten und sich der Erforschung singulärer Ereignisketten und Bedingungskonstellationen zuzuwenden und diese *historisch zu erklären*[75]. Dieser Ratschlag fand weite Verbreitung, obgleich unter seinen Verteidigern Streit darüber aufkam, ob die Last solcher historischen Erklärungen durch den Hinweis auf die restriktive Wirkung struktureller Umstände getragen werden konnte[76] oder ob zu diesem Zweck auf handlungstheoretische Hintergrundsannahmen zurückgegriffen werden sollte[77].

Ein dritter Vorschlag wollte demgegenüber weder in funktionalistische Fallstricke geraten, noch sich der Resignationslösung anschließen, Evolutionstheorie in Geschichtsschreibung aufzulösen, und schlug deshalb zur Revitalisierung der Evolutionstheorie die Übernahme *darwinscher Erklärungsmodelle* vor[78]. Auf diese Weise hoffte man auf die Formulierung von Entwicklungsgesetzen und Gleichgewichtsmodellen zugunsten der Erforschung jener Mechanismen verzichten zu können, die reproduzierbare Handlungen aus einer variaten Vielzahl möglicher Handlungsalternativen selegieren; nicht Verlaufs- und Entwicklungsgesetze sollten im Zentrum der theoretischen Aufmerksamkeit stehen, sondern die Modellierung von variationsgespeisten *Selektionsmechanismen* und deren differentiellen Reproduktionschancen.

---

73 B. Giesen 1980 und N. Luhmann 1997 greifen auf das Selektionsmodell von Donald Campbell zurück, J. Habermas 1976 und K. Eder 1987 favorisieren eine Theorie kollektiven Lernens, Parsons besann sich auf Spencers Theorie usf.
74 Deshalb verzichtete Moore (1970: 138f.) auch auf jeden Anspruch darauf, eine „integrierte Theorie des Wandels" entwerfen zu können.
75 Vgl. R.A. Nisbet 1969, A. Smith 1973, P. Abrams 1982 u.a. Max Webers Soziologie dient vielen als Rechtfertigung dieser Forschungsanlage.
76 Vgl. zu dieser Programmatik T. Skocpol 1993 und I. Wallerstein 1974.
77 Dafür sprechen sich z.B. E. Kiser/ M. Hechter 1991 und M. Levi 1998 aus; vgl. auch H.R. Bates et al. 1998.
78 Einflussreich wurden vor allen anderen D.T. Campbell 1960, 1965, 1974 und (vornehmlich für die evolutorische Ökonomie) A.A. Alchian 1950 und R.R. Nelson/ S.G. Winter 1982, vgl. für die deutsche Rezeption der Selektionstheorie Luhmann 1997, der seit Beginn der 70er-Jahre eine soziologisch gewendete Evolutionstheorie propagierte, und weiterhin B. Giesen/ M. Schmid 1975, B. Giesen/ C. Lau 1981, C. Lau 1981, M. Schmid 1982; neuerdings auch J. Lopretao/ T. Crippen 1999 u.a.

4 Zum Umbau der Evolutionstheorie: Ein alternatives Erklärungsmodell

Auch ich möchte den beiden erstgenannten Reformulierungsempfehlungen nicht folgen. Allerdings scheint mir auch der dritte Vorschlag in so weit beschränkt zu sein, als er die handlungstheoretische Mikrofundierung der überkommenen Evolutionstheorie nicht mit der notwendigen Folgerichtigkeit nachvollzieht. Ich möchte deshalb, um die daraus resultierende Beschränkung zu vermeiden, weiter ausgreifen, um, ausgehend von einer individualistischen Erklärungspraxis, einen Weg zu erkunden, auf dem die revisionsbedürftige Evolutionstheorie in Richtung auf *eine allgemeine Theorie dynamischer Sozialsysteme* korrigierend umgebaut werden kann[79], wobei sich die beschränkte Sichtweite der überkommenen Evolutionstheorie herausstellen muss. Ich werde zu diesem Zweck in zwei Schritten vorgehen. In einem ersten rekonstruiere ich die Colemanschen Vorstellungen einer verteidigungsfähigen, handlungstheoretisch angeleiteten Erklärung makrostruktureller „Phänomene"[80]. In einem zweiten Schritt werde ich – weshalb, wird noch einsichtig werden – dieses Kernargument so erweitern, dass es (auch) Reproduktions- wie Veränderungsdynamiken gerecht wird, wobei die Selektionswirkung von Abstimmungsmechanismen eine prominente Rolle spielt[81]. Vor deren Hintergrund wird sich zeigen, dass das Darwinsche Selektionsmodell als ein möglicher, aber umgrenzter Spezialfall eines umfassenderen Modells sozialer Dynamik[82] gelten kann.

4.1 Das Colemanmodell makrostruktureller Erklärung

Das Colemanmodell makrostruktureller Erklärung[83] basiert auf der Überzeugung, dass zwischen Verteilungsstrukturen keine kausalgesetzlichen Zusammen-

---

[79] Erste Versuche finden sich in M. Schmid 1998, 1998a und 1998b. Ich teile dabei die Intentionen, die W.L. Bühl 1984 und 1990 zu erkennen gibt.
[80] Vgl. dazu auch S. Lindenberg 1977 und 1992.
[81] Ich zögere vorerst ebenso, der evolutionäre Spieltheorie bei ihrem Versuch zu folgen, genetische Algorithmen zum Einsatz zu bringen, um die Durchsetzungswahrscheinlichkeit überlebenswichtiger Handlungsstrategien zu modellieren, wie der imitations- und lerntheoretisch argumentierenden Evolutionstheorie, die sich auf die Erklärung der kulturellen Dynamik konzentriert. Beide Traditionen argumentieren zwar selektionstheoretisch, haben Abstimmungsmechanismen aber nicht durchwegs im Auge. Feststeht allerdings, dass man keine von ihnen über die Notwendigkeit belehren muss, ihren Modellen ein handlungstheoretische Fundierung zu geben.
[82] Ich schließe mit dieser Bezeichnung nicht an Sorokin an, dessen Theorie darauf angelegt war, „the historical destiny of mankind" zu klären (vgl. P.A. Sorokin 1966: 639), sondern an T.C. Schelling 1998.
[83] Vgl. J.S. Coleman 1990 : 1ff.

hänge existieren. Alle entsprechenden Annahmen sind falsch[84], weil sie weder berücksichtigen, dass die Akteure auf die Bedingungen ihrer Handlungssituation ganz unterschiedlich zu reagieren pflegen, noch zeigen, wie sich die betreffenden Verteilungsstrukturen aus diesen Reaktionen ergeben[85]. In logischer Folge dieses Einwands kann es auch keine schicksalhaften, makrostrukturellen „Entwicklungsgesetze" geben, die einen zwangsläufigen Übergang von einer Evolutionsphase zur nächsten zu erklären erlauben[86]. Akzeptiert man diesem Einwand, dann erschöpft sich die kausale Wirkung von Verteilungsstrukturen in der Bestimmung der Möglichkeiten und Restriktionen, denen das Handeln einzelner Akteure ausgesetzt ist, das seinerseits mit Hilfe einer eigenständigen Handlungstheorie erklärt werden muss, die diesen verteilungsstrukturellen Einwirkungen gerecht werden kann[87]. Das bedeutet, dass sozialwissenschaftlich verwertbare Gesetze nur in Form individualistischer Handlungstheorien vorliegen[88].

Nun existieren zwar verschiedene solcher Theorien individuellen Handelns[89]; aber sie alle ähneln sich insoweit, als sie jedem Akteur unterstellen, dass er ziel- oder absichtsgeleitet und d.h. *intentional* handelt und dabei mit Hilfe umweltbezogener Erwartungen über die Erfolgschancen seines Handelns die Aufgabe lösen muss, sich zwischen mehreren Handlungsmöglichkeiten zu *entscheiden*[90]. Zu diesem Zweck benötigt er eine Entscheidungsregel, die es ihm erlaubt, eine der in Aussicht genommenen Handlungen gegenüber ihren möglichen Alternativen positiv zu diskriminieren[91]. Solange man von einer unveränderlichen Um-

---

84 So ist etwa die viel besprochene These, dass Staaten infolge von Bevölkerungswachstum entstehen (vgl. R.L. Carneiro 1973), falsch. Oder um Colemans eigenes Beispiel aufzugreifen, Es gibt keinen Kausalzusammenhang zwischen dem kollektiven Auftauchen bestimmter religiöser Überzeugungen und der Entstehung des Kapitalismus (vgl. J.S. Coleman 1987, J.S. Coleman 1990: 6ff.).
85 Strukturdeterministische Modelle unterstellen, dass Strukturen das Handeln der Akteure restlos und eindeutig bestimmen (vgl. Blau 1977); für die Handlungstheorie sind Strukturdeterminationen nur dort und als Grenzfälle erwartbar, wo sie zu Single-exit-Situationen führen (vgl. dazu S.J. Latsis 1976).
86 Vgl. J.S. Coleman 1990: 16ff.
87 Vgl. dazu S. Lindenberg 1977, R. Boudon 1986.
88 Vgl. E. Kiser/ M. Hechter 1991.
89 Vgl. M. Schmid 1993 und M. Schmid 1998a.
90 In den Fällen, in denen die Akteure unter hoher Unsicherheit entscheiden, kann man ihre Handeln auch auf Lernprozesse (und Imitation) zurückführen, weshalb ich dazu neige, Lernen als Sonderfall eines Entscheidungsprozesses anzusehen (vgl. M. Schmid 1993). Die moderne Evolutionstheorie ist sich nicht einig, ob sie Evolutionsprozesse auf der Basis von Lerntheorien (vgl. L.L. Cavallo-Sforza/ M.W. Feldman 1981und R. Boyd/ P.J. Richersen 1985) oder Rationaltheorien modellieren soll (vgl. J. Hirshleifer 1982, H.P. Young 1998). Evolutionstheorien, die daran interessiert sind, die Verbreitung von Handlungsstrategien zu erklären, ist es in der Regel gleichgültig, wie die Akteure zu diesen gekommen sind, vgl. R. Axelrod 1984.
91 Darüber, dass dazu Gedächtnisleistungen erforderlich sind, sind sich Soziobiologen und Systemstheoretiker einig (vgl. C.J. Lumsden/ E.O. Wilson 1984, passim, N. Luhmann 1997:

welt und damit von repetitiven Aufgaben ausgehen darf, die ein Akteur zu lösen beabsichtigt, ist es möglich, sein Handeln als rationales oder – sofern Kosten anfallen – als optimierendes Anpassungshandeln zu verstehen.

Eine derartige Handlungstheorie indessen erklärt nur das Handeln einzelner Akteure angesichts einer parametrischen (oder konstanten) Umwelt. Wenn wir uns für eine Erklärung von Gruppenhandlungen bzw. sozialen Beziehungen interessieren, so benötigen wir ergänzend dazu ein *Modell kollektiven Handelns*[92], das plausibel machen kann, wie sich Akteure in Situationen entscheiden und verhalten, in denen ihr Handlungserfolg von den Zuleistungen ihrer Mitakteure abhängig ist, die ihrerseits vor demselben Problem stehen; entsprechend besteht das eigentlich soziologische Erklärungsproblem darin, ihre *strategische*, mit wechselwirksamen Unsicherheiten verbundenen Interaktions- und Interdependenzverhältnisse zu modellieren[93].

Das Colemanmodell geht zu diesem Zweck von den folgenden Voraussetzungen aus: Jeder Akteur agiert in seiner Handlungssituation, zu der seine von ihm selbst kontrollierten materialen Ressourcen ebenso gehören wie seine Mitakteure und die von diesen kontrollierten Ressourcen bzw. Handlungsoptionen. Diese Verteilungsmerkmale seiner Handlungssituation bestimmen vor dem Hintergrund seiner Intentionen und Erwartungen das *Handlungsproblem*, vor dem jeder der Akteure steht und das er unter Beachtung seiner Möglichkeiten (und Fähigkeiten) und der erwarteten Handlungsoptionen und -absichten seiner Mitakteure lösen muss. Hartmut Esser spricht davon, dass ein Akteur sich einer spezifischen „Logik der Situation" gegenüber sieht, die er mit Hilfe seiner „Situationsdefinition" bearbeiten muss[94].

Unabhängig davon, in wie weit ihm dies gelingt und ob er bei der Wahrnehmung und Bewertung seiner Situation Fehler begeht, wird sich ein Akteur für die Handlung entscheiden, von der er annimmt, dass sie sein Handlungsproblem am ehesten lösen kann[95]. Dabei kann der Akteur weder voraussetzen, dass er die

---

576ff.). Auch sollte man darauf hinweisen, dass es mehrere Entscheidungsregeln gibt: Zumeist wird zwischen Maximierungs- (bzw. Minimierungs-), Satisfysing-, Gewohnheitsregeln unterschieden, ihr Zusammenhang ist unterbelichtet.

92 D.h. die Anwendung von individualistischen Handlungstheorien auf soziale Phänomene hat nicht selbst Gesetzescharakter, sondern stellt ein zumeist idealisiertes Modell zur Verfügung, vgl. R. Boudon 1986: 80.
93 Vgl. für diese Unterscheidung R. Boudon 1980.
94 Vgl. H Esser 1993: 245ff.
95 Coleman setzt sich zur Vereinfachung seiner Modellierungen für die Verwendung einer Maximierungsregel ein, vgl. J.S. Coleman 1990: 37. Dass Maximierungen dann nicht möglich sind, wenn ein Akteur unter Unsicherheit handelt, ist seit den betreffenden Einwänden von Herbert Simon bekannt (vgl. H.A. Simon 1983). Wenn Coleman gleichwohl auf dem Einsatz einer Maximierungsregel besteht, muss dies heißen, dass er Unsicherheiten nicht berücksichtigen will. Diese Idealisierung kann eine Evolutionstheorie nicht akzeptieren.

Zieldienlichkeit seines Handelns abschließend beurteilen kann, noch weiß er in der Regel alle zielbeeinflussenden Handlungsfolgen vollständig und angemessen abzuschätzen. In jedem Fall muss er zwischen mehreren möglichen Handlungsalternativen wählen und unterliegt in diesem Sinn einer „Logik der Selektion"[96], die davon bestimmt wird, welche Ziele ein Akteur gegenüber seinen Mitakteuren verfolgt bzw. wie und bis zu welchem Umfang er deren Handeln mit seinen Wünschen und Erwartungen in Übereinstimmung bringen kann[97].

Da sich in der betreffenden Handlungssituation mehrere Akteure entscheiden, ist jeder von ihnen mit der Fragwürdigkeit konfrontiert, ob die aus dem Handeln vieler entstehenden Kollektivfolgen oder Externalitäten seinen Handlungserfolg garantieren und nicht etwa behindern oder vereiteln; d.h. jeder der Handelnden muss mit eventuell unkontrollierbaren kollektiven oder „strukturellen Effekten"[98] seines eigenen Handelns rechnen. Wie diese Strukturen sich bilden, kann auch die Sozialtheorie nur schwer entschlüsseln[99], weshalb sie selbst wie die von ihr untersuchten Akteure vor dem Problem stehen, die „Logik der Aggregation"[100] zu bestimmen.

4.2 Erweiterungen des Colemanmodells und deren selektionstheoretische Deutung

Damit sind die Grundzüge des Colemanschen Modells kollektiven Handelns[101] nachgezeichnet. Um es selektionstheoretisch nutzen zu können, sind indessen drei Ergänzungen bzw. Präzisierungen nötig.

In einem ersten Schritt wird man das Modell, woran Coleman selbst kein ausdrückliches Interesse gezeigt hatte, dynamisieren müssen[102]. Dies ist relativ leicht möglich, wenn man berücksichtigt, dass sich durch die Effekte ihres gemeinsamen Handelns die Ausgangslage der Entscheider verschiebt; infolge ihres Handelns entsteht eine veränderte Verteilungsstruktur, die jedem der Akteure im nächsten Handlungsschritt erneut als Handlungsrestriktion oder -ressource gegenüber tritt. Durch die aggregativen, weitgehend unvorhersehbaren und überlo-

---

96 Vgl. H. Esser 1993: 94ff.
97 Sich ihrem Einfluss oder Machtzugriff ausgesetzt zu sehen, wird mit Kosten verbunden sein.
98 Vgl. zu diesem Begriff P.M. Blau 1976, 1977.
99 Vgl. R. Boudon 1986: 77; für einen Lösungsversuch vgl. V. Müller-Benedict 1999. Die Soziologie behandelt diese Frage seit geraumer Zeit unter dem Titel „nicht-intendierte Handlungsfolgen" (vgl. R. Wippler 1981).
100 Vgl. H. Esser 1993: 96ff.
101 Diese Erklärungsfigur ist als „Colemansche Badewanne" mittlerweile zu einer Art „Trademark" des Rational Choice-Ansatzes geworden (vgl. Z. Norkus 2000: 260).
102 Vgl. für dieses Desideratum N. Braun 1996. Die Luhmannsche Evolutionstheorie diskutiert diesen Punkt seit geraumer Zeit unter dem Begriff des „rekursiven Anschlusses" von Handlungen, vgl. N. Luhmann 1997: 47f., 139f. u.a.

kal zumeist unsichtbaren Folgen des Handelns für die eigenen Interessen und Erwartungen gestalten sich ihre Handlungsprobleme fortwährend um, was, solange die betreffende Beziehungsform sich erhält, weitere Entscheidungen provoziert, die wiederum rückwirkende Aggregatsfolgen haben werden. Entsprechend lassen sich verschiedene Handlungs- und Entscheidungssituationen durch die dadurch provozierte Notwendigkeit, unter veränderten Umständen weitere Entscheidungen zu treffen, dynamisch miteinander verbinden[103].

Der Nutzen des Colemanschen Grundmodells für die Modellierung sozialer Dynamiken lässt sich steigern, wenn man überdies deutlicher als dies Coleman für sinnvoll gehalten hatte hervorkehrt, dass Situationsmerkmale und kollektive Handlungsfolgen nur dann in theoriefähiger Weise miteinander verbunden werden können, wenn man die Wirksamkeit eines vermittelnden *Mechanismus* voraussetzen kann[104]. Solche Mechanismen kann man aus individualistisch ausgelegten Handlungstheorien nicht ableiten, aber mit ihrer Hilfe rekonstruieren. Zumal spieltheoretische Anregungen haben gezeigt, dass dies dann gelingt, wenn eine Modellierung derartiger Mechanismen die Frage zu beantworten hilft, wie es eigeninteressierte Akteure fertig bringen, ihr wechselwirksames Handeln derart festzulegen, dass es im Sinne Stephen Sandersons „adaptiv" bleibt[105], d.h. die Probleme zufriedenstellend löst, an deren Behandlung jeder von ihnen interessiert ist. Zugleich hat man sich darauf geeinigt, dass diese Probleme hinreichend durch die Notwendigkeit der Akteure beschrieben werden können, gemeinsam erwünschte Konventionen ausfindig zu machen, Gefangenendilemmasituationen, in denen kooperative Teillösungen wenigstens unter Beschwernissen erreichbar sind, zu entschärfen und endlich unvermeidbar konflikträchtige Ungleichverteilungen auszugleichen oder zu rechtfertigen[106]. Die gesuchten Mechanismen stellen also *Abstimmungsmechanismen* dar, die dann dauerhaft etabliert werden können, wenn sich die Akteure erfolgreich auf *Regeln* einigen können, deren Einhaltung die genannten Abstimmungsprobleme löst[107]. Bezeichnen wir derart akzeptierte Regeln als „Institutionen", dann besteht die Aufgabe der sozialwissenschaftlichen Theorie veränderungsfähiger Systeme offenbar darin, Entstehung und selektive Durchsetzung solcher Institutionen aus der Problemsicht der Akteure heraus zu erklären, wobei auch für die Etablierung solcher Abstimmungsmechanismen gilt, dass die Akteure deren Funktionsweise weder vollstän-

---

103 Vgl. dazu H. Esser 1993: 102ff.
104 Für eine theorieleitende Suche nach Mechanismen haben unter anderem A.L. Stinchcombe 1991, J. Elster 1989, M. Bunge 1996 und P. Hedström/ R. Swedberg 1996 plädiert.
105 Vgl. S.K. Sanderson 1995: 395ff.
106 Vgl. zur Systematisierung dieser Probleme E. Ullmann-Margalit 1977, R. Sugden 1986 und J. Knight 1995.
107 Vgl. M. Schmid 1996.

dig durchschauen müssen, noch über die langfristigen Folgen ihre gemeinsamen Abstimmungsbemühungen hinreichend informiert sein können.

Nun zeigt sich Coleman nur an *Tauschmechanismen* interessiert und modelliert mit deren Hilfe eine Reihe von Allokationsproblemen, die alle mit der Lösung der Frage zu tun haben, inwieweit Akteure freiwillig und auf der Basis ein- oder wechselseitiger Übertragung von Kontrollrechten über eigene Ressourcen und/oder Handlungsoptionen Probleme bewältigen können, die sie auf sich alleine gestellt nicht zu lösen vermögen[108]. Dabei berücksichtigt sein Modellierungsvorschlag durchaus, dass aus der Abgabe von Kontrollrechten bisweilen Interessensdivergenzen resultieren, die die eingegangenen Beziehungen belasten und letztlich zur Auflösung bringen können, sofern die Akteure angesichts immer unerträglicher werdender Auszahlungen damit beginnen, Abwanderungspläne zu entwerfen, über die Revision ihrer Verträge nachzudenken oder den Rückruf ihrer zuvor abgetretenen Rechte vorzubereiten[109]. Allerdings leiden die Colemanschen Modellvorstellungen unter der Einschränkung, dass mit der Aufzählung vertraglicher Tauschbeziehungen weder die Liste der möglichen Abstimmungsmechanismen erschöpft ist[110], noch durchweg davon die Rede sein kann, dass die Akteure ihre Kontrollrechte freiwillig abgeben, weshalb Coleman stabile Konfliktlagen, Kämpfe[111] und Zwangsherrschaftsverhältnisse vernachlässigen muss[112]. Die systematische Erforschung weiterer solcher Abstimmungsmechanismen und vor allem jener Handlungsfolgen, die ihrer gedeihlichen Reproduktion im Wege stehen, ist nicht zuletzt deshalb wichtig, weil sich ohne eine theoretisch angeleitete Vervollständigung ihrer Möglichkeiten kaum zeigen lässt, vor welchem Entscheidungsproblem die Akteure bei ihrem Versuch tatsächlich stehen, die Umgestaltung ihrer Institutionen voranzutreiben bzw. die selektiven Bedingungen zu durchschauen, denen diese unterworfen ist.

Ein dritter Präzisierungsschritt ist endlich notwendig, weil Coleman nicht im erforderlichen Maß darauf bedacht war, derartige Mechanismen als *Selektions-*

---

108 J.S. Coleman (1990) denkt dabei an Markttausch, Herrschaftsbeziehungen und Vertrauenssysteme.
109 Man muss Coleman deshalb vor dem Vorwurf in Schutz nehmen, seine Theorie erschöpfe sich in Gleichgewichtsanalysen.
110 So kann man auch an Wahlen denken (vgl. M. Duverger 1954, A. Downs 1967, wobei das basale Problem nach K.A. Arrow 1978² darin besteht, dass bei beliebigen Präferenzverteilungen stabile Lösungen nicht möglich sind), an Verhandlungen (vgl. M.S. Archer 1995: 297ff.) oder an moralische Selbstbindungen, die auch nicht unter allen Bedingungen stabile Formen annehmen (vgl. T.C. Schelling 1984, M. Baurmann 1996 u.a.).
111 Die moderne Konfliktforschung weist nach, dass Kämpfen genau jene Problemlagen zugrunde liegen, die durch das Gefangenendilemma beschrieben werden, vgl. E. Weede 1986.
112 Vgl. N.J. Smelser 1990. H. Popitz 1992 dürfte die kurzen Bemerkungen Colemans (1990: 86ff.) ergänzen.

mechanismen zu kennzeichnen. Dabei ist zu betonen, dass sich der Selektionscharakter von Abstimmungsmechanismen – wie die Essersche Erläuterung des Colemanschen Erklärungsmodells nahe legen könnte – nicht alleine daraus ergibt, dass sich die Akteure in ihrem Rahmen zwischen immer möglichen Handlungsalternativen entscheiden. Vielmehr liegt die erklärungswichtige Pointe vor allem darin, dass Abstimmungsmechanismen Regeln zugrunde liegen, die die Akteure zwangsläufig solange in ein Wechselverhältnis miteinander setzen, als jeder aufgrund der Erwartung agiert, dass die übrigen sich an die Regel halten werden[113]. Damit erhalten nur jene Handlungen eine Reproduktionschance, die durch den Zuspruch interessierter und durchsetzungsfähiger Mitakteure gestützt und mitgetragen werden. Dass ein Mechanismus besteht, heißt folglich, dass der eigene Handlungserfolg von den Entscheidungen anderer abhängig ist und dass die Beachtung der Regeln, deren Einhaltung einen Mechanismus in Gang hält, die Handlungsmöglichkeiten eines jeden der beteiligten Akteure einschränkt, solange die Mitakteure sich weigern, einer alternativen Regel zuzustimmen bzw. regelabweichende Handlungsvorschläge erfolgreich unterbinden. Oder anders gewendet: Ein funktionierender Mechanismus legt fest, dass ein Akteur das *Recht* auf eine Handlung nur solange beanspruchen kann, als seine Mitakteure die *Norm* für verbindlich halten, seinen Rechtsanspruch zu achten. Damit, dass alle Regelinteressenten dies immer und unter allen Umständen tun werden, rechnet eine handlungstheoretisch informierte Theorie dynamischer Systeme freilich nicht, wie wenig die gemeinsame und unstrittige Zustimmung zu einer Regulierung das Aufkommen von destruktiven kollektiven Handlungsfolgen verhindern muss, die zur Beeinträchtigung oder zum Zusammenbruch einer einmal gewählten Regulierung führen können.

Die Auswirkungen dieser doppelten Gefährdung erklären eine Reihe von Eigenheiten institutioneller Dynamiken, an die ich abschließend erinnern möchte[114]. Zunächst muss deutlich werden, dass – wie die Kritik an der überkommenen Evolutionstheorie schon immer vermutet hat – infolge der strategischen Interdependenzen kollektiven Handelns, Institutionen nicht zwangsläufig für alle Beteiligten adaptiv bzw. effizient gestaltet sein müssen[115]. Die kontinuierliche Mitarbeit in einer Institution heißt demnach nicht, das ein Akteur den ihr zugrunde liegenden Regeln zustimmt, sondern allenfalls, dass er das betreffende

---

113 Vgl. dazu R. Sugden 1986: 172ff.
114 Vgl. dafür G.M. Hodgson 1993.
115 Vgl. A. Obershall/ E.M. Leifer 1986.

Beziehungsverhältnis solange nicht verlassen wird, als ihm Alternativen versperrt und Exit-Optionen unzugänglich sind[116].

Zugleich ist seit Olsons bahnbrechender Untersuchung über die „Logik kollektiven Handelns"[117] deutlich, dass individuelle Adaptionsversuche zu kollektiven Unterversorgungen führen und stabile Suboptimalitäten nach sich ziehen können. Es gibt „soziale Fallen"[118], aus denen sich die davon betroffenen Akteure nicht befreien können, solange keiner von ihnen für seine einseitige Verhaltensänderung Zugewinne erwarten kann. Parallel dazu bestehen „lock-ins"[119], die dadurch zustande kommen, dass sich Akteure im Verlauf ihrer Problembewältigung auf Investitionen einlassen müssen, die sie angesichts ihrer eventuell wachsenden Einsicht in die Fehlerhaftigkeit der gewählten Lösung auch dann nicht aufgeben können, wenn anderswo vielversprechendere Entwicklungspfade zu existieren scheinen[120]. Auch in diesem Fall läuft die einseitige Aufkündigung der bisherigen Mitarbeit nicht notwendig darauf hinaus, dass sich auch die Mitakteure dazu entschließen, ihre bisherigen Bemühungen als wertlos einzustufen[121]. Erfolgreiche und durchsetzungsfähige Reveländerungen sind entsprechend darauf angewiesen, dass sich eine *hinreichende* Anzahl von kooperativen und entscheidungswilligen Akteuren findet[122], die einer Umgestaltung der Regeln zustimmen, dass überdies die beziehungsförderlichen und regulierungsdienlichen Entscheidungen so gefällt werden, dass sie sich nicht widersprechen[123] und dass sich endlich die Ressourcen nicht erschöpfen, die die Akteure beschaffen und reinvestieren müssen, um einen einmal beschrittenen Weg weiterverfolgen zu können[124].

D.h. offenbar, dass optimale Problemlösungen, die dem Idealbild einer evolutionären Entwicklung entsprechen, nicht unmöglich sind und auch ein einmal erreichtes, alle Beteiligten zufriedenstellendes „Entwicklungsniveau" unter günstigen Umständen gehalten werden *kann*; es heißt aber zugleich, dass die soziale Evolution *häufigkeits-* und *pfadabhängig* zu verlaufen pflegt[125], woraus nur schwer zu umgehende, wenn nicht unüberwindbare Hindernisse, unerwünschte

---

116 Über das Wechselverhältnis von Loyalität, Widerspruch und Abwanderung vgl. A.O. Hirschman 1974.
117 Vgl. M. Olson 1968.
118 Vgl. J.G. Cross/ M.J. Guyer 1980.
119 Vgl. G.M. Hodgson 1993: 205ff., W.B. Arthur 1998.
120 Wie Williamson (1990) nicht müde wird zu betonen, wird sich die Wahl einer Institution (auch) nach den Transaktionskosten richten, die mit einem Wechsel verbunden sind.
121 Daraus resultieren dann „innere Kündigungen", vgl. G. Richter 1999.
122 Vgl. M. Taylor 1987: 17ff. und passim.
123 Vgl. M.D. Cohen/ J.D. March und M. Olsen 1972.
124 Vgl. K.E. Boulding 1978: 289ff.
125 Vgl. G.M. Hodgson 1993: 203ff., 207ff.

Zwänge und unkontrollierbare Unumkehrbarkeiten resultieren, die zusammengerechnet weder bedeuten, dass Akteure Institutionalisierungsprozesse richtungskonstant, zielgenau und gleichgewichtsdienlich organisieren könnten, noch dass sie in allen Fällen darauf zählen sollten, dass sich effizienzorientierte Problemlösungen ihrer Abstimmungsprobleme im Gefolge einer ebenso segensreichen wie „spontanen" Evolution hinter ihrem Rücken durchsetzen werden[126]. Mehr als ein kurzzeitiges und „lokales Optimum"[127], das angesichts immer möglicher Motivationsschwankungen, opportunistischen Trittbrettfahrens und unvermeidbarer Ressourcenvergeudung in aller Regel störanfällig bleibt, ist nicht zu erreichen[128].

Vor diesem Hintergrund sollte man auch eingestehen, dass Modelle „natürlicher Selektion", die eine Reihe von Theoretikern zur Gesundung des sozialwissenschaftlichen Erklärungsprogramms vorgeschlagen hat[129], nur unter höchst restriktiven Bedingungen erfolgversprechend sind[130]. Zunächst müssen alle beteiligten oder doch die hinreichend mächtigen Akteure einsehen, dass unerwünschte Verteilungseffekte tatsächlich dadurch zustande kommen, dass sie bestimmten institutionalisierten Regeln folgen. Sodann sollten wenigstens einige Akteure auf diese unerfreuliche Situation mit variaten Regulierungsvorschlägen reagieren[131], die den unerträglichen Effekt zu beseitigen versprechen, wovon sich die Adressaten solcher Renovationsempfehlungen in der Regel erst überzeugen müssen[132]. Sodann müssen sich diese Regeln zwischen den Generationen oder auf neue Institutionenmitglieder übertragen lassen[133], d.h. sie müssen erlernbar bzw. imitierbar sein und auf diesem Wege zur Grundlage der eigenen

---

126 Darauf hofft Hayek, was Vanberg wiederholt kritisiert hat, vgl. V.J. Vanberg 1981, V.J. Vanberg 1994: 77ff. u.a.
127 Vgl. P. Van Parijs 1981: 50f., G.M. Hodgson 1993: 209f.
128 „Unsichtbarer Hände" und die „List der Vernunft" sind demnach sozialphilosophische Erfindungen (vgl. D. Hamilton 1990: 118).
129 Vgl. etwa C. Campbell 1960, C. Campbell 1965, M. Blute 1979, N.J. Smelser 1959, D. Hull 2001, R.R. Nelson/ S.G. Winter 1982.
130 Zu dieser Lagebeurteilung vgl. P. Van Parijs 1981: 93, W.L. Bühl 1984: 326, S.K. Sanderson 1995: 387ff.
131 Was man darüber weiß, hat U. Witt 1987 zusammengetragen. Dass die Handlungstheorie sehr viel darüber wissen kann, bezweifelt Schmid 1998b. Die Verherrlichung „kreativer Antworten" auf die kontingenten Beschwernisse externer Störgrößen (vgl. A. Smith 1976: 136ff.) dürfte deshalb kaum theoriefähig sein.
132 Dem wird man in der Regel mit dem Hinweis gerecht, dass vorgeschlagene Variationen unabhängig von ihrem Selektionserfolg definiert werden müssen (vgl. C. Lau 1981: 91). Das heißt aber nicht, dass denkfähige Akteure darauf zu verzichten hätten, solche Regulierungsvorschläge zu machen, von denen sie erwarten, dass sie das betreffende Abstimmungsproblem lösen können.
133 Vgl. L.L. Cavallo-Sforza/ M.W. Feldmann 1981, E.M. Rogers 1983, R. Boyd/ P.J. Richersen 1985, T.R. Burns/ T. Dietz 1995 u.a.

Handlungsentscheidungen werden können[134]. Zudem muss es mindestens einen reibungsfrei und ohne Zusatzbelastungen funktionierenden Selektionsprozess geben (etwa: unverzerrte Wettbewerbsmärkte, nicht-korrumpierbare richterliche oder herrschaftliche Entscheidung und Regeldurchsetzung, verhaltenswirksame öffentliche Debatten, kollektiv verbindliche moralische Überzeugungen und die Möglichkeit der erfolgreichen Missbilligung regelfremden Handelns und dergleichen), der für das rechtzeitige Ausscheiden wenig erfolgversprechender bzw. nachweislich untauglicher Regulierungsinnovationen sorgt, und endlich muss die zunehmende Einhaltung der neuen Regelvariante einen hinreichenden Grund für alle Regulierungsinteressenten darstellen, ihr Kredit einzuräumen[135]. Alle diese Selektionsschritte sind fehleranfällig, geben Anlass zum Opportunismus und unterliegen den oben genannten Schwellenwert- und Pfadabhängigkeiten, was viele Soziologen zu dem Glauben veranlasst haben, dass Evolution nur dort zum Erfolg führt, wo sie es sich leisten kann, auf individuelle Entscheidungsrationalitäten zu verzichten[136] – wobei freilich wenig zugunsten der gruppenselektionistischen Erklärungen spricht, denen sich solche Modelle „spontaner" Evolution anvertrauen[137].

5 Folgerungen

Die klassische Evolutionstheorie wird durch eine durchaus ausbaubedürftige, aber jederzeit ausbaufähige Theorie dynamischer Sozialsysteme auf Spezialfälle beschränkt, in denen Steigerungsdynamiken und stabile Gleichgewichte tatsächlich erreichbar sind. Das ist nicht logisch unmöglich, angesichts der von einer voluntaristischen Handlungs- und Entscheidungstheorie behandelten Umstände aber hochgradig unwahrscheinlich. Jeder Verweis auf die nicht-intendierte Spontaneität der Systementwicklung enthält angesichts dessen eine irreführende Konnotation; d.h. man tut gut daran, soziale Systeme nicht nur als selbstorganisierte, sondern immer auch als sich selbst destabilisierende Systeme aufzufassen[138].

Um über den erfolgreichen Aufbau von Institutionen und deren Degeneration zugleich theoretisieren zu können, ist eine integrale handlungstheoretische Fundierung beider Prozessformen unentbehrlich, weil erst mit deren Hilfe die Vielgestaltigkeit kollektiver Handlungsprobleme und damit zusammenhängend die

---

134 Vgl. für die Einzelheiten T.R. Burns/ T. Dietz 1995. Welcher eigenwillige Umgang dabei mit Regeln gepflegt wird, schildert noch immer unübertroffen Luhmann 1964.
135 Vgl. R. Sugden 1986: 172ff. u.a.
136 Vgl. N. Luhmann 1968, M.D. Cohen/ J.D. March/ P. Olsen 1972, F.A. Hayek 1982, 1996: 76ff., 102ff. u.a.
137 Vgl. P. Van Parijs 1981: 81ff., V.J. Vanberg 1994: 77ff., G.M. Hodgson 1993: 186ff., S.K. Sanderson 2001: 127f. u.a.
138 Vgl. K. Homann 1989: 57.

Vielzahl möglicher Abstimmungsmechanismen deutlich wird[139]. Eine zu diesem Zweck vorangetriebene, systematische Untersuchung der Bedingungen, unter denen derartige Abstimmungsmechanismen funktionieren, wird zu Tage fördern, dass mit stabilen oder gar ultrastabilen Lösungen nicht gerechnet werden kann. Kein sozialer Verband verfügt über die Möglichkeiten, regelabweichende Motivationsveränderungen, Obstruktionen, negative Externalitäten, Ressourcenerschöpfung und repressive Umweltveränderungen auf Dauer auszuschließen[140]. Wenn man verhindern möchte, diese Tatbestände ohne theoretischen Zugewinn, rein normativ als „Regression", „Zusammenbruch", „Degeneration" und dergleichen verstehen zu müssen – wozu jede funktionalistische Erklärungspraxis neigt –, wird man eine *allgemeine* Theorie dynamischer Systeme entwickeln müssen, die die Bestands-, Degenerations- und Transformationsbedingungen sozialer Institutionen *zugleich* behandeln und auch das endgültige Scheitern, die Extinktion[141] sozialer Beziehungsformen modellieren kann.

An Darwin orientierte Selektionsmodelle umfassen ein relativ loses Bündel von Selektionsmechanismen, die unter restriktiven Bedingungen zu reproduzierbaren Verteilungsergebnissen führen können und insoweit einen angestammten Platz in der soziologischen Institutionentheorie finden werden. Die erfolgreichsten Anwendungen finden sich derzeit in der Populationsökologie[142], in der Theorie der Firma[143] und in der Theorie des Kriegs[144] bzw. gesellschaftlicher Konflikte[145], denen in allen Fällen ein *Wettbewerbsmechanismus* zugrunde liegt, über dessen Tiefenwirkungen und Verbreitungsbedingungen allerdings keine genauen Vorstellungen bestehen[146]. Da Selektionen nicht nur aufgrund von Wettbewerbsprozessen zustande kommen[147], können darwinistische Modelle nicht alle sozialen Dynamiken erklären wollen.

Man kann allerdings nicht übersehen, dass eine allgemeine Theorie sozialer Dynamiken, die auch dem revisionsbeständigen evolutionstheoretischen Erbe der Soziologie gerecht werden kann, derzeit allenfalls den Charakter eines

---

139 Folgt man Renate Mayntz (1996: 149), so gibt es solche Mechanismen „in großer Zahl".
140 Zu Recht bezeichnen wir die Literatur, die dies gleichwohl versucht, als „utopisch".
141 Vgl. S.K. Sanderson 1995: 4f. Vgl. z.B. M. Baurmann 1997, der ein handlungstheoretisches Modell des moralischen Niedergangs entwickelt.
142 Vgl. M.T. Hannan/ J. Freeman 1995.
143 Vgl. A.A. Alchian 1950 und die sich daran anschließende Literatur; vgl. für einen Überblick G.M. Hodgson 1999.
144 Vgl. McNeill 1984.
145 Vgl. S.K. Sanderson 2001.
146 Dass dieser Mangel an Wissen durch hitzige normative Debatten völlig verdeckt wird, zeigt eindrucksvoll die derzeitige Debatte um Effizienzsteigerungen des universitären Forschungsbetriebs.
147 Vgl. J.H. Turner 1995.

Kuhnschen Paradigmas hat[148]: Sie kritisiert erfolgreich wenigstens einige der unleugbaren Fehler der Vorgängertheorie, verfügt über eine beachtliche Reihe relativ präzise modellierbarer Anwendungsfälle und besteht im übrigen aus Versprechungen, an die natürlich vor allem ihre Anhänger glauben. Ob sie dies zurecht tun, kann sich meiner Beurteilung folgend herausstellen, wenn die Befürworter einer Theorie dynamischer Sozialsysteme auf deren handlungstheoretischen Grundierung bestehen und zudem die Grenzen zwischen den sozialwissenschaftlichen Einzeldisziplinen in dem Bemühen ignorieren, alle an einem solchen „emerging paradigm"[149] Interessierten zu einer gleichsinnigen Anstrengung zu motivieren[150].

Literatur

Abrams, Philip (1982): Historical Sociology. Ithaca/ N.Y.: Cornell University Press
Alchian, Armen A. (1950): Uncertainty, Evolution and Economic Theory. In: Journal of Political Economy 58. 211-222
Alexander, Jeffrey C./ Giesen, Bernhard/ Münch, Richard/ Smelser, Neil J. (eds) (1987): The Micro-Macro Link. Beverley Hills/ Los Angeles/ London: The University of California Press
Alexander, Richard D. (1987): The Biology of Moral Systems. New York: Aldine de Gruyter
Alland, Alexander/ McCay, Bonnie (1973): The Concept of Adaption in Biological and Cultural Evolution. In: J.H. Honigman (ed.) (1973): 143-178
Archer, Margaret S. (1995): Realistic Theory: The Morphogenetic Approach. Cambridge: Cambridge University Press
Arrow, Kenneth A. (1978^2): Social Choice and Individual Values. New Haven/ London: Yale University Press
Arthur, W. Brian (1998): Increasing Returns and Path Dependence in the Economy. Ann Arbor: The University of Michigan Press
Axelrod, Robert (1984): The Evolution of Cooperation. New York: Basis Books
Badcock, Christopher (1991): Evolution and Individual Behavior. An Introduction to Human Sociobiology. Oxford/ Cambridge: Basil Blackwell
Baldus, Bernd (1980): Soziokulturelle Evolution. Ein epistemologisches Modell für die Analyse menschlicher Geschichte. In: Stehr/ Meija (Hrsg.) (1980): 206-225
Balog, Andreas/ Gabriel, Manfred (Hrsg.) (1998): Soziologische Handlungstheorie. Einheit oder Vielfalt. Österreichische Zeitschrift für Soziologie 4. Opladen: Westdeutscher Verlag
Barringer, Herbert R./ Blanksten, George I./ Mack, Raymond W. (eds) (1965): Social Change in Developing Areas. A Reinterpretation of Evolutionary Theory. Cambridge Mass.: Schenkman
Bates, H. Robert/ Greif, Avner/ Levi, Margaret/ Rosenthal, Jean-Laurent/ Weingast, Barry R (1998): Analytical Narrative. Princeton, N.J.: Princeton University Press
Baurmann, Michael (1996): Der Markt der Tugend. Tübingen: J.C.B. Mohr (Paul Siebeck)

---

148 Vgl. T.S. Kuhn 1967.
149 Vgl. den Untertitel von P. Van Parijs 1981.
150 Zu den Interessenten gehören mittlerweile auch die Politikwissenschaft (vgl. P.A. Corning 1983, H. Wimmer 1996), die Archäologie (vgl. M. Johnson 1999), die an der Popperschen Erkenntnislehre orientierte Institutionen- und Kulturwissenschaft (vgl. T. Schaffer 2001, T. Meleghy 2001), die Organisationstheorie (vgl. T. Segler 1985) und andere mehr. Welche Chancen man solchen Integrationsbemühungen einräumen muss, bleibt wohl abhängig von derzeit ganz unsicheren wissenschaftspolitischen Bedingungen.

Baurmann, Michael (1997): Universalisierung und Partikularisierung der Moral. Ein individualistisches Erklärungsprogramm. In: Hegselman/ Kliemt (Hrsg.) (1997): 65-110
Bhaduri, Amit (1973): A Study of Agricultural Backwardness under Semi-Feudalism. In: Economic Journal 83. 210-137
Biervert, Bernd/ Held, Martin (Hrsg.) (1992): Evolutorische Ökonomik. Neuerungen, Normen, Institutionen. Frankfurt/ New York: Campus Verlag
Blau, Peter M. (1976): Parameters of Social Structure. In: Blau (ed.) (1976): 220-253
Blau, Peter M. (ed.) (1976): Approaches to the Study of Social Structures. London: Open Books
Blau, Peter M. (1977): Inequality and Heterogeneity. A Primitive Theory of Social Structure. New York/ London: The Free Press
Blute, Marion (1979): Sociocultural Evolutionism. An Untried Theory. In: Behavioral Science 24. 46-59
Bohnen, Alfred (2000): Handlungsprinzipien oder Systemgesetze. Über Traditionen und Tendenzen theoretischer Sozialerkenntnis. Tübingen: J.C.B. Mohr (Pauls Siebeck)
Boudon, Raymond (1980): Die Logik gesellschaftlichen Handelns. Eine Einführung in die soziologische Denk- und Arbeitsweise. Neuwied/ Darmstadt: Luchterhand Verlag
Boudon, Raymond (1986): Theories of Social Change. A Critical Appraisal. Oxford/ Cambridge: Polity Press
Boulding, Kenneth E. (1978): Ecodynamics. A New Theory of Societal Evolution. Beverly Hills/ London: Sage Publications
Boyd, Robert/ Richersen, Peter J. (1985): Culture and the Evolutionary Process. Chicago/ London: The University of Chicago Press
Braun, Norman (1996): Dynamics and Comparative Statics of Coleman's Exchange Model. In: Journal of Mathematical Sociology 15. 271-276
Buchanan, James S. (1995): Individual Rights, Emergent Social States, and Behavioral Feasibility. In: Rationality and Society 7. 141-150
Bühl, Walter L. (1984): Gibt es eine soziale Evolution? In: Zeitschrift für Politik 31. 302-331
Bühl, Walter L. (1990): Sozialer Wandel im Ungleichgewicht. Zyklen, Fluktuationen, Katastrophen. Stuttgart: Enke Verlag
Bunge, Mario (1996): Finding Philosophy in Social Science. New Haven/ London: Yale University Press
Burns, Tom R./ Dietz, Thomas (1995): Kulturelle Evolution: Institutionen, Selektion und menschliches Handeln. In: Müller/ Schmid (Hrsg.) (1995): 340-383
Campbell, Colin (1996): The Myth of Social Action. Cambridge: Cambridge University Press
Campbell, Donald T. (1956): Adaptive Behavior Form Random Response. In: Behavioral Science 1. 105-110
Campbell, Donald T. (1960): Blind Variation and Selective Retention in Creative Thought as in Other Knowledge Processes. In: Psychological Review 67. 380-400
Campbell, Donald T. (1965): Variation and Selective Retention in Socio-Cultural Evolution. In: Barringer/ Blanksten/ Mack (eds) (1965): 19-49
Campbell, Donald T. (1974): Evolutionary Epistemology. In: Schilpp (ed.) (1974): 413-463
Carneiro, Robert L. (1973): Eine Theorie zur Entstehung des Staates. In: Eder (Hrsg.) (1973): 153-174
Cavallo-Sforza, Luigi Lucas/ Feldman, Marcus W. (1981): Cultural Transmission and Evolution. A Quantitative Approach. Princeton: Princeton University Press
Clausen, Lars (1994): Krasser sozialer Wandel. Opladen: Leske + Budrich
Clausen, Lars (Hrsg.) (1996): Gesellschaften im Umbruch. Verhandlungen des 27. Kongresses der deutschen Gesellschaft für Soziologie in Halle an der Saale 1995. Frankfurt/ New York: Campus Verlag
Cohen, G.A. (1978). Karl Marx's Theory of History. Princeton/ N.J.: Princeton University Press
Cohen, Michael D./ March, James D./ Olsen, Johan P. (1972): A Garbage Can Model of Organizational Choice. In: Administrative Quarterly 17. 1-27

Coleman, James S. (1987): Microfoundations and Macrosocial Behavior. In: Alexander/ Giesen/ Münch/ Smelser (eds) (1987): 153-173
Coleman, James S. (1990): Foundations of Social Theory. Cambridge, Mass./ London: The Belkenap Press
Coleman, James S./ Fararo, Thomas J. (eds) (1992): Rational Choice Theory. Advocacy and Critique. Newbury Park/ London/ New Delhi: Sage Publications
Collins, Randall (ed.) (1984): Sociological Theory – 1984. S. Francisco/ Washington/ London: Jossey-Bass Publishers
Comte, Auguste (1967): Das Drei-Stadien-Gesetz. In: Dreitzel (Hrsg.) (1967): 111-120
Corning, Peter A. (1983): The Synergism-Hypotheses. A Theory of Progressive Evolution. New York et al.: McGraw-Hill Book Company
Cross, John G./ Guyer, Melvin J. (1980): Social Traps. An Arbor: The University of Michigan Press
Downs, Anthony (1967): Eine ökonomische Theorie der Demokratie. Tübingen: J.C.B. Mohr (Paul Siebeck)
Dreitzel, Hans Peter (1967): Sozialer Wandel. Zivilisation und Fortschritt als Kategorien der soziologischen Theorie. Neuwied/ Berlin: Luchterhand Verlag
Durham, William H. (1991): Coevolution. Genes, Culture and Human Diversity. Stanford/ CA: Stanford University Press
Duverger, Maurice (1954): Die politischen Parteien. Tübingen: J.C.B. Mohr (Paul Siebeck)
Eder, Klaus (1987): Learning and the Evolution of Social Systems. An Epigenetic Perspective. In: Wuketits/ Schmid (eds) (1987): 101-125
Eder, Klaus (Hrsg.) (1973): Seminar: Die Entstehung von Klassengesellschaften. Frankfurt: Suhrkamp Verlag
Eichner, Kurt/ Habermehl, Werner (Hrsg.) (1977): Probleme der Erklärung sozialen Verhaltens. Meisenheim: Verlag Anton Hain
Eisenstadt, Smuel N. (1969): Sozialer Wandel, Differenzierung und Evolution. In: Zapf (Hrsg.) (1996): 75-91
Eisenstadt, Smuel N. (ed.) (1970): Readings in Social Evolution and Development. Oxford et al.: Pergamon Press
Elster, Jon (1978): Logik und Gesellschaft. Widersprüche und mögliche Welten. Frankfurt: Suhrkamp Verlag
Elster, Jon (1989): Nuts and Bolds for the Social Science. Cambridge: Cambridge University Press
Elworthy, Charles (1993): Homo Biologicus. An Evolutionary Model for the Human Sciences. Berlin: Duncker & Humbldot
Esser, Hartmut (1993): Soziologie. Allgemeine Grundlagen. Frankfurt/ New York: Campus Verlag
Etzioni, Amitai (1968): The Active Society. A Theory of Societal and Political Processes. Glencoe: The Free Press
Etzioni, Amitai/ Etzioni-Halevy, Eva (eds) (1973^2): Social Change. Sources, Patterns and Consequences. New York: Basic Books
Gadenne, Volker/ Wendel, Hans Jürgen (Hrsg.) (1996): Rationalität und Kritik. Tübingen: J.C.B. Mohr (Paul Siebeck)
Giegel, Hans-Joachim/ Schimank, Uwe (Hrsg.) (2003): Beobachter der Moderne. Beiträge zu Niklas Luhmanns „Die Gesellschaft der Gesellschaft". Frankfurt: Suhrkamp Verlag
Giesen, Bernhard (1980): Makrosoziologie. Eine evolutionstheoretische Einführung. Hamburg: Hoffmann und Campe Verlag
Giesen, Bernhard/ Lau, Christoph (1981): Zur Anwendung darwinistischer Erklärungsstrategien in der Soziologie. In: Kölner Zeitschrift für Soziologie und Sozialpsychologie 33. 229-256
Giesen, Bernhard/ Schmid, Michael (1975): System und Evolution. Metatheoretische Vorbemerkungen zu einer soziologischen Evolutionstheorie. In: Soziale Welt 26. 385-413
Habermas, Jürgen (1976): Zur Rekonstruktion des Historischen Materialismus. Frankfurt: Suhrkamp Verlag

Hamilton, David (1990): Evolutionary Economics. A Study of Change in Economic Thought. New Brunswick/ London: Transaction Publishers
Hannan, Michal T./ Freeman, John (1995): Die Populationsökologie von Organisationen. In: Müller/ Schmid (Hrsg.) (1995): 291-339
Harris, Marvin (1968): The Rise of Anthropological Theory. A History of Theories of Culture. London: Routledge & Kegan Paul
Harris, Marvin (1989): Kulturanthropologie. Ein Lehrbuch. Frankfurt/ New York: Campus Verlag
Hayek, Friedrich A. (1969): Freiburger Studien. Gesammelte Aufsätze. Tübingen: J.C.B. Mohr (Paul Siebeck)
Hayek, Friedrich A. (1982): Law, Legislation and Liberty. A New Statement of the Liberal Principles of Justice and Political Economy, vols 1-3. London/ Melbourne/ Henley: Routledge & Kegan Paul
Hayek, Friedrich A. (1996): Die Anmaßung des Wissens. Tübingen: J.C.B. Mohr (Paul Siebeck)
Hechter, Michael (ed.) (1983): The Microfoundation of Macrosociology. Philadelphia: Temple Press
Hedström, Peter/ Swedberg, Richard (1996): Social Mechanisms. In: Acta Sociologica 39. 281-306
Hedström, Peter/ Swedberg, Richard (eds) (1998): Social Mechanisms. An Analytical Approach to Social Theory. Cambridge: Cambridge University Press
Hegselman, Rainer/ Kliemt, Hartmut (Hrsg.) (1997): Moral und Interesse. Zur interdisziplinären Erneuerung der Moralwissenschaft. München: Oldenbourg Verlag
Hernes, Gudmund (1995): Prozeß und struktureller Wandel. In: Müller/ Schmid (Hrsg.) (1995): 85-138
Hirschman, Albert O. (1974): Abwanderung und Widerspruch. Tübingen: J.C.B. Mohr (Paul Siebeck)
Hirshleifer, Jack (1982): Evolutionary Models in Economic and Law, Cooperation versus Conflict Strategies. In: Research in Law and Economics 4. JAI Press. 1-60
Hirst, Paul Q. (1976): Social Evolution and Sociological Categories. London: George Allen & Unwin Ltd
Hodgson, Geoffrey M. (1988): Economics and Institutions. A Manifesto for a Modern Institutional Economics. Oxford/ Cambridge: Polity Press
Hodgson, Geoffrey M. (1993): Economics and Evolution. Bringing Back Life into Economics. Cambridge/ Oxford: The Polity Press
Hodgson, Geoffrey M. (1999): Evolution and Institutions. On Evolutionary Economics and the Evolution of Economics. Cheltenham, UK/ Northampton, MA, USA: Edward Elgar
Hofstadter, Richard (1959): Social Darwinism in American Thought. New York: George Braziller
Holzer, Horst (1978): Evolution oder Geschichte? Einführung in Theorien gesellschaftlicher Entwicklung. Köln: Pahl-Rugenstein Verlag
Homann, Karl (1989): Entstehung, Befolgung und Wandel moralischer Normen. Neue Erklärungsansätze. In: Pappi (Hrsg.) (1989): 47-64
Homans, George C. (1972): Grundfragen soziologischer Theorie. Opladen: Westdeutscher Verlag
Honigman, J.H. (ed.) (1973): Handbook of Social and Cultural Anthropology. Chicago: Chicago University Press
Hull, David (2001): Science and Selection. Essays on Biology and the Philosophy of Science. Cambridge: Cambridge University Press
Ingrao, Bruna/ Israel, Giorgio (1990): The Invisible Hand. Economic Equilibrium Theory in the History of Science. Cambridge, Mass./ London: MIT Press
Johnson, Matthew (1999): Archeological Theory. An Introduction. Oxford/ Malden, Mass.: Blackwell Publishers
Kiser, Edgar/ Hechter, Michael (1991): The Role of General Theory in Comparative-Historical Sociology. In: American Journal of Sociology 97. 1-30
Knight, Jack (1995): Models, Interpretations, and Theories, Constructing Explanations of Institutional Emergence and Change. In: Knight/ Sened (eds) (1995): 95-119

Knight, Jack/ Sened, Itai (eds) (1995): Explaining Social Institutions. Ann Arbor: The University of Michigan Press
Kuhn, Thomas S. (1967): Die Struktur wissenschaftlicher Revolutionen. Frankfurt: Suhrkamp Verlag
Lakatos, Imre (1970): Falsificationism and the Methodology of Scientific Research Programmes. In: Lakatos/ Musgrave (eds) (1970): 91-195
Lakatos, Imre/ Musgrave, Alan (eds) (1970): Criticism and the Growth of Knowledge. Cambridge: Cambridge University Press
Landau, Misa (1991): Narratives of Human Evolution. New Haven/ London: Yale University Press
Latsis, Spiro J. (1976): A Research Programme in Economics. In: Latsis (ed.) (1976): 1-41
Latsis, Spiro J. (ed.) (1976): Method and Appraisal in Economics. Cambridge et al.: Cambridge University Press
Lau, Christoph (1981): Gesellschaftliche Evolution als kollektiver Lernprozeß. Zur allgemeinen Theorie sozio-kultureller Wandlungsprozesse. Berlin: Duncker & Humblodt
Levi, Marion (1997): A Model, a Method, and a Map: Rational Choice in Comparative and Historical Analysis. In: Lichbach/ Zuckerman (eds) (1997): 19-41
Lichbach, Mark S./ Zuckerman, Alan S. (eds) (1997): Comparative Politics. Rationality. Culture and Structure, Cambridge et al.: Cambridge University Press
Lindenberg, Siegwart (1977): Individuelle Effekte, kollektive Phänomene und das Problem der Transformation. In: Eichner/ Habermehl (Hrsg.) (1977): 46-84
Lindenberg, Siegwart (1992): The Method of Decreasing Abstraction. In: Coleman/ Fararo (eds) (1992): 3-20
Lopreato, Joseph (1984): Human Nature and Biosocial Evolution. Boston et al.: Allen & Unwin
Lopreato, Joseph/ Crippen, Timothy (1999): Crisis in Sociology. The Need for Darwin. Brunsweick/ London: Transaction Publishers
Luhmann, Niklas (1964): Funktion und Folgen formaler Organisation. Berlin: Duncker & Humblodt
Luhmann, Niklas (1968): Zweckbegriff und Systemrationalität. Über die Funktion von Zwecken in sozialen Systemen. Tübingen: J.C.B. Mohr (Paul Siebeck)
Luhmann, Niklas (1997): Die Gesellschaft der Gesellschaft. Frankfurt: Suhrkamp Verlag
Lumsden, Charles J./ Wilson, Edward O. (1984): Das Feuer des Prometheus. Wie das menschliche Denken entstand. München/ Zürich: Piper Verlag
Mandelbaum, Maurice (1971): History, Man & Reason. A Study in Nineteenth-Century Thought. Baltimore/ London: The Johns Hopkins Press
Marx, Karl (1974): Grundrisse der Kritik der Politischen Ökonomie. Berlin: Dietz Verlag
Matthes, Joachim (Hrsg.) (1981): Lebenswelt und soziale Probleme. Verhandlungen des 20. Deutschen Soziologentags. Frankfurt/ New York: Campus Verlag
Mayntz, Renate (1996): Gesellschaftliche Umbrüche als Testfall soziologischer Theorie. In: Clausen (Hrsg.) (1996): 141-153
Mayr, Ernst (1988): Eine neue Philosophie der Biologie. München/ Zürich: Piper Verlag
McNeill, William H. (1984): Krieg und Macht. Militär, Wirtschaft und Gesellschaft vom Altertum bis heute. München: H.C. Beck Verlag
Meleghy, Tamás (2001): Soziologie als Sozial-, Moral- und Kulturwissenschaft. Untersuchungen zum Gegenstandsbereich, zur Aufgabe und Methode der Soziologie auf der Grundlage von Karl Poppers „Evolutionärer Erkenntnistheorie". Berlin: Duncker & Humblodt
Merton, Robert K. (1964): Social Theory and Social Structure. London: The Free Press
Meyer, Peter (1982): Soziobiologie und Soziologie. Eine Einführung in die biologischen Voraussetzungen sozialen Handelns. Darmstadt/ Neuwied: Luchterhand Verlag
Midlarsky, Manus I. (1999): The Evolution of Inequality. War, State Survival, and Democracy in Comparative Perspective. Stanford: Stanford University Press
Moore, Wilbert E. (1970): A Reconsideration of Theories of Social Change. In: Eisenstadt (ed.) (1970): 123-151

Müller, Hans Peter/ Schmid, Michael (Hrsg.) (1995): Sozialer Wandel. Modellbildung und theoretische Ansätze. Frankfurt: Suhrkamp Verlag
Müller-Benedict, V. (1999): Strukturelle Grenzen sozialer Mobilität. Ein Ergebnis der Transformationslogik mit einem Simulationsmodell nach Boudon. In: Kölner Zeitschrift für Soziologie und Sozialpsychologie 51. 313-338
Münch, Richard (1993): Die Kultur der Moderne, 2 Bände. Frankfurt: Suhrkamp Verlag
Nagel, Ernst (1979): Teleology Revisited and Other Essays in the Philosophy of Science. New York: Columbia University Press
Nelson, Richard R./ Winter, Sydney G. (1982): An Evolutionary Theory of Economic Change, Cambridge. Mass./ London: The Belkenap Press
Nisbet, Robert A. (1969): Social Change and History. Aspects of the Western Theory of Development. New York: Oxford UP
Nolan, Patrick D. (1984): External Selection and Adaptive Change, Alternative Models of Sociocultural Evolution. In: Collins (ed.) (1984): 117-139
Norkus, Zenonas (2000): Max Weber's Interpretative Sociology and Rational Choice Approach. In: Rationality and Society 12. 259-282
Obershall, Anthony/ Leifer, Eric M. (1986): Efficiency and Social Institutions, Uses and Misuses of Economic Reasoning in Sociology. In: Annual Revue of Sociology 12. 233-253
Olson, Mancur (1968): Die Logik des kollektiven Handelns. Kollektivgüter und die Theorie der Gruppe. Tübingen: J.C.B. Mohr (Paul Siebeck)
Pappi, Franz U. (Hrsg.) (1989): Wirtschaftsethik. Gesellschaftswissenschaftliche Perspektiven. Kiel: G+D Graphik + Druck
Parsons, Talcott (1969): Evolutionäre Universalien der Gesellschaft. In: Zapf (Hrsg.) (1996): 55-74
Parsons, Talcott (1972): Das System moderner Gesellschaften. München: Juventa Verlag
Parsons, Talcott (1975): Gesellschaften. Evolutionäre und komparative Perspektiven. Frankfurt: Suhrkamp Verlag
Popitz, Heinrich (1992[2]): Phänomene der Macht. Tübingen: J.C.B. Mohr (Paul Siebeck)
Popper, Karl R. (1961): The Poverty of Historicism. London: Routledge & Kegan Paul
Rammert, Werner (Hrsg.) (1998): Technik und Sozialtheorie. Frankfurt/ New York: Campus Verlag
Resasade, Hadi (1984): Zur Kritik der Modernisierungstheorien. Opladen: Leske + Budrich
Richards, Robert J. (1987): Darwin and the Emergence of Evolutionary Theories of Mind and Behavior. Chicago/ London: Chicago University Press
Richter, G. (1999): Innere Kündigung. Modellentwicklung und empirische Befunde aus einer Untersuchung im Bereich der öffentlichen Verwaltung. In: Zeitschrift für Personalforschung 13. 113-138
Rogers, Everett M. (1983[2]): Diffusions of Innovations. New York/ London
Rose, Michael R. (2001): Darwins Schatten. Von Forschern, Finken und dem Bild der Welt. Stuttgart/ München: Deutsche Verlagsanstalt
Russett, Cyntia E. (1966): The Concept of Equilibrium in American Social Thought. New Haven/ London: Yale University Press
Sanderson, Stephen K. (1990): Social Evolutionism. A Critical History. Cambridge, Mass./ Oxford: Blackwell
Sanderson, Stephen K. (1995): Social Transformations. A General Theory of Historical Development. Oxford/ Cambridge, Mass.: Blackwell
Sanderson, Stephen K. (2001): The Evolution of Human Sociality. A Darwinian Conflict Perspective. Lanhan/ Boulder/ New York/ Oxford: Rowman & Littlefield Publishers, Inc.
Schaffer, Thomas (2001): Institution und Erkenntnis. Eine Analyse im Lichte der Popperschen Erkenntnis- und Wissenschaftstheorie. Berlin: Duncker & Humblodt
Schelkle, Waltraud/ Krauth, Wolf-Hagen/ Kohli, Martin/ Elwert, Georg (Hrsg.) (2000): Paradigms of Social Change: Modernization, Development, Transformation, Evolution. Frankfurt/ New York: Campus Verlag

Schelling, Thomas C. (1984): Choice and Consequences. Perspectives of an Errant Economist. Cambridge/ London: Harvard University Press
Schelling, Thomas (1998): Social Mechanisms and Social Dynamics. In: Hedström/ Swedberg (eds) (1998): 32-44
Schilpp, Paul A. (ed.) (1974): The Philosophy of Karl Popper, vol. 1. La Salle/ Ill.: Open Court Press
Schluchter, Wolfgang (1979): Die Entwicklung des abendländischen Rationalismus. Tübingen: J.C.B. Mohr (Paul Siebeck)
Schmid, Michael (1982): Theorie sozialen Wandels. Opladen: Westdeutscher Verlag
Schmid, Michael (1982a): Habermas' Theory of Social Evolution. In: Thompson/ Held (eds) (1982): 162-180, 302-306
Schmid, Michael (1989): Sozialtheorie und soziales System. Versuche über Talcott Parsons. München: Forschungsberichte der Universität der Bundeswehr, München
Schmid, Michael (1992): Die evolutorische Ökonomik – Würdigung eines Forschungsprogramms. In: Biervert/ Held (Hrsg.) (1992): 189-215
Schmid, Michael (1993): Verhaltenstheorie versus Nutzentheorie. Zur Systematik einer theoretischen Kontroverse. In: Zeitschrift für allgemeine Wissenschaftstheorie 24. 275-292
Schmid, Michael (1996): Die Entstehung von Normen. In: Gadenne/ Wendel (Hrsg.) (1996): 151-182
Schmid, Michael (1998): Soziales Handeln und strukturelle Selektion. Beiträge zu einer Theorie sozialer Systeme. Opladen: Westdeutscher Verlag
Schmid, Michael (1998a): Soziologische Handlungstheorie – Problem der Modellbildung. In: Balog/ Gabriel (Hrsg.) (1998): 55-103
Schmid, Michael (1998b): Rationales Verhalten und technische Innovation. In: Rammert (Hrsg.) (1998): 189-224
Schmid, Michael (2002): Evolution. Bemerkungen zu einer Theorie von Niklas Luhmann. In: Giegel/ Schimank (Hrsg.) (2003): 117-153
Schmid, Michael/ Weihrich, Margit (1996): Herbert Spencer: Der Klassiker ohne Gemeinde. In: Supplement zu Herbert Spencer (1996): Einleitung in das Studium der Soziologie. 1-71. Göttingen/ Augsburg: Jürgen Cromm Verlag
Segler, Tilman (1985): Die Evolution von Organisationen. Ein evolutionstheoretischer Ansatz zur Erklärung der Entstehung und des Wandels von Organisationen. Frankfurt/ Bern/ New York: Peter Lang Verlag
Simon, Herbert A. (1983): Reason in Human Affairs. Stanford: Stanford University Press
Skocpol, Theda (1993): States and Social Revolutions. A Comparative Analysis of France, Russia and China. Cambridge: Cambridge University Press
Smelser, Neil J. (1959): Social Change in the Industrial Revolution. An Application of Theory to the Lancaster Cotton Industry. London: Routledge & Kegan Paul
Smelser, Neil J. (1990): Can Individualism Yield a Sociology? Symposium, A Return of General Sociological Theory? J.S. Coleman's Foundations of Social Theory, 1990. In: Contemporary Sociology 19. 778-783
Smith, Adam (1974): Der Wohlstand der Nationen. Eine Untersuchung seiner Natur und seiner Ursachen. München: dtv
Smith, Anthony (1973): The Concept of Social Change. London: Routledge & Kegan Paul
Smith, Anthony (1976): Social Change. London/ New York: Longman
Sorokin, Pitrim A. (1966): Sociological Theories of Today. New York/ Tokyo et al.: Harper & Row/ John Weatherhill, Inc.
Spencer, Herbert (1905): Autobiographie, 2 Bände. Stuttgart: Verlag von Robert Lutz
Spencer, Herbert (1967): Die Evolutionstheorie. In: Dreitzel (Hrsg.) (1967): 121-131
Spencer, Herbert (1970, zuerst 1854): Social Statics. The conditions essential to human happiness specified, and the first of them developed. New York: Robert Schalkenbach Foundation
Spencer, Herbert (1978, zuerst 1879): The Principles of Ethics. Indianapolis: The Liberty Classics

Spencer, Herbert (1996): Einleitung in das Studium der Sociologie. Göttingen/ Augsburg: Jürgen Cromm Verlag
Stehr, Nico/ Meija, Volker (Hrsg.) (1980): Wissenssoziologie. Sonderheft XX der Kölner Zeitschrift für Soziologie und Sozialpsychologie. Opladen: Westdeutscher Verlag
Steward, Julian (1972): The Theory of Culture Change. The Methodology of Multilinear Evolution. Urbana/ Chicago/ London: University of Illinois Press
Stinchcombe, Arthur L. (1991): The Condition of Fruitfulness of Theorizing About Mechanisms in Social Sciences. In: Philosophy of Science 21. 367-388
Sugden, Robert (1986): The Economics of Rights, Co-operation and Welfare. Oxford: Basil Blackwell
Sztompka, Piotr (1993): The Sociology of Social Change. Oxford/ Cambridge, Mass.: Blackwell
Tainter, Joseph (1988): The Collapse of Complex Societies. Cambridge et al.: Cambridge University Press
Taylor, Michael (1987): The Possibility of Cooperation. Cambridge et al.: Cambridge University Press
Thompson, John B./ Held, David (eds) (1982): Habermas. Critical Debates. London/ Basingstoke: The Macmillan Press
Turner, Jonathan H. (1995): Macrodynamics. Toward a Theory on the Organization of Human Populations. New Brunswick: Rutgers University Press
Ullmann-Margalit, Edna (1977): The Emergence of Norms. Oxford: Clarendon Press
Van Parijs, Philippe (1981): Evolutionary Explanations in the Social Sciences. An Emerging Paradigm. London/ New York: Tavistock Publications
Vanberg, Viktor J. (1981): Liberaler Evolutionismus oder vertragstheoretischer Konstitutionalismus? Zum Problem institutioneller Reformen bei F.A. von Hayek und J.M. Buchanan. Tübingen: J.C.B. Mohr (Paul Siebeck)
Vanberg, Viktor J. (1994): Rules and Choice in Economics. London/ New York: Routledge
Wallerstein, Immanuel. (1974): The Modern World System: Capitalistic Agriculture and the Origin of the European World-Economy in the Sixteenth Century. New York: Academic Press
Weede, Erich (1986): Konfliktforschung. Einführung und Überblick. Opladen: Westdeutscher Verlag
Wesche, Steffen (2001): Gegenseitigkeit und Recht. Eine Studie zur Entstehung von Normen. Berlin: Duncker & Humblodt
Wickler, Wolfgang/ Seibt, Uta (1977): Das Prinzip Eigennutz. Ursachen und Konsequenzen sozialen Verhaltens. Hamburg: Hoffmann und Campe Verlag
Williamson, Oliver E. (1990): Die ökonomischen Institutionen des Kapitalismus. Unternehmen, Märkte, Kooperationen. Tübingen: J.C.B. Mohr (Paul Siebeck)
Wilson, Edward O. (1978): On Human Nature. Cambridge, Mass./ London: Harvard University Press
Wimmer, Hannes (1996): Evolution der Politik. Von der Stammesgesellschaft zur modernen Demokratie. Wien: WUV-Universitätsverlag
Wippler, Reinhard (1981): Die Erklärung unbeabsichtigter Handlungsfolgen: Ziel oder Meilenstein soziologischer Theoriebildung. In: Matthes (Hrsg.) (1981): 241-261
Witt, Ulrich (1987): Individualistische Grundlagen der evolutorischen Ökonomie. Tübingen: J.C.B. Mohr (Paul Siebeck)
Wuketits, Franz M./ Schmid, Michael (eds) (1987): Evolutionary Theory in the Social Science. Dordrecht: Reidel Publishing Company
Young, H. Peyton (1998): Individual Strategy and Social Structure. An Evolutionary Theory of Institutions. Princeton/ Oxford: Princeton University Press
Zapf, Wolfgang (Hrsg.) (1996): Theorien des sozialen Wandels. Köln: Kiepenheuer & Witsch Verlag

Überholtheit oder Aktualität?
Zur gegenwärtigen Relevanz des evolutionistischen Paradigmas für die Sozialwissenschaften

Antonio Scaglia

Die Initiative der Innsbrucker Kollegen, das alte und bis heute umstrittene Thema des Evolutionismus zu behandeln, könnte zunächst Überraschung, wenn nicht sogar unter vielen Soziologen, die sich seit langem vom evolutionären Paradigma entfernt haben, gewisse Irritationen auslösen. Wenn wir aber die in diesem Band zusammengetragenen Beiträge anschauen, haben wir im Gegenteil sofort das Gefühl, dass die Zeit gekommen ist, auf der einen Seite das Thema der sozialen Evolution multidisziplinär zu behandeln und auf der anderen Seite die Methoden zu relativieren, so dass die Anhänger der Systemtheorie und die des methodologischen Individualismus sich vielleicht nicht mehr als Anhänger einander entgegengesetzter Schwurgemeinschaften fühlen müssten. Beweise dieser multidisziplinären Aufmerksamkeit der sozialen Evolution gegenüber werden jedenfalls immer häufiger (N. Gasbarro 1984), wofür dieser Band ein hervorragendes Beispiel ist.

In der Tat haben wir der evolutionistischen Theorie gegenüber eine ausgeprägte Skepsis, zumindest Ambivalenz entwickelt, die eher mit bestimmten, in der Postmoderne stark verbreiteten Sichtweisen, als mit sozialwissenschaftlich abgesicherten Argumentationen zu tun hat.

Als Folge einer in der Postmoderne propagierten „Entdinglichung des Sozialen" sieht Bernard Giesen, um dieses Soziale zu analysieren, die Notwendigkeit eines Methodenpluralismus (B. Giesen 1991). Und Max Miller (1994) redet in einer Buchbesprechung von den Antinomien der postmodernen Gesellschaft, wenn wir sie evolutionstheoretisch begründen wollten (M. Miller 1994: 9-15).

Die soziale Evolution wird heute eher mit der naturwissenschaftlichen Forschung und besonders mit der Bioforschung verbunden, als mit der alten, umfassenden Supertheorie einer Selektion der Tüchtigsten in Natur und Gesellschaft. Der sozialen Evolution gegenüber haben wir in unseren Tagen eine ambivalente Haltung. Auf der einen Seite dieser Ambivalenz befindet sich eine verbreitete Überheblichkeit gegenüber der klassischen Evolutionstheorie. Allenfalls vermitteln wir sie den Studenten ohne allzu großen Enthusiasmus als eine Position innerhalb der klassischen soziologischen Theorien, vielleicht in der Hoffnung, dass die Beschäftigung mit einer solchen, offensichtlich überholten Theorie den künftigen Gelehrten immerhin zur Einübung ihres intellektuellen Scharfsinns dient, denken wir etwa an Werke wie „Bau und Leben und des sozialen Körpers" von Albert Schäffle (1875-1878), wo von der darwinistischen Lehre ausgehend, eine kosmische neue Weltordnung der menschlichen Gesellschaft entworfen worden ist. Dem steht auf der anderen Seite, und ohne dass irgendein Bezug zur genannten Abwertung der evolutionistischen Theorie hergestellt würde, die gerade hinsichtlich der Gegenwartsgesellschaften ausgeprägte Überzeugung gegenüber, dass die „Evolution" der durch den Fortschritt der Wissenschaften geschaffenen physischen, chemischen, biologischen und sogar psychologischen Möglichkeiten unsere Zukunft einschneidend verändern wird.

Es handelt sich um eine weltweit neue und uns tief beeinflussende Überzeugung, die wir nicht mehr als Glauben zu definieren wagen, obwohl es sich tatsächlich um einen starken, wenn auch säkularen Glauben handelt. Dann aber erhebt sich die Frage, inwieweit dieser aber auch zu einer Evolution der Gesellschaft beitragen wird?

Auf der Ebene der epistemologischen Begründung gibt es heute zunehmend skeptische Haltungen gegenüber der evolutionären Erkenntnistheorie (P. Urbach 1987).

1 Der Glaube an die Wissenschaft: Eigenschaften, Vorzüge und Schwächen

Vom enthusiastischen Schwung der Aufklärung und des Positivismus sind wir inzwischen bei einer oft irrationalistischen Enttäuschung angelangt, die umso bitterer ist als sie mit einer Hoffnungslosigkeit verbunden war, dass man nicht nur vom „Untergang der Werte", sondern sogar von dem des „Abendlandes" sprach (O. Spengler 1922). Nicht nur die religiösen Gewissheiten, sondern auch die der Wissenschaft entstammenden Sicherheiten wurden in einem langen Prozess der Relativierung jeglicher Form von „Wahrheit" *ad acta* gelegt. Zumindest hat man dies für lange Zeit so gesehen, womit wohl auch die erste Reaktion auf das von Tamás Meleghy und Heinz-Jürgen Niedenzu vorgeschlagene Thema der „sozialen Evolution" zu tun hat; d.h. die Frage, ob hier im Innsbruck des 21. Jahrhunderts möglicherweise noch an einer Evolutionstheorie festgehalten wird oder ob sich hier sogar noch Anhänger von Herbert Spencer finden würden. Bei genauerem Hinsehen bedeutet dies allerdings, dass uns der „Glaube" an die Evolutionstheorie deshalb als überholt erscheint, weil wir bereit sind, einen Glauben zweiter Ordnung, nämlich denjenigen an die Relativität all unseres Wissens, zu akzeptieren.

Aber wie kommt es dann umgekehrt dazu, dass der westliche Mensch in besonderer Weise seine Hoffnungen auf die Versprechungen der Wissenschaft setzt? Diese Ambivalenz kennzeichnet nicht nur die Gegenwart, sondern die schizophrene Sichtweise des Kulturmenschen überhaupt, seine Spannung zwischen zwei entgegengesetzten „Wahrheiten", nämlich den Polen der Relativierung allen Wissens auf der einen Seite und des ungebrochenen Glaubens an die Wissenschaften auf der anderen (D. Houtman/ P. Mascini 2000).

Der westliche Mensch befindet sich also in der ambivalenten, widersprüchlichen, unerträglichen Situation eines ungläubigen „Gläubigen".

So lebt er als Subjekt, das ständig *Derivationen* produziert: Er übertüncht, ohne dies zu wissen, seine grundlegenden Überzeugungen beständig mit der Farbe eines rationalisierenden Relativitätsglaubens. Und genau hierin besteht im Grunde genommen eine der Schwächen in der gegenwärtigen okzidentalen Kultur.

2   Abwendung von der klassischen Evolutionstheorie und Erfolg des Neodarwinismus

Dass die biologische und sogar die kulturelle Welt den Annahmen der klassischen darwinistischen Evolutionstheorie heute noch folgen könne, ist nicht mehr die Überzeugung der Wissenschaft.

Gerade in den Naturwissenschaften weiß man – ich erinnere nur an Thomas Kuhns Paradigma-Analysen –, dass keine wissenschaftliche Regel absolute Geltung beanspruchen kann, also für viele Bereiche keine allgemein gültigen Gesetze aufgestellt werden können. Und diese Überzeugung wird dabei in eine zwingende Beziehung zur Annahme der Relativität des modernen Kulturmenschen gestellt. Das war und ist sozusagen auch die Basis aller Wissens- und Wissenschaftssoziologie (B. Schofer 2000).

Die Absage an die Absolutheit der Prinzipien der Evolution ist ihrerseits eher eine Relativierung, als eine schlichte Verneinung. Und da, wie gesagt, unsere gegenwärtige wissenschaftliche und kulturelle Welt grundlegend von Relativität gekennzeichnet ist, handelt es sich um eine Relativierung der selbst bereits relativierten Evolutionstheorie, die allerdings nach wie vor keineswegs immer als „relativ" auftritt.

Man könnte hierzu als Beispiel das Werk eines italienischen Psychoanthropologen (S. Sighele 1903) heranziehen, der sich mit sozialanthropologischen Fragen beschäftigt hat. Nachdem er die verschiedenen Phasen des gesellschaftlichen Evolutionsprozesses analysiert hat, meint er behaupten zu können, dass die untersuchten sozialen Gruppen eine neue Welle der Wiederbelebung traditioneller Sitten und Verhaltensweisen zeigten.

3 Zur Phänomenologie wissenschaftlichen Glaubens

Wenn der aufklärerische und positivistische Glaube in seiner totalen Zuversicht der Vernunft, der Rationalität und der Wissenschaft gegenüber nicht mehr vorhanden ist, hat sich, besonders in den Ländern der okzidental geprägten Kultur, die Überzeugung herausgebildet, dass Wissenschaft und Technik durch einen evolutiven Prozess die Menschen künftig von allen Krankheitsrisiken befreien könnten. Im Vergleich mit der universalen Fortschrittsidee ist die neue Hoffnung keine absolute Überzeugung mehr. In diesem Sinne handelt es sich um die Phänomenologie eines begrenzten Glaubens. Die gegenwärtige Gesellschaft, weil sie durch bittere Enttäuschungen von dem Baum der Wissenschaft des Guten und des Übels gegessen hat, scheint gelernt zu haben, dass das glückliche Leben und die absolute Befreiung von jeglichem Übel nirgends existieren können.

Daher also, von dieser Relativierung aus, hat sich auch eine verbreitete skeptische Auffassung der holistischen wissenschaftlichen Epistemologie gegenüber entwickelt, inbegriffen die evolutionären Erkenntnistheorien. Der interessante Sammelband von Rupert Riedel und Manuela Delpos über „Die Evolutionäre Erkenntnistheorie im Spiegel der Wissenschaften" (1996) ist ein prominentes Beispiel dafür, wie allgemeine Evolutionstheorie und die spezielle Ausformung der Erkenntnistheorie eng miteinander verbunden werden – und dies ist nur ein Beispiel unter vielen anderen.

4 Ein neues Paradigma für die Sozialwissenschaften?

Die nicht enden wollende Debatte unter Soziologen über den methodologischen Individualismus auf der einen, über die Gesellschaft als autopoietisches System auf der anderen Seite verweist auf die grundlegende Frage der Rolle und der erkenntnistheoretischen Stellung der Soziologie in ihrer Gesamtheit.

Es ist die alte Frage, wem das Primat zukomme: der Gesellschaft oder den Individuen? Man hat in den letzten Jahren eine unübersehbare Zahl von Büchern und Aufsätzen zu dieser Frage veröffentlicht. Jeder Soziologe weiß, wie die Systemtheorie das Problem der Beziehung Gesellschaft – Subjekt angeht und auch glaubt, gelöst zu haben.

Als Beitrag zur Klärung der Kontroverse möchte ich kurz einige, hier wichtige Grundlinien der Systemtheorie andeuten und mit dem methodologischen Individualismus konfrontieren:

Das so genannte Problem der doppelten Kontingenz bildet den Ausgangspunkt des systemtheoretischen Ansatzes. Der Kern des Problems beruht dabei auf einer grundlegenden und theoretisch unlösbaren Situation, d.h. auf der Frage, wie zwei Subjekte, die einander völlig unbekannt sind, eine soziale Beziehung eingehen können. Nur ein normativer, institutionalisierter Rahmen ist imstande, diese radikale doppelte Kontingenz[1] zu reduzieren; in einer Art, die es den beiden Subjekten erlaubt, die Ausgangssituation radikaler Unsicherheit in eine berechenbare Situation zu überführen. Die Systemtheorie bestimmt die Lösung dieses Dilemmas in der gleichzeitigen Anwesenheit von sozialen und psychischen Systemen. Um die Bedeutung dieser theoretischen Konstruktion angemessen zu verstehen, ist darauf zu achten, in der Beziehung Gesellschaft – Handeln keinen Dualismus entstehen zu lassen, insofern als Gesellschaft und Handeln, das heißt Gesellschaft und Subjekt, als komplementär zu betrachten sind, und zwar in einem Prozess, der von der Dynamik der „Mit-Konstitution" und der „Mit-Evolution" und zugleich der „Auto-Konstitution" und der „Auto-Evolution" geprägt ist (N. Luhmann 1984).

Der Kern dieser kontroversen Diskussion besteht in der Frage: „Warum entsteht die Gesellschaft?" (N. Addario 1988). Die Systemtheorie hat eine klare Lösung ausgearbeitet. Die Antwort auf diese Frage führt nicht zu einem gleichgewichtigen Niveau von Gesellschaft und subjektivem Handeln, sondern zum unbestrittenen Primat der Gesellschaft als desjenigen Systems, das den Rahmen zur Verfügung stellt, in dem Handeln, Akteure oder Subjekte und die Art und Weise, in der sie interagieren, festgelegt werden. Die Subjekte befinden sich in einer unentscheidbaren Situation, insofern keines von ihnen voraussehen kann, was das andere tun wird. Schon der Prozess gegenseitiger Information ist ein spezifisch soziales Produkt. Jede soziale Interaktion bringt darüber hinaus Reziprozität der Erwartungen und einen institutionellen Rahmen mit sich. Damit wird die Unerträglichkeit der doppelten Kontingenz reduziert zu einer wechselseitig definierbaren und „berechenbaren" Unsicherheit.

Das Subjekt und seine moralische Dimension werden in einer solchen theoretischen Konzeption sozusagen als Störfaktor betrachtet, jedenfalls als unthematisierbar „eingeklammert" und nur noch als Hintergrundvoraussetzung akzeptiert. Im Rahmen von Ego – Alter – soziale Beziehung finden die autopoietischen und autoevolutiven Merkmale der Gesellschaft durch das System der Kommunikationsmedien einen noch stärkeren Ausdruck (N. Luhmann 1971).

Eine Gesellschaft, die als Tatsache wahrgenommen wird, macht Interaktion möglich, aber umgekehrt reproduziert die mediale Interaktion und Kommunika-

---

1 N. Luhmann (1984: 148-190): Wenn Kontingenz als solche die bloße Wahrnehmung einer spezifischen Eigenschaft von Situationen ist, dann ist die „doppelte Kontingenz" eine Art von gegenseitiger Interdependenz, in der aber das Resultat eine Situation der Unentschiedenheit und der Unmöglichkeit der Formulierung rationaler Erwartungen ist. Um der ununterbrochenen Suche unter dem Druck von gegenseitigen Erwartungen einen Halt zu bieten, erweist sich das „Gemeinsam-verstandene", anders gesagt die Sozialität, als die einzige Lösung. Eine solche Sozialität erlaubt gleichzeitig auch komplexere Überlebensstrategien.

tion die autopoietischen Gesellschaftsprozesse. Dabei werden bestimmte soziale Bedingungen ausgeblendet und die Systeme zugleich instandgesetzt, unter den unendlichen Möglichkeiten auszuwählen (als ihre einzige Überlebensperspektive). Insofern bilden sie die Fähigkeit heraus, interne evolutive Antworten auf evolutive Umweltbedingungen zu entwickeln. Diese Antworten verursachen die Veränderung der Interaktion als solche, von einer ethologisch bedingten Interaktion und Institution hin zu der notwendigen kulturellen Institutionalisierung von Normen.

Damit wird ein neues Niveau erreicht, auf dem die so genannte doppelte Kontingenz in eine kulturelle Reduktion überführt wird. Psychisches und soziales System entwickeln sich parallel in einer *orthogonalen und systematischen "Koppelung"*, in der sich ihre Interdependenz nach dem Modell System/Umwelt vollzieht.

Diese *orthogonale* Beziehung ist zugleich eine *strukturelle* und damit auch systematische und notwendige Beziehung. Diese Eigenschaft ist in den natürlichen evolutiven Bedingungen begründet. So hat die Evolution eben doch „entschieden" – aller behaupteten Nicht-Determination der Systemprozesse zum Trotz.

5 Das Evolutionsparadigma als kulturell bedingte Weltanschauung

Obwohl die systemtheoretische Perspektive nur einen unter anderen methodischen Ansätzen darstellt, ist es zulässig zu behaupten, dass sie neben der strukturell-funktionalen Perspektive einem der markantesten Merkmale der modernen Gesellschaft und Kultur, wie sie im Okzident entstanden ist, Ausdruck verleiht.

Die von Max Weber konsequent betriebene multidisziplinäre Suche nach den Faktoren, die von der Antike bis zur Gegenwart für die Entstehung des modernen okzidentalen Kapitalismus verantwortlich waren, verrät hinreichend deutlich dessen implizite Überzeugung, dass sich hinter der unendlichen Komplexität der Gesellschaften und Kulturen eine begrenzte Anzahl von für diesen Prozess ausschlaggebenden Faktoren identifizieren lässt. Selbstverständlich besitzen diese nicht mehr als „Kausaladäquanz" und es handelt sich bei seinen einschlägigen Arbeiten um historisch orientierte Untersuchungen, denen es in erster Linie darum ging, das spezifische historische Phänomen des modernen okzidentalen Kapitalismus zu begreifen.

Die systemtheoretische Perspektive und die verstehende Soziologie Max Webers stehen sich hinsichtlich ihrer Intentionen und der Betonung der Persönlichkeit völlig fremd gegenüber. Aber, indem Weber – wie von Friedrich H. Tenbruck (1986) meisterhaft dargelegt worden ist – in der Entwicklung seiner Religionssoziologie zu einer universalhistorischen Entzauberungs- und Rationalisierungstheorie kam, fand er sich 1920 in Berührung mit evolutionären Auffassungen, die er 1904 – beim ersten Erscheinen der „Protestantischen Ethik" – noch strikt zurückgewiesen hätte. Aber anders als den Systemtheoretikern ging es Weber immer um die Frage nach „der unendlichen Mannigfaltigkeit der Geschichte" und der Struktur, Komplexität und Bedingtheit des auf dieser Basis zu konstruierenden Idealtypus. Dabei blieb Weber bis zuletzt dabei, dass es keine „Gesetze der Geschichte" gebe, auch ließ er sich nicht dazu verführen, in der Geschichte selbst Fortschrittsmotive entdecken zu wollen.

Die Bedeutung von Elementen wie „Gefühl" und „Schicksal" als zentralen Bestandteilen der Weberschen Soziologie haben verschiedene Autoren schon ausführlich und angemessen dargelegt. Auf die von Wilhelm Hennis in seiner Arbeit *Max Webers Fragestellung* (1987) aufgestellten Hypothesen, hat z.b. Francois Chazel (2001) mit gut dokumentierten und soliden Belegen geantwortet.

Ich werde hier mit Absicht die methodische Auseinandersetzung über die Begründung dessen, worin das Verstehen sozialen Handelns bei Max Weber besteht, ausklammern. Es sei nur kurz daran erinnert, wie sich nach Weber „soziales" Handeln nur in Zusammensetzung mit subjektiv gemeintem Sinn erschließen lässt (M. Weber 1956: 11ff.).

Was die abschätzige Beurteilung des soziologischen Evolutionsparadigmas anbelangt, so ist vielmehr eine grundsätzlichere Frage zu beantworten, und zwar diejenige, ob der soziale Prozess, in dem sich Gesellschaft konstituiert, tatsächlich durch die Auswahl der Besten vor sich geht. Hier zeigt sich eine tief greifende Differenz zwischen dem klassischen Evolutionismus und der modernen Systemtheorie, etwa Niklas Luhmanns, dass nämlich an einer Naturgesetzlichkeit der Evolution und an der Vorstellung einer Auswahl der Besten nicht mehr festgehalten wird. Aber dennoch erscheinen die internen Steigerungsleistungen der sozialen Systeme und Subsysteme nicht ganz frei von einem evolutiven Optimierungsmodell – wenngleich das auch nur noch implizit erscheinen kann. Das zeigt sich auch daran, dass der unbegrenzten Autopoiesisfähigkeit der Systeme Priorität eingeräumt wird. Auch wenn das systemtheoretische Paradigma eine Kopplung von psychischem und sozialem System vorsieht (allerdings immer mit einer Priorität des sozialen Systems), erscheint diese Perspektive deshalb doch problematisch und von unterschiedlichen Aporien gekennzeichnet.

Diese Schwierigkeiten des systemtheoretischen Paradigmas ergeben sich im Grunde genommen aus der hartnäckigen Behauptung, die Gesellschaft sei durch eine allgemeine, unaufhaltsame Kraft, dass heißt die Fähigkeit des Sozialen gekennzeichnet, sowohl die bedrohlichen Reflexionen der Subjekte zu bewältigen als auch die Vielfalt der Subsysteme zu koordinieren.

6 Einige Fragen zu dem Systemtheoretischen Ansatz

Daraus ergibt sich die These, dass die Systemtheorie – und in ähnlicher Weise die Soziobiologie – unterschwellig immer noch mit der klassischen Evolutionstheorie verbunden ist. Nach der von einigen Autoren vertretenen Ansicht wäre diese Theorie sozialer Systeme sogar wenig flexibel als es die Perspektive von Herbert Spencer einst war.

Die weit verbreitete Meinung, Spencer sei ein rigider Evolutionist, vergisst seine Auffassung von einer *bedingten Rationalität* und *einer spontanen Ordnungsherstellung*. Enzo Di Nuoscio (2000) hat die These vertreten, dass der englische Philosoph und Soziologe V.-A. Haines (1988) seine Evolutionstheorie der Gesellschaft auf eine streng individualistische Methode gestützt hat. Die soziale Ordnung wird dann als ein nicht-intendierter Prozess und als spontane Zusammensetzung von individuell-rationalen, an privaten Zwecken orientierten Handlungen verstanden. Diese soziale Evolution wird dabei auch als eine fortschreitende, progressive Selektion von jenen Organisationsformen und von jenen sozialen Normen angesehen, die funktional am besten geeignet sind, die sozialen Grundbedürfnisse befriedigen zu können. H. Spencer (1884, Vol. II) unterschied „konstruierte" und „spontane" Ordnungen und hob unterstreichend hervor, dass die spontane Kooperation, also die auf der individuellen Freiheit beruhende, jenen Gesellschaften einen *evolutiven Vorteil* verschaffe, in denen diese Prinzipien sich durchgesetzt haben. Daraus ergibt sich eine überraschende Annäherung von Herbert Spencer zu den Thesen des methodologischen Individualismus, woran E. Di Nuoscio erinnert hat. Spencers Kategorien – wie jene der Rationalität des Handels und des Glaubens an das *Rationalitätsprinzip, des Prinzip der Nächstenliebe*, der nicht-intendierten Konsequenzen, der spontanen Ordnung, des evolutiven Rechtes – sind sämtlich Kategorien, die auch von den Vertretern des methodischen Individualismus als Grundbegriffe gebraucht werden.

Liegt darin eine Provokation oder führt das einfach zu einer Einladung, das Evolutionsparadigma zu relativieren? Relativierung heißt dann, dass nicht nur das alte und klassische Modell seine epistemologische Sicherheit verloren hat, sondern dass auch die Binomien aufgehoben erscheinen: genetischer Determinismus und Umweltbedingung, Ontogenese und Phylogenese, Erbe und Verhalten, Natur und Kultur, Gesellschaft und Psyche.

Statt einer theoretischen Entscheidung, die das Evolutionsparadigma einfach dem methodologischen Individualismus entgegensetzt, wäre vielleicht eine Pluralität der Methoden vorzuziehen. Damit wird auf der epistemologischen Ebene aber gerade zu keiner chauvinistischen Lösung geraten. Weil heutzutage die Vielfalt der Gesellschaften und der Kulturen unseren Alltag bestimmt, sollte man diese Einsicht auch auf die Vielfalt von methodischen Ansätzen übertragen. So bedeutet die Analyse der historischen Entwicklungszusammenhänge keine dogmatische Ausschließung des Evolutionsparadigmas, zumal auch diese Ansätze nicht mehr davon ausgehen, dass in Gesellschaften immer und ständig die besten Funktionen sich durchsetzten. Die Systemtheorie kann eine wichtige Rolle beim Verständnis der Steigerungsfähigkeit von Subsystemen spielen – da liegt auch die Stärke Luhmanns. Aber ein solcher Zugang kann die Herausbildung der zweckrationalen Gesellschaft und der vielfältigen Wandlungen sozialer Formen allein eben doch nicht hinreichend erklären. Ganz abzusehen von dem Verhältnis zwischen der Autopoiesisfähigkeit sozialer Systeme und den psychischen der Individuen.

Zwar spricht auch die Systemtheorie von „Koppelungen", aber die Evidenzen des heutigen sozialen, kulturellen und geschichtlichen Erlebens scheinen doch zu beweisen, dass innerhalb der Gesellschaften und Kulturen bei aller Verschiedenheit keine Systemautonomie und Abgeschlossenheit existieren, keine monadischen Informationssysteme oder rechtlich definierten Institutionen. Etwa werden die Vereinigten Staaten und die „islamische Welt" jeden Tag von unterschiedlichsten Ansichtspunkten aus beobachtet, analysiert, kommentiert, beurteilt und in ständig neue Relationen zueinander gebracht. Emotionen, Gefühle, Vorurteile und Meinungen verteilen sich in den okzidentalen wie in den islamischen Ländern, Staaten und Nationen. Es scheint mir schwierig, behaupten zu wollen, dass individuelle Gefühle, ethische Empfindlichkeiten und Reflexionen einseitig nur von dem gesellschaftlichen, normativen Gefüge beeinflusst würden, denn auch das aktuelle Beispiel der gegenwärtigen politischen Situation zeigt, wie Individuen untereinander ihrerseits politische Entscheidungen und rechtliche Normen bedingen können. Es handelt sich also tatsächlich eher um „Figurationen" (um mit Norbert Elias zu sprechen, N. Elias 1969), als um autopoietische Systemzustände.

7 Evolutionsparadigma und die wissenschaftliche Entwicklung

Wenn wir – obwohl auch nur oberflächlich – die Themen, die heutzutage das individuelle und das soziale Leben berühren und die mit der wissenschaftlichen Entwicklung der Naturwissenschaften zu tun haben, behandeln, kann man nun allerdings auch die Bedeutung zumindest unterschwelliger Grundlagen der Evolutionstheorie bemerken. Die okzidental geprägten Gesellschaften sind in wachsender Weise von den Fortschritten der Naturwissenschaften fasziniert. In den letzten Jahrzehnten hat zwar das Interesse für die Abenteuer der Physik abgenommen, jedoch hat das Interesse für die Biologie bedeutend zugenommen. Die biologischen Forschungen haben jede Erwartung übertroffen und die öffentliche

Meinung hat die Überzeugung gewonnen, dass es keine Grenze mehr für die Biotechnologien in der nächsten Zukunft geben werde.

Durch das entschlüsselte Genom wird jedes Individuum lesbar wie ein Buch und es eröffnen sich ungeahnte Möglichkeiten, nicht nur jede Krankheit zu behandeln, sondern auch das organische Element in jedem Individuum neu zu beleben. Durch Interventionen über Embryonen wird z.B. möglich, das künftige Leben zu prognostizieren und sogar zu determinieren. Also haben wir es mit einer Krise der Determinationswissenschaften in einem Augenblick zu tun, in dem die Hoffnung auf praktische Determinierungen gewaltig zunimmt. Man muss aber auch sehen, dass die Individuen und die öffentliche Meinung diesem unaufhaltsamen wissenschaftlichen Fortschritt gegenüber ambivalent reagieren.

Auf einer Seite sind sie von dem wissenschaftlichen Fortschritt, von den Entdeckungen der Biologie und besonders von deren möglichen Anwendungen im Rahmen von Biotechnologien begeistert. Auf der anderen Seite jedoch drücken Individuen und Gruppen zunehmend Befürchtungen aus, dass niemand mehr imstande sein würde, die Konsequenzen einer solchen Anwendung für das individuelle und für das soziale Leben in der Zukunft zu verantworten. Damit sind auch ethische Fragen verbunden.

Diese Fortschrittsidee ist sicherlich sehr verschieden von den Idealen der Aufklärung und des Positivismus. Jene kritisierte vor allem die religiöse Weltanschauung und die bestehenden Machtlegitimationen und war gerade deshalb universalistisch, aber auch abstrakt. Die aktuelle Fortschrittsidee hingegen erweckt unbewusste Elemente in unserem individuellen und sozialen Ego. Einerseits hoffen wir auf einen wissenschaftlichen und technischen Fortschritt, dem wir zugleich misstrauen, weil unkontrollierbare Prozesse unser Leben beschädigen könnten. Die erste Perspektive lässt sich durchaus vorteilhaft mit den Methoden der Evolutionären Erkenntnistheorie analysieren und erklären. Obwohl Fortschrittshoffnungen also keineswegs verschwunden sind, spielt die alte Fortschrittsidee in diesem kulturellen und gesellschaftlichen Moment überhaupt keine wichtige Rolle, beispielsweise nicht in der Politik, in geschichtsphilosophischen Entwürfen oder gar Utopien.

Demgegenüber gibt es neue individuelle und soziale Unsicherheiten, besonders dadurch, dass die Autorität der Wissenschaft die politischen und rechtlichen Institutionen zunehmend zu schwächen scheint. Hier tauchen wiederum sehr verschiedene Subjekte und Institutionen auf, die mit ihren mehr oder weniger einflussreichen Positionen die öffentliche Meinung, die Politik und dadurch den normativen rechtlichen Rahmen beeinflussen und ändern können.

Aus allen diesen Ambivalenzen ergibt sich, dass die Evolutionstheorie nach wie vor wichtige Beiträge zum Verständnis der Ausbildung von Systemleistungen und der Steigerung von Teilbereichen der Gesellschaft sowie der Gesellschaften untereinander leisten kann, wenn sie auf alle universalistischen Tendenzaussagen und Gesetzlichkeitsannahmen verzichtet. Genau in diesem Zusammenhang ist dann auch eine Systemtheorie fruchtbar, die jenseits von Determinationsmodellen kollektive kommunikative Prozesse analysiert. Aber für ein Verständnis der kulturellen Entwicklungen und der Bedeutung der Individuen in den gesellschaftlichen Wandlungen (auch wenn sie sich auf globaler Ebene vollziehen), braucht man auch andere Ansätze. Im Mikrobereich sicher auch den methodologischen Individualismus, jedoch vor allem Theorien, die Mikro- und Makroebene verbinden, also beispielsweise Machttheorien, Diskurstheorien, Institutionenanalysen und eine kultursoziologisch und historisch fundierte Theorie der Handlung und ihrer Folgen. Vielleicht erleben wir trotz aller Dramatisierung *keinen* „Clash of Civilizations" (Samuel Huntington), aber die Bedeutung kultureller Lebensordnungen ist doch wohl für jedermann unübersehbar geworden. Das gilt im Weltmaßstab, aber auch auf der Ebene einer zunehmenden Individualisierung. Diese Spannungen lassen sich nur verstehen, wenn man unterschiedliche theoretische Annäherungen wählt und die Hoffnung auf eine Einheitswissenschaft – wie sie im 19. Jahrhundert vor allem mit der Evolutionstheorie verbunden war – aufgibt.

Literatur

Addario, Nicolò: Doppia contingenza e interazione: la societá come sistema autopoietico-evoluzionistico. In: Quaderni di Sociologia 42. 1998. 97-128

Chazel, Francois (2001): A l'origine de la Sociologie. Paris: PUF 2001-10-03

Di Nuoscio, Enzo (2000): Epistemologia dell'azione e ordine spontaneo. Soveria Mannelli: Rubbettino

Eckardt, Martina: Zwischen Zufall und Notwendigkeit. In: Wegner/ Wieland (Hrsg) (1998): 222-241

Elias, Norbert (1969): Was ist Soziologie? München: Juventa Verl.

Gasbarro, N. (1984): Evoluzionismo e Sociobiologia. Roma: Ed delle Autonomie

Giesen, Bernhard (1991): Die Entdinglichung des Sozialen. Eine Evolutionstheoretische Perspektive. Frankfurt am Main: Suhrkamp

Haines, Valerie-A.: „Is Spencers' Theory an Evolutionary Theory?" In: American Journal of Sociology 93. 5. Mar. 1988. 1200-1223

Hennis, Wilhelm (1987): Max Webers Fragestellung. Studien zur Biographie des Werks. Tübingen: Mohr

Houtman, Dick/ Mascini, Peter (2000): De moderne cultuur en de anttovering van de world: moreel relativisme en instrumenteel rationalisme in Nederland. In: Sociologische Gids 47. 5. Sept-Oct. 2000. 366-386

Huntington, Samuel P. (1996): The clash of civilizations and the remaking of world order. New York: Simon D. Schuster

Lorenz, Konrad (1996): Die Rückseite des Spiegels. Eine Naturgeschichte menschlichen Erkenntnis. München/ Zürich: Piper

Luhmann, Niklas (1971): Theorie der Gesellschaft oder Sozialtechnologie: Was leistet die Systemforschung? Frankfurt am Main: Suhrkamp

Luhmann, Niklas (1976): Evolution und Geschichte. In: Geschichte und Gesellschaft 2. 284-309
Luhmann, Niklas (1984): Soziale Systeme: Grundriß einer allgemeinen Theorie. Frankfurt am Main: Suhrkamp
Miller, Max: „Antinomien einer evolutions-theoretischen Begründung der Postmoderne". In: Soziologische Revue 17. 1. Jan. 1994. 9-15
Pareto, Vilfredo: Trattato di Sociologia
Riedl, Rupert (1980): Biologie der Erkenntnis. Die Stammesgeschichtlichen Grundlagen der Vernunft, Berlin/ Hamburg: Parey, 2. Aufl.
Riedl, Rupert (1985): Die Spaltung des Weltbildes. Biologische Grundlagen des Erklärens und Verstehens. Berlin/ Hamburg: Parey
Riedl, Rupert/ Delpos, Manuela (1996): Die Evolutionäre Erkenntnistheorie im Spiegel der Wissenschaften. Wien: WUV, Universitätsverlag
Riedl, Rupert/ Wuketits, Franz M. (1987): Die evolutionäre Erkenntnistheorie. Bedingungen, Lösungen, Kontroversen. Berlin/ Hamburg: Parey
Sanderson, Stephen K.: „Evoluzionismo". In: Enciclopedia delle scienze sociali, vol. 3. Roma: Istituto della Enciclopedia Italiana. 1993. 735-743
Schäffle, Albert (1875-1878): Bau und Leben des sozialen Körpers. Enzyklopädischer Entwurf einer realen Autonomie, Physiologie und Psychologie der menschlichen Gesellschaft. Tübingen: 1875-1878
Schofer, Bernd: „Für einen moderaten Relativismus in der Wissenschaftssoziologie. Zur Debatte um die Philosophischen Voraussetzungen und Konsequenzen der neueren Wissenschaftssoziologie". In: KZSS 52. 4. Dez. 2000. 696-719
Sighele, Scipio (1903): Le scienze sociali. Milano: Vallordi
Spencer, Herbert (1882-1886): Principles of Sociology. 3 Bde. London: Williams and Norgate
Spengler, Oswald (1922): Untergang des Abendlandes. München
Tenbruck, Friedrich H. (1986): Das Werk Max Webers. In: KZSS 38. 663-702
Urbach, Peter: „The Scientific Standing of Evolutionary Theories of Society". In: London School of Economics – Quarterly 1987. 1. 1. 23-42
Vollmer, Gerhard (1983): Evolutionäre Erkenntnistheorie. Stuttgart: Hirzel, 3. Aufl.
Weber, Max (1956): Wirtschaft und Gesellschaft. Tübingen: Mohr
Wegner, Gerhard/ Wieland, Josef (Hrsg) (1998): Formelle und informelle Institutionen. Marburg: Metropolis
Wuketits, Franz M. (1990): Evolutionary Epistemology and its implications for humankind. Albany: State University of New York Press

Methodologische Grundlagen einer evolutionären Soziologie

Tamás Meleghy

1 Einführung

Die meisten zeitgenössischen Soziologen können mit der Evolutionstheorie nur wenig anfangen.[1] Das war nicht immer so[2] und das ist auch in den Nachbardisziplinen Sozial- und Kulturanthropologie nicht so.[3] Die Gründe der Abkehr der Soziologie von der Evolutionstheorie herauszuarbeiten ist nicht mein Ziel.[4] In der Biologie aber ist die Evolutionstheorie zweifelsohne das herrschende Paradigma[5] und dieses Paradigma entfaltet eine enorme Dynamik. Man denke hier an die Disziplinen Ethologie[6], Soziobiologie[7] und an das Eindringen des Paradigmas in die Psychologie[8], Pädagogik[9], Ökonomie[10] und Politikwissenschaft[11]. Die Aussagen dieser der evolutionären Perspektive verpflichteten Wissenschaften stoßen auf reges Interesse. Bücher, die die Erkenntnisse in diesen Bereichen popularisieren, erreichen Auflagen, von denen Soziologen nur träumen können.[12]

Eingedenk dieser Situation ist es wenig verwunderlich, dass auch bezüglich der Frage, was denn eigentlich eine evolutionäre Erklärung sei und wie eine solche Erklärung in der Soziologie beschaffen sein sollte, Unklarheit herrscht. Dabei ist diese Situation, vergegenwärtigt man sich den Anfang – oder sagen wir

---

1 Natürlich gibt es auch Ausnahmen. Neben den in diesem Band vertretenen Autoren siehe insbesondere B. Giesen 1980, B. Giesen/ Ch. Lau 1981, W.G. Runciman 1989.
2 Hingewiesen werden soll hier insbesondere auf H. Spencer (1965, 1967) und auf T. Parsons (1975).
3 So interpretiert der Kulturanthropologe M. Harris alle kulturellen Erscheinungen als Anpassungen. Vgl. M. Harris 1989, 1990, 1991, 1993.
4 Mit diesem Thema beschäftigen sich einige ausgezeichnete Arbeiten in diesem Band.
5 Vgl. H. Meier 1988.
6 Vgl. K. Lorenz 1977, 1978; I. Eibl-Eibesfeldt 1980, 1984.
7 Vgl. E. Wilson 1975, R. Dawkins 1976, W. Wickler/ U. Seibt 1977.
8 Vgl. D. Buss 2000, R. Vannelli 2001.
9 Vgl. F. Cube 1989, 1990, 1991.
10 Vgl. G.M. Hodgson 1993, 1999.
11 Vgl. R. Masters 1988, H. Flohr 1990.
12 Dazu folgendes Beispiel: Das Buch von D. Morris (1990) „Der nackte Affe" wurde in 23 Sprachen übersetzt und erreichte eine Auflage von mehr als acht Millionen Exemplaren.

lieber einen der Anfänge – der Soziologie bei A. Comte, keineswegs selbstverständlich.

2 Zwei Ratschläge A. Comtes

A. Comte hat den Soziologen zwei Ratschläge mitgegeben. Die erste Empfehlung ist implizit, sie ist eingewoben in sein System der Wissenschaften und in seine Vorstellung vom Platz der Soziologie innerhalb dieses Systems. Die hier gemeinte Ansicht besagt, dass die Soziologie nicht eine eigenständige Wissenschaft, sondern nur ein Teil der Biologie im umfassenderen Sinne, oder wie er sich ausdrückt, der „organischen Physik"[13] sei. Der zweite Vorschlag ist explizit und betrifft die Methode der Soziologie. Dieser Vorschlag lässt sich wiederum auf die Aussage verdichten, dass die Soziologie sich methodisch nicht an der Physik sondern an der Biologie orientieren sollte. Sehen wir uns diese beiden Ratschläge etwas genauer an.

Die theoretischen Wissenschaften, die sich mit den Phänomenen auf der Erde beschäftigen[14], bilden A. Comte zufolge eine natürliche Ordnung. Diese Ordnung ist eine natürliche, weil sie die Ordnung der Dinge selbst, d.h. die Ordnung der Gegenstandsbereiche dieser Wissenschaften, widerspiegelt.

Die Phänomene auf der Erde lassen sich zunächst einmal in anorganische und organische einteilen. Mit den Phänomenen des anorganischen Bereichs befasst sich die Physik der Erde, mit den Phänomenen des organischen Bereichs die organische Physik, d.h. die Biologie im umfassenden Sinne. Im anorganischen Bereich lassen sich mechanische und chemische Vorgänge unterscheiden. Die zuerst genannten Vorgänge fallen in den Gegenstandsbereich der Physik, die zuletzt genannten Vorgänge in den Gegenstandsbereich der Chemie.

Innerhalb des organischen Bereichs trifft man auf eine ähnliche Zweiteilung. Einerseits gibt es hier einzelne biologische Organismen. Diese werden von der Biologie im engeren Sinne untersucht. Andererseits bilden Organismen Wechselwirkungssysteme wie Gruppen, Horden, Schwärme, mehr oder weniger komplexe Gesellschaften. Diese Phänomene bilden den Gegenstandsbereich der Soziologie.

Das Kriterium, welches dieser Ordnung zugrunde liegt, ist Einfachheit und Allgemeinheit.[15] Insgesamt sind die Phänomene des anorganischen Bereichs einfacher und allgemeiner als die des organischen Bereichs. Innerhalb des anorganischen Bereichs sind die mechanischen Vorgänge einfacher und allgemeiner

---

13 A. Comte 1974: 107.
14 Durch diese Einschränkung wird die Astronomie aus der Betrachtung ausgeschlossen.
15 Gegensatz: Komplexität und Spezifizität.

lieber einen der Anfänge – der Soziologie bei A. Comte, keineswegs selbstverständlich.

2 Zwei Ratschläge A. Comtes

A. Comte hat den Soziologen zwei Ratschläge mitgegeben. Die erste Empfehlung ist implizit, sie ist eingewoben in sein System der Wissenschaften und in seine Vorstellung vom Platz der Soziologie innerhalb dieses Systems. Die hier gemeinte Ansicht besagt, dass die Soziologie nicht eine eigenständige Wissenschaft, sondern nur ein Teil der Biologie im umfassenderen Sinne, oder wie er sich ausdrückt, der „organischen Physik"[13] sei. Der zweite Vorschlag ist explizit und betrifft die Methode der Soziologie. Dieser Vorschlag lässt sich wiederum auf die Aussage verdichten, dass die Soziologie sich methodisch nicht an der Physik sondern an der Biologie orientieren sollte. Sehen wir uns diese beiden Ratschläge etwas genauer an.

Die theoretischen Wissenschaften, die sich mit den Phänomenen auf der Erde beschäftigen[14], bilden A. Comte zufolge eine natürliche Ordnung. Diese Ordnung ist eine natürliche, weil sie die Ordnung der Dinge selbst, d.h. die Ordnung der Gegenstandsbereiche dieser Wissenschaften, widerspiegelt.

Die Phänomene auf der Erde lassen sich zunächst einmal in anorganische und organische einteilen. Mit den Phänomenen des anorganischen Bereichs befasst sich die Physik der Erde, mit den Phänomenen des organischen Bereichs die organische Physik, d.h. die Biologie im umfassenden Sinne. Im anorganischen Bereich lassen sich mechanische und chemische Vorgänge unterscheiden. Die zuerst genannten Vorgänge fallen in den Gegenstandsbereich der Physik, die zuletzt genannten Vorgänge in den Gegenstandsbereich der Chemie.

Innerhalb des organischen Bereichs trifft man auf eine ähnliche Zweiteilung. Einerseits gibt es hier einzelne biologische Organismen. Diese werden von der Biologie im engeren Sinne untersucht. Andererseits bilden Organismen Wechselwirkungssysteme wie Gruppen, Horden, Schwärme, mehr oder weniger komplexe Gesellschaften. Diese Phänomene bilden den Gegenstandsbereich der Soziologie.

Das Kriterium, welches dieser Ordnung zugrunde liegt, ist Einfachheit und Allgemeinheit.[15] Insgesamt sind die Phänomene des anorganischen Bereichs einfacher und allgemeiner als die des organischen Bereichs. Innerhalb des anorganischen Bereichs sind die mechanischen Vorgänge einfacher und allgemeiner

---

13 A. Comte 1974: 107.
14 Durch diese Einschränkung wird die Astronomie aus der Betrachtung ausgeschlossen.
15 Gegensatz: Komplexität und Spezifizität.

mit der Untersuchung der Teile beginnen und dann zu dem zusammengesetzten Ganzen voranschreiten. In der organischen Physik müssen wir den umgekehrten Weg gehen. Der Weg führt hier vom Einzelorganismus zu seinen Bestandteilen bzw. vom sozialen zum individuellen Organismus.[19] Anders ausgedrückt: im ersten Bereich ist die analytische, im zweiten Bereich die synthetische Methode angemessen.

Aus diesem Grunde ist nach A. Comte die Übernahme der Methode der anorganischen Wissenschaften durch die Lebenswissenschaften (Biologie im engeren Sinne und Soziologie) ein schwerer Fehler.[20] In der organischen Physik haben sich nach ihm zwei Methoden, die vergleichende und die funktionale Methode, bewährt.[21] Diese Methoden wurden von den Lebenswissenschaften selbst entwickelt. In methodischer Hinsicht bilden diese A. Comte zufolge eine Einheit.[22] Daher sind deren Methoden nach ihm auch die Methoden der Soziologie.

Ein Vergleich bedeutet für A. Comte auch den Vergleich menschlicher mit tierischen Gesellschaften. Von einem solchen Vergleich würde Comte zufolge die Soziologie insgesamt profitieren.[23] Die negative Einstellung zum Vergleich menschlicher mit tierischen Gesellschaften beruht nach A. Comte auf den immer noch herrschenden Einfluss der theologischen und metaphysischen Philosophie.[24]

Aus A. Comtes System der Wissenschaften können wir bezüglich der Wissenschaft Soziologie folgende Folgerungen ziehen:

1. Die Soziologie ist ein Teilbereich der Biologie. In Comtes Entwurf werden die beiden Wissenschaften vom Lebendigen, die Biologie im engeren Sinne und die Soziologie, unter dem gemeinsamen Dach der organischen Physik, d.h. der Biologie im umfassenden Sinne, eng miteinander verknüpft.

---

19 Vgl. A. Comte 1974: 89.
20 „Nach allen vorhergegangenen, obgleich sehr gedrängten Ausführungen, scheint mir kein wesentlicher Zweifel möglich über die unerlässliche wesentliche Unterordnung der Soziologie gegenüber der Biologie ... Einzig auf diese Weise wird man die strengeren, aber zu beschränkten Gewohnheiten berichtigen können, die der Verstand wohl zuerst durch ein zu ausschließliches Studium der anorganischen Philosophie angenommen, wie völlig unentbehrlich sie auch im Anfang sein möge" (A. Comte 1923: 356).
21 Vgl. A. Comte 1923: 356; 1974: 31.
22 Für die Methode der Soziologie gilt: „Die ganze Stufenfolge des Lebendigen ist in die Biologie einzubeziehen" (A. Comte 1974: 28).
23 Die Humansoziologie könnte nach Comte viel von der Tiersoziologie lernen, „insbesondere dann, wenn die Vergesellschaftung der Tiere, die man jetzt noch so wenig kennt, besser beobachtet sein wird" (A. Comte 1974: 107).
24 A. Comte schreibt in diesem Zusammenhang: „Wenn aber die Soziologie erst von dem positiven Geist geleitet sein wird, wird man erkennen, wie nützlich der Vergleich des Menschen mit den Tieren ist und namentlich mit den höheren Säugetieren" (A. Comte 1974: 107).

2. Soziologie ist nicht nur Humansoziologie. Ihr Gegenstandsbereich umfasst die Wechselwirkungssysteme lebender Organismen, einschließlich der der Menschen.
3. Soziologie ist eine komplexe Wissenschaft. Ihr Objektbereich – der „soziale Organismus" – schwebt nicht irgendwie oberhalb der Natur, er ist Teil der Natur und er umfasst alle einfacheren und allgemeineren, d.h. biologischen, chemischen und mechanischen Vorgänge.

Das bedeutet gleichzeitig, dass der Gegenstandsbereich der Soziologie – wenn man so will, das Soziale – älter ist als der Gegenstandsbereich der Humansoziologie. Damit ist auch klar, dass das Soziale älter als die spezifischen Merkmale menschlicher Sozialsysteme, Sinn und Institutionen, ist.

Was die Methode der Soziologie betrifft, können wir aus Comtes Überlegungen folgende Empfehlungen ableiten:

1. Die Übernahme der anorganischen Philosophie (Methodologie) durch die Soziologie ist ein schwerer Fehler. Die Lebenswissenschaften müssen eine eigene, dem eigenen Gegenstandsbereich angemessene Philosophie (Methodologie) entwickeln.
2. Dem Gegenstandsbereich der Soziologie sind die spezifischen Methoden, die die Biologie entwickelt hat, die vergleichende und die funktionale Methode, angemessen. Vergleich bedeutet auch Vergleich menschlicher und tierischer Vergesellschaftungen.
3. Die Soziologen sollen die Entwicklung der Biologie (im umfassenden Sinne) sowohl in inhaltlicher als auch in methodischer Hinsicht studieren.

3 Gegenwärtige Lage

Das Bild des soziologischen Gegenstandsbereiches hat sich im Verlaufe des 19. und 20. Jahrhunderts grundlegend verändert. Deutlich wird dieser Wandel, wenn wir uns fragen, wie prominente Vertreter verschiedener Soziologengenerationen A. Comtes Entwurf des soziologischen Gegenstandsbereiches beurteilen würden.

Der um 22 Jahre jüngere H. Spencer sah die Dinge ganz ähnlich wie A. Comte. Gegenstand der Soziologie sind nach ihm soziale Organismen. Diese sind Dinge, d.h. reale, raum-zeitlich lokalisierbare Einheiten, über-organische (super-organic) soziale Körper, bestehend aus Teilen (Organismen), welche zueinander in mehr oder weniger stabilen Relationen stehen.[25] Das Gebiet des Sozialen (the super-organic) und damit das der Soziologie umfasst bei

---

25 Vgl. H. Spencer 1965: 139f.

H. Spencer neben menschlichen Sozialsystemen Insektengesellschaften genauso wie die strukturierten Beziehungen von anderen Tieren, etwa von Vögeln, Säugetieren und Primaten.[26]

Die Übereinstimmung mit A. Comtes Thesen bezüglich des soziologischen Gegenstandsbereiches und hinsichtlich der Stellung der Soziologie innerhalb des Systems der Wissenschaften ist deutlich:

1. Die Soziologie ist auch hier ein Teilbereich der Biologie im umfassenden Sinne.
2. Die Soziologie ist auch hier nicht nur Humansoziologie. Ihr Gegenstandsbereich schließt tierische wie pflanzliche Sozialsysteme mit ein.
3. Die Soziologie ist auch hier eine komplexe Wissenschaft. Ihr Gegenstandsbereich – die sozialen Einheiten – sind unter Einschluss biologischer, chemischer und mechanischer Vorgänge zu denken.

Dem ersten Punkt hätten auch E. Durkheim und M. Mauss ohne Einschränkung zustimmen können. Gesellschaften sind nach dem zuerst genannten Autor ein Teil der Natur. Der soziale Bereich ist, wie er feststellt, nur komplizierter, er ist eben ihre höchste Ausprägung.[27] Gesellschaften, fügt der an zweiter Stelle genannte Autor hinzu, gibt es nur im Bereich des Lebendigen. Ihr Studium fällt daher in die Kompetenz der Lebenswissenschaften. Die Soziologie ist für ihn daher nur ein Teil der Biologie.[28]

Nicht zustimmen würden E. Durkheim und M. Mauss dagegen der zweiten Behauptung, wonach der Gegenstandsbereich der Soziologie die Wechselwirkungssysteme aller lebenden Organismen, einschließlich der der Tiere und Pflanzen, umfassen würde. Allerdings dürften sie diese These, wie wir noch sehen werden, nicht kategorisch ablehnen, und sie müssten zugeben, dass ihr Urteil in dieser Frage problematisch ist.

Gegenstand soziologischer Untersuchungen sind nach den beiden oben genannten Autoren Gesellschaften. Diese sind ihnen zufolge Systeme, die aus miteinander wechselseitig verbundenen Individuen bestehen.[29]

---

26 Vgl. J.H. Turner 1985: 52f.
27 „Eine Gesellschaft (ist), wenn sie eine spezifische Wirklichkeit ist, kein eigenständiger Bereich; sie ist ein Teil der Natur; sie ist deren höchste Ausprägung. Der soziale Bereich ist ein natürlicher, der sich von den anderen Bereichen nur durch seine größere Kompliziertheit unterscheidet" (E. Durkheim 1984: 40).
28 „Zunächst gibt es Gesellschaft nur unter Lebendigen. Die soziologischen Phänomene sind solche des Lebens. Die Soziologie ist also ganz wie die Psychologie nur ein Teil der Biologie, denn die eine wie die andere hat es mit Menschen aus Fleisch und Knochen zu tun" (M. Mauss 1989: 149).
29 „Die Gesellschaft (ist) nicht bloß eine Summe von Individuen, sondern das durch deren Verbindung gebildete System" (E. Durkheim 1961: 186).

Würde man es dabei belassen, so könnte man annehmen, auch hier fielen tierische und pflanzliche Sozialsysteme in den Gegenstandsbereich der Soziologie. Diese Annahme wäre aber falsch. E. Durkheims und M. Mauss' Ansicht in dieser Frage lässt sich wie folgt rekonstruieren: Natürlich gibt es auch pflanzliche und tierische Sozietäten. Und in der menschlichen Gesellschaft lassen sich alle Merkmale dieser Sozietäten wiederfinden.[30] Daneben weist die menschliche Gesellschaft aber auch eine Besonderheit auf, die sie von den Sozietäten der Tiere und Pflanzen grundlegend unterscheidet: ihre moralische Verfasstheit.

Das Verhalten von Menschen wird weitgehend bestimmt von Verpflichtungen und anderen gedanklichen Strukturen, die unabhängig vom Wollen, Mögen oder Wissen der einzelnen Individuen existieren. Diese Phänomene haben einen externen Charakter, und diese Phänomene haben die Fähigkeit, einen Druck auf das Bewusstsein der Einzelnen auszuüben.[31] Es sind diese sozialen Institutionen, die den menschlichen Sozialsystemen ihren eigenständigen Charakter verleihen. Sie sind die eigentlichen soziologischen Tatsachen, deren Erforschung die ureigene Aufgabe der Soziologie darstellt.[32]

Da tierischen und pflanzlichen Sozialsystemen diese spezifische moralische Verfasstheit fehlt, kann die Soziologie im engeren Sinne nur Humansoziologie sein.[33] Allerdings ist diese Einschränkung nur vorläufig. Sollte es sich herausstellen, dass bestimmte Tiergesellschaften Institutionen besitzen, müssten auch sie dem Gegenstandsbereich der Soziologie im engeren Sinne einverleibt werden.[34]

Ohne Einschränkung könnten aber E. Durkheim und M. Mauss wohl dem dritten Punkt zustimmen. Die von der Soziologie analysierten Wechselwirkungssysteme sind ja, wie wir bereits gesehen haben, Teil der Natur (E. Durkheim), die Soziologie ist damit ein Teilbereich der Biologie (M. Mauss); allerdings ist sie, wie wir gleichfalls gesehen haben, im strengen Sinne nur ein Teilbereich der Biologie des Menschen, also nur der Anthropologie.[35]

---

30 „Die menschlichen Gesellschaften sind von Natur Tiergesellschaften, deren Züge sich alle in ihnen wiederfinden lassen" (M. Mauss 1989: 149).
31 Vgl. E. Durkheim 1961: 105f.; M. Mauss 1989: 149f.
32 „Die Soziologie kann also definiert werden als die Wissenschaft von den Institutionen, deren Entstehung und Wirkungsart" (E. Durkheim 1961: 100).
33 „Also der erste Unterschied: Die Psychologie ist nicht nur die Psychologie des Menschen, während die Soziologie im strengen Sinne Humansoziologie ist" (M. Mauss 1989: 150).
34 „Wenn man mir eines Tages auch nur entfernte Äquivalente von Institutionen in den Tiergesellschaften zeigt, werde ich mich nicht verneigen und sagen, daß die Soziologie die Tiergesellschaften berücksichtigen muß" (M. Mauss 1989: 149).
35 „Sodann ist die Soziologie wie die Human-Psychologie ein Teil jenes Teils der Biologie, welcher Anthropologie ist" (M. Mauss 1989: 149).

Die Sozialsysteme des Menschen sind auch hier unter Einschluss aller allgemeineren und einfacheren Vorgänge zu denken. Die Individuen[36] und die in ihnen ablaufenden Prozesse haben Teil an der Wechselwirkung, welche das soziale Leben konstituieren.[37]

Die allgemeinen Eigenschaften der Individuen bestimmen aber nicht die spezifische Form oder die spezifischen Eigenschaften des sozialen Systems. Sie tun nichts, als ein besonderes System zu ermöglichen[38] – wir müssen aber hinzufügen – oder es eben nicht zu ermöglichen. Denn die allgemeinen Eigenschaften des Menschen schränken die Möglichkeiten der Gestaltbarkeit sozialer Systeme ja durchaus ein.[39]

A. Gehlen würde die erste der hier diskutierten Thesen eindeutig ablehnen und genauso würden in dieser Frage in seinem Gefolge beinahe alle zeitgenössischen Soziologen verfahren.

Sein Standpunkt in dieser Frage lässt sich etwa folgendermaßen zusammenfassen: Die Systeme, die den Gegenstandsbereich der Soziologie bilden, sind Handlungssysteme. Diese sind keine natürlichen sondern geistig-kulturelle Phänomene. Sie gehören nicht der Sphäre der Natur sondern der der Kultur an. Daher ist die Soziologie kein Teilbereich der Biologie, sondern gehört zu den Geistes- und Kulturwissenschaften. Bei der Begründung dieses Standpunktes werden drei Dichotomien bemüht: Tier – Mensch, Körper – Geist und Natur – Kultur.

Das Verhalten von Tieren wird von echten Instinkten gesteuert.[40] Die artspezifischen Instinktbewegungen werden durch Signale in der Umwelt des Tieres ausgelöst und sind das Ergebnis eines Anpassungsprozesses. Sie stellen Anpassungen der Tiere an ihre spezifischen Umwelten dar. Tiere leben immer in spezi-

---

36 In jedem menschlichen Individuum befinden sich nach Durkheim zwei Wesen: „Ein individuelles, das seine Basis im Organismus hat und dessen Wirkungsbereich dadurch eng begrenzt ist, und ein soziales Wesen, das in uns, im intellektuellen und moralischen Bereich die höchste Wirklichkeit darstellt" (E. Durkheim 1984: 37).

37 „Doch würde man unseren Gedankengang absonderlich missverstehen, wenn man aus den vorhergehenden Ausführungen den Schluß ziehen wollte, dass die Soziologie nach unserer Auffassung vom Menschen und seinen Fähigkeiten abstrahieren soll oder auch nur kann. Es ist im Gegenteil klar, dass die allgemeinen Eigenschaften der menschlichen Natur an der Wechselwirkung, aus der sich das soziale Leben ergibt, teilhaben" (E. Durkheim 1961: 93).

38 „Allein sie (die allgemeinen Eigenschaften des Menschen) rufen es (das soziale System) weder hervor, noch geben sie ihm seine besondere Form; sie tun nichts, als es zu ermöglichen" (E. Durkheim 1961: 93).

39 Existierende soziale Systeme sind nur ein Teil aller prinzipiell möglichen sozialen Systeme und die prinzipiell möglichen sozialen Systeme sind nur ein Teil aller prinzipiell denkbaren Sozialsysteme. Das ist eine grundlegende Erkenntnis der strukturalen Anthropologie (vgl. C. Lévi-Strauss 1967).

40 Diese sind „Bewegungen oder besser sehr prägnante *Bewegungsfiguren* sehr spezifischer Art, die aufgrund eines angeborenen Automatismus ablaufen und die von *inneren* endogenen Reizerzeugungsprozessen abhängig sind" (A. Gehlen 1974: 24).

fischen Umwelten.[41] Die spezifische Umwelt einer Gattung von Tieren ist das Gesamte der besonderen Bedingungen, innerhalb derer die Art sich auf Grund ihrer besonderen Organisation halten kann.

Solche echten Instinkte besitzt der Mensch nicht. Anstelle von Instinkten verfügt er über unspezifische Triebe. Die menschlichen Triebe sind „plastisch und variabel", sie sind vielfältig „besetzbar" und sie können „'zurückbehalten' werden, wodurch sich der 'Hiatus' zwischen ihnen und der Handlung öffnet".[42] Die menschlichen Triebe werden hier als nicht zweckgebundene, freie Antriebsenergie konzipiert. Sie sind sozusagen völlig geschmacks-, geruchs- und farblos. Der Mensch besitzt mithin keine spezifische Umwelt, die ihn halten könnte und er ist ein unfertiges Mängelwesen, welches durch Erziehung und Zucht bestimmt und festgelegt werden muss.[43]

Wie wir gesehen haben, sind die Antriebe des Menschen abblockbar. Zwischen Impuls und Handlung entsteht ein Freiraum, der bereits erwähnte Hiatus. Diese Lücke füllt der menschliche Geist aus. Für ihn ist der Impuls innen gegeben. Er füllt seine Funktion aus, indem er überlegt, abwägt und schließlich sich für ein bestimmtes Tun oder Unterlassen entscheidet.[44] Der Mensch ist von Natur aus auf die Funktion des Geistes hin angelegt. Während also das instinktive Verhalten des Tieres Funktion seines Körpers ist, ist die menschliche Handlung Funktion seines Geistes.

Alleine gelassen von der Natur – er besitzt keine spezifische Umwelt, die ihn halten könnte, ihm fehlen die Instinkte, die sein Verhalten führen würden – muss der Mensch handelnd seine eigene Wirklichkeit, die Kultur erschaffen.[45] Zur Kultur gehören alle Produkte des menschlichen Geistes, die Handlung selbst, die materiellen wie geistigen Werkzeuge, die gesellschaftlichen Institutionen, die planmäßig veränderte Natur, die Weltinterpretationen und schließlich die von der Kultur in Form gebrachten und gehaltenen Menschen. Damit ist der Mensch

---

41 Die Umwelt der Tiere ist nicht „'transponierbar', d.h. kein Tier kann sich in die Umwelt eines anderen 'versetzen'" (A. Gehlen 1963: 28).
42 A. Gehlen 1974: 55.
43 „Das 'Unfertigsein' gehört zu seinen physischen Bedingungen, zu seiner Natur, und in dieser Hinsicht ist er ein Wesen der Zucht: Selbstzucht, Erziehung, Züchtung als In-Form-Bleiben gehört zu den Existenzbedingungen eines nicht festgestellten Wesens" (A. Gehlen 1974: 32).
44 Für Gehlen ist die „Hemmbarkeit sämtlicher Antriebe, auch der organischen, (ist) eine Tatsache erster Ordnung" (A. Gehlen 1974: 334). „Wenn wir also einen Antrieb, ein Bedürfnis fühlen, so liegt es zu fühlen, nicht in unserer Macht. Aber es zu befriedigen oder nicht, das liegt in unserer Macht" (A. Gehlen 1974: 322).
45 Die Begriffe Handlung und Kultur werden von Gehlen folgendermaßen bestimmt: „Handlung" meint „die voraussehende, planende Veränderung der Wirklichkeit" und „Kultur" ist „der Inbegriff der so veränderten bzw. neugeschaffenen Tatsachen samt der dazu nötigen Mittel, sowohl der 'Vorstellungsmittel' als auch der 'Sachmittel'" (A. Gehlen 1963: 20).

nicht mehr Teil der Natur, sondern ein Bestandteil der Kultur.[46] Daher muss die gesamte Wissenschaft vom Menschen als Geistes- und Kulturwissenschaft konzipiert werden. Und das gilt natürlich auch für die Soziologie.[47]

A. Gehlen würde auch die zweite hier diskutierte These entschieden ablehnen. Und die meisten, wenn nicht alle, zeitgenössischen Soziologen würden sich ihm auch in dieser Frage anschließen. Die Soziologie ist in dieser Konzeption ausschließlich Humansoziologie. Innerhalb einer strikt geistes- und kulturwissenschaftlich orientierten Soziologie haben Pflanzen- und Tiergesellschaften eben keinen Platz. Und man würde nicht mehr hinzufügen, wie das E. Durkheim und M. Mauss getan haben, das gelte jedenfalls für die Soziologie im engeren oder strengeren Sinne.

Zu demselben Urteil würde A. Gehlen und gemeinsam mit ihm die meisten zeitgenössischen Soziologen auch bezüglich der dritten hier diskutierten These gelangen. Von den zwei Wesen, die Durkheim zufolge in jedem Menschen wohnen[48], ist heute nur das gesellschaftlich-kulturelle übrig geblieben; das zweite, naturhafte, individuelle Wesen, das seine Basis im Organismus hat, hat seine inhaltlich-bestimmende oder auch nur beschränkende Rolle eingebüßt. Seine Rolle wurde auf die eines Energielieferanten reduziert. Psychische und physiologische Prozesse und Zustände sind, vom „Ort der Handlung" betrachtet, nach A. Gehlen externe Phänomene. Die einfacheren mechanischen, chemischen und biologischen Vorgänge sind damit aus dem Objektbereich der Soziologie ausgeschlossen. Ein Soziologe muss daher nicht, wie nach A. Comte, zunächst Physik, Chemie und Biologie, und zwar in dieser Reihenfolge, studieren, damit er die komplexen Phänomene seines Gegenstandsbereiches verstehen kann.

Die Soziologie hat sich, wie wir gesehen haben, seit den Entwürfen A. Comtes und H. Spencers grundlegend verändert. Sie war in den oben erwähnten Konzepten eine spezifische Lebenswissenschaft, ein Teilbereich der Biologie im umfassenden Sinne. Ihr Gegenstand waren die Wechselwirkungssysteme individueller Organismen, einschließlich der der Pflanzen und Tiere. Später wurden pflanzliche und tierische Sozietäten aus dem Gegenstandsbereich der Soziologie ausgeschlossen, mit dem Argument, ihnen mangele es an der moralischen Verfasstheit, an der Steuerung des Zusammenwirkens durch gesellschaftliche Institutionen.

Schließlich wurde die Soziologie auch aus dem Verband der Lebenswissenschaften herausgelöst. Zu ihrem Gegenstand wurden Handlungssysteme bestimmt. Sie zählt seither zu den Geistes- und Kulturwissenschaften bzw. zu den

---

46 Vgl. A. Gehlen 1963: 30.
47 Vgl. A. Gehlen 1963: 21.
48 Vgl. E. Durkheim 1984: 37.

konsequent geistes- und kulturwissenschaftlich orientierten sogenannten Sozialwissenschaften. Damit wurde sie gleichzeitig – da aus ihrem Gegenstandsbereich die einfacheren psychologischen, physiologischen und mechanischen Vorgänge ausgeschlossen wurden – auch eine einfachere Wissenschaft. Sie wurde auf diese Weise schließlich eine Art Aspekt-Wissenschaft. Sie untersucht nicht konkrete Phänomene sondern nur bestimmte Aspekte von diesen. Sie untersucht Wechselwirkungssysteme als Handlungssysteme oder anders gewendet, diese unter dem Aspekt des Handelns und der Kultur.[49]

Die Veränderung der Ansichten betreffend den Charakter der Soziologie und ihres Gegenstandsbereiches hatte auch für die Methodenfrage Konsequenzen. Diese Konsequenzen sollen hier anhand A. Comtes drei Thesen bezüglich der Methode der Soziologie diskutiert werden. Betrachten wir die drei Thesen der Reihe nach.

Die erste These besagt, dass die Soziologie die wissenschaftstheoretischen Vorstellungen, die die Philosophie anhand des Studiums der Arbeitsweise einer anorganischen Wissenschaft, der Physik, entwickelt hat, nicht übernehmen kann und soll. Die Lebenswissenschaften müssten vielmehr ihre eigene, ihrem eigenen Gegenstandsbereich angemessene Methodologie entwickeln. Wie lässt sich die anorganische Philosophie, vor deren unkritischer Übernahme Comte gemahnt hatte, charakterisieren?

Eine aktuelle und heute sehr einflussreiche Version dieser Philosophie ist der Kritische Rationalismus. Begründet wurde diese wissenschaftstheoretische Schule durch K. Poppers Werk „Logik der Forschung".[50] Die erste Auflage des Buches erschien 1934 im Springer Verlag in Wien. Es trug den Untertitel „Zur Erkenntnistheorie der modernen Naturwissenschaft". Spätere Auflagen und die englische Übersetzung[51] wiesen diesen Zusatz jedoch nicht mehr auf. Erwähnt werden muss in diesem Zusammenhang ein weiteres wichtiges Werk von K. Popper, sein „Das Elend des Historizismus".[52] In diesem Buch erläutert K. Popper seine These von der Einheit der wissenschaftlichen Methode.

Diese These besagt, dass letztlich alle empirischen Wissenschaften gleich vorgehen. Es gibt, anders ausgedrückt, nur eine wissenschaftliche Methode, und diese Methode ist die Methode sowohl der Natur- als auch der Sozialwissenschaften.[53]

---

49 Zur Diskussion konkrete versus abstrakte Systeme siehe J.C. Miller 1978, 1986.
50 Vgl. K. Popper 1971.
51 Vgl. K. Popper 1959.
52 Vgl. K. Popper 1969.
53 Vgl. K. Popper 1969: 102.

Zugrundegelegt wird bei dieser These ein ganz bestimmtes Bild von der Wissenschaft. Dieses sieht folgendermaßen aus: In der Wissenschaft geht es um die Suche nach der Wahrheit. Aber die Verfolgung dieses Zieles alleine begründet noch nicht die Wissenschaft. Die Wissenschaft beginnt erst durch die Institutionalisierung der kritischen Methode der Wahrheitssuche.

Am Anfang der wissenschaftlichen Arbeit steht immer ein Problem. Der nächste Schritt ist, dass man versuchsweise eine Lösung für dieses Problem in der Gestalt einer erklärenden Theorie vorschlägt. Diese erklärende Theorie besteht ihrerseits aus zwei Bestandteilen, erstens aus zumindest einem Gesetz bzw. einer Hypothese und zweitens aus singulären Sätzen oder Randbedingungen. Die anschließende Prüfung der vorgeschlagenen erklärenden Theorie besteht darin, dass man mit Hilfe der erklärenden Theorie eine Prognose formuliert und diese mit den Ergebnissen von experimentellen oder sonstigen Beobachtungen konfrontiert. Wird die Voraussage durch die Fakten nicht bestätigt, wird die erklärende Theorie zurückgewiesen. In diesem Fall muss eine neue erklärende Theorie gesucht werden. Wird die erklärende Theorie durch die Empirie bestätigt, ist die Erklärung geglückt, das Problem, von dem man ausging, ist zunächst einmal gelöst.

Erklärung, Prognose und Prüfung sind unterschiedliche Elemente dieses Vorganges. In logisch-struktureller Hinsicht besteht zwischen diesen Elementen kein Unterschied. Betrachten wir als das Problem das Finden der relevanten Hypothesen und Randbedingungen, aus denen wir ein gegebenes Explanandum ableiten können, so suchen wir nach einer Erklärung. Interessieren wir uns dagegen dafür, was aus einem solchen System von Gesetzen und Randbedingungen folgt, so versuchen wir eine Prognose aufzustellen. Betrachten wir schließlich ein bestimmtes Gesetz oder eine bestimmte Randbedingung als problematisch, so geht es uns um die Prüfung einer erklärenden Theorie.[54]

Entsprechend dem einheitswissenschaftlichen Programm gibt es auch zwischen den theoretischen, den historischen und den technischen Wissenschaften keinen grundlegenden Unterschied. Die tatsächlich vorhandenen Unterschiede zwischen diesen drei großen Wissenschaftsgruppen werden nach dieser Vorstellung lediglich durch das Interesse an diesen oder jenen Elementen der oben wiedergegebenen Vorgehensweise bestimmt.

Sowohl die theoretischen als auch die historischen Wissenschaften interessieren sich für Erklärungen. Aber das Interesse der theoretischen Wissenschaften gilt mehr den allgemeinen Gesetzen, das Interesse der historischen Wissenschaf-

---

54 Vgl. K. Popper 1969: 104.

ten dagegen mehr den jeweils besonderen Randbedingungen.[55] Den Historikern geht es primär um die Erklärung singulärer Ereignisse. Sie erklären sie, indem sie ihre Ursachen aufzeigen. Als Ursachen werden gewöhnlich die Randbedingungen bezeichnet, aus denen gemeinsam mit den relevanten Gesetzen das Phänomen abgeleitet werden kann. Für die theoretischen Wissenschaften sind solche Erklärungen (Erklärungen singulärer Ereignisse) eher nebensächlich. Sie dienen hier als ein Mittel zur Überprüfung allgemeiner Gesetze (für die sich diese Wissenschaften eigentlich interessieren).

Die technischen Wissenschaften interessieren sich wiederum primär für die Ergebnisse der experimentell erzeugten Resultate, die die theoretischen Wissenschaften für die Überprüfung ihrer Theorien verwenden. Das Problem des Technikers ist ein praktisches: Wie kann ich ein Schiff, eine Maschine usw. mit diesen oder jenen Eigenschaften konstruieren? Will der Techniker sein Problem lösen, so muss er sich fragen: Aus welchen Gesetzen und aus welchen Randbedingungen können die angepeilten Resultate abgeleitet werden? Und er muss sich fragen: Wie kann ich die notwendigen Randbedingungen, aus denen gemeinsam mit diesen oder jenen Gesetzen das angezielte Resultat gefolgert werden kann, realisieren? Erzielt der Techniker die angepeilten Resultate, so ist das gleichzeitig eine Bestätigung für die von ihm verwendete Theorie.

Zusammenfassend können wir festhalten: Entsprechend dem einheitswissenschaftlichen Programm gibt es nur eine wissenschaftliche Vorgehensweise. Dieses Programm geht, wie wir gesehen haben, von der logisch-strukturellen Gleichheit von Erklärung, Prognose und Technologie aus. Eine zentrale Bedeutung kommt in diesem Programm den allgemeinen Gesetzen zu. Ohne solche allgemeinen Gesetze können wir nichts erklären, nichts prognostizieren und wir können keine technologischen Vorschläge machen. Und das hier Gesagte gilt für alle empirischen Wissenschaften, seien diese theoretische, historische, technische Wissenschaften, Natur- oder Sozialwissenschaften.

Die naturwissenschaftliche Philosophie in der Gestalt des oben skizzierten einheitswissenschaftlichen Programms wird heute von vielen Soziologen und Wissenschaftsphilosophen geteilt.[56] Immer wieder wird von Vertretern dieser

---

55 „Der Sachverhalt ist einfach folgender: während den theoretischen Wissenschaften hauptsächlich an der Entdeckung und Prüfung universeller Gesetze liegt, nehmen die historischen Wissenschaften alle möglichen allgemeinen Gesetze als gültig an und beschäftigen sich hauptsächlich mit der Entdeckung und Prüfung singulärer Sätze" (K. Popper 1969: 112).
56 Vgl. H. Albert 1969, 1972; G. Engel 1990; H. Esser 1985; H. Esser/ K. Klenovits/ K. Zehnpfennig 1977; W. Essler 1970; K.B. Opp 1970; H. Seifert 1980; W. Stegmüller 1969, 1970. Die naturwissenschaftliche Philosophie wird auch in vielen einführenden Werken zur Methodologie der Sozialwissenschaften und zur Empirischen Sozialforschung vertreten. Vgl. J. Friedrichs 1973; R. Mayntz/ K. Holm/ P. Hübner 1969; R. Prim/ H. Tilmann 1979.

Philosophie darauf hingewiesen, dass in der Soziologie, genauso wie in allen anderen empirischen Wissenschaften, Erklärungen ohne Gesetze nicht möglich sind.[57]

Uneinig sind die Vertreter des einheitswissenschaftlichen Programms aber bezüglich der Natur der Gesetze in den Sozialwissenschaften. Während manche Autoren von der Existenz recht verschiedenartiger Gesetze (darunter auch von Gesetzen auf der Makroebene) ausgehen,[58] gibt es für einige Wissenschaftsphilosophen und für Rational-Choice-Theoretiker in den Sozialwissenschaften gesetzesartige Aussagen nur auf der Ebene des Handelns.

Die gemeinte gesetzesartige Aussage wird gewöhnlich als Rationalitätsgesetz, Rationalitätshypothese, Rationalitätspostulat oder auch als Wert-Erwartungstheorie bezeichnet. Das Gesetz lässt sich wie folgt formulieren: Wenn ein Handelnder zwischen mehreren Handlungsalternativen wählen kann, wird er diejenige Alternative wählen, bei der der Nutzen der Handlung U multipliziert mit der Wahrscheinlichkeit p, dass durch Vollzug der Handlung der Nutzen sich tatsächlich einstellt, also $p \cdot U$, am größten ist.

Das ist, wie die Vertreter dieser Theorie betonen, ein gehaltvolles, informatives und daher auch ein prinzipiell leicht widerlegbares Gesetz.[59] Das Problem mit der Rationalitätsannahme oder Wert-Erwartungstheorie ist, dass sie recht unrealistisch ist.[60] Sie ist, was dasselbe bedeutet, einfach falsch. Trotzdem warnen die Befürworter der Theorie eindringlich davor sie aufzugeben. Sie befürchten, dass sie dann ohne irgendein Gesetz, d.h. praktisch mit leeren Händen dastehen würden.[61]

Diese Befürchtung ist ein deutliches Zeichen der internalisierten anorganischen Philosophie, die, wie wir gesehen haben, besagt, dass wir ohne ein empiri-

---

57 „Der Kern *jeder* Erklärung ist immer (eine Aussage über) ein allgemeines Gesetz. Noch deutlicher gesagt: Ohne irgendein solches Gesetz ist eine Erklärung prinzipiell *nicht* möglich" (H. Esser 1993: 45).
58 Ein solches Gesetz auf der Makroebene stellt z.B. Michels eisernes Gesetz der Oligarchie dar (vgl. R. Michels 1949).
59 „Die Erwartungen und Bewertungen bzw. das Produkt $p \cdot U$ bilden den Ursachenteil des Gesetzes für die Selektion des Handelns, das selegierte Handeln ist der Folgeteil des Gesetzes und die Maximierung der Nutzerwartung stellt die Selektionsregel dar: die funktionale bzw. kausale Verbindung zwischen Ursache und Folge. Dies ist eine sehr präzise und daher auch sehr fallible Regel" (H. Esser 1993: 96).
60 Das sehen die Vertreter dieser Theorie durchaus ein. H. Esser schreibt in diesem Zusammenhang: „Jedem Soziologen werden unmittelbar Argumente dafür einfallen, dass die nutzenmaximierende Selektion des Handelns eine heroische Simplifikation und Verfälschung der wirklichen Gesetze des Handelns wäre" (H. Esser 1993: 135).
61 H. Esser empfiehlt seinen Lesern, „es sich sehr gut zu überlegen, ob man davon abweichen möchte und dann eventuell ohne irgendeine Selektionsregel und ohne eine Möglichkeit zur Modellierung der Situation über Brückenhypothesen da steht" (H. Esser 1993: 136).

sches Gesetz weder etwas erklären, prognostizieren noch irgendwelche technologischen Vorschläge machen können.

Die geschilderte naturwissenschaftliche Philosophie wird heute von vielen, aber nicht von allen Sozialwissenschaftlern geteilt. Die Gegner dieser Philosophie innerhalb der Sozialwissenschaften sind gewöhnlich Vertreter hermeneutischer oder verstehender Methoden. Dabei handelt es sich um Methoden, die innerhalb der Geisteswissenschaften für die Lösung der spezifischen Probleme dieser Wissenschaften entwickelt wurden. Das Ziel dieser Methoden ist die Rekonstruktion des Sinnes einer Handlung oder eines anderen Sinn tragenden Produktes des menschlichen Geistes.[62]

Die Methode des Verstehens ist eng verknüpft mit der Soziologie M. Webers, A. Schütz' mit der Ethnomethodologie und mit dem Symbolischen Interaktionismus.[63] In letzter Zeit hat H. Esser versucht, die Soziologie M. Webers und A. Schütz' auf das von ihm vertretene einheitswissenschaftliche Programm zurückzuführen.[64] Dieser Versuch ist, wie ich an anderer Stelle gezeigt habe, misslungen.[65]

Bezüglich A. Comtes erste These zur Methode der Soziologie können wir festhalten: A. Comtes Warnung vor der Übernahme der naturwissenschaftlichen Philosophie durch die Sozialwissenschaften wird nicht wahrgenommen. Die naturwissenschaftliche Philosophie ist in den Sozialwissenschaften immer noch weit verbreitet. Und diejenigen Sozialwissenschaftler, die diese Philosophie ablehnen, sind nicht Vertreter einer eigenen, innerhalb der Lebenswissenschaften entwickelten Methode. Sie bevorzugen vielmehr ein Verfahren, das von den Geisteswissenschaften für die Lösung ihrer spezifischen Probleme entwickelt wurde.

Zu Comtes zweiter These, die Methode der Soziologie betreffend, lässt sich aus heutiger Sicht Folgendes feststellen. Der Vergleich menschlicher und tierischer Vergesellschaftungen erscheint gegenwärtigen Sozialwissenschaftlern als im höchsten Maße unangemessen. Humanethologen und Soziobiologen, die regelmäßig solche Vergleiche anstellen, wird vorgehalten, sie würden auf naive Weise versuchen, „in Schnellschlussverfahren den Menschen aus dem Tier zu erklären".[66] Ein solcher Vergleich erscheint den meisten Sozialwissenschaftlern deshalb als verfehlt, weil sie den Menschen im Gefolge A. Gehlens als ein ganz und gar instinktloses, d.h. von der Natur „freigestelltes" reines Kulturwesen

---

62 Zur Kritik der Methode des Verstehens betrachtet vom Standpunkt des einheitswissenschaftlichen Programms, siehe K. Popper 1973: 208ff.
63 Vgl. M. Weber 1968, 1972; A. Schütz 1974; H. Garfinkel 1967; H. Steinert 1973.
64 Vgl. H. Esser 1991, 1993.
65 Vgl. T. Meleghy 2001: 572ff.
66 B. Rathmayr 1996: 20.

konzipieren.[67] Im Gegenzug attestieren die von den Sozialwissenschaftlern auf diese Weise attackierten Vertreter der biologischen Wissenschaften den Soziologen weltweit eine Art „Biophobie".[68]

Die strikte Ablehnung des Tier-Mensch-Vergleichs durch die heutigen Sozialwissenschaften ist die Folge der durch E. Durkheim und M. Weber eingeleiteten und durch die Generation A. Gehlens vollzogenen Wende zu den aktuellen geistes- und kulturwissenschaftlich orientierten Sozialwissenschaften. Vertreter der früheren, als Wechselwirkungswissenschaft konzipierten Soziologie betrachteten sich, wie wir gesehen haben, im weiteren Sinne selber als Biologen und sahen den Vergleich zwischen Menschen und Tieren als einen ihrer wichtigsten Methoden an. Diese positive Haltung gegenüber der Biologie und gegenüber dem Tier-Mensch-Vergleich lässt sich auch bei den späteren Vertretern einer als Wechselwirkungswissenschaft konzipierten Soziologie beobachten.[69]

Betrachten wir schließlich A. Comtes dritte die Methode der Soziologie betreffende Empfehlung. Diese Forderung besagt, die Soziologen sollten die Entwicklung der Biologie (im umfassenden Sinne) sowohl in inhaltlicher als auch in methodischer Hinsicht sorgfältig verfolgen. Dieser Forderung zu entsprechen war für A. Gehlen noch eine Selbstverständlichkeit. Er hat sich in seinem bekannten Werk „Der Mensch, seine Natur und seine Stellung in der Welt" ausführlich mit den zu seiner Zeit bekannten Ergebnissen der biologischen Forschung auseinandergesetzt.[70] Diese Tatsache bleibt von dem Umstand unberührt, dass die Schlüsse, die er aus diesem Studium zog, aus heutiger Sicht zum Teil überzogen waren. Erwähnt werden soll in diesem Zusammenhang, dass auch manche Biologen, z.B. Konrad Lorenz sich durchaus für die Erkenntnisse der Soziologie interessiert haben. K. Lorenz' „Die Rückseite des Spiegels"[71] enthält

---

67 Vgl. T. Meleghy 1996.
68 Der Biologe Wolfgang Wieser schreibt in diesem Zusammenhang: „Bereits die Feststellung, soziales Verhalten könnte möglicherweise durch biologische Faktoren beeinflusst werden, ruft unter Soziologen Abwehrreaktionen hervor. Der Soziobiologe ist automatisch der Feind, die Aktivitäten von Ethologen und Evolutionsbiologen in der Kulturlandschaft der Soziologie werden als unnötig, zerstörerisch und rückschrittlich angesehen" (W. Wieser 1996: 23).
69 Leopold von Wiese war einer der letzten Soziologen, der diese Konzeption konsequent vertreten hat. Von seiner Feder stammen die beiden folgenden Textstellen: „Die Soziologie gleicht einer Insel, die ganz umflossen ist vom Ozean der Lebenswissenschaft" (L. von Wiese 1956: 632). „Sie (die Tiersoziologie, Anmerkung T. Meleghy) ist ein sehr wichtiger und auch die Menschensoziologie stützender Zweig der Biosoziologie. Die Leugnung einer solchen Tiersoziologie durch Sombart beruht auf einem Spiritualismus, der die Soziologie auf Bekundungen des Geistes beschränkt. Meine Auffassung steht in dieser Hinsicht Thurnwald, Alverdes, Espinos u.a. näher" (L. von Wiese 1956: 651).
70 Vgl. A. Gehlen 1974.
71 Vgl. K. Lorenz 1977.

eine ausführliche Würdigung eines damals aktuellen Werkes der Wissenssoziologie.[72]

In den meisten repräsentativen Werken der zeitgenössischen soziologischen Literatur sucht man dagegen vergebens nach Abhandlungen über die für die Soziologie relevanten Erkenntnisse der modernen Biologie oder nach Hinweisen auf die spezifischen methodologischen Probleme der Lebenswissenschaften. Die Soziologen scheinen heute der Meinung zu sein, dass die materiellen Erkenntnisse und die methodischen Fragen der Lebenswissenschaften für die Soziologie einfach irrelevant sind.

Die Rezeption der Erkenntnisse und der Probleme der Lebenswissenschaften findet in der aktuellen Soziologie nicht statt.[73] In den soziologischen Studienplänen sind nicht einmal Lehrveranstaltungen über Grundzüge der Lebenswissenschaften vorgesehen. Entsprechend ist das Bild der Lebenswissenschaft von Soziologen von Unkenntnis und von Missverständnissen geprägt.[74]

Zusammenfassend zu diesem Themenkreis können wir festhalten: A. Comtes Vorschläge betreffend die Methode der Soziologie wurden nicht angenommen. Die anorganische Philosophie, etwa in der Gestalt des einheitswissenschaftlichen Programms, ist unter Soziologen immer noch weit verbreitet. Soziologen, die dieses Programm ablehnen, sind gewöhnlich Anhänger von Methoden, die in den Geisteswissenschaften für die Lösung der spezifischen Probleme dieser Wissenschaften entwickelt wurden. Die vergleichende Methode unter Einbeziehung des Tier-Mensch-Vergleichs wird von den meisten Soziologen entschieden abgelehnt. Sie unterscheiden sich in dieser Hinsicht ganz deutlich von den Vertretern der lebenswissenschaftlich orientierten Disziplinen Humanethologie und Soziobiologie. Eine qualifizierte Auseinandersetzung mit den inhaltlichen Ergebnissen und mit den methodischen Fragen der Lebenswissenschaften findet in der Soziologie nicht statt.

Warum wurden A. Comtes Vorschläge zur Methode der Soziologie nicht angenommen? Die Antwort auf diese Frage ist in der Entwicklung der Soziologie selbst zu suchen. In A. Comtes Entwurf war sie eine Unterabteilung der Biologie, heute ist sie eine strikt geistes- bzw. kulturwissenschaftlich orientierte Sozialwissenschaft.

---

72 Gemeint ist P. Berger/ Th. Luckmann 1969.
73 Zu den seltenen Ausnahmen zählen die neueren Werke von F. Fukuyama (siehe F. Fukuyama 2000, 2002).
74 Vgl. T. Meleghy 1997: 59ff.

4 Zur Logik evolutionärer Erklärungen in den Sozialwissenschaften

Betrachtet aus dem Blickwinkel der anorganischen Philosophie haftet der Evolutionstheorie ein wesentlicher Makel an. Sie ist beinahe tautologisch. Oder anders ausgedrückt, ein wesentlicher Teil dieser Theorie ist aus rein logischen Gründen wahr. Die Evolutionstheorie besagt, dass Organismen und Arten, die sich den wechselnden Umweltbedingungen nicht anpassen können, ausgemerzt werden. Das bedeutet gleichzeitig, dass die existierenden Organismen und Arten sich bisher den wechselnden Umweltbedingungen erfolgreich angepasst haben.

Von einer empirischen Theorie erwartet man, dass sie widerlegt werden kann. Wie könnte diese Theorie widerlegt werden? Wir müssten zeigen, dass Organismen und Arten, die den Umweltbedingungen schlecht angepasst waren, überlebten oder dass Organismen und Arten, die den Umweltbedingungen gut angepasst waren, nicht überleben. Das ist aber denkunmöglich, denn eliminiert worden zu sein bedeutet im Wesentlichen dasselbe wie schlecht angepasst gewesen zu sein und überleben bedeutet im Wesentlichen dasselbe wie gut angepasst zu sein.

Wie gesagt, diese Theorie ist beinahe tautologisch oder beinahe ohne empirischen Gehalt. Allerdings ist sie das nur beinahe und nicht ganz. Sie enthält durchaus auch empirische Momente. Die Evolutionstheorie geht von folgender Situation aus:

1. Gegeben sind Organismen mit bestimmten Eigenschaften und gegeben ist eine Umwelt mit bestimmten Eigenschaften.
2. Die Umwelt ändert sich mehr oder weniger ständig.
3. Die Umwelt ändert sich insgesamt gesehen nur relativ langsam, sodass zumindest manche Organismen sich darauf einstellen können.
4. Die Organismen verändern sich mehr oder weniger ständig.
5. Die Veränderungen der Organismen können sich innerhalb der gegebenen Umweltsituation positiv wie negativ auswirken.

Eine auf diese Weise beschriebene Situation kann vorliegen oder nicht vorliegen. Die Behauptung, dass eine solche Situation vorliegt, ist eine empirische Behauptung. Das Vorhandensein einer solchen Situation ist keineswegs denknotwendig.[75] Denknotwendig sind nur die von dieser Theorie behaupteten Konsequenzen. Sie folgen einfach aus der „Logik der Situation".[76]

---

75 „Ein Hauptproblem der Entwicklungstheorie ist folgendes: nach ihr gehen Lebewesen, die ihrer sich verändernden Umwelt nicht gut angepaßt sind, zugrunde; also müssen die (bis zu einem bestimmten Zeitpunkt) überlebenden gut angepaßt sein. Das ist aber kaum mehr als eine Tautologie, denn 'bislang gut angepaßt' bedeutet weitgehend dasselbe wie 'mit solchen Eigenschaften ausgestattet, die bisher das Überleben ermöglichten'. Mit anderen Worten: ein wesentlicher

Was diese Theorie, betrachtet aus dem Blickwinkel der anorganischen Philosophie, defizitär erscheinen lässt, ist also nicht der Umstand, dass sie keine empirischen Behauptungen enthält. Sie enthält ja solche Behauptungen. Durch diese Behauptungen wird eine Situation beschrieben. Diese Behauptungen haben den Charakter von Randbedingungen.[77] Was diese Theorie allerdings tatsächlich nicht enthält, ist ein wie auch immer geartetes, empirisches Gesetz.[78] Dieses Fehlen eines empirischen Gesetzes ist der Umstand, der diese Theorie, betrachtet aus dem Blickwinkel des einheitswissenschaftlichen Programms, defizitär erscheinen lässt.

Statt eines solchen Gesetzes enthält die Theorie einen Mechanismus. Evolutionäre Vorgänge werden nicht durch Naturgesetze sondern durch einen Mechanismus, der (aus rein logischen Gründen) immer dann abläuft, wenn die beschriebenen Randbedingungen vorliegen, vorangetrieben. Der Mechanismus folgt, wie wir vorhin gesagt haben, einfach aus der Logik der Situation.

Die hier vorgestellte Analyse zum logischen Status der Evolutionstheorie wird von der modernen Philosophie der Lebenswissenschaften bestätigt. Manche Autoren sprechen statt von einem Mechanismus von einem Algorithmus. Gemeint wird aber dasselbe.[79]

Die Evolutionstheorie entspricht, wie wir gesehen haben, nicht dem Ideal der deduktiven (oder nomologisch-deduktiven) Wissenschaft, das sich am Modell der newtonschen oder galileischen Physik orientierte. Dieses Bild von der Wissenschaft war bis in die allerletzte Zeit in der Wissenschaftstheorie allgemein verbreitet. Heute ist dieses Modell, wie D. Dennett bemerkt, nicht mehr zeitgemäß.[80]

Darwins großer Verdienst bestand nach K. Popper u.a. darin, dass er zeigte, dass der evolutionäre Mechanismus oder Algorithmus es grundsätzlich vermag,

---

Teil des Darwinismus ist keine empirische Theorie, sondern eine *logische* Wahrheit" (K. Popper 1973: 83).

76 „Kurz, in der Logik findet sich keine Erklärung für das Bestehen von Bedingungen in der Welt, unter denen Leben und langsame Anpassung an die Umwelt möglich ist" (K. Popper 1973: 84).

77 Es handelt sich hier, worauf K. Popper hinweist, nicht um singuläre sondern um verallgemeinerte oder anders ausgedrückt um typische Bedingungen: „Das heißt, man nimmt an, daß die Situation *typisch* und nicht *einmalig* ist" (K. Popper 1993: 298).

78 „Darwins Entdeckung der natürlichen Auslese ist oft mit Newtons Entdeckung der Gravitation verglichen worden. Das ist ein Fehler. Newton formulierte universelle Gesetze zur Beschreibung der Wechselwirkungen und des sich daraus ergebenden Verhaltens der physikalischen Welt. Darwins Entwicklungstheorie enthält keine universellen Gesetze. Es gibt keine Darwinschen Entwicklungsgesetze" (K. Popper 1973: 294).

79 „Darwin entdeckte die Kraft eines Algorithmus. Ein Algorithmus ist eine Art formaler Ablauf, bei welchem wir – im logischen Sinne – damit rechnen können, daß wann immer wir ihn ablaufen lassen oder anwenden er ein Ergebnis bestimmter Art produziert" (D. Dennett 1997: 58).

80 Vgl. D. Dennett 1997: 51.

die zielgerichteten rationalen Handlungen eines Menschen genauso wie die zielgerichtete planvolle Tätigkeit eines Schöpfers nachzuahmen. Das bedeutet gleichzeitig, dass wir in den Lebenswissenschaften durchaus teleologische Erklärungen verwenden können. Solche Erklärungen sind bequeme Als-ob-Erklärungen. Solche Erklärungen sind natürlich keine echten Erklärungen, sie vertreten immer nur den zugrundelegenden evolutionären Mechanismus.[81]

Die Evolutionäre Erkenntnistheorie geht nun davon aus, dass der evolutionäre Mechanismus bei allen Lebensvorgängen eine wichtige Rolle spielt. D.h., die Evolutionstheorie erklärt nicht nur bestimmte Prozesse auf der organischen Ebene, sondern grundsätzlich auch die Entstehung neuer, emergenter Phänomene, wie die Entstehung des Bewusstseins, von Institutionen und des objektiven Wissens, sowie auch die auf diesen Ebenen ablaufenden Entwicklungsvorgänge. Die Theorie besteht aus folgenden Elementen:[82]

1. Gleichzeitig mit der Entstehung des Lebens entstanden Probleme. Das wichtigste oder allgemeinste davon ist das Problem des Überlebens. Andere Probleme sind das Problem der Reproduktion und das Problem der Nahrungssuche. Lebewesen sind ständig damit beschäftigt, Probleme zu lösen.
2. Problem und Problemlösung sind nicht im subjektiven sondern im objektiven Sinne zu verstehen. D.h., biologische Organismen steuern nicht (immer) bewusst bestimmte Lösungen ihrer (bewussten) Probleme an. Problem und Problemlösung können aber im Nachhinein hypothetisch rekonstruiert werden.
3. Mit den Problemen wird nach dem Muster „Versuch und Irrtum" umgegangen. Für die Lösung anstehender Probleme werden neue Formen, Verhaltensweisen, subjektive Haltungen, Institutionen und Theorien vorgeschlagen. Unbrauchbare Lösungen werden eliminiert.
4. Bezeichnet man ein Problem mit „P", einen Lösungsvorschlag mit „VL" und Fehlerbeseitigung mit „FB", dann lässt sich der evolutionäre Grundzyklus wie folgt formulieren:

    $P_1 \rightarrow VL \rightarrow FB \rightarrow P_2$

---

81 „Darwin zeigte uns, daß der Mechanismus der natürlichen Auslese grundsätzlich die zweck- und planvolle Tätigkeit eines Schöpfers nachahmen kann, ebenso auch vernünftige, zweck- oder zielgerichtete menschliche Handlungen. Wenn das richtig ist, dann kann man vom Standpunkt der *biologischen Methode* aus sagen: Darwin zeigte, daß wir völlige Freiheit haben, teleologische Erklärungen in der Biologie zu verwenden – auch diejenigen können das, die nur kausale Erklärungen gelten lassen wollen" (K. Popper 1973: 295).
82 Vgl. K. Popper 1973: 268ff.

P_1 und P_2 sind unterschiedliche Problemsituationen. Die neue Problemsituation ist das Ergebnis der alten Problemsituation, einer versuchten Lösung sowie der anschließenden Fehlerbeseitigung. Sie ist ein von der ursprünglichen Problemsituation differenter Zustand. Berücksichtigt man die große Zahl möglicher Lösungsvorschläge (Mutationen auf der organischen Ebene, Hypothesen in der Wissenschaft), dann erhält man folgendes Schema:[83]

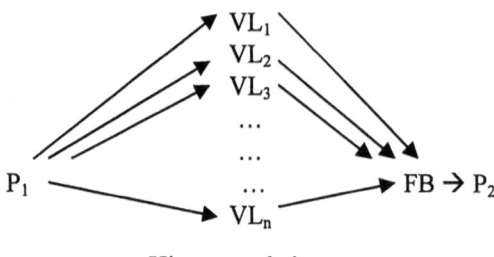

Hintergrundwissen

„Hintergrundwissen" wurde dem Schema hinzugefügt, um darauf hinzuweisen, dass es sich hier nur um einen Ausschnitt, d.h. nur um einen Zyklus, dem viele vorangingen, handelt. Die Bedeutung von Wissen muss hier ungewöhnlich weit gefasst werden. In dem hier gemeinten Sinne repräsentieren auch nichtbewusste biologische Strukturen Wissen.

5. Wissen kann in zwei verschiedenen Formen auftreten. Es kann 1. subjektives, somatisches und es kann 2. objektives, exosomatisches, d.h. sprachlich formuliertes, mitgeteiltes, vielleicht sogar in gedruckter Form fixiertes Wissen sein. Der Unterschied besteht im Folgenden: Wissen ist immer die vorläufige Lösung eines Problems und unterliegt dem Vorgang der Fehlerkontrolle. Erweist sich das subjektive somatische Wissen als fehlerhaft oder unbrauchbar, so wird der betreffende Organismus eliminiert, erweist sich dagegen das objektive, exosomatische Wissen als unbrauchbar, so wird das Wissen als solches eliminiert, der Schöpfer/ Träger des Wissens kann am Leben bleiben.[84]

6. Die Entwicklung von Fehlerbeseitigungsmechanismen, die nicht die Ausschaltung von Organismen selbst zur Folge haben, wird von der Evolution prämiert. Ein Öffnen zwischen Reiz und Reaktion, ergänzt durch die Entwicklung des Bewusstseins als eines höheren Steuerungsorgans, eröffnet die

---

83 Vgl. K. Popper 1973: 270.
84 Vgl. K. Popper 1973: 80, 139.

Möglichkeit, sich in Gedanken auf ein Problem zu konzentrieren, mehrere Problemlösungen zu entwerfen und sie gegeneinander abzuwägen. Das ist im Wesentlichen die biologische Funktion des Bewusstseins.[85]

7. Auch die Entwicklung der menschlichen Sprache diente dieser Art der Fehlerbeseitigung, das heißt einer Fehlerbeseitigung, die die biologischen Organismen verschont.[86] Die sprachliche Formulierung von Theorien ermöglicht ihre Kritik und ihre Verwerfung. Auf diese Weise können unsere Theorien anstelle von uns selbst eliminiert werden.[87]
8. Die Evolution ist ein kreativer Vorgang. Der erste Schritt des Vorganges ist immer eine versuchsweise Lösung, die prinzipiell frei, d.h. nicht durch die Situation determiniert war. Die Umweltsituation entscheidet nur darüber, welche Lösungsvorschläge (Mutationen, neue Verhaltensweisen, neue Theorien usw.) vorteilhaft, welche unvorteilhaft sind.[88]
9. Evolution ist ein Wissen kumulierender Vorgang. Brauchbare Lösungen werden durch die Evolution bewahrt. Die bewährten Lösungen bilden die Plattform, von der aus die Variation und Selektion erfolgt. Auf diese Weise sammelt sich somatisches wie exosomatisches Wissen an.

Betrachten wir soziale Institutionen, die für viele Soziologen im Gefolge E. Durkheims[89] und auch für manche Wissenschaftsphilosophen[90] die eigentlichen oder zentralen Untersuchungsgegenstände der Soziologie darstellen, aus dieser Perspektive, so können wir über sie Folgendes aussagen:

1. Soziale Institutionen sind emergente evolutionäre Produkte. Sie sind spezifische moralische oder normative Phänomene (Problemlösungen).
2. Soziale Institutionen entwickeln sich nach dem Muster des Erkenntnisfortschritts: $- P_1 \rightarrow VL \rightarrow FB \rightarrow P_2 -$
3. Soziale Institutionen repräsentieren objektives, exosomatisches Wissen.
4. Soziale Institutionen sollen von der Soziologie als normative Problemlösungen rekonstruiert werden.
5. Die Entstehung und Entwicklung von sozialen Institutionen ist im Nachhinein hypothetisch rekonstruierbar. Die Entstehung und der Wandel von so-

---

85 „Es drängt sich die Vermutung auf, dass sowohl der tierische als auch der menschliche Geist gerade in diesem Zustand größter Konzentration auf eine Aufgabe oder auf ein Problem ihren biologischen Zwecken am besten dienen" (K. Popper 1979: 279).
86 Vgl. K. Popper 1973: 266.
87 „Jetzt wird der ungeheure biologische Vorteil der Erfindung einer *deskriptiven und argumentativen Sprache* deutlicher: die sprachliche Formulierung von Theorien ermöglicht uns ihre Kritik und Ausschaltung ohne Ausschaltung ihrer Träger" (K. Popper 1973: 84).
88 Vgl. K. Popper 1973: 169.
89 Vgl. E. Durkheim 1961: 100; J. Morel 1977, 1986, 2001.
90 Vgl. K. Popper 1970: 122.

zialen Institutionen sind aber, und zwar auf Grund des prinzipiell kreativen Charakters des Vorganges, nie genau prognostizierbar.

Wir können angesichts von sozialen Institutionen zwei unterschiedliche Fragen aufwerfen: „Wie entstand diese Institution?" und „Wie funktioniert diese Institution?"

Vom Standpunkt der theoretischen Soziologie betrachtet ist die zweite Frage die weitaus wichtigere. Sie zielt ab auf den Zusammenhang zwischen Problemsituation und Problemlösung oder anders ausgedrückt, auf die Funktionsweise der betreffenden Institution. Die erste Frage verlangt dagegen nach einer historischen oder genetischen Rekonstruktion. Solche Erklärungen sind vom Standpunkt der theoretischen Soziologie betrachtet eher nebensächlich.[91]

Institutionen sind menschliche Produkte. Sie sind die Produkte intentionaler menschlicher Handlungen. Sie besitzen aber eine von ihren Erzeugern unabhängige Existenz. Das in jenem Sinne, dass sie in der Regel von niemandem beabsichtigte oder auch nur vorhergesehene Eigenschaften besitzen. Und häufig haben die unvorhergesehenen Eigenschaften dieser Institutionen für die Erzeuger dieser Institutionen unvorhergesehene Konsequenzen. Auf diese Weise wirken die sozialen Institutionen auch auf ihre Erzeuger zurück.[92] Dass Institutionen die Produkte intentionaler Handlungen sind, bedeutet nicht, dass sie von Menschen bewusst für die Lösung erkannter Probleme geschaffen wurden. Ein großer Teil der sozialen Institutionen entstand als ein unbeabsichtigtes Nebenprodukt menschlicher Handlungen. Auf diese Weise, d.h. als unbeabsichtigtes Nebenprodukt, ist z.B. auch eine der wichtigsten Institutionen, die menschliche Sprache, entstanden.[93] Und selbst in den Fällen, wo die Menschen ihre Institutionen bewusst geschaffen haben, funktionieren sie gewöhnlich nicht so, wie ihre Planer es sich vorgestellt haben, sie haben auch in diesen Fällen vielfältige ungeplante Konsequenzen.[94]

Der evolutionäre Prozess, dem nach dem hier vertretenen Standpunkt auch die Institutionen ihre Existenz verdanken, wird, wie wir gesehen haben, von einem Mechanismus oder Algorithmus vorangetrieben. Der beobachtbare Vorgang ist das Ergebnis besonderer Anfangs- oder Randbedingungen und des (in einer solchen Situation) mit logischer Notwendigkeit ablaufenden evolutionären

---

91 „Aber *Ursprungsfragen* sind 'Wie- und Warum-Fragen'. Sie sind theoretisch relativ unwichtig und haben gewöhnlich nur in spezifisch historischen Zusammenhängen eine Bedeutung" (K. Popper 1969: 113).
92 Vgl. K.R. Popper 1979: 241.
93 „Und die Sprache selbst ist, wie ein Vogelnest, ein unbeabsichtigtes Nebenprodukt von Handlungen, die sich auf andere Ziele richteten" (K.R. Popper 1973: 134).
94 Vgl. K. Popper 1975: 118.

Mechanismus. Irgendwelche Naturgesetze spielen bei diesem Geschehen, zumindest unmittelbar, keine Rolle.

Wie steht es aber mit der von den Vertretern der anorganischen Philosophie in diesem Zusammenhang häufig angeführten Rationalitätshypothese oder Wert-Erwartungstheorie? Können wir bei der Erklärung der Genese oder der Funktionsweise von Institutionen auf dieses Gesetz wirklich verzichten, ohne damit gleichzeitig, wie es von den Vertretern des einheitswissenschaftlichen Programms befürchtet wird, auf einen Erklärungsanspruch überhaupt verzichten zu müssen?

Mein Standpunkt in dieser Frage sieht folgendermaßen aus: So etwas wie ein Rationalitätsgesetz gibt es nicht, genauso wenig, und das mag noch schockierender klingen, wie es auch keine Gesetze des Verhaltens (behavioristische oder verhaltenstheoretische Gesetze) gibt. Was tatsächlich existiert, sind evolutionäre Vorgänge auf der Ebene der ontogenetischen Entwicklung. Bei diesen evolutionären Vorgängen spielen, wie bei allen evolutionären Vorgängen, Bewertungen und Selektionen, d.h. Mechanismen der Fehlerbeseitigung (FB) eine wichtige Rolle. Diese Bewertungen und Selektionen werden, wie wir gleich sehen werden, von den Anhängern der naturwissenschaftlichen Philosophie als Gesetze fehlgedeutet.

Betrachten wir, um das zu zeigen, ontogenetische, subjektive oder somatische Lernvorgänge. Die Voraussetzung von solchen Lernvorgängen ist das Vermögen Wohlbehagen und Schmerz oder allgemeiner Lust und Leid zu empfinden. Die angesprochenen psychischen Zustände sind in den Organismus hineingenommene Bewertungen oder Selektionen. Der Organismus macht versuchsweise dieses oder jenes. Folgt auf ein Verhalten eine positive Empfindung, so wird das Verhalten wiederholt, folgt auf das Verhalten eine negative Empfindung, so wird das betreffende Verhalten in der Zukunft vermieden. Die „Erfindung" solcher internen Bewertungsinstanzen ermöglicht aktuelle ontogenetische Lernvorgänge und damit die Fähigkeit des Organismus, sich aktuell an die sich ändernden Umweltbedingungen anzupassen. Diese neue, sehr nützliche „Erfindung" wurde von der Evolution entsprechend prämiert.

Der oben beschriebene Lernprozess lässt sich mit Hilfe unserer Formel P_1 → VL → FB → P_2 beschreiben. Die einzelnen Verhaltensweisen sind die versuchten Problemlösungen (VL), die Fehlerbeseitigung (FB) erfolgt durch die interne Bewertung oder Selektion. Der Vorgang als Ganzes ist natürlich auch hier ein kreativer, d.h. prinzipiell nicht prognostizierbarer Vorgang. Dieser Umstand wird von den Vertretern der naturwissenschaftlichen Philosophie übersehen. Sie sehen, weil sie nach Gesetzen suchen, nur den zweiten Schritt, d.h. nur die Bewertung oder Selektion. Der erste, grundsätzlich kreative Schritt wird von ihnen nicht wahrgenommen.

Ähnlich verhält es sich auch bei der sogenannten Rationalitätshypothese. Auch hier wird von den Vertretern der naturwissenschaftlichen Philosophie nur der zweite Schritt des Mechanismus, d.h. nur die Bewertung oder Selektion wahrgenommen. Der Vorgang beginnt aber auch hier damit, dass angesichts einer Problemsituation P_1 mehrere Handlungen – d.h. Problemlösungsalternativen (VL) vorgeschlagen werden. Im zweiten Schritt werden diese Alternativen dann bewertet und es erfolgt die Selektion; d.h. eine Alternative wird den anderen vorgezogen. Auch hier ist der erste Schritt – was fällt einem angesichts einer Problemsituation ein – ein kreativer, d.h. auch prinzipiell nicht prognostizierbarer Vorgang. Die Bewertung und Selektion als zweiter Schritt des Mechanismus kann erst im Nachhinein bei den im ersten Schritt erfundenen Alternativen ansetzen.

Dieser zuletzt beschriebene Mechanismus ist wiederum eine neue Erfindung der Evolution. Die Entstehung des höheren menschlichen Bewusstseins im Zusammenhang mit der Erfindung der beschreibenden menschlichen Sprache ermöglicht, dass Problemlösungen im Geiste erfunden, bewertet und schließlich selektiert werden. D.h. eine neu vorgeschlagene Problemlösung kann bewertet und selektiert werden, ohne dass sie tatsächlich ausprobiert werden muss. Auf diese Weise können falsche Lösungen eliminiert werden, ohne dass der Organismus die Falschheit einer Alternative durch leidvolle Erfahrung lernen muss. Die Erfindung des neuen Mechanismus – das Entwerfen und Ausprobieren von Problemlösungen im Geiste – wurde wiederum von der Evolution prämiert.

Die beiden hier behandelten Mechanismen bauen aufeinander auf. Der Geist benötigt, um einen neuen Lösungsvorschlag bewerten zu können, Erfahrungen des Empfindens. Genauer gesagt, er benötigt Wissen über Erfahrungen des Empfindens. Diese Erfahrung kann teilweise auch indirekte Erfahrung sein.

Gesetze des Handelns und des Verhaltens, nachempfunden etwa den Gesetzen der Mechanik, gibt es also nicht. Trotzdem bleibt der von den Vertretern des einheitswissenschaftlichen Programms befürchtete Erklärungsnotstand aus. Wir können mit Hilfe des evolutionären Mechanismus beide Fragen, die man gewöhnlich angesichts einer Institution stellt: „Wie funktioniert sie?" und „Wie entstand sie?" zumindest im Prinzip hinreichend beantworten. Natürlich sind dem Bemühen, die Kette der unzähligen Versuchs- und Irrtums-Schritte, deren vorläufiger Endpunkt die betreffende Institution ist, zu rekonstruieren, in der Praxis Grenzen gesetzt. Aber das ist ein praktisches und kein grundsätzliches Problem.

In der sozialwissenschaftlichen Praxis behilft man sich in dieser Situation damit, dass man die evolutionäre Tiefenerklärung durch eine verkürzte rationale Als-ob-Erklärung ersetzt: Man geht davon aus, dass die beteiligten Akteure sich vollkommen rational verhalten (häufig schließt das die Annahme ein, dass die Akteure im Besitz vollständiger Information sind).

Kann eine dermaßen illusorische Strategie einigermaßen zufriedenstellende Ergebnisse zeitigen? Meine Antwort auf diese Frage ist: ja, sie kann. Ich erinnere hier an K. Poppers Hinweis: Der evolutionäre Mechanismus vermag grundsätzlich die zielgerichteten rationalen Handlungen eines Menschen nachzuahmen. Wir dürfen aber nie vergessen, dass eine solche Erklärung immer nur ein bequemer Ersatz für die echte evolutionäre Tiefenerklärung ist.

Die folgende Bemerkung scheint mir in diesem Zusammenhang angebracht zu sein. Obwohl die Evolutionstheorie nicht dem Idealbild der anorganischen Philosophie entspricht, so ist sie trotzdem eine empirische Theorie. Sie ruht auf einem empirischen Fundament. Relevant ist hier z.B. die Frage nach der Zahl und Variabilität der Konkurrenten in einem konkreten System.[95]

Kehren wir jetzt zurück zu A. Comtes und H. Spencers Konzeption der Soziologie. Gegenstand der von ihnen entworfenen neuen Wissenschaft waren, wie wir gesehen haben, die Wechselwirkungen individueller Organismen. Gesteuert werden die angesprochenen Prozesse von evolutionären Vorgängen auf verschiedenen Ebenen. Zunächst gibt es den Vorgang der Phylogenese. Auf dieser Ebene werden genetische Programme ausgesiebt. Manche dieser Programme steuern interne organische Abläufe, andere das Verhalten, und damit auch das soziale Verhalten der betreffenden Organismen. Bei letzteren lassen sich wiederum geschlossene und offene Programme unterscheiden. Der Unterschied liegt im Folgenden: Ein geschlossenes Programm legt beim Vorliegen eines bestimmten Reizes eine spezifische Reaktion fest, wohingegen ein offenes Programm aktuelle adaptive Anpassungen zulässt. Nicht übersehen werden darf hier, dass auch ein offenes Programm auf genetischer Information beruht, die zudem gewöhnlich weit komplexer ist als jene, auf welcher ein einfaches geschlossenes Programm aufgebaut ist.[96] Der Ablauf evolutionärer Vorgänge auf der Ebene der Ontogenese (auf der Ebene des individuellen Lernens) wird von solchen offenen Verhaltensprogrammen gesteuert. Schließlich entstand durch die Herausbildung des spezifischen menschlichen Bewusstseins und der menschlichen Sprache ein

---

95 Vgl. D. Dennett 1997: 28.
96 „Die Tatsache, dass das offene Programm in dieser Weise Information erwirbt und bewahrt, darf nicht vergessen machen, dass es zu dieser Leistung einer Menge an genetischer Information bedarf, *die nicht kleiner, sondern größer ist als die für ein geschlossenes Programm nötige*" (K. Lorenz 1977: 90).

neuer evolutionärer Vorgang: die Evolution des objektiven exosomatischen Wissens oder geläufiger der Prozess der Kulturevolution.

An der Wechselwirkung der individuellen Organismen, die nach dieser Konzeption den Gegenstand der Soziologie bilden, nimmt nach A. Comte und H. Spencer der ganze Organismus teil. Das bedeutet, dass z.B. der Prozess der Kulturevolution die evolutionären Vorgänge auf den tieferen Ebenen (auf der Ebene der Onto- und Phylogenese) in sich einschließt. Bedeutsam ist in diesem Zusammenhang der Umstand, dass sich die drei erwähnten evolutionären Prozesse hinsichtlich ihrer Verlaufsgeschwindigkeiten deutlich unterscheiden.

Am langsamsten tickt die Uhr der phylogenetischen, am schnellsten die der ontogenetischen Evolution. Die kulturelle Evolution ist hinsichtlich ihrer Geschwindigkeit zwischen den beiden zunächst Genannten anzusiedeln. Das bedeutet u.a., dass der ontogenetischen Evolution sowohl von der phylogenetischen als auch von der kulturellen Evolution Grenzen gesetzt werden. Betrachtet man nur eine Ebene, z.B. nur die Ebene der Kulturevolution, so werden die Beschränkungen, die diesem Prozess von den evolutionären Vorgängen auf den anderen Ebenen auferlegt werden, übersehen. Die ausschließliche Betrachtung der Kulturevolution ist daher ein Fehler.

Betrachten wir, um das Gemeinte zu verdeutlichen, zwei klassische Themen der Soziologie, das Inzestverbot und die Kooperation. Das Inzestverbot existiert, wie unzählige Forschungen gezeigt haben, in allen bekannten menschlichen Gesellschaften. Das Inzestverbot ist eine menschlich-kulturelle Universalie.[97] Indem sich dieses Verbot durchsetzte, argumentierte C. Lévi-Strauss, wurden die Vorfahren der Menschen zu richtigen Menschen. Da dieses kulturelle Verbot die Heirat innerhalb der Familie verbat, verbanden sich die einzelnen Familien durch den Austausch von Frauen untereinander. Allianzen nicht auf biologischer sondern auf kultureller Grundlage entstanden. So ist der Ursprung der menschlichen Gesellschaft nicht die Biologie sondern die Kultur.[98]

Dabei ging C. Lévi-Strauss davon aus, dass im Unterschied zu den Menschen Tiere sich in der Regel innerhalb ihrer Ursprungsfamilien fortpflanzen. Diese Vorstellung hat sich aber eindeutig als falsch erwiesen. Die Beobachtung der sozialen Organisation von zahlreichen Tierarten hat gezeigt, dass vor oder beim Einsetzen der Geschlechtsreife entweder die männlichen oder die weiblichen Jungtiere aus ihren ursprünglichen Gruppen abwandern. Die Folge davon ist, dass der Nachwuchs in der Regel mit fremden Individuen gezeugt wird. Verantwortlich für diesen Vorgang ist ein psychologischer Mechanismus: Die Vertrautheit innerhalb der Ursprungsfamilie verhindert die Entstehung der sexuellen

---

97 Vgl. P. Meyer 2003, M. Oppitz 1975: 104.
98 Vgl. C. Lévi-Strauss 1985: 93.

Attraktion. Partner für die Reproduktion müssen außerhalb der eigenen Gruppe gesucht werden.[99]

Es handelt sich hier offensichtlich um zwei verschiedene Arten der Verhaltenssteuerung. Das Inzestverbot ist eine kulturelle Institution; es ist als eine solche ein Moment der Kulturevolution. Der erwähnte (angeborene) psychologische Mechanismus ist dagegen ein Produkt der phylogenetischen Evolution. Das Inzestverbot ist Bestandteil des objektiven exosomatischen Wissens, der (angeborene) psychologische Mechanismus ist dagegen Bestandteil des subjektiven somatischen Wissens.

Das gleichzeitige Vorhandensein dieser beiden Mittel der Verhaltenssteuerung wirft eine Reihe von Fragen auf: Sind die beiden Mittel hinsichtlich ihrer Funktion vergleichbar? Hat die kulturelle Steuerung den (angeborenen) psychologischen Mechanismus verdrängt oder nur überlagert? Inwieweit werden der kulturellen Evolution durch das Vorhandensein des (angeborenen) psychologischen Mechanismus Grenzen gesetzt?

Betrachten wir jetzt das Thema Kooperation. Kooperation, d.h. das positive Zusammenwirken von Individuen zu bestimmten Zwecken, ist unter Menschen weit verbreitet. Man kann geradezu behaupten, dass Kooperationsnormen in allen menschlichen Gesellschaften gegenwärtig sind.[100] Manche Theoretiker, z.B. Th. Hobbes, vertraten sogar die Ansicht, dass die menschliche Gesellschaft ihre Existenz der Durchsetzung von Kooperationsnormen verdankt.[101] Kooperationsnormen repräsentieren, wie alle Institutionen, objektives, exosomatisches Wissen. Sie sind Momente der Kulturevolution.

Aber kooperatives Verhalten lässt sich auch bei zahlreichen Tierarten beobachten. Wenn man es genau nimmt, ist sexuelle Reproduktion erst auf dieser Grundlage überhaupt möglich. Kooperation unter nahen Verwandten ist, wie die Soziobiologie überzeugend gezeigt hat, ein Produkt der phylogenetischen Evolution.[102] Daneben existiert aber auch bei Tieren Kooperation unter Nicht-Verwandten.[103] Voraussetzung dafür ist die individuelle Erkennbarkeit potentieller Kooperationspartner. Die Kooperation erfolgt selektiv und reziprok. Damit die Kooperation funktionieren kann, muss der Empfänger den Geber wiedererkennen können. Diese Art der Kooperation ist das Ergebnis des Zusammenspiels der phylogenetischen und der ontogenetischen Evolution. Die phylogenetische

---

99 Vgl. N. Bischof 1991.
100 Vgl. E. Durkheim 1961: 105f.
101 Vgl. W. Kersting 1992, E. Ullman-Margalit 1977.
102 Vgl. R. Dawkins 1976, E.O. Wilson 1975.
103 Vgl. W. Wickler/ U. Seibt 1977: 151f.

Evolution stellt ein offenes Verhaltensprogramm bereit, die Auswahl der Kooperationspartner wird durch die ontogenetische Evolution bestimmt.[104]

Die einschlägigen Befunde der Soziologie (einschließlich der Sozialanthropologie), der Verhaltensforschung und der Soziobiologie legen nahe, dass Kooperation sowohl das Ergebnis der phylogenetischen, der ontogenetischen und der kulturellen Evolution ist oder sein kann. Das wirft wiederum eine Reihe von Fragen auf: Sind die drei verschiedenen Arten der Kooperation hinsichtlich ihrer Funktion vergleichbar? Haben die höheren Steuerungsarten die tieferen verdrängt oder nur überlagert? Inwieweit werden der kulturellen Verhaltenssteuerung durch die tieferen Steuerungsarten Grenzen gesetzt?

5 Zusammenfassung und Folgerungen

Die gegenwärtige Soziologie kann mit der Evolutionstheorie nur wenig anfangen. Sie unterscheidet sich in dieser Hinsicht deutlich von den lebenswissenschaftlich orientierten Disziplinen Ethologie und Soziobiologie. Kaum Beachtung geschenkt wurde bisher der Frage, was eigentlich eine evolutionäre Erklärung sei bzw. wie eine solche Erklärung in der Soziologie beschaffen sein sollte. Das ist, geht man von A. Comtes Konzeption der Soziologie aus, keineswegs selbstverständlich. Für ihn war die Soziologie ein Teilbereich der Lebenswissenschaften. Und die Soziologie sollte sich auch in methodischer Hinsicht eng an die Biologie anlehnen.

Die Entwicklung der Soziologie nahm eine andere Richtung. Sie ist heute eine konsequent geistes- bzw. kulturwissenschaftlich orientierte Wissenschaft. Die zeitgenössische Soziologie versteht sich nicht als ein Teilbereich der Biologie, sie beschäftigt sich ausschließlich mit menschlichen Sozialsystemen und sie schließt Vorgänge auf tieferen Ebenen (auf der Ebene psychischer und biologischer Vorgänge) aus ihren Betrachtungen aus. In methodischer Hinsicht orientiert sich die Soziologie nicht an den Lebenswissenschaften; ihre Vorbilder sind einerseits die anorganischen Wissenschaften, andererseits die Geisteswissenschaften; sie lehnt den Vergleich menschlicher Gesellschaften mit Tiergesellschaften ab und sie interessiert sich nicht für die aktuellen Ergebnisse und Probleme der Lebenswissenschaften.

Eine lebenswissenschaftlich orientierte oder Comtesche Soziologie müsste sich dagegen sowohl in inhaltlicher als auch in methodischer Hinsicht eng an die anderen Lebenswissenschaften anschließen. Das würde allerdings eine vollständige Umorientierung des Faches bedeuten. Eine solche Wende würde u.a. zu der

---

104 Genauer gesagt: die Entstehung solcher kooperierender Einheiten ist das Ergebnis der Ko-Ontogenese der dabei beteiligten Einheiten. Vgl. H.R. Maturana/ F.J. Varela 1987: 209.

Erkenntnis führen, dass die Untersuchungsgegenstände der Soziologie genauso wie die Untersuchungsgegenstände der anderen Lebenswissenschaften Produkte der Evolution sind. Anders gewendet, die grundlegende Theorie einer lebenswissenschaftlich orientierten oder Comteschen Soziologie ist die Evolutionstheorie. Das führt dann zu den Fragen: Was ist eigentlich eine evolutionäre Erklärung? Welche Eigenheiten weist eine solche Erklärung auf?

Vom Blickwinkel der anorganischen Philosophie betrachtet erscheint diese Theorie als defizitär. Sie ist zwar eine empirische Theorie: Sie geht von einer Reihe empirischer Annahmen aus; aber, und das ist der Stein des Anstoßes, sie enthält kein wie auch immer geartetes, empirisches Gesetz. Und ohne ein solches Gesetz kommt, wie die Vertreter des einheitswissenschaftlichen Programms betonen, keine echte Erklärung aus.

Eine evolutionäre Erklärung enthält also kein empirisches Gesetz. Sie besteht einerseits aus einer Reihe empirischer Bedingungen, andererseits aus einem Mechanismus oder Algorithmus, wobei der Mechanismus oder Algorithmus logisch aus den angegebenen Anfangsbedingungen folgt. Trotzdem liefert sie durchaus adäquate wissenschaftliche Erklärungen im Bereich der Lebenswissenschaften. Das Problem ist also nicht die Evolutionstheorie oder diese oder jene Eigenheit evolutionärer Erklärungen sondern die Ansicht, dass man die Wissenschaftstheorie der Naturwissenschaften ohne weiteres auf die Lebenswissenschaften übertragen könnte.

Schließlich dürfte eine lebenswissenschaftlich orientierte oder Comtesche Soziologie sich nicht auf die Analyse der Vorgänge auf der Ebene der Kultur beschränken. Sie müsste vielmehr die evolutionären Prozesse auf den tieferen Ebenen (auf den Ebenen der Onto- und Phylogenese) in die Betrachtung mit einbeziehen.

Literatur

Adorno, Theodor W. u.a. (1970): Der Positivismusstreit in der deutschen Soziologie. Neuwied/ Berlin: Luchterhand
Albert, Hans (1969): Traktat über kritische Vernunft. Tübingen: Mohr
Albert, Hans (1972): Konstruktion und Kritik. Hamburg: Hoffmann und Campe
Berger, Peter/ Luckmann, Thomas (1969): Die gesellschaftliche Konstruktion der Wirklichkeit. Eine Theorie der Wissenssoziologie. Frankfurt am Main: Fischer
Bischof, Norbert (1991): Das Rätsel Ödipus. München/ Zürich: Piper
Buss, David M. (2000): Evolutionary psychology. The new science of mind. Boston (Mass.) u.a.: Allyn and Bacon
Comte, Auguste (1923): Soziologie, Band I: Der dogmatische Teil der Sozialphilosophie. Jena: Fischer (2. Auflage)
Comte, Auguste (1974): Die Soziologie. Die positive Philosophie im Auszug. Stuttgart: Kröner
Cube, Felix von (1989): Besiege deinen Nächsten wie dich selbst. Aggression im Alltag. München: Piper

Cube, Felix von (1990): Gefährliche Sicherheit. Die Verhaltensbiologie des Risikos. München: Piper
Cube, Felix von (1991): Fordern statt Verwöhnen. München: Piper
Dawkins, Richard (1976): The Selfish Gene. London: Oxford University Press
Dennett, Daniel C. (1997): Darwins gefährliches Erbe. Hamburg: Hoffmann und Campe
Dreitzel, Hans Peter (Hg.) (1967): Sozialer Wandel. Zivilisation und Fortschritt als Kategorien der soziologischen Theorie. Neuwied/ Berlin: Luchterhand
Durkheim, Emile (1961): Die Regeln der soziologischen Methode. Neuwied: Luchterhand
Durkheim, Emile (1984): Die elementaren Formen des religiösen Lebens. Frankfurt am Main: Suhrkamp
Eibl-Eibesfeldt, Irenäus (1980): Grundriß der vergleichenden Verhaltensforschung. München: Piper
Eibl-Eibesfeldt, Irenäus (1984): Die Biologie des menschlichen Verhaltens. Grundriß der Humanethologie. München: Piper
Engel, Gerhard (1990): Zur Logik der Musiksoziologie. Tübingen: Mohr
Esser, Hartmut (1985): Das Credo eines Metaphysikers. Kommentare zu Poppers 'Logik der Forschung'. In: Zeitschrift für Soziologie. Jg. 14. 93-114
Esser, Hartmut (1991): Alltagshandeln und Verstehen. Zum Verhältnis von erklärender und verstehender Soziologie am Beispiel von Alfred Schütz und 'Rational Choice'. Tübingen: Mohr
Esser, Hartmut (1993): Soziologie. Allgemeine Grundlagen. Frankfurt/ New York: Campus
Esser, Hartmut/ Klenovits, K.K./ Zehnpfennig, K. (1977): Wissenschaftstheorie 1: Grundlagen und Analytische Wissenschaftstheorie. Stuttgart: Teubner
Essler, Wilhelm K. (1970): Wissenschaftstheorie I: Definition und Reduktion. Freiburg/ München: Karl Alber
Flohr, Heiner (1990): Die Bedeutung biokultureller Ansätze für die Institutionentheorie. In: Göhler/ Lenk/ Schmalz-Brums (Hg.) (1990): 21-57
Friedrichs, Jürgen (1973): Methoden empirischer Sozialforschung. Reinbek bei Hamburg: Rowohlt
Fukuyama, Francis (2000): Der große Aufbruch. Wien: Zsolnay
Fukuyama, Francis (2002): Das Ende des Menschen. Stuttgart: Deutsche Verlagsanstalt
Garfinkel, Harald (1967): Studies in Ethnomethodology. Englewood Cliffs: Prentice Hall
Gehlen, Arnold (1963): Studien zur Anthropologie und Soziologie. Neuwied/ Berlin: Luchterhand
Gehlen, Arnold (1974): Der Mensch. Seine Natur und seine Stellung in der Welt. 10. Aufl. Frankfurt am Main: Athenaion
Giesen, Bernhard (1980): Makrosoziologie. Eine evolutionstheoretische Einführung. Hamburg: Hoffmann und Campe
Giesen, Bernhard/ Lau, Christoph (1981): Zur Anwendung darwinistischer Erklärungsstrategien in der Soziologie. In: Kölner Zeitschrift für Soziologie und Sozialpsychologie 33. 229-256
Göhler, Gerhard/ Lenk, Kurt/ Schmalz-Brums, Rainer (Hg.) (1990): Die Rationalität politischer Institutionen. Baden-Baden: Nomos
Harris, Marvin (1989): Kulturanthropologie. Frankfurt am Main/ New York: Campus
Harris, Marvin (1990): Kannibalen und Könige. Die Wachstumsgrenzen der Hochkulturen. Stuttgart: Klett-Cotta
Harris, Marvin (1991): Menschen. Wie wir wurden, was wir sind. Stuttgart: Klett-Cotta
Harris, Marvin (1993): Fauler Zauber. Unsere Sehnsucht nach der besseren Welt. Stuttgart: Klett-Cotta
Hodgson, Geoffrey M. (1993): Economics and Evolution. Bringing Back Life into Economics. Cambridge/ Oxford: The Polity Press
Hodgson, Geoffrey M. (1999): Evolution and Institutions. On Evolutionary Economics and the Evolution of Economics. Cheltenham (UK)/ Northampton (MA, USA): Edward Elgar
Kersting, Wolfgang (1992): Thomas Hobbes zur Einführung. Hamburg: Junius
Lévi-Strauss, Claude (1967): Strukturale Anthropologie I. Frankfurt am Main: Suhrkamp
Lévi-Strauss, Claude (1985): Der Blick aus der Ferne. München: Fink

Lorenz, Konrad (1977): Die Rückseite des Spiegels. Versuch einer Naturgeschichte menschlichen Erkennens. München: Deutscher Taschenbuch Verlag
Lorenz, Konrad (1978): Vergleichende Verhaltensforschung. Wien/ New York: Sprenger
Masters, Roger (1988): Evolutionsbiologie, menschliche Natur und Politische Philosophie. In: Meier (Hg.) (1988): 251-289
Maturana, Humberto R./ Varela, Francisco J. (1987): Der Baum der Erkenntnis. Die biologischen Wurzeln des menschlichen Erkennens. Bern/ München/ Wien: Scherz
Mauss, Marcel (1989): Soziologie und Anthropologie 2. Gabentausch, Soziologie und Psychologie, Todesverantwortung, Körpertechniken, Begriff und Person. Frankfurt am Main: Fischer Taschenbuch Verlag
Mayntz, Renate/ Holm, Kurt/ Hübner, Peter (1969): Einführung in die Methoden der empirischen Soziologie. Opladen: Westdeutscher Verlag
Meier, Heinrich (Hg.) (1988): Die Herausforderung der Evolutionsbiologie. In: Meier (Hg.) (1988): 7-18
Meier, Heinrich (Hg.) (1988): Die Herausforderung der Evolutionstheorie. München: Piper
Meleghy, Tamás (1996): Der Mensch als biologische tabula rasa. In: erziehung heute. Heft 4. 9-12
Meleghy, Tamás (1997): Analyse sozialen Verhaltens – Soziologie und Biologie. In: Meleghy/ Niedenzu u.a. (Hg.) (1997): 57-65
Meleghy, Tamás (2001): Soziologie als Sozial-, Moral- und Kulturwissenschaft. Untersuchungen zum Gegenstandsbereich, zur Aufgabe und Methode der Soziologie auf Grundlage von Karl Poppers „Evolutionärer Erkenntnistheorie". Berlin: Duncker und Humblot
Meleghy, Tamás/ Niedenzu, Heinz-Jürgen u.a. (Hg.) (1997): Soziologie im Konzert der Wissenschaften. Opladen: Westdeutscher Verlag
Meleghy, Tamás/ Niedenzu, Heinz-Jürgen (Hg.) (2003): Institutionen. Entstehung – Funktionsweise – Wandel – Kritik. Innsbruck: Leopold-Franzens-Universität Innsbruck
Meyer, Peter (2003): Universale soziale Institutionen: Evolutionäre Fundamente menschlichen Sozialverhaltens. In: Meleghy/ Niedenzu (Hg.) (2003): 13-32
Michels, Robert (1949): Political parties. New York: The Free Press
Miller, James C.. (1978): Living systems. New York: McCraw-Hill
Miller, James C. (1986): Can Systems Theory Generete Testable Hypothesis? From Talcott Parsons to Living Systems Theory. In: Systems Research 3. 73-84
Morel, Julius (1977): Enthüllung der Ordnung. Grundbegriffe und Funktionen der Soziologie. Innsbruck/ Wien/ München: Tyrolia
Morel, Julius (1986): Ordnung und Freiheit. Die soziologische Perspektive. Innsbruck/ Wien: Tyrolia
Morel, Julius (2001): Die Soziologie und die Soziologien. In: Morel u.a. (2001): 307-328
Morel, Julius u.a. (2001): Soziologische Theorie. Abriß der Ansätze ihrer Hauptvertreter. München/ Wien: Oldenbourg (7.Auflage)
Morris, Desmond (1990). Der nackte Affe. München: Knaur
Opp, Karl-Dieter (1970): Methodologie der Sozialwissenschaften. Reinbek bei Hamburg: Rowohlt
Oppitz, Michael (1975): Notwendige Beziehungen. Abriß der strukturalen Anthropologie. Frankfurt am Main: Suhrkamp
Parsons, Talcott (1975): Gesellschaften. Evolutionäre und komparative Perspektiven. Frankfurt am Main: Suhrkamp
Parsons, Talcott/ Shils, Edward u.a. (Hg.) (1965): Theories of Society. Foundation of Modern Sociological Theory. New York: The Free Press/ London: Macmillan
Popper, Karl R. (1959): The Logic of scientific Discovery. London: Hutchison
Popper, Karl R. (1969): Das Elend des Historizismus. Tübingen: Mohr, 2. Aufl.
Popper, Karl R. (1970): Die Logik der Sozialwissenschaften. In: Adorno u.a. (1970): 103-123
Popper, Karl, R. (1971): Logik der Forschung. Tübingen: Mohr, 4. verb. Aufl.
Popper, Karl R. (1973): Objektive Erkenntnis. Hamburg: Hoffman und Campe

Popper, Karl R. (1975): Die offene Gesellschaft und ihre Feinde. II. Falsche Propheten. München: Franke, 4. Aufl.
Popper, Karl R. (1979): Ausgangspunkte. Meine intellektuelle Entwicklung. Hamburg: Hoffman und Campe
Prim, Rolf/ Tilmann, Heribert (1979): Grundlagen einer kritisch-rationalen Sozialwissenschaft. Heidelberg: Quelle & Meyer
Rathmayr, Bernhard (1969): Das Tier im Menschen. In: erziehung heute. Heft 4. 17-22
Runciman, Walter G. (1989): A Treatise on Social Theory. Vol. II: Substantiv Social Theory. Cambridge/ New York u.a.: Cambridge University Press
Schütz, Alfred (1974): Der sinnhafte Aufbau der sozialen Welt. Eine Einleitung in die verstehende Soziologie. Frankfurt am Main: Suhrkamp
Seiffert, Helmut (1980): Einführung in die Wissenschaftstheorie. Band I: Sprachanalyse. Deduktion, Induktion in Natur- und Sozialwissenschaften. München: Beck
Spencer, Herbert (1965): The Nature of Society. In: Parsons/ Shils u.a. (Hg.) (1965): 139-143
Spencer, Herbert (1967): Die Evolutionstheorie. In: Dreitzel (Hg.) (1967): 121- 132
Stegmüller, Wolfgang (1969): Probleme und Resultate der Wissenschaftstheorie und Analytischen Philosophie. Band I: Wissenschaftliche Erklärung und Begründung. Berlin/ Heidelberg/ New York: Springer
Stegmüller, Wolfgang (1970): Probleme und Resultate der Wissenschaftstheorie und Analytischen Philosophie. Band II: Theorie und Erfahrung. Berlin/ Heidelberg/ New York: Springer
Steinert, Heinz (1973): Symbolische Interaktion. Stuttgart: Klett
Turner, Jonathan H. (1985): Herbert Spencer. Bevery Hills/ London/ New Dehli: Sage
Ullman-Margalit, Edna (1977): The Emergence of Norms. Oxford: University Press
Vannelli, Ron (2001): Evolutionary theory and human nature. Boston u.a.: Kluwer Acad. Publ.
Weber, Max (1968): Gesammelte Aufsätze zur Wissenschaftslehre. Tübingen: Mohr
Weber, Max (1972): Wirtschaft und Gesellschaft. Grundriß der verstehenden Soziologie. Tübingen: Mohr
Wickler, Wolfgang/ Seibt, Uta (1977): Das Prinzip Eigennutz. Ursachen und Konsequenzen sozialen Verhaltens. Hamburg: Hoffman und Campe
Wiese, Leopold von (1956): Das Soziale im Leben und im Denken. Köln/ Opladen: Westdeutscher Verlag
Wieser, Wolfgang (1996): Biologische und soziologische Determinanten menschlichen Verhaltens. In: erziehung heute. Heft 4. 23-28
Wilson, Edward O. (1975): Sociobiology. Cambridge (Mass.)/ London (UK): The Belknap Press of Harvard University Press

Biotische und kulturelle Evolution: Eigengesetzlichkeit und Interdependenz[*]

Gerhard Vowinckel

Interdisziplinäres Forschen gehört zu den Dingen, die in den Wissenschaften vom Menschen am eifrigsten befürwortet und am konsequentesten vernachlässigt werden. Und das ist kein Wunder, denn es zahlt sich gewöhnlich nicht aus. Gruppendynamik macht vor den Wissenschaften nicht Halt. Jedes Fach hat seine Chauvinisten. Sie sammeln sich um die Fahne der facheigenen Erklärungsansprüche, verteidigen, was sie für ihr exklusives Territorium halten, verjagen Eindringlinge und exkommunizieren Verräter.

Das galt und gilt insbesondere im Verhältnis zwischen den Sozialwissenschaften und der Biologie. Das Territorium, um das gestritten wird, ist das Verhalten von Menschen zu Menschen. In den siebziger Jahren hatten die Sozialwissenschaften im Kampf um die Gunst des Publikums die Oberhand. Milieutheoretische Dogmatiker erklärten, menschliches Verhalten sei nichts als das Ergebnis individuellen Lernens unter aktuellen gesellschaftlichen Lebensbedingungen. Seither hat sich die Publikumsgunst von den Sozialwissenschaften, namentlich der Soziologie, abgewandt. Erklärungen, die menschliches Verhalten durch nichts als die Gene bestimmt sehen, sind in Mode gekommen. Wie in den siebziger Jahren so auch heute verhilft die Gunst des Publikums den 'nichts-als'-Erklärungen und ihren Verfechtern, den 'Nichts-als-isten' zur Vorherrschaft – nicht nur in den Feuilletons, sondern oft auch in der Wissenschaft. Die Pop-Soziologie der siebziger Jahre hat ihr Gegenstück in der Pop-Biologie von heute. Der Zeitgeist schwankt zwischen These und Antithese hin und her und verfehlt den Schritt vorwärts zu einer weiterführenden Synthese.

Eine solche Synthese kann freilich nicht darin bestehen, dass das strittige Territorium parzelliert wird und jeder auf seiner Parzelle für sich wirtschaftet. Friedliebende Zeitgenossen haben, um den leidigen Streit um *nature or nurture* z.B. bei der Erklärung von Intelligenz zu schlichten, gelegentlich fifty-fifty oder andere Relationen von *nature* zu *nurture* als Kompromissformeln vorgeschla-

---

[*] Der Autor dankt Prof. Dr. Karlheinz Messelken für die kritische Durchsicht des Manuskripts und wertvolle Verbesserungsvorschläge.

gen. Der David des Michelangelo macht die unsinnigen Implikationen sowohl des Entweder-oder als auch der gut gemeinten Kompromissformeln deutlich. Die Skulptur ist aus Marmor und insofern offenbar Gegenstand der Mineralogie. Sie ist aber auch ein Kunstwerk und insofern Gegenstand der Kunstgeschichtsschreibung. Würde nun jemand behaupten, der David des Michelangelo sei zu achtzig Prozent Kunstwerk und zu zwanzig Prozent Marmor, dann spränge uns der Unsinn einer solchen Aussage förmlich ins Gesicht. Augenscheinlich, würden wir antworten, ist die Skulptur zu hundert Prozent aus Marmor und zugleich insgesamt, also zu hundert Prozent ein Kunstwerk. Die Zuständigkeiten des Mineralogen und die des Kunsthistorikers schließen einander in keiner Weise aus. Sie stehen aber auch nicht unverbunden nebeneinander, so dass den einen nicht anginge, was der andere zu sagen hat. Wer das Kunstwerk beurteilen will, kann das nicht, ohne etwas von den Eigenschaften des Werkstoffes zu wissen, aus dem es gemacht ist.

In diesem Gleichnis des Verhältnisses von Verhaltensbiologie und Sozialwissenschaften stehen Michelangelo für die kulturelle Überlieferung und der Marmor für die Angehörigen der Spezies *homo sapiens*. Die Skulptur steht für das durch kulturelle Überlieferungen geformte Verhalten der *homines sapientes*. Ebenso wie der Marmor besteht auch der Werkstoff, den Kultur modelliert, zu hundert Prozent aus Natur und er bleibt Natur. Menschen gehören auch dann noch zur Spezies *homo sapiens*, wenn sie sozialisiert sind. Ebenso wenig wie der Marmor in der Bearbeitung durch den Künstler eine Transsubstantiation erfährt, ebenso wenig werden Menschen durch das Hineinwachsen in Kultur zu etwas anderem als Naturwesen.

Wie anders aber könnte eine weiterführende Synthese aussehen? Wie lassen sich die Beobachtungen der verschiedenen Fächer und die sie deutenden Theorien so miteinander verbinden, dass aus dem Nebeneinander scheinbar konkurrierender Erklärungsansätze ein sinnvolles Ganzes wird? Im Folgenden werden die Bioevolution, die psychische Entwicklung menschlicher Individuen und die kulturelle Evolution überlieferbaren Wissens als drei Prozesse der Informationsgewinnung gedeutet, die jeweils eigenen Gesetzen gehorchen. Gleichzeitig sind sie aber aufs Engste miteinander verbunden. Die jeweils aktuellen Entwicklungsstände jedes der drei Prozesse, die Genome, die Psychen, die Institutionen und gesellschaftlich kursierenden Denkmittel gehören für die jeweils anderen Prozesse zur Umwelt, über die Information gewonnen wird. Die Selektionen der Umwelt aber sind es, die jedem der drei Prozesse die Richtung geben. Ein Großteil der Schwierigkeiten der zwischenfachlichen Verständigung erwächst aus der Schwierigkeit, den Gedanken der Autonomie operativ geschlossener Systeme mit dem Gedanken der Interdependenz dieser Systeme zu verbinden und dabei nicht ständig die Systemreferenzen durcheinander zu bringen.[1]

1 Biologisches Erklären

Biologen deuten Verhalten mit Hilfe der weiterentwickelten Darwinschen Evolutionstheorie. Sie erklärt nicht die Entstehung, aber den Fortbestand und die Ausbreitung genetischer Information. Beim Verhalten ist das diejenige Information, die im Organismus bestimmte Bedürfnisse anlegt sowie Verhaltensweisen einschließlich ihrer lebensgeschichtlichen Entwicklungsmöglichkeiten zur Befriedigung dieser Bedürfnisse. Die Theorie führt Veränderungen der Organismen zurück auf zufällige Variationen ihrer DNS-kodierten Baupläne und die Umweltbedingungen, unter denen sie leben und sich fortpflanzen. Baupläne, genauer gesagt, Elemente der Baupläne von Individuen, die unter aktuellen Umweltbedingungen mehr Nachkommen hinterlassen, breiten sich im Genpool aus und bestimmen die Eigenschaften der Individuen der nachfolgenden Generationen.

Die Darwinsche Fitness, gemessen an der Zahl überlebender Nachkommen ist Erfolgskriterium und Richtunggeber der Bioevolution. Man muss sich klarmachen, dass die Merkmale heute lebender Organismen auf dem Fortpflanzungserfolg ihrer Vorfahren beruhen. Sie sind angepasst an vergangene Lebensbedingungen, nicht notwendig an gegenwärtige. Das gilt besonders für Angehörige der menschlichen Spezies. Bioevolutionäre Entwicklungen verlaufen langsam, im Zeittakt des Generationswechsels, bei Menschen mit einem Generationsabstand von etwa 30 Jahren. Anpassungen an veränderte Umweltbedingungen sind daher von der Bioevolution nur mit großer zeitlicher Verzögerung zu erwarten.

Intelligenz oder Lernfähigkeit ermöglichen jedoch vielen Organismen lebenszeitliche Verhaltensanpassungen, die bei Menschen Gegenstand der Psychologie sind. Vom ersten Lebenstag an sammelt ein Kind Erfahrungen mit seiner aktuellen Umwelt. Aus dem heraus, was ihm an vorprogrammierten Wahrnehmungs- und Verhaltensschemata mitgegeben ist, konstruiert es ein gedankliches Modell seiner Umwelt, an dem es sein Verhalten orientiert. Mit der Entwicklung der Symbolfunktion gewinnt es Anschluss an den Strom kollektiver Überlieferungen. Kulturelle Information wird freilich nicht durch die Übertragung von Gehirn zu Gehirn weitergegeben, sondern sie muss vom Organismus in kognitiver Eigenarbeit rekonstruiert werden. Was andere Menschen tun und sagen, was in den Büchern steht und die Erzeugnisse der materiellen Kultur sind für die

---

1 In den folgenden Text sind geringfügig überarbeitete 'Module' aus G. Vowinckel 1995; 1996; 2001 eingegangen.

kognitive Entwicklung eines Menschen Umwelt und Gegenstand seiner autonomen Anpassung.

Je schlichter ein Organismus organisiert ist, desto starrer ist sein Verhalten vorprogrammiert und desto schematischer ist es an auslösende Bedingungen in der Umwelt gebunden. Das Weltbild eines ausschließlich durch angeborene Auslösemechanismen (AAM, K. Lorenz 1973: 77) gesteuerten Tieres bestünde aus den Verhaltensappellen, die von den Gegenständen seiner durch die vorprogrammierten Auslösemechanismen ermöglichten und auf sie begrenzten Erfahrung ausgehen. Je höher ein Organismus entwickelt ist, desto flexibler kann er sein Verhalten kognitiv reorganisieren und desto differenzierter und treffsicherer kann er Gegebenheiten seiner Umwelt berücksichtigen. Starre, irreversible sensumotorische Abläufe werden in Elemente zerlegt und durch Handlungen höherer Ordnung – intelligent – neu zusammengesetzt und organisiert (P. Leyhausen 1965).

Die Zerlegung komplexer instinktiver Verhaltensabläufe in ihre Elemente und ihre zweckmäßige kognitive Rekombination erfordert die Differenzierung der Elemente in zwei mehr oder weniger deutlich unterschiedene Klassen, diejenigen Elemente, auf die es ankommt, und diejenigen Elemente, die lediglich Mittel zum Zweck sind, dem Zweck nämlich, diejenigen Handlungen zu ermöglichen, auf die es ankommt. Verhaltensbiologen unterscheiden Appetenzverhalten und zielbildende Endhandlungen (K. Lorenz 1973: 84). Appetenzverhalten hat in sich geringen, gar keinen oder sogar negativen Belohnungswert. Es tritt gewöhnlich nur zur Anbahnung zielbildender Endhandlungen auf. Auf letztere kommt es dem Organismus an; um sie herbeizuführen, reorganisiert er sein Appetenzverhalten.

Bei Menschen hat Appetenzverhalten einen Umfang und eine Entwicklungsfähigkeit durch Selbstorganisation angenommen wie bei keiner anderen Tierart. Vorwiegend auf dem Feld des Appetenzverhaltens vollzieht sich die Entwicklung der Intelligenz, derjenigen Denkmittel, mit deren Hilfe wir unsere Wirklichkeit und unsere Handlungen konstruieren. Den Rahmen gibt die organische Reifung vor. Am Anfang stehen vorprogrammierte sensumotorische Schemata oder Instinkthandlungen. Mit der Anpassung der vorprogrammierten sensorischen und motorischen Schemata aneinander und an die Gegebenheiten der Umwelt entwickelt sich zuerst die sensumotorische Intelligenz (J. Piaget 1973a: 261). Mit der Entwicklung der Symbolfunktion geht dann die intelligente Selbstorganisation des Handelns mehr und mehr vom praktischen zum kognitiven Experimentieren über. Wenn das Anregungsmilieu sie entsprechend herausfordert, kann sich die Intelligenz weiterentwickeln bis hin zur formaloperatorischen Stufe, auf der das Denken sich ganz von der anschaulichen Wirklichkeit löst und mit virtuellen Realitäten zu 'hantieren' beginnt. Im Verlauf dieser Entwicklung verändern sich stufenweise unsere Begriffe von der 'äußeren' Wirklichkeit und mit ihnen unser Handeln. Sie lösen sich von den sensumotorischen Vollzügen, von räumlicher und zeitlicher Standortgebundenheit, werden realistischer und theoretischer und damit flexibler, differenzierter und weiter vorausschauend.

Biologen erklären die Ausbreitung von Genen damit, dass diese ihre Träger *fitter* gemacht haben, besser angepasst an die Überlebensbedingungen als die Konkurrenten im Fortpflanzungsgeschäft. Gemessen aber wird die Fitness an der Ausbreitung der Gene. Offensichtlich haben wir hier eine tautologische Erklärung vorliegen und damit, angesichts der verbreiteten Geringschätzung von Tautologien, ein Problem. Wir werden weiter unten darauf zurückkommen.

2 Psychologisches Erklären

Psychologen benutzen Entwicklungs- oder Lerntheorien um zu erklären, wie Menschen im Laufe ihres Lebens mehr oder weniger dauerhafte Muster des Denkens, Fühlens und Handelns herausbilden. Dieser Prozess wird gesteuert durch die Erfolge und Misserfolge ihres spontanen Verhaltens unter aktuellen Umweltbedingungen. Die Verzögerung, mit der der Handelnde sein Verhalten den Gegebenheiten der Umwelt anbequemt, ist kurz. Für einfache Anpassungen genügen Sekunden, kompliziertere brauchen Jahre. Die Kriterien für Erfolg und Misserfolg sind in Gestalt von Bedürfnissen oder Neigungen vorprogrammiert, aber, wie alles andere, entwicklungsfähig. Sie lassen sich zusammenfassen im Begriff der *Lust*, für den die verschiedenen psychologischen Schulen jeweils ihre eigenen Bezeichnungen haben.

Die elementaren Antriebe der Menschen, ihre Neigungen und Abneigungen, ihre Bedürfnisse, Leidenschaften und Begierden, mit anderen Worten: die zielbildenden Endhandlungen, die ihrem gesamten Handeln und vor allem auch ihrem Lernen die Richtung(en) geben, sind durch die Bioevolution vorprogrammiert. Sie sind demnach ausgelesen nach dem Kriterium des Fortpflanzungserfolges. Das heißt: Unter den Bedingungen ihrer bioevolutionären Auslese haben sie zum Fortpflanzungserfolg beigetragen. Ob sie das unter völlig gewandelten Lebensbedingungen immer noch tun, ist jedoch fraglich. Einige Soziobiologen sehen die Organismen einschließlich der Menschen vom 'Egoismus der Gene', einer Art Fitnessmaximierungstrieb beherrscht. Sie verwechseln dabei zum einen Motive mit Funktionen und zum anderen gegenwärtige mit vergangenen Funktionen.

Die wirklichen Egoismen oder Antriebe menschlicher Organismen sind ein Produkt des sogenannten Egoismus der Gene,[2] üben aber nicht dessen 'imperatives Mandat' aus. Sobald ein Mensch geboren ist, genau genommen schon von der Zeugung an, ist für seine Person die Bioevolution zu Ende und damit der Prozess, der durch Fitnessvorteile, durch den 'Egoismus der Gene' gesteuert wird. Die Produkte dieses Prozesses, seine vorprogrammierten Neigungen und Bedürfnisse sind danach nur noch 'ihrem eigenen Gewissen verantwortlich'. Das soll heißen, sie dienen nur noch der eigenen Befriedigung. Ob sie dabei noch immer der Fitness dienen, hängt ab von den aktuellen Lebensbedingungen. Das Auslesekriterium der Bioevolution ist kein Entscheidungskriterium für die Lebewesen, die aus dieser Bioevolution hervorgegangen sind.

Die Fitness, der Erfolg in der Bioevolution, lässt sich durch Zählen der Nachkommen eindeutig bestimmen. Menschliche Bedürfnisse hingegen sind außerordentlich vielfältig. Sie haben nicht einmal einen gemeinsamen Nenner. Ich kann durch Schlafen nicht meinen Hunger stillen und durch Essen nicht mein Schlafbedürfnis. Oberbegriffe wie „Lust" und „Leid" täuschen leicht darüber hinweg, dass es ganz unterschiedliche Arten von Bedürfnissen gibt, deren Befriedigungen untereinander nicht konvertierbar sind. Es ist eine der Funktionen der sich entwickelnden Intelligenz, die Bedürfnisse und ihre Befriedigungen so zu ordnen, dass sie untereinander und mit den sozialen und materiellen Lebensbedingungen möglichst wenig kollidieren.

Psychologen erklären die Entwicklung des Verhaltens so, dass Menschen unter den zugänglichen Alternativen diejenige wählen, die mehr Lust (weniger Leid) verspricht. Dass dieses Verhalten lustvoller erscheint, lesen sie daran ab, dass es den Alternativen vorgezogen wird. Offensichtlich haben wir hier eine tautologische Erklärung vorliegen und damit, angesichts der verbreiteten Geringschätzung von Tautologien, ein Problem. Wir werden weiter unten darauf zurückkommen.

3 Soziologisch-kulturwissenschaftliches Erklären

Von der Bildung sozialer Systeme können wir in dem Maße sprechen, wie sich gesellschaftliche Handlungsstrukturen, begünstigt durch die mittelbaren Interessen und die Macht dritter, gegenüber den unmittelbaren Interessen und der Willkür einzelner verselbständigen. Soziale Systeme entstehen, überdauern und wandeln sich in einer Umwelt von Menschen. Sie bestehen, indem und solange sie

---

2 Um sinnvoll von 'Egoismus' sprechen zu können, braucht es einen Handelnden, der mindestens zwei Entscheidungsalternativen hat und davon die günstigere vorzieht. Im Unterschied zu Menschen haben Gene keine Alternativen. Für die bioevolutionäre Auslese *sind* sie die Alternativen.

das Handeln der Menschen bestimmen. Dazu müssen sie sich den Interessen der Menschen anbequemen, allerdings nicht den Interessen Einzelner oder der Mehrheit, sondern der Figuration oder dem Kräftefeld der Individual- und Gruppeninteressen. Interessen kommen darin mit dem Gewicht der Macht zur Geltung, die sie zu ihrer Durchsetzung aufbieten können.[3] Soziale Systeme sind ihrer menschlichen Umwelt umso besser angepasst, je besser sie die unterschiedlichen machtgestützten Interessen in ein Gleichgewicht bringen, das heißt, je mehr allgemeine Unterstützung sie mobilisieren und je weniger Widerstand sie provozieren. Richtunggeber soziokultureller Evolution ist also eine Gleichgewichtstendenz im Feld sozialer Kräfte.

Soziale Systeme passen sich den machtgestützten Interessen der Menschen und Gruppen von Menschen an, die die Umwelt bilden, in der sie bestehen oder vergehen. Das bedeutet jedoch nicht, dass sich diejenigen Systeme durchsetzen, die diesen Interessen am besten entsprechen. Zum einen lässt sich so etwas wie ein Optimum nach Art des größtmöglichen Glückes der größtmöglichen Zahl (J. Bentham) gar nicht bestimmen, denn die Interessen verschiedener Interessenten sind ebenso wenig kommensurabel wie mein und dein Schmerz. Zum anderen setzen sich in der sozialen Evolution nicht selten solche Handlungssysteme durch, die den Interessen (fast) aller Beteiligten abträglich sind, während Handlungssysteme, die (beinahe) allen Vorteile bringen, sich nicht durchsetzen können, weil sie evolutionär nicht stabil sind. Das lehrt ein Blick auf manche Dauerkrisenregion der Weltpolitik oder auf die Klimaschutzpolitik und das erklären etwa die spieltheoretischen Untersuchungen zum Gefangenendilemma (vgl. R. Axelrod 1988).

Der Evolutionsbegriff wird von den Soziologen schon ebenso lange benutzt wie von den Biologen. Anders als in der Biologie ist er jedoch in der Soziologie nicht zum unbestritten dominierenden Denkmittel geworden. Da er vielfach mit der Idee einer einsinnigen Entwicklung zum 'Höheren', Differenzierteren und Komplexeren verknüpft ist, wird er heute von vielen als in erster Linie biologisches Denkmodell angesehen, dessen Anwendung auf sozialgeschichtliche Entwicklungen Analogien von begrenzter Brauchbarkeit hervorbringt. Vielleicht aber lässt sich die Brauchbarkeit steigern, indem man gedankliche Verfeinerungen des Modells aus der Biologie in die soziologische Betrachtung überträgt.

---

3 *Macht* wird allgemein verstanden als *Chance, das Verhalten anderer eigenen Zwecken dienstbar zu machen*. Diese Chance erwächst aus *Machtmitteln*. Als *Machtmittel* bezeichne ich hier jede Chance eines Menschen, den Interessen anderer durch eigenes Handeln zu dienen oder zu schaden. Die Macht des einen erwächst also aus den Interessen des anderen. In diesem Sinne hat jeder Macht, dessen Tun und Lassen für andere nicht gänzlich gleichgültig ist.

Die biologische Evolutionstheorie unterscheidet zwischen dem Schicksal der genetischen Information und dem Schicksal des individuellen Organismus, in dem sich jene vorübergehend verwirklicht. Die Individuen sterben, nur ihre genetische Information lebt weiter – in ihren Nachkommen. In gleicher Weise kann man bei der kulturellen Evolution menschlicher Gesellungsformen zwischen der Information, dem überlieferten Wissen und seinen vorübergehenden Verwirklichungen in sozialen Strukturen unterscheiden. Familien, Dörfer, Betriebe und Staaten gehen unter, lösen sich auf oder verändern sich bis zur Unkenntlichkeit, die Erfahrungen der Menschen jedoch, ihr Wissen über Menschen und die institutionelle Organisation ihres Zusammenlebens überdauern in der kulturellen Überlieferung ihre vorübergehenden Verwirklichungen.

Die Gesamtheit der umlaufenden genetischen Information, die in den Organismen zur Erscheinung kommen kann, wird Genpool genannt. Der Genpool hat dort seine Grenzen, wo der Austausch genetischer Information endet. Ebenso lässt sich die Grenze menschlicher Gesellschaft bestimmen als Grenze möglicher Kommunikation. Rezessive genetische Information kann Generationen überdauern ohne sich in den Merkmalen der Trägerorganismen auszuwirken. Auch kulturelle Überlieferungen können, besonders gut in schriftlicher Form, Zeiten überdauern und Räume überbrücken, ohne sich in sozialen Strukturen zu realisieren. Man denke etwa an Humanismus und Renaissance, die antiken Überlieferungen zu neuer gesellschaftlicher Wirkung verhalfen. Auch in Werken der materiellen Kultur, in Bauten, Werkzeugen usw. steckt kulturelle Information, die von der Nachwelt entschlüsselt werden kann.

Überlebende der Bioevolution sind die Gene, nicht die Genome. Es überleben nicht vollständige Pläne für den Bau eines Organismus, sondern Elemente solcher Pläne. Individuen sind historisch einmalige Kombinationen solcher Elemente. Ebenso verhält es sich mit kulturellen Überlieferungen. Soziale Strukturen, in denen sie zur Geltung kommen, sind einmalige Kombinationen von überliefertem Wissen vielfältiger Herkunft. Sie schöpfen den Fundus dieses Wissens, den sozialkulturellen Informationspool, bei weitem nicht aus.

Da sozialkulturelle Information und die sozialen Strukturen, in denen sie wirksam wird, nicht dasselbe Schicksal haben, ist es wenig sinnvoll, sie miteinander zu identifizieren. Das aber tun wir, wenn wir von *der* Kultur der Deutschen, Türken, Araber usw. sprechen. Genau genommen gibt es auf der Erde keine Kultur, von der wir unter Verwendung des bestimmten Artikels sprechen können, ausgenommen vielleicht bei Menschen, die auf unentdeckten Südseeinseln, in von der Außenwelt abgeschnittenen Bergtälern oder in den Tiefen des tropischen Regenwaldes leben, die also vom Austausch mit anderen Menschen völlig abgeschnitten sind. Von solchen Ausnahmen – wenn es sie noch gibt –

einmal abgesehen, ist alle menschliche Kultur sozusagen *multi*kulturell. Die Überlieferungen von Arabern, Türken und Deutschen stehen sogar in besonders enger Verbindung.

Die Psychogenese ist durch den Tod eines Menschen zeitlich genau begrenzt. Biotische und kulturelle Evolution hingegen sind zeitlich offene Prozesse. Mit dem Generationswechsel lässt sich so etwas wie ein ungefährer Zeittakt angeben, mit dem sich bioevolutionäre Veränderungen vollziehen können. Das ist bei der kulturellen Evolution nicht möglich. Jedenfalls können sich Veränderungen rascher vollziehen als in der Bioevolution. Die Geschwindigkeit des Wandels hat sich in modernen Gesellschaften stark erhöht und nimmt im Zeitalter der Globalisierung immer weiter zu. Allerdings kranken alle Überlegungen zur Reaktionsgeschwindigkeit biogenetischer, psychogenetischer und „tradigenetischer" (Chr. Vogel/ E. Voland 1986) Anpassungsprozesse an der Schwierigkeit festzustellen, was eine 'bedeutende' Veränderung ist.

Als Soziologen erklären wir den Wandel sozialer Institutionen, Geltungsgewinn und -verlust, Ausbreitung und Verschwinden kultureller Information als Anpassung an die Interessen- und Machtkonstellationen in einer Umwelt genetisch vorprogrammierter und kulturell geprägter Menschen. Bessere und schlechtere Anpassung lesen wir ab an steigender und sinkender Geltung oder Verbreitung solcher sozialen Tatsachen. Offensichtlich haben wir hier eine tautologische Erklärung vorliegen und damit, angesichts der verbreiteten Geringschätzung von Tautologien, ein Problem. Wir werden darauf zurückkommen.

4 Eigengesetzlichkeit und Interdependenz der Erklärungsebenen

Wir haben nun die drei Arten von Information beisammen, die menschliches Verhalten steuern: die biogenetischen Vorprogrammierungen, die kulturellen Überlieferungen und die individuell selbst gemachten Erfahrungen der Menschen. Jede dieser drei Arten von Information wird nach einem eigenen Kriterium ausgelesen. Die genetische Information setzt sich durch wegen der Vorteile, die sie ihren Trägern in der Fortpflanzungskonkurrenz verschafft, die kulturelle auf Grund ihrer überlegenen Fähigkeit, Interesse und Macht zu mobilisieren, die individuelle wegen ihres höheren subjektiven Belohnungswertes. Jeder der drei Prozesse der Informationsauslese hat seinen eigenen Mechanismus und seine eigene Anpassungsgeschwindigkeit. Jede Veränderung auf einer der drei Steuerungsebenen, der biotischen, der psychischen und der sozialen, verändert die Umwelt und damit die Auslesebedingungen für die jeweils anderen Steuerungsebenen. Die Prozesse verlaufen in unauflöslicher Abhängigkeit voneinander. Gleichwohl handelt es sich um eigengesetzliche Prozesse. Die Auslesedrücke der Bioevolution, der Ontogenese und der kulturellen Evolution lenken die Entwicklung des Verhaltens in unterschiedliche, mitunter entgegengesetzte Richtungen.

Die unauflösbare Interdependenz biotischer, psychischer und sozialer Prozesse führt zu ständigen Wechselwirkungen. So steuern biogenetisch vorprogrammierte Auswahlkriterien (Bedürfnisse, Neigungen, Gefühle) die bewertenden Aspekte, vorprogrammierte Lernfähigkeiten die kognitiven Aspekte der ontogenetischen Entwicklung menschlichen Verhaltens. Die so prädisponierten Menschen nehmen vom ersten Lebenstag an teil an gesellschaftlichen Austauschprozessen, setzen sozialen Zwängen einen mehr oder weniger erfolgreichen Widerstand entgegen, nutzen Spielräume und werden so zu Selektionsfaktoren der kulturellen Evolution, während zugleich die Spielräume und Zwänge ihrer gesellschaftlichen Umwelt als Auslesebedingungen für die Entwicklung ihres individuellen Verhaltens fungieren, denn die Verhaltensdispositionen der Menschen hängen nicht nur ab von den Vorprogrammierungen, sondern auch von den u.a. sozialen Lebensbedingungen, die das Anregungs- und Auslesemilieu ihrer epigenetischen Entfaltung bilden. Diese Lebensbedingungen sind in einer Weise strukturiert, die Ergebnis kultureller Evolution ist. Die durch Gene und Umwelt geformten Menschen haben mehr oder weniger oder gar keine Kinder und dadurch einen mehr oder weniger großen Anteil am Ausgangsmaterial für die nächste Runde der Bioevolution. Menschen durchlaufen kraft Zuweisung oder Erwerb unterschiedliche Positionen in den sozialen Strukturen. Diese Strukturen stellen Chancenstrukturen dar für den Zugang zu Fortpflanzungspartnern und sie steuern das generative Verhalten, wodurch sie wiederum als Selektionsfaktoren in die Bioevolution eingreifen usw.

Biotische und kulturelle Evolution: Eigengesetzlichkeit und Interdependenz 157

Übersicht 1: Biogenese, Psychogenese und Soziogenese der menschliches Sozialverhalten steuernden Information und ihre Wechselwirkungen

	Artgeschichtliche Evolution genetischer Information	*Lebensgeschichtliche Entwicklung des individuellen Habitus*	*Sozialgeschichtliche Evolution kultureller Überlieferungen*
Prozess	biotische Evolution von Verhaltensanlagen und Entwicklungspotentialen	psychische Entwicklung von Neigungen und Verhaltensrepertoires	kulturelle Evolution von sozialen Strukturen und Verhaltensmustern
Ausgangsmaterial	Zufallsmutationen und Zufallskombinationen genetischer Information	Vorprogrammierte sensumotorische Schemata und ihre zufällige Variation (Versuche)	zufällige Verhaltens'erfindungen' von Individuen, zufällig entstandene Figurationen/ Arrangements der sozialen Beziehungen
Selektion durch	Lebens- u. Überlebensbedingungen der Vorfahren	Lebensbedingungen der individuellen Ontogenese (Ausschaltung von Irrtümern)	Macht und Interessenkonfiguration von Menschen mit vorprogrammierten und sozial geformten Auswahlkriterien
Selektionskriterium	Fortpflanzungserfolg (Fitness)	Lust und Leid	Akzeptanz/ Durchsetzbarkeit im Feld gesellschaftlicher Kräfte
Ergebnisse	genetische Vorprogrammierungen von Auswahlkriterien (Lust u. Leid) und Lernfähigkeiten	mehr oder weniger stabile (soziale) Charakterzüge/ Verhaltensdispositionen/ -techniken	mehr oder weniger stabile soziale Strukturen

5 Tautologien

Ich habe die Weisen, wie Biologen, Psychologen und Soziologen erklären, jeweils tautologisch formuliert: Gene breiten sich aus, weil sie besser als ihre Allele angepasst sind, was man daran erkennt, dass sie sich ausbreiten. Bestimmte Verhaltensweisen werden eher erlernt als andere, weil sie besser belohnt werden, was sich darin zeigt, dass sie erlernt werden. Institutionen setzen sich gegen Alternativen durch, weil sie einer Gleichgewichtstendenz im Feld sozialer Macht besser entsprechen, was man daran ablesen kann, dass sie sich durchsetzen. Wenn jemand von einer wissenschaftlichen Formulierung sagt, sie sei tautologisch oder zirkulär, dann meint er zumeist, sie sei empirisch gehaltlos und darum wertlos. Mir scheint indessen, dass die tautologische Formulierung der Erklärungsprinzipien in den hier besprochenen Wissenschaften den notwendigen Abschluss eines begrifflichen Klärungsprozesses anzeigt.

Bevor wir die biologischen, psychologischen und soziologischen Erklärungsprinzipien allgemein und tautologisch formulieren, erklären wir die genetische Vorprogrammierung einer Nachfolgeprägung bei Enten damit, dass einzelgängerische Entenküken Katzen und Füchsen zum Opfer fallen; wir erklären die kriminelle Karriere eines Zuhälters damit, dass er in einem Milieu aufwuchs, in dem sich kriminelles Handeln lohnte; wir erklären eine geringe Lohnerhöhung als Ergebnis eines Tarifstreits damit, dass die Streikkassen der Gewerkschaften leer waren und die Regierung für Mäßigung Stimmung machte. Wir tun das, obwohl wir wissen, dass bei Enten Fehlprägungen möglich sind, die die Fortpflanzungschancen beeinträchtigen, dass die kriminelle Karriere durch gelegentliche Gefängnisstrafen unterbrochen wurde, dass die gewerkschaftliche Basis streikbereit war, allgemein gesprochen: dass das zu erklärende Ergebnis trotz entgegenwirkender Faktoren zustande kam. Wir sagen, dass der zu erklärende Tatbestand sich ergeben habe, weil die ihn begünstigenden Faktoren gewichtiger waren als die entgegenstehenden, wir formulieren eine Ungleichung.

Damit haben wir unserer Betrachtung der Ereignisfolgen schon eine logisch-mathematische Form unterlegt. Sie macht unsere Verknüpfungen einzelner Ereignisse zu Beispielsfällen einer allgemeinen Gesetzesaussage, in der die zu erklärenden Beobachtungen aus den sie erklärenden Beobachtungen mit (tauto-) logischer Notwendigkeit folgen. Die Notwendigkeit liegt in unseren Begriffen, die wir so arrangieren, in der Zuversicht, damit eine für unsere Erklärungen allgemein brauchbare gedankliche Form gefunden zu haben. Man kann auch sagen, wir haben die Logik der Erklärungen herausgefunden, durch die wir zuvor schon in vielen Einzelfällen Ereignisse gedanklich mit einander verknüpft hatten. Wir haben keine neuen Tatsachen über unseren Untersuchungsgegenstand festgestellt, sondern nur mehr Ordnung in unsere Begriffe gebracht. Wir haben uns mit

Fahrkarten für Schlussfolgerungen (Gilbert Ryle) versehen, genauer gesagt mit Netzkarten (Stephen Toulmin), mit denen wir jeweils in den Netzen der biotischen, der psychischen und der sozialen Tatsachen nach Belieben von Ursachen zu Wirkungen und retour reisen. Die genaue Erstreckung der Netze, für die die biologischen, psychologischen und soziologischen Netzkarten jeweils gültig sind, kennen wir nicht von vornherein. Wir wollen eine bestimmte Reise (Erklärung) mit der soziologischen Netzkarte machen und bekommen zu hören, dass man diese Reise nur mit der biologischen oder psychologischen Netzkarte machen kann. *Nature-nurture*-Streitigkeiten sind immer Auseinandersetzungen über die Gültigkeit der verschiedenen Netzkarten für bestimmte Reisen.

Die tatsächlichen Geltungsbereiche können wir nur empirisch ermitteln, was gerade bei Menschen aus sachlichen wie auch aus forschungsethischen Gründen sehr schwierig ist. Analytisch geben uns die oben formulierten Erklärungsprinzipien klare Abgrenzungskriterien. Biologische Erklärungen gelten, wo es um die Veränderung von Verhaltensdispositionen als Folge von Fitnessdifferenzen geht, psychologische Erklärungen gelten, wo es um Veränderungen individuellen Verhaltens als Folge von Befriedigungsdifferenzen geht, soziologische Erklärungen gelten, wo es um Veränderungen von Institutionen als Folge von Machtdifferenzen geht.

Wenn wir nun die biologischen, psychologischen und soziologischen Erklärungsprinzipien wie oben tautologisch formuliert haben, dann zwingt uns das, unsere Vorbegriffe davon zu revidieren, was eine gelungene Anpassung, was gesellschaftlicher Fortschritt und auch, was persönliche Weiterentwicklung ist. Mit dem Begriff der Evolution verbinden wir landläufig die Idee einer Entwicklung hin zum 'Höheren', zum Komplexeren, Differenzierteren, zu einem verfeinerten Unterscheidungsvermögen und zu einem differenzierteren und ausgedehnteren Repertoire an Handlungsmöglichkeiten. Wenn aber Fortpflanzungserfolg das Maß gelungener Anpassung ist, dann kann auch der Verlust an struktureller Differenziertheit eine gelungene Anpassung sein. Wenn Grottenolme in ihrem Lebensraum für Augen nicht länger Verwendung haben, dann sind die Verkümmerung des Sehorgans und die alternative Verwendung der für Augen erforderlichen Proteine eine evolutionäre Anpassung. Wenn gesellschaftliche Lebensbedingungen dazu führen, dass intelligente Frauen fitnessschädigenderweise beruflich Karriere machen und weniger intelligente sich fitnessdienlich auf Familie und Kinder verlegen, wird Mangel an Intelligenz evolutionär prämiiert.

Wenn wir in der Soziologie von gesellschaftlicher Evolution sprechen, verbinden wir damit häufig die Idee einer einsinnigen Entwicklung vom Primitiven zum Differenzierten.[4] Solange wir das tun, müssen wir Verluste an gesellschaftlicher Differenziertheit geflissentlich ignorieren, wegerklären oder zu ihrer Erklärung die Theorie wechseln. Norbert Elias' Theorie über den Prozess der Zivilisation ist vielfach im Sinne eines solchen Evolutionsbegriffs verstanden worden. Offenkundig hat es nun im zwanzigsten Jahrhundert auf dem von Elias beschriebenen Pfad zu höherer Zivilisation hier und da Rückschritte gegeben. Um die Theorie zu retten, hat man diese Rückschritte – mit durchaus scharfsinnigen Argumenten – in Fortschritte umgedeutet. Verzichten wir nun darauf, mit dem Prozess der Zivilisation die Idee einer einsinnigen Höherentwicklung zu verbinden, dann lassen sich die von Elias benutzten Erklärungsprinzipien ebenso auf Prozesse der 'Entzivilisierung' anwenden – was genau besehen auch Elias schon getan hat.

Wissenschaftlich wird der Evolutionsbegriff dadurch brauchbarer. Allerdings verliert er viel von seiner außerwissenschaftlichen Brauchbarkeit. Die beruht darauf, dass er – im Gewande wissenschaftlicher Objektivität – als Wertbegriff verwendet werden kann. Für diesen Gebrauch wird er untauglich, wenn wir ihn für 'gute' und 'schlechte' Entwicklungen gleichermaßen verwenden.

Auch mit dem psychologischen Entwicklungsbegriff verbinden wir zumeist die Vorstellung eines Fortschreitens zum immer Differenzierteren. In den Theorien der moralischen Entwicklung bei Jean Piaget und Lawrence Kohlberg erscheinen die späteren Stadien sogar als die Stadien eines nicht nur intellektuell, sondern auch moralisch überlegenen Denkens. Darin lag ihre Anziehungskraft z.B. für Jürgen Habermas, der mit ihrer Hilfe die Marxsche Geschichtsphilosophie erneuerte. Aber auch bei diesen psychologischen Theorien vergrößert sich die wissenschaftliche Brauchbarkeit, wenn man das Erklärungsprinzip „gelernt wird, was belohnt wird" nicht durch den heimlichen Zusatz: „und was intelligenter ist" oder gar: „was moralischer ist" einschränkt (zu den kulturevolutionären Vorzügen schlichter Moralbegriffe vgl. G. Vowinckel 1983; 1996).

Eine Klarstellung allerdings wäre in der Formulierung des psychologischen Erklärungsprinzips sinnvoll, nämlich dass es nur gilt, wenn der Lernende selbst belohnt wird und nicht etwa ein anderer. Das würde Klarheit in den oft verwirrenden Gebrauch der Begriffe 'egoistisch' und 'altruistisch' bringen. Unsere begrifflichen Entscheidungen zwingen uns, menschliches Handeln als operativ geschlossenes System zu denken, in dem nicht die Bedürfnisse oder der Nutzen eines anderen das eigene Handeln bestimmen kann. Nur unsere eigenen Motive bestimmen unser Handeln. Ein subjektiv altruistisches Handeln gibt es demnach nicht. Wir wählen *ex definitione* stets die Verhaltensalternative mit dem *für uns*

---

4 Daran ist übrigens der Klassiker der soziologischen Evolutionstheorie Herbert Spencer gänzlich unschuldig (vgl. 1886/87: §§ 50 u. 447).

höchsten Belohnungswert, auch wenn dieser Wert aus dem Nutzen oder der Befriedigung eines anderen erwächst. Unabhängig davon, was wir bis dahin als Belohnung anzusehen gewohnt waren, definiert die tautologische Formulierung alles als Belohnung, was Lernen bewirkt. Wenn Menschen Gelegenheiten suchen, bei denen sie geschlagen werden oder Heavy-Metal-Musik hören, dann sind wir gezwungen anzunehmen, dass sie entweder die Schläge bzw. die Musik mögen, oder dass diese mit anderen Belohnungen verknüpft sind, die wir noch nicht entdeckt haben.

Tautologien sind so etwas wie Gleichungen in der Algebra. Gleichungen sind etwas sehr Nützliches. Häufig enthalten sie Größen, die uns vorerst unbekannt sind. Da wir aber wissen, dass die Werte auf beiden Seiten des Gleichheitszeichens identisch sind, können wir die Gleichung auf verschiedene Arten transformieren und aus den uns bekannten Größen die uns unbekannten Größen erschließen. Ähnliches gilt für Ungleichungen. Wenn wir einen Menschen Dinge tun sehen, von denen er uns glaubhaft versichert, dass sie ihm zuwider sind – unsere bekannte Größe – dann schließen wir mit unserer Schlussfahrkarte auf eine Kraft oder Kräfte im Kräftespiel der Motive, die so stark waren, dass sie die Abneigung überwanden. Wenn wir an Tieren Merkmale entdecken, die uns auf den ersten Blick überlebensgefährlich erscheinen, z.B. überdimensionale Geweihe oder auffällige Färbungen, dann schließen wir auf fitnessdienliche Funktionen, die die Nachteile überwiegen. Wenn wir geschichtliche Formen der Herrschaft untersuchen, die im Gegensatz zu heutigen Werten stehen, dann werden wir sie nicht auf die hinterhältige Bosheit der Herrschenden und die unbegreifliche Dummheit der Beherrschten zurückführen, sondern zunächst einmal Ausschau halten nach den Interessen und Machtquellen der Akteure, in deren Figuration sich die Institutionen durchsetzen und erhalten konnten. Die tautologische Formulierung der Erklärungsprinzipien dient uns als Suchanweisung: Wir haben eine genetische Anlage, ein Verhalten, eine Institution – suche die Vorteile, die bewirkt haben, dass sich diese Anlage, dieses Verhalten, diese Institution gegen mögliche Alternativen durchgesetzt hat. Und die Formulierung sagt uns, welches Kriterium über Vor- und Nachteil entscheidet: Bei genetischen Anlagen ist es der Fortpflanzungserfolg, bei Verhalten die (erhoffte) Lust oder Befriedigung, bei Institutionen ist es die soziale Macht.

6 Abschließende Bemerkungen

Die hier vorgeschlagene Differenzierung biologischen, psychologischen und soziologischen Erklärens deckt sich offenkundig nicht mit dem, was Biologen, Psychologen und Soziologen tun. In der Praxis beschränken sich die Wissenschaftler selten auf die Art von Erklärungen, für die sie eine akademische Lizenz haben. Es wäre angesichts der Interdependenz der zu erklärenden Prozesse auch wenig sinnvoll, das zu tun. Der Sinn der hier vorgenommenen Unterscheidung der Erklärungsebenen und die Rekonstruktion ihrer Interdependenz liegt nicht darin, exklusive wissenschaftliche *claims* abzustecken, sondern vielmehr darin, die Systemreferenzen zu entwirren, die Reichweite der verschiedenen Erklärungsprinzipien abzustecken und überflüssige Missverständnisse in der zwischenfachlichen Kommunikation zu vermeiden. Wir müssen beim Erklären das Gefüge der Erklärungsebenen 'im Hinterkopf' haben, sonst benutzen wir unsere Schlussfahrkarten für Kurzschlüsse. Von der vermeintlichen Bescheidenheit einer Beschränkung auf den facheigenen Erklärungsansatz führt in den Wissenschaften vom menschlichen Verhalten ein kurzer Weg zur Hybris des Erklärungsimperialismus.

Literatur

Axelrod, Robert (1988): Die Evolution der Kooperation. München: Oldenbourg
Elias, Norbert (1969): Über den Prozeß der Zivilisation (2 Bde.). Frankfurt am Main: Suhrkamp, nach Bern, Francke
Hejl, Peter M. (Hrsg.) (2001): Universalien und Konstruktivismus. Frankfurt am Main: Suhrkamp
Leyhausen, Paul (1965): Über die Funktion der relativen Stimmungshierarchie (...). In: Zeitschrift für Tierpsychologie 22. 412-495
Lorenz, Konrad (1973): Die Rückseite des Spiegels. München: Piper
Piaget, Jean (1973a): Die Entwicklung des Erkennens III. Stuttgart: Klett
Piaget, Jean (1973b): Das moralische Urteil beim Kinde. Frankfurt am Main: Suhrkamp
Ryle, Gilbert (1969): Der Begriff des Geistes. Stuttgart: Reclam
Spencer, Herbert (1886-1887): Die Prinzipien der Soziologie. Stuttgart: Schweizerbart
Toulmin, Stephen (ca. 1969): Einführung in die Philosophie der Wissenschaft. Göttingen: Vandenhoek & Ruprecht
Vogel, Christian/ Voland, Eckart (1986): Evolution und Kultur. In: Funkkolleg Psychobiologie. Studienbegleitbrief 2. Weinheim/ Basel: Beltz. 42-76
Vowinckel, Gerhard (1983): Von politischen Köpfen und schönen Seelen. München: Juventa
Vowinckel, Gerhard (1995): Verwandtschaft, Freundschaft und die Gesellschaft der Fremden. Darmstadt: Wiss. Buchgesellschaft
Vowinckel, Gerhard (1996): Gesinnungstäter und Strategen. Politisch-moralische Denkformen und soziale Lebensräume. Konstanz: Univ.-Verlag Konstanz
Vowinckel, Gerhard (2001): Biotische, psychische und soziokulturelle Konstruktionen der Wirklichkeit und wie sie zusammenhängen. In: Hejl (Hrsg.) (2001): 257-278

Machtkonkurrenz, Motor der sozialen Evolution?
Neuere Beiträge evolutionärer Forschung

Peter Meyer

Im Blick auf die Entwicklung menschlicher Gesellschaften ist soziale Macht ein unübersehbarer Faktor, denn Macht war nicht allein Voraussetzung der Entfaltung von Staaten und Hochreligionen, sondern sie ist Begleiterscheinung der gesamten Sozialen Evolution. Wenngleich es keinen Mangel an soziologischen Analysen dieses Phänomens gibt, so sind doch Fragen hinsichtlich der Ursprünge sozialer Macht zu verzeichnen, die mittels evolutionsbiologischer Überlegungen einer Klärung näher gebracht werden können. Im Blick auf die Herkunft sozialer Macht geht der evolutionsbiologische Ansatz davon aus, dass Macht nicht ein mehr oder weniger arbiträrer Aspekt sozialer Beziehungen ist, sondern dass die natürliche Auslese die Grundlagen dieses Phänomens geschaffen hat und Macht daher ubiquitär ist. Vom evolutionären Standpunkt sind etwa der reziproke Altruismus (R.L. Trivers 1971), die Bereitschaft zur Kooperation, aber auch die Empathie zwischen Nahverwandten selektiv begünstigt, weil sie die individuellen Chancen zu überleben vergrößerten. Diese Prämie galt auch für soziale Macht, denn, da die Vorfahren des Jetztmenschen mit wehrhaften Beutegreifern und feindlichen Gruppen konfrontiert waren, war die Entstehung einer Institution vorgezeichnet, welche durch Rückgriff auf jene selektiv begünstigten Verhaltensmerkmale die Verteidigung nicht nur gegen Fremdgruppen, sondern auch gegen Widersacher in den eigenen Reihen durchsetzen konnte.

Wie evolutionäre Analysen zeigen, entstanden Reziprozität und Empathie schon lange vor der Heraufkunft des Menschen, doch waren ihre genetischen Grundlagen offenbar geeignet, diese Verhaltensweisen auch bei den Hominiden auszubilden, um durch Evozierung von Empathie und Reziprozität die gemeinsame Verteidigung zu sichern. Daher sollte im Blick auf die Grundlagen sozialer Macht betont werden, dass sie keineswegs isoliert entstanden sind, sondern auf den gleichen physiologischen und emotionalen Mechanismen errichtet wurden, wie sie die Evolution ganz allgemein für die Bereitschaft zur Kooperation und andere pro-soziale Einstellungen geschaffen hatte. Auf diesem Hintergrund kann nun mit S.K. Sanderson (2001: 130) behauptet werden, dass die moderne Evolutionsbiologie befriedigendere Lösungen für Annahmen über die Hintergründe von Machtphänomenen in der Sozialen Evolution bietet, als konkurrierende Theorien verfügbar machen. Demnach entstand auf dem Hintergrund selektiv begünstigter Verhaltensweisen ein Wettbewerb um Macht, der diejenigen Individuen und Gesellschaften begünstigte, die Ressourcen der Macht maximieren konnten. Allerdings zeigt ein Blick auf diese Entwicklung, dass die Entfaltung von Macht mit bestimmten sozialen und ökologischen Kosten verbunden ist, die schließlich auch zu ihrem Scheitern führen konnten.

1 Wie Macht zum Überleben beiträgt

Ganz allgemein stellt die Evolutionsbiologie einen Bezugsrahmen bereit, der es ermöglicht, Annahmen auf dem Hintergrund der Theorie der Evolution durch natürliche Auslese zu entwickeln (H. Albert 1999), die dann für das Studium sozialer Macht fruchtbar gemacht werden können. Ausgangspunkt evolutionären Denkens ist die Annahme, dass alle Organismen danach streben, ihr Überleben zu sichern. Dies gilt auch für die Spezies homo s. sapiens, die über eine Vielzahl von Prädispositionen verfügt, welche sie als allgemeine Zielorientierungen in ihr Verhalten einbringt. Unter diesen Dispositionen ist in erster Linie die „kompetitive Natur des Menschen" (S.K. Sanderson 2001: 149) zu nennen, die eine grundlegend egoistische Interessenorientierung zur Folge hat. Allerdings ist dieser Egoismus durch die Bedingungen menschlicher Reproduktion eingeschränkt, denn wie bei allen „höheren" Spezies tragen zwei Geschlechter zum Überleben bei. Angesichts seiner Reproduktionsökonomie, die mit einem wesentlich höheren Beitrag des weiblichen Geschlechts zur Fortpflanzung einhergeht, ist es einerseits wenig erstaunlich, dass männliche Individuen um Fortpflanzungschancen konkurrieren müssen, sie aber zum anderen sehr unterschiedliche Ressourcen in diesen Wettbewerb einbringen. Wenngleich es auf den ersten Blick so scheint, als ob sich in modernen Gesellschaften das Verhalten von Frauen und Männern zu Fragen sozialer Macht weitgehend angeglichen habe, so zeigt sich bei näherer Betrachtung, dass männliches Verhalten weiterhin durch ein weitaus höheres Maß an Gewaltbereitschaft und Machtstreben gekennzeichnet ist (M. Daly/ M. Wilson 1988).

Wenngleich Gewaltbereitschaft nicht direkt oder ausschließlich Voraussetzung von Machtverhältnissen ist, so verweist sie doch darauf, dass auch unter modernen Verhältnissen Männer eher als Frauen bereit sind, Gewalt und andere Mittel einzusetzen, um damit Macht zu erlangen. Diese Unterschiede der Geschlechter werden auf dem Hintergrund der unterschiedlichen Interessenlage der Geschlechter verständlich, denn in der Mehrzahl aller menschlichen Gesellschaften ist die Neigung zu Gewalthandeln, die Beteiligung an Kriegen und ähnlichem mehr weitgehend ein „Privileg" des männlichen Geschlechts, das in den unterschiedlichsten Gesellschaften direkt an die reproduktiven Interessen der Männer angeschlossen ist. In evolutionärer Perspektive zeigen sich die Ursachen dieser Differenz, denn männliche Individuen können durch Gewalthandeln reproduktive Gewinne verzeichnen, weibliche Individuen aber nicht. Es zeigt sich, dass reproduktive Interessen, Gewalthandeln und soziale Macht sehr eng miteinander verbunden sind (P. Meyer/ J.M.G. van der Dennen 2002).

Allerdings kann trotz der grundlegend egoistischen Orientierung menschlichen Verhaltens eine Reihe individueller Interessen am besten dadurch realisiert werden, wenn die Individuen kooperieren. Dabei ist nach evolutionärer Auffassung die Wahrscheinlichkeit für Kooperation umso größer, je näher die Individuen miteinander verwandt sind. Dadurch wird verständlich, warum die frühesten Formen menschlicher Vergesellschaftungen sich auf der Basis biologischer Verwandtschaft entwickelten, denn die gemeinsamen reproduktiven Interessen waren wahrscheinlich die primären Ursachen der Assoziation. Allgemein kann angenommen werden, dass Individuen meist bereit sind, Machtstrukturen zu akzeptieren, wenn sie damit ihre reproduktiven Interessen durchsetzen können.

Was schließlich die allgemeinen Grundlagen des Wettbewerbs, auch der kämpferischen Auseinandersetzungen angeht, muss man im Kontext der Theorie der Evolution durch natürliche Auslese davon ausgehen, dass die Selektion nur solche Verhaltensweisen und ihre genetischen Grundlagen begünstigen wird, welche für das Überleben der betreffenden Individuen förderlich sind. Daher muss der Nutzen solcher Kämpfe, wie der Machtausübung insgesamt, höher sein als ihre bloße Unterlassung. Denn sofern der individuelle Organismus allein durch Vermeidung von Wettbewerb einen höheren reproduktiven Nutzen erzielen könnte, würde er energetisch aufwändige Kämpfe zweifellos meiden. Angesichts der Knappheit von Zeit und Energie, der alle höheren Lebewesen auf Grund ihrer beschränkten Lebensdauer unterworfen sind, muss der Erfolg in solchen Kämpfen selektiv begünstigt sein. All dies spricht dafür, dass der Wettbewerb innerhalb wie zwischen den Spezies unausweichliche Begleiterscheinung der Naturgeschichte ist, und demnach auch menschliches Verhalten davon keine Ausnahme bildet.

Ein für die vorliegende Erörterung wichtiger Punkt ist, dass Macht nicht selbst selektiv begünstigt ist, sondern sie ihre Wirkung der allgemeinen Prämie auf reziproken Altruismus und auf Kooperation verdankt. Diese Bevorzugung der Kooperation war der älteren Diskussion zumindest seit A. Smiths Werken geläufig (A. Smith 1986), wurde später von P. Kropotkin (1975) zum Ausgangspunkt seiner Überlegungen zur Evolution gemacht, und wird schließlich in der neueren evolutionsbiologischen Diskussion mit dem evolutionären Nutzen erklärt, der mit altruistischen oder mutualistischen Handlungen entsteht

(P.A. Corning 1999: 26). Demnach wird Kooperation im Allgemeinen dann die beste Strategie sein, wenn „die Prädisposition zur Kooperation mit Mitgliedern der Eigengruppe die Gesamteignung des betreffenden Individuums erhöht" (T. Crippen 1994: 326), so dass die Unterordnung des einen unter andere Individuen verständlich wird, sofern dadurch ein größerer reproduktiver Nutzen für beide entsteht. Denn angesichts der allgemeinen Knappheit von Zeit und Energie müsste die Selektion ansonsten dafür sorgen, dass Menschen jede Form der Unterordnung, wie sie für Machtverhältnisse charakteristisch ist, zu meiden suchen.

Tatsächlich zeigt aber der Rückblick auf archaische Lebensbedingungen, unter denen die Vorfahren des Jetztmenschen über die längste Zeit der Geschichte lebten, dass die physische Unterlegenheit des Menschen gegenüber gefährlichen Beutegreifern, wie Löwen oder Tigern, nur durch intensive Kooperation der Betreffenden auszugleichen war. In solchen Situationen mussten sie durch koordiniertes Handeln versuchen, die physische Überlegenheit jener Tiere auszugleichen. Daher kann man auf dem Hintergrund der Stammesgeschichte davon ausgehen, dass Menschen und ihre hominiden Vorfahren sich im Wettbewerb mit solchen Tierspezies, aber auch mit Gruppen von Artgenossen befanden, gegen die sie sich nur durch koordiniertes Verhalten bei der Verteidigung durchsetzen konnten. Somit wird deutlich, dass Macht die wichtigste knappe Ressource ist, die Menschen kontrollieren müssen, um ihr Überleben zu sichern (T. Vanhanen 1992: 24).

Die spezifische Bedeutung der Machtkategorie für die Theorie der Sozialen Evolution erweist sich vor allem, wenn nach den allgemeinen Ursachen der unterschiedlichen Entwicklung von Gesellschaften gefragt wird. Wenngleich vom evolutionären Standpunkt die motivationalen Grundlagen von Machtbeziehungen in den verschiedenen Gesellschaften als weitgehend identisch einzuschätzen sind, weisen doch die höchst unterschiedlichen Fähigkeiten zur Nutzung relevanter Ressourcen darauf hin, dass sich aus dieser Differenz spezifische Machtpotentiale entwickeln konnten. Beispielsweise vermochten die meisten Jäger- und Sammlerinnengesellschaften des Fruchtbaren Halbmonds nur einen geringen Teil der in den Pflanzen und Tieren ihrer Umwelt eingeschlossenen Energien zu nutzen, während sich einige unter ihnen diese Energien zur Entfaltung höherer Formen von Macht zunutze machten. Insgesamt kann die Soziale Evolution als ein Prozess zunehmender Machtentfaltung verstanden werden (M. Mann 1986: 524), in dem sich diejenigen durchsetzten, welche Ressourcen der Macht durch verschiedene Innovationen maximieren konnten. Wie zu zeigen sein wird, entstanden aber mit größerer gesellschaftlicher Komplexität Kosten, die nicht in jedem Falle getragen werden konnten.

1.1 Anthropologische Voraussetzungen von Macht

Was die allgemeinen anthropologischen Voraussetzungen von Macht angeht, wäre es verfehlt, einen Hiatus zwischen menschlichen und nicht-menschlichen Spezies anzunehmen, wie dies etwa von Weizsäcker nahe legt. Er geht davon aus, dass Macht insofern als Humanum gelten müsse, als ihr Gebrauch mit der Fähigkeit „zur realen Vorstellung solcher Mittel beginnt" (C.-F. von Weizsäcker 1977: 41), doch kann im Lichte neuerer ethologischer Erkenntnisse keineswegs geschlossen werden, dass Tiere auf Grund ihrer vermeintlich begrenzten Fähigkeit zur Voraussicht unfähig zur Organisation von Macht seien. Vielmehr zeigen die Studien Frans de Waals, in welchem Maße etwa Schimpansen Macht durch Koalitionsbildung, taktische Organisation und anderes Verhalten ihr Überleben zu sichern wissen. Seine Studien demonstrieren, dass diese Primaten ähnlich wie menschliche Akteure zu realistischer Interessenabwägung fähig sind, so dass man die Unterschiede in der Organisation von Macht zwischen den Primatenspezies als durchaus fließend bewerten muss (F.B.M. de Waal 1982). Ähnlich wie bei anderen Primaten, lässt sich auch bei Gorillas eine geschlechtsspezifische Organisation der Macht erkennen, wonach den dominanten männlichen Individuen durch Koalitionsbildung die Unterstützung der weiblichen Tiere zuteil wird (P. Wrangham/ D. Peterson 1996), Prozesse, die in ähnlicher Weise auch beim Menschen beobachtbar sind.

Im Blick auf Machtbeziehungen beim Menschen sollten angesichts der allgemeinen Vorteile von Kooperation die Individuen über Indikatoren verfügen, die ihnen anzeigen, welche Faktoren ihnen voraussichtlich am besten bei der Bewältigung von Gefahren helfen könnten. In dieser Hinsicht geht die evolutionsbiologische Sicht davon aus, dass die Selektion die Entwicklung solcher Indikatoren begünstigt, welche durch Unterstützung Verwandter die eigene Replikation steigern können (W.D. Hamilton 1978), während jene Individuen, die unterschiedslos verwandte und nicht-verwandte Individuen unterstützen, der Selektion anheim fallen müssen. Daher sollte Kooperation vor allem zwischen Nahverwandten entstehen, da sie einen evolutionären Vorteil aus dem Überleben ihrer Verwandten genießen. Wie bei anderen Spezies, sind menschliche Akteure fähig, wenngleich tentativ, Verwandtschaft von phänotypischer Ähnlichkeit herzuleiten.

Für die Bewältigung von Gefahren spielen Affekte eine wichtige Rolle, die den menschlichen Organismus mit einem genetisch codierten Programm versehen, welche ihm erlauben, seine aktuelle Umwelt danach abzutasten, ob sie seinem genetisch determinierten Überlebensziel förderlich oder abträglich sind. Im vorliegenden Zusammenhang muss auf weitergehende Überlegungen zur Verbindung von Affekten und sozialen Institutionen verzichtet werden, doch kann mit R.D. Alexander angenommen werden, dass beispielsweise lustvolle Empfindungen dazu dienen, „nützliche Handlungen" zu wiederholen, während schmerzhafte Erfahrungen die Meidung solcher Handlungen nach sich zieht (R.D. Alexander 1986: 108).

Vor allem über Interaktionen wird dem Individuum nun vermittelt, in welcher Weise es seine Affekte ausdrücken soll, beispielsweise ob und wie in einer kämpferisch bestimmten Kultur weibliche und männliche Verhaltensweisen voneinander zu scheiden sind. Wie an anderer Stelle ausgeführt, wird geschlechtsspezifisches Verhalten durch Institutionalisierung mit den Anforderungen von Umweltbedingungen verknüpft (P. Meyer 2003). Auf diese Weise lernen Individuen, wann es etwa für männliche Personen als ehrenhaft oder unehrenhaft gilt, Gewalt einzusetzen. Wenngleich alle Kulturen Regeln für den Einsatz von Gewalt enthalten, bleibt doch fraglos, dass die wichtigsten Ursachen solcher Regeln das Interesse an Selbsterhaltung und Reproduktion sind, Interessen, die unmittelbar an die Geschlechtszugehörigkeit der Betreffenden angebunden sind.

Wie X.T. Wang (1996) dazu ausführt, sind trans-kulturell die biologischen Interessen der Individuen mit ihrem Geschlecht, dem jeweiligen Fertilitätsstatus und schließlich ihrem Alter verbunden, so dass die von post-modernistisch inspirierten Autoren empfohlene Einordnung des Geschlechts als einer mehr oder weniger arbiträren Kategorie befremdlich wirkt (A. Nassehi 1999: 355). Ein Beispiel für die unterschiedliche Behandlung der Geschlechter ist etwa der Ehebruch. Wie M. Daly und M. Wilson (1988: 192) dazu ausführen, sehen nur moderne Gesellschaften einheitliche Strafen, unabhängig vom Geschlecht, für die Beteiligten vor, während in der Mehrzahl der traditionell bestimmten Gesellschaften weibliche Personen im Allgemeinen mit weitaus drastischeren Strafen belegt werden. Zugleich gilt männliche Gewalt gegen Ehebrecherinnen traditionell als durchaus angemessene Reaktion, was angesichts der unterschiedlichen Interessenlage der Geschlechter verständlich wird. Es versteht sich, dass es im vorliegenden Zusammenhang nicht um die rechtliche oder moralische Beurteilung des Ehebruchs gehen kann, vielmehr sollen allein die Ursachen erörtert werden, die ausschlaggebend für die Rolle der Geschlechter in der Reproduktion sind. Angesichts der besonderen Bedeutung, welche den Bedingungen menschlicher Reproduktion im Rahmen der Evolutionstheorie zukommt, dürfte diese Theorie m.E. eine treffendere Einschätzung dieser Ursachen liefern als konkurrierende Ansätze.

Daher muss im Gegensatz zur post-modernen Einschätzung des Geschlechts als einem mehr oder weniger arbiträren Attribut davon ausgegangen werden, dass individuelle Interessenlagen zutiefst von der Geschlechtszugehörigkeit der

Individuen abhängig sind. Ausschlaggebend ist dabei die Tatsache, dass beim Menschen wie bei allen höheren Spezies weibliche Individuen ungleich mehr in die Reproduktion investieren als männliche, so dass, wie Ch. Darwin (1985: 136) sagt, unter männlichen Individuen ein Wettbewerb um die Chancen zur Reproduktion entstehen müsse. Dies führte in der Sozialen Evolution dazu, dass in vielen Stammesgesellschaften Erfolge im Kampf Voraussetzung waren, Nachkommen zu zeugen (B.S. Low 1994: 41), denn mit den im Kampf erbeuteten Trophäen war ein höherer sozialer Status verbunden, der wiederum häufig Vorbedingung der Heirat war. Es zeigt sich, dass in diesen Gesellschaften reproduktive Interessen eng mit der gesellschaftlichen Machtverteilung verbunden waren, denn es waren vor allem die kampferprobten Krieger, welche privilegierte Positionen einnahmen und die Beziehungen zu anderen Gesellschaften beeinflussten. Allerdings veränderten sich mit der Sozialen Evolution die ökonomischen Begleiterscheinungen der Reproduktion, denn wenn unter ökonomisch primitiven Bedingungen allein die Anzahl der Nachkommen ausschlaggebend war, so mussten angesichts entwickelter ökonomischer Verhältnisse die Reproduktionschancen von Männern egalisiert werden, um so die Bereitschaft zur Kooperation bei der kollektiven Verteidigung zu erhalten. Wie K. Mac Donald dazu ausführt, mussten beispielsweise während der Spätphase des Römischen Reichs die Möglichkeiten zur Eheschließung auch für niedrige soziale Schichten ausgeweitet werden, um auf diese Weise die individuelle Bereitschaft zum Einsatz für das Imperium zu erhöhen (K. Mac Donald 1995). In dieser historischen Situation waren die Eliten des Imperiums zu Zugeständnissen an die reproduktiven Bedürfnisse der übergroßen Mehrheit der Bevölkerung gezwungen, um sich damit der Loyalität dieser Schichten zu versichern. Was schließlich die unterschiedlichen Interessen der Geschlechter an der Organisation von kollektiver Gewalt und staatlicher Machtausübung angeht, blieben diese über lange historische Phasen weitgehend unverändert an die Vorgaben der Evolution gebunden.

1.2 Wie Macht individuelles Überleben sichert

Aus evolutionärer Sicht entsteht das Phänomen der Macht notwendigerweise aus dem Selbsterhaltungstrieb der Individuen, denn angesichts des allgemeinen Wettbewerbs in der Evolution sollte die Selektion nur solche Verhaltensweisen prämieren, die dem individuellen Überleben förderlich sind. Dies sind zum einen Verhaltensweisen, welche direkt die individuelle körperliche Integrität schützen, zum anderen aber auch solche, welche die Weitergabe der eigenen Erbinformation an die nächste Generation sichern. Wie W.D. Hamilton (1978) ausführt, können Erbinformationen vor allem auch durch Unterstützung Verwandter überleben, während die Begünstigung beliebiger, nicht-verwandter Individuen der

Selektion anheim fallen müsste. Insofern kann individuelle Selbsterhaltung zurücktreten, sofern die begünstigten Individuen verwandt sind, denn verwandte Individuen, beispielsweise Brüder, sorgen mit der eigenen Reproduktion auch für die Weitergabe brüderlicher Gene. Im vorliegenden Zusammenhang kann nur am Rande darauf hingewiesen werden, dass genetische Verwandtschaft nicht allein die Basis der Ausbildung von Ethnien in der Frühphase gesellschaftlicher Entwicklung war, sondern sich die Bedeutung realer oder vermeintlicher Verwandtschaft auch in neuester Zeit als legitimatorische Grundlage ethnischer und nationalistischer Bewegungen erwiesen hat (P. Meyer/ J.M.G. van der Dennen 2002). Diese Überlegungen zeigen, dass sich evolutionsbiologische Faktoren als fruchtbar für das Verständnis politischen Handelns erwiesen, wo sich, wie beispielsweise im früheren Jugoslawien, die Politiker häufig des Appells an gemeinsame ethnische Herkunft bedienten, um ihre politischen Ziele zu legitimieren. Interessant ist, dass es sich dabei nicht selten um fiktive Herkunft handelt, denn in den meisten Fällen kann für moderne Populationen die biologisch-genetische Abstammung (L.L. Cavalli-Sforza/ P. Menozzi/ A. Piazza 1994) kaum eindeutig geklärt werden, was wohl auch kaum Absicht jener Politiker war. Für sie dürfte wichtig gewesen sein, dass mit dem Verweis auf gemeinsame Abstammung im Allgemeinen Gemeinschaftsgefühle evoziert werden, die sie dann zur Unterstützung ihrer Machtansprüche benutzen konnten. Damit wird deutlich, dass Kategorien der Evolutionsbiologie durchaus mit Gewinn auch auf die Grundlagen der Macht in der Gegenwart anwendbar sind.

Wie zuvor ausgeführt, ist unter urtümlichen Bedingungen das Interesse der Selbsterhaltung nur durch Kooperation mit Genossen erreichbar, das gilt für die Verteidigung gegen mächtige Beutegreifer ebenso wie gegen fremde Gruppen. Darüber hinaus erhöhen sich die Chancen erfolgreicher Jagd für jeden einzelnen, sofern nur sichergestellt ist, dass Betrüger und Trittbrettfahrer von der Teilnahme ausgeschlossen werden. Vor allem aber ist wichtig zu sehen, dass der erwartbare Nutzen für jeden durch Kooperation steigt, weil sie die Jagd auf Großtiere wie Elche oder Büffel ermöglicht, die jedem größere Fleischvorräte in Aussicht stellen als er durch individuelle Jagd auf Kleintiere hoffen konnte zu erzielen (P.A. Corning 1999). Da die Vorfahren des Jetztmenschen darüber hinaus nicht über durchschlagsstarke Jagdwaffen verfügten, sieht man von Speerschleuder und Bogen ab (P. Meyer 1981), war die Kooperation vieler umso wichtiger. Dies gilt in gleicher Weise für die Verteidigung des Einzelnen, denn auch hier war das Zusammenwirken mit anderen von größter Bedeutung. Damit sind einige der wichtigsten allgemeinen Voraussetzungen genannt, die beim Menschen zur selektiven Begünstigung von Kooperation führten. Angesichts dieser Bedingungen dürfte die Selektion ferner die Entwicklung eines Sensoriums für das

Entdecken von Betrügern und Trittbrettfahrern begünstigt haben (R. Axelrod 1984), über das, wie evolutionsbiologische Forschungen zeigen, Tiere und Menschen tatsächlich verfügen (R.L. Trivers 1971).

Dies waren wichtige Grundlagen der Entstehung sozialer Macht, einer Institution, deren erste Aufgabe die Verteidigung der Lebensinteressen vergesellschafteter Individuen ist, die den Einzelnen zum einen gegen betrügerische Mitglieder und Abweichler, zum anderen aber gegen Angriffe von außen schützen sollte. Die Universalität von Reziprozitätsnormen, Moralvorstellungen und Ethiken spricht dafür (R.L. Trivers 1971; A. Gouldner 1960), dass es sich hier um Institutionen handelt, die tief im gemeinsamen Erbe des Menschen verankert sind. Es zeigt sich, dass soziale Macht eine selektiv begünstigte Institution ist, die vergesellschafteten Individuen dazu verhelfen soll, ihre individuellen Interessen gegen Gefährdungen aus der Umwelt, aber auch gegen Trittbrettfahrer zu verteidigen, was letztlich zur Vergrößerung der Überlebenschancen jedes einzelnen beiträgt.

In evolutionärer Perspektive ist somit unverkennbar, dass unterschiedliche Grade sozialer Macht einerseits unvermeidliche Folge des Wettbewerbs der verschiedenen Spezies sind, andererseits aber vor allem auch der Konkurrenz der Gesellschaften ist. Denn im Wettbewerb der Gesellschaften konnten sich vor allem diejenigen durchsetzen, welche durch weitergehende Institutionalisierung von Macht die allgemeinen Bedingungen von Kooperation erweiterten. Da, wie ausgeführt, die Selektion kooperatives Verhalten prämiert, muss soziale Macht vor allem darauf hinwirken, dass die Mitglieder einer Gesellschaft Verhaltensweisen einschränken, welche die Kooperation der Individuen und damit die Durchsetzungsfähigkeit gegenüber konkurrierenden Gesellschaften zu beeinträchtigen drohen. Selbstverständlich kann soziale Macht nicht alle Formen des Betrugs oder von Kämpfen zwischen den Mitgliedern einer Vergesellschaftung vollständig unterdrücken, doch ist die Institution zumindest der Idee nach darauf gerichtet. Denn angesichts vielfältiger Gefahren in der Außenwelt sind die Überlebens-Interessen der Individuen latent immer gefährdet, und daher ist die Entstehung von Macht nicht an eine vorgängige Stufe der Macht- und Herrschaftslosigkeit gebunden, wie dies etwa die Webersche Vorstellung von Macht suggeriert. Kurz, Macht ist virtuell immer präsent, sofern nur ein Minimum von Personen interagiert.

Was die Unterschiede von Machtverhältnissen angeht, müssen zum einen die allgemeinen Umweltbedingungen ebenso ins Auge gefasst werden wie die verfügbaren Techniken, zum anderen aber gilt es, das Verhältnis gegenüber Nachbargesellschaften einzubeziehen. Was den ersten Punkt angeht, so hat R.N. Adams schon vor längerer Zeit darauf aufmerksam gemacht, dass der Entwicklungsstand einer Gesellschaft zuerst von ihrer Fähigkeit zur Subsistenzkontrolle (R.N. Adams 1975: 55) abhängt, denn nur so kann sie sich gegenüber konkurrierenden Gesellschaften durchsetzen. Generell ist Macht die knappste allgemeine Ressource, welche mehr oder weniger Fähigkeiten zur Kontrolle der Umwelt verfügbar macht (T. Vanhanen 1992). Diese differenzielle Kontrolle über die Umwelt versetzt demnach einige Gesellschaften in die Lage, nicht lernen zu müssen, während sich andere, aus welchen Gründen auch immer, als weniger lernfähig erweisen und so in einer geringer entwickelten Stufe gefangen bleiben.

Da soziale Macht nach allem in der unterschiedlichen Fähigkeit zur Kontrolle der physischen Umwelt gründet, löst der Wettbewerb um Machtressourcen einen selektiven Prozess aus, der sich, wie A.B. Schmookler (1995: 26) betont, „beyond human control" entwickelte, „which molded changes in a direction that was inevitable – toward power maximization in human societies" (ebda: 25). Es zeigt sich, dass dieser Prozess die „Maximierer" in ähnlicher Weise belohnt, wie die natürliche Auslese die Ausbreitung bestimmter Merkmale begünstigt. Unmerklich aber bestimmt führte dies zur Herrschaft der Maximierer. Denn in einer Welt begrenzter Ressourcen limitiert die Expansion der einen Gesellschaft die Entfaltungsmöglichkeiten anderer, und daher strebt der Wettbewerb unvermeidlich auf Entscheidungen zu. Wie Schmookler weiter ausführt: „no one is free to choose peace but anyone can impose upon all the necessity for power" (ebda: 21). Angesichts der Tatsache, dass Macht die knappste allgemeine Ressource ist, wird der Wettbewerb auch direkte Kämpfe einschließen und sich zugleich zum Motor der sozialen Evolution entwickeln. In der folgende Skizze möchte ich am Beispiel ausgewählter Phasen der sozialen Evolution versuchen, bestimmte Gemeinsamkeiten der Entwicklung in der Machtdimension herauszugreifen, um sie für die allgemeine Theorie der sozialen Evolution fruchtbar zu machen.

2 Regelmäßigkeiten Sozialer Evolution

In einer Frühphase gesellschaftlicher Entwicklung entstehen häufig Häuptlingstümer mit deutlicher Führungsfunktion, die teilweise schon erblich sind (E.R. Service 1971), später dann proto-staatliche Organisationsformen, wie sie in erstaunlicher Parallelität im Fruchtbaren Halbmond, in Ägypten, in China sowie in Meso- und Südamerika entstanden sind. Wie S.K. Sanderson (1995) im Anschluss an G. Lenski (1966) deutlich macht, ist die Übereinstimmung dieser Entwicklungen in verschiedenen Regionen bemerkenswert, doch zeigt sich bei näherer Betrachtung, dass sich die Annahme eines generellen Trends zu höherer gesellschaftlicher Komplexität dennoch verbietet (R.L. Carneiro 1987), da die Entfaltung solcher Komplexität mit beträchtlichen Kosten verbunden ist. Denn in bestimmten Entwicklungsphasen können die Kosten, die für die Aufrechterhaltung komplexer sozialer Strukturen aufgewendet werden müssen, den Nutzen übersteigen, der durch sie zu erzielen ist. Dies traf etwa auf die Spätphase des Römischen Reichs zu, wo die Anzahl der für Militärdienst und andere Aufgaben verfügbaren Personen so zusammengeschmolzen war, dass die vom verbliebenen Rest der Bevölkerung zu tragenden Kosten schließlich zum Niedergang des Imperiums führten (S.K. Sanderson 1995: 128). Ähnliche Entwicklungen waren möglicherweise auch für den Zusammenbruch des Maya-Reichs verantwortlich.

Im Kontext einer evolutionären Betrachtung gesellschaftlicher Entwicklung sollte das Augenmerk zunächst auch den Bedingungen der physischen Umwelt gelten. Wie ausgeführt, ist Varianz der physischen Umwelt eine wesentliche Voraussetzung gesellschaftlicher Entwicklung, doch ist dies keineswegs überall in gleicher Weise gegeben. So zeigt J. Diamond am Beispiel der Gesellschaften der australischen Ureinwohner, dass die Bedingungen in diesem Erdteil ein Bevölkerungswachstum nur sehr begrenzt zuließen, wodurch die Möglichkeiten kultureller Variabilität de facto stark eingeschränkt waren (1998: 311). „Australia had fewer potential inventors, and far fewer societies to experiment with adopting innovations" (J. Diamond 1998: 311). Neben geringer Dichte der Bevölkerung macht Diamond noch auf weitere Umweltfaktoren aufmerksam, welche weitergehender gesellschaftlicher Entwicklung hier entgegenstanden und damit schließlich auch die geringe Varianz in der Machtdimension verursachten.

Wenn die Umweltbedingungen dort ausreichender sozial-kultureller Varianz entgegenstanden, so hat sich im Süd-Saharischen Afrika vergleichsweise eine große Zahl autochthoner kultureller Varianten entwickelt, die in Machtkonkurrenz eintraten. Denn neben Staaten und staatsähnlichen Gebilden wie Dahomey oder Niger existierten Sprachgruppen wie die Khoisan, welche durch die Expansion übermächtiger Völker wie der Bantu in lebensfeindliche Gebiete wie die Kalahari abgedrängt wurden und auf eine kümmerliche Existenz als Wildbeuter eingeschränkt blieben. Da das Jagen und Sammeln nur ein äußerst geringes demographisches Wachstum zulässt, mussten die Khoisan auch in dieser Hinsicht weit hinter ihren Nachbarvölkern zurückbleiben. Neben größeren Bevölkerungszahlen brachten die Bantu fortschrittliche Techniken der Bodenbearbeitung sowie entwickelte Kampftechniken mit, denen die Khoisan nichts entgegensetzen konnten. „All other things being equal, more land and more people mean more competing societies and inventions, hence a faster pace of development" (J. Diamond 1998: 393). In machttheoretischer Perspektive ist daher entscheidend, welches Niveau der Umweltbearbeitung eine Gesellschaft erreicht hat und wie sie dies im Wettbewerb mit anderen Gesellschaften einsetzen kann.

Ein weiteres Beispiel ist Meso-Amerika, denn hier brachte die Verbreitung einer neuen Variante des Mais ein rapides Bevölkerungswachstum mit sich, wodurch in weiterer Folge neue Formen des Konfliktaustrags entstanden, die wiederum zur Verdrängung vormals dort ansässiger Stämme führten (C.S. Phillips 1987). Die Nutznießer dieser Entwicklung waren in erster Linie Gesellschaften, die in den Wettbewerb um die wichtigsten für die Landwirtschaft geeigneten Ressourcen wie Wasserquellen oder fruchtbare Böden neue Kampftechniken einbrachten. Wie S.K. Sanderson (1995: 67) dazu ausführt, weisen die Entwicklungen in Mexiko, in Peru oder auch im Fruchtbaren Halbmond erstaunliche Parallelen auf. In all diesen Gebieten führte die Einführung von Pflanzen- und Tierdomestikation zu einem beträchtlichen Bevölkerungswachstum. Mit dem demographischen Wachstum entfaltete sich eine höhere Intensität der Kämpfe, wodurch zugleich in bestimmten, abgegrenzten Räumen eine Prämie auf die politische Organisation der Kämpfe entstand.

Ganz allgemein ist, wie M. Mann (1986: 524) betont, Soziale Evolution mit dem Anwachsen von Machtquellen verbunden, doch entsteht damit zugleich die Gefahr, dass die mit der Entwicklung von Bürokratien und Armeen verbundenen Kosten den aus diesen Institutionen entstehenden Nutzen möglicherweise übersteigen können. In seiner Diskussion verschiedener Theorien Sozialer Evolution hebt Sanderson die Vorzüge von R.L. Carneiros Theorie der „environmental circumscription" hervor, die präziser als andere Theorien drei grundlegende Faktoren benennt, nämlich „Bevölkerungswachstum, Kriegführung und geographische Besonderheiten" (S.K. Sanderson 1995: 79), welche die dynamische Evolution komplexer Strukturen in besonders geeigneten Gebieten begünstigten. Wie Carneiro mit Blick auf die Entwicklung Meso-Amerikas weiter ausführt, bildete sich nach heftigen Kämpfen eine relativ stabile politische Struktur, der aztekische Staat, ein Gebilde mit stark militaristischen Akzenten (S.K. Sanderson 1995:67). Die Fruchtbarkeit von Carneiros Theorie zeigt sich jedoch nicht allein im Hinblick auf die Entwicklungen in diesem Raum, sondern erweist sich auch im Blick auf jene des Fruchtbaren Halbmonds als vorteilhaft.

Auch für diesen Raum hat Diamond neuerdings die hervorragende Bedeutung von Umweltfaktoren herausgearbeitet. Demnach kommt der Tatsache, dass sowohl die Wildformen der wichtigsten Kultur- und Nutzpflanzen wie Weizen und Sorghum (J. Diamond 1998: 126) als auch die Vorfahren der global wichtigsten Nutztiere diesem Raum entstammen, größte Bedeutung für das Verständnis der Sozialen Evolution zu. Fortgeschrittene soziale Gebilde sind demnach nicht mehr oder weniger zufällig in diesem Gebiet entstanden, vielmehr dürften sie in vielfältiger Weise von den natürlichen Bedingungen abhängig gewesen sein. Zweifellos waren die in diesem Gebiet ansässigen Wildbeuter von alters her mit den Vorzügen bestimmter Pflanzen und Tiere vertraut, so dass der Schritt zur Domestikation wohl nur ein kleiner war. Sobald er sich aber vollzogen hatte, bildeten sich seit etwa 13.000 Jahren vor unserer Zeit umfassendere soziale Gebilde, wie Häuptlingstümer, Stammeskonföderationen und schließlich Staaten, welche die Monopolisierung relevanter Ressourcen, in diesem Gebiet vor allem von Wasser, vorantrieben.

Ähnlich wie in Meso-Amerika ist für diesen Zeitraum ein sprunghaftes Wachstum der Bevölkerung im Fruchtbaren Halbmond zu verzeichnen. Dabei ist unter machttheoretischem Blickwinkel der differenzielle Erfolg der Gesellschaften besonders hervorzuheben, da, wie Diamond bemerkt, keineswegs alle Gesellschaften den neuen Herausforderungen in gleicher Weise gewachsen waren. Vielmehr genossen nunmehr diejenigen Gesellschaften evolutionäre Vorteile, die zur Machtkonzentration fähig waren und daher die Kontrolle relevanter Ressourcen besser zu organisieren verstanden (J. Diamond 1998: 288). Auch hier zeigt sich wiederum, dass soziale Evolution kulturelle Variabilität voraussetzt, denn die nicht zur Machtentfaltung fähigen Gesellschaften unterlagen der Selektion und gingen meist in umfassenderen Sozialgebilden auf. Bekanntlich zählt der Fruchtbare Halbmond zu den Regionen mit großer kultureller Varianz, in dem sich folglich eine Vielzahl von Stadtstaaten und Imperien entwickeln konnten.

In diesem Zusammenhang verdient auch der Umstand Beachtung, dass die soziale Evolution, wie Mann betont, wohl insgesamt als Prozess zunehmender Machtkonzentration gelten kann, doch verändern sich die Bedingungen ständig, welche die Zunahme von Macht zur Folge hatten. Wenn beispielsweise die unterschiedliche Verfügung über geeignete Böden die wichtigste Voraussetzung der Agrarökonomie ist, zu der dann städtische Zentren des Handels, des Kults und der Redistribution hinzutreten, dann begünstigt die Konkurrenz um die allen sichtbaren Vorteile dieser Entwicklung zugleich auch die Entstehung kultureller Varianten, die sich auf Eroberung, raumgreifende Kriegführung und ähnliches spezialisierten. Diese Varianten werden besonders von Innovationen im Bereich der Kriegstechnik gefördert, denn mit der Zähmung des Pferdes im Gebiet nördlich des Schwarzen Meeres (J. Diamond 1998: 62) um 4000 v. Chr. wird dieses Tier zur wichtigsten Grundlage nomadischer Existenz, einer Lebensform, die, wie schon Ibn-Chaldun gezeigt hat, seit den Tagen der Hyksos bis hin zu den Staatsgründungen der Mongolen und Osmanen die Geschichte Eurasiens tiefgreifend beeinflusste.

Bekanntlich war H. Spencer der erste Soziologe, der die Bedeutung des Krieges für die soziale Evolution systematisch untersuchte. Wie A. Maryanski und J.H. Turner (1992: 145) demonstrieren, stimmt Spencers Auffassung mit dem tatsächlichen Verlauf der Sozialen Evolution weit eher überein als jene Webers mit der Betonung rational-legaler Bürokratien, die ja von vornherein mit bestimmten Kosten verbunden waren, die keineswegs von allen Gesellschaften in gleicher Weise getragen werden konnten. Ganz allgemein zwingen konstitutionelle Unsicherheit und inter-sozietärer Wettbewerb Menschen dazu, Institutionen zu entwickeln, die ihnen kompetitive Vorteile verschaffen. Allerdings sollte im Unterschied zu Maryanski und Turner betont werden, dass die Prämierung von Machtgebilden wohl kaum erst mit der Ausbildung des „ehernen Käfigs" während der Hortikultur entstanden sein dürfte (A. Maryanski/ J.H. Tuner 1992: 92), da die Hominiden wie auch andere Spezies im Wettbewerb mit mächtigen Raubtieren und konkurrierenden Gruppen auch zuvor schon auf soziale Macht angewiesen waren (P. Wrangham/ D. Peterson 1996).

Zweifellos stimmt aber Maryanskis und Turners Einschätzung des Krieges mit der tatsächlichen Entwicklung seit der Entstehung der Hortikultur weitgehend überein. Dennoch gilt es auch in dieser Hinsicht deutlich zu machen, dass, wenngleich kein Zweifel daran bestehen kann, dass Gewaltmittel zu den wichtigsten Grundlagen von Macht zählen, sie dennoch nicht mit diesen in eins gesetzt werden dürfen. Kriegerische Aktivitäten haben zweifellos eine große Rolle in der Sozialen Evolution gespielt, wie Maryanski und Turner im Anschluss an Spencer betonen, doch ist dabei weder der Krieg selbst noch die Entwicklung von Waffen und Kampftechniken die unabhängige Variable, wie abschließend darzulegen ist.

3 Schluss

Eine Reihe kultur-anthropologischer Studien der Yanomamö (N.A. Chagnon 1968), der Mundurucu und anderer Stammeszivilisationen (P. Meyer 1981) zeigen, dass sich diese Gesellschaften nahezu ohne Unterbrechung im kriegerischen Wettbewerb mit ihren Nachbarn befanden. Zum einen waren die Beziehungen der Clans beständiger Spannung unterworfen, die sich nicht selten in organisierter Gewalt entluden, zum anderen aber zählten Kriegszüge auch gegen weiter entfernte Völker zu den regelmäßigen Begleiterscheinungen des Lebens dieser Völker. Wie R.L. Carneiro (1987) berichtet, befanden sich beispielsweise die Yanomamö in nahezu ununterbrochenem Kriegszustand mit den Kayápo, einem ihrer Nachbarvölker. Unter machttheoretischem Gesichtspunkt ist daran bemerkenswert, dass es den Yanomamö trotz aller mit den Kriegen verbundenen Anstrengungen nicht gelang, einen wirklichen Vorteil aus diesen Kämpfen davonzutragen. Regelmäßig mussten sie sich nach den Kämpfen in die Wälder zurückziehen, während sich die Kayápo durchsetzten. Wie Carneiros Analyse zeigt, beruhte die Überlegenheit der Kayápo jedoch keineswegs auf überlegener Waffentechnik oder höher entwickelter Taktik, entscheidend war vielmehr, dass die Kayápo eine umfassendere Sozialorganisation in den Wettbewerb einbrachten, was ihnen wiederum erlaubte, ein größeres Aufgebot von Kämpfern zu organisieren (R.L. Carneiro 1987).

Entscheidende Machtressource sind demnach nicht allein die Waffen, vielmehr sind es in erster Linie Unterschiede der Sozialorganisation, welche den Kayápo Vorteile verschafften. Auch im Blick auf die zuvor angeführten Kriegszüge der Mongolen und anderer Nomadenvölker sollte daher betont werden, dass ihre temporäre militärische Überlegenheit gegenüber verschiedenen etablierten Großreichen auf Vorteilen beruhten, welche die nomadische Lebensweise aus ihrer Vertrautheit mit raumgreifenden Operationen ziehen konnten. Auf dem Hintergrund dieser Lebensweise entwickelten sie überlegene militärische Strategien (P. Meyer 1981), die mit dem Einsatz verschiedener Kommunikationsmittel die Koordination weit voneinander entfernter Verbände erlaubten, die den Sieg nicht selten allein durch überlegenes strategisches Manövrieren ermöglichten. Bekanntlich konnten die von Nomaden begründeten Dynastien der Yüan in China oder der Moghule in Indien ihre Herrschaft nur für einige Zeit sichern (W. McNeill 1970), denn mittelfristig gewannen andere Ressourcen der Macht an Bedeutung, welche die Fähigkeiten dieser Eliten überforderten. Für die Theorie der Sozialen Evolution bedeutet das, dass die Ressourcen der Macht keineswegs unveränderlich sind. In der neueren evolutionstheoretischen Diskussion wird dies in der Auseinandersetzung mit dem Problem der evolutionären Regression aufgegriffen.

Neuere Beiträge heben insbesondere hervor, dass die Entwicklung gesellschaftlicher Komplexität ihren Preis fordert, der keineswegs immer leicht entrichtet werden konnte. Das allgemeine Problem besteht darin, dass die Kosten der Komplexität eines Gebildes wie des Römischen Reiches in einem Maße steigen können, dass je mehr in die Aufrechterhaltung investiert wird, es danach zusehends schwieriger wird, diese Kosten zu tragen. Denn da die Bevölkerung des Römischen Reiches im Abnehmen begriffen war, wurde es für den verbleibenden Bevölkerungsteil zusehends schwieriger, die administrativen und militärischen Kosten des Imperiums zu bewältigen (S.K. Sanderson 1995: 129). Ähnlich verhielt es sich mit dem Staat der Maya, denn auch hier wuchs der Preis für die Aufrechterhaltung dieser staatlichen Organisation bis zu einem Grade an, wo sich die Vorteile der Komplexität in ihr Gegenteil verkehrten. Somit wird deutlich, dass es sich angesichts dieser Folgekosten verbietet, die adaptiven Vorteile sozialer Komplexität zu hypostasieren, wie dies besonders in T. Parsons Theorie (T. Parsons 1975) zum Ausdruck kommt. Tatsächlich gibt es aber keinen allgemeinen Trend zu besser angepassten Gesellschaften, denn die sozialen und ökologischen Folgen der Komplexität müssen stets gegeneinander abgewogen werden (S.K. Sanderson 1995: 131).

Somit kann zusammengefasst werden, dass Macht in evolutionstheoretischer Perspektive eine der wichtigsten Variablen gesellschaftlicher Entwicklung ist. Einerseits ist Macht unvermeidliche Begleiterscheinung menschlicher Existenz, die auf selektiv bewährten Elementen menschlichen Verhaltens aufbauen, andererseits wird Macht im Wettbewerb der Gesellschaften zur knappsten allgemeinen Ressource der Sozialen Evolution. Für die hier vorgestellte Perspektive war wichtig zu sehen, dass Macht zunächst ein Aspekt der Beziehung von Individuen ist, diese Beziehungen aber wiederum von den Gegebenheiten der physischen Umwelt abhängen, innerhalb derer sich die sozialen Beziehungen entfalteten. In bestimmten Umwelten können sich offenbar einige kulturelle Varianten besser durchsetzen als andere. Es scheint nach allem, dass Machtkonkurrenz unvermeidlicher Teil der Sozialen Evolution ist, der den zur Machtkonkurrenz unfähigen Gesellschaften den Status lebender Fossile zuwies und so dazu beitrug, dass heute die Staaten in unterschiedlicher Weise an den Gütern der Welt teilhaben.

Literatur

Adams, Richard N. (1975): Energy and Structure. A Theory of Social Power. Austin/ London: University of Texas Press.

Albert, Hans (1999): Die Soziologie und das Problem der Einheit der Wissenschaften. In: Kölner Zeitschrift für Soziologie und Sozialpsychologie 2. 51. 215-231

Alexander, Richard D. (1986): Ostracism and Indirect Reciprocity: The Reproductive Significance of Humor. In: Gruter/ Masters (1986): 105-123

Axelrod, Robert (1984): The Evolution of Cooperation. New York: Basic Books

Bonacker, Thorsten (Hrsg.) (2002): Sozialwissenschaftliche Konflikttheorien. Opladen: Leske + Budrich

Carneiro, Robert L. (1987): The Evolution of Complexity in Human Societies and Its Mathematical Expression. In: International Journal of Comparative Sociology XXVIII. ¾. 111-128

Cavalli-Sforza, L. Luca/ Menozzi, Paolo/ Piazza, Alberto (1994): The History and Geography of Human Genes. Princeton N. J.: Princeton University Press

Chagnon, Napoleon A. (1968): Yanomamö – The Fierce People. New York: Rinehart and Winston

Clutton-Brock, T. H./ Harvey, Paul H. (Hrsg.) (1978): Readings in Sociobiology. Reading/ San Francisco: W. H. Freeman

Corning, Peter A. (1999): Cooperative Genes: Synergy and the Bioeconomics of Evolution. In: van der Dennen/ Smillie/ Wilson (1999): 25-47

Crippen, Timothy (1994): Toward a Neo-Darwinian Sociology: Its Nomological Principles and some Illustrative Applications. In: Sociological Perspectives 37. 3. 309-335

Daly, Martin/ Wilson, Margo (1988): Homicide. New York: Aldine De Gruyter

Darwin, Charles (1985): The Origin of Species. London: Penguin

Diamond, Jared (1998): Guns, Germs, and Steel. The Fates of Human Societies. New York/ London: W.W. Norton & Company

Gouldner, Alvin (1960): The Norm of Reciprocity. A Preliminary Statement. In: American Sociological Review 25. 2. 161-178

Gruter, Margaret/ Masters, Roger D. (Hrsg.) (1986): Ostracism: A Social and Biological Phenomenon. In: Ethology & Sociobiology 7. ¾

Hamilton, William D. (1978): The Evolution of Altruistic Behaviour. In: Clutton-Brock/ Harvey (Hrsg.) (1978): 31-33

Kropotkin, Peter (1975): Gegenseitige Hilfe in der Tier- und Menschenwelt. Frankfurt am Main: Ullstein
Lenski, Gerhard (1966): Power and Privilege. A Theory of Social Stratification. New York: McGraw-Hill
Low, Bobbi S. (1994): Human Sex Differences in Behavioral Ecological Perspective. In: Analyse und Kritik 16. 38-67
Mac Donald, Kevin (1995): The Establishment and Maintenance of Socially Imposed Monogamy in Western Europe. In: Politics and the Life Sciences 14. 3-23
Mann, Michael (1986): The Sources of Social Power. Cambridge: Cambridge University Press
Maryanski, Alexandra/ Turner, Jonathan H. (1992): The Social Cage. Human Nature and the Evolution of Society. Stanford: Stanford University Press
McNeill, William (1970): The Rise of the West. A History of the Human Community. Chicago/ London: University of Chicago Press
Meleghy, Támas/ Niedenzu, Heinz-Jürgen (Hrsg.) (2003): Institutionen – Entstehung, Funktionsweise, Wandel, Kritik. Innsbruck: Leopold-Franzens-Universität Innsbruck
Meyer, Peter (1981): Evolution und Gewalt. Berlin/ Hamburg: P. Parey
Meyer, Peter (2003): Universale Soziale Institutionen: Evolutionäre Fundamente menschlichen Sozialverhaltens. In: Meleghy/ Niedenzu (Hrsg.) (2003): 13-32
Meyer, Peter/ van der Dennen, Johan M.G. (2002): Die Konflikttheorie der Soziobiologie. In: Bonacker (Hrsg.) (2002): 484-506
Nassehi, Armin (1999): Die Paradoxie der Sichtbarkeit. Für eine epistemologische Verunsicherung der (Kultur)Soziologie. In: Soziale Welt 50. 349-362
Parsons, Talcott (1975): Gesellschaften. Evolutionäre und komparative Perspektiven. Frankfurt am Main: Suhrkamp
Phillips, Claude S. (1987): Politics: An Aspect of Cultural Evolution. In: Politics and the Life Sciences 5. 2. 234-237
Sanderson, Stephen K. (1995): Social Transformations. A General Theory of Historical Development. Oxford/ Cambridge: Blackwell
Sanderson, Stephen K. (2001): The Evolution of Human Sociality. A Darwinian Conflict Perspective. Lanham/ Boulder/ New York/ Oxford: Rowman & Littlefield Publ.
Schmookler, Andrew Bard (1995): The Parable of the Tribes. The Problem of Power in Social Evolution. New York: State University of New York Press, 2. Auflage
Service, Elman R. (1971): Primitive Social Organization. An Evolutionary Perspective. New York: Random House, 2. Aufl.
Smith, Adam (1986): The Theory of Moral Sentiments. Düsseldorf: Verlag Wirtschaft und Finanzen
Trivers, Robert L. (1971): The Evolution of Reciprocal Altruism. In: Quarterly Review of Biology. 46. 35-57
van der Dennen, Johan M.G./ Smillie, David/ Wilson, Daniel R. (1999): The Darwinian Heritage and Sociobiology. Westport, CT/ London: Praeger
Vanhanen, Tatu (1992): On The Evolutionary Roots of Politics. New Delhi: Sterling Publishers
Waal de, Frans B.M. (1982): Chimpanzee Politics. Power and Sex among the Apes. London: Jonathan Cape
Wang, Xiao Tian (1996): Evolutionary Hypotheses of Risk-Sensitive Choice: Age Differences and Perspective Change. In: Ethology & Sociobiology 17. 1-15
Weizsäcker, Carl-Friedrich von (1977): Der Garten des Menschlichen. Beiträge zur geschichtlichen Anthropologie. München: Carl Hanser, 2. Aufl.
Wrangham, Peter/ Peterson, Dale (1996): Demonic Males. Apes and the Origins of Human Violence. Boston/ New York: Houghton Mifflin

Veränderung erzeugt Veränderung
Von biologischer zu soziokultureller Entwicklung[1]

Johan Goudsblom

Wie alles Leben besteht auch das menschliche Leben aus Materie und Energie, die durch Information gesteuert werden. Das menschliche Leben unterscheidet sich vor allem durch die besondere Art des Erwerbs und der Weitergabe von Information durch sozialen Kontakt. Mit diesem Gedanken als Leitfaden werde ich darlegen, dass die wichtigsten Entwicklungen, die im menschlichen Zusammenleben stattfinden, sich zwar im Rahmen der biologischen Evolution vollziehen, dabei aber in kontinuierlich wachsendem Maße von einer soziokulturellen Eigendynamik bestimmt werden. Um dieser Verschiebung gerecht zu werden, bedarf es auch einer Verlagerung der Betrachtungs- und Erklärungsweise von der Biologie zur Soziologie.

1 Die Evolutionstheorie

Von diesen zwei Disziplinen verfügt die Biologie über die unverkennbar beste Theorie: die Evolutionstheorie, eine Theorie mit einer sehr großen Reichweite, die von den meisten Biologen als gültig und fruchtbar anerkannt wird. Es ist eine im Wesen historische Theorie, die die heutige Variation der lebenden Arten und Organismen als Ergebnis eines Prozesses der natürlichen Auslese erklärt. Das entscheidende Kriterium dieser Selektion war und ist die Fähigkeit der Organismen, zu überleben und sich zu vermehren.

Die Ersten, die im 19. Jahrhundert die Evolutionstheorie in größerem Kreis publik machten, stellten die Geschichte des Lebens als einen unablässigen Überlebenskampf dar, der sich durch erbarmungslose Konkurrenz auszeichnet. Dieser Auffassung ist auch die gegenwärtige Variante dieser Theorie noch in starkem Maße verhaftet, die Soziobiologie, die vor allem durch das Buch „The Selfish

---

1 Übersetzung aus dem Niederländischen. Titel des Originals: „Verandering genereert verandering". In: J. Goudsblom 2001: 45-59. Eine frühere Fassung findet sich in: J. Goudsblom/ N. Wilterdink (Hrsg.) (2000): Sociale evolutie. Het evolutie perspectief in de sociologie. Groningen: Amsterdamsch Sociologisch Tijdschrift/ Wolters-Noordhoff. Für die vorliegende Übersetzung wurden in Zusammenarbeit der Übersetzerin mit dem Autor geringfügige Veränderungen angebracht. Übersetzung: H. Godschalk-Hessenauer.

Gene"[2] des englischen Biologen Richard Dawkins bekannt geworden ist. Demgegenüber haben andere, wie etwa die amerikanische Mikrobiologin Lynn Margulis, die Bedeutung der Symbiose hervorgehoben. Keine einzige Form von Leben kann ohne anderes Leben fortbestehen; neben der Konkurrenz haben von jeher auch Spielarten der gegenseitigen Akkomodation und darüber hinaus der Kooperation eine wichtige Rolle in der Evolution gespielt.[3]

In beiden Betrachtungsweisen über die Entwicklung des Lebens widerspiegelt sich ein Menschenbild. Besteht die Menschheit einzig und allein aus selbstsüchtigen Individuen, die sich höchstens aus Eigennutz mit anderen zusammenschließen, um sich selbst und ihrer Nachkommenschaft bessere Überlebenschancen zu verschaffen? Ist, anders gesagt, jede altruistische Handlung nichts anderes als ein taktisches Manöver im Rahmen einer durch und durch egoistischen Strategie? Oder leben Individuen, ob sie es nun wollen oder nicht, in Interdependenz mit größeren lebenden Systemen, sodass sich sogar ihre „egoistischsten" Impulse genau besehen als Elemente umfassenderer sozialer Prozesse erweisen?

Die frühesten Lebensformen waren Einzeller. Aber nach gut eineinhalb Milliarden Jahren entstand etwas Neuartiges: Einige bereits differenzierte Zellen gingen Verbindungen miteinander ein und entwickelten sich zu komplexeren Strukturen mehrzelliger Organismen. Dieser Prozess der Zellkombination implizierte eine weitere Differenzierung, die zweifellos Risiken in sich barg, aber auch neue Chancen für die Erhaltung und Vermehrung des Lebens zu bieten hatte. Der lange Weg von der Bakterie bis zur Buche und Sequoia, zum Dinosaurus und zum Wal war eingeschlagen. Im Verlauf der Evolution sind die meisten mehrzelligen Lebewesen, die jemals gelebt haben, ausgestorben; aber dennoch haben sich die höherentwickelten Organismen als solche, die alle aufgrund des Zusammenwirkens zahlreicher differenzierter und spezialisierter Zellen überleben, behaupten und weiterentwickeln können.[4]

Formen des Zusammenwirkens spielen sich auf jedem Niveau des organischen Lebens ab. Bei einem Laubbaum saugt jedes einzelne Blatt Licht und Nahrung in sich auf. Die einzelnen Blätter scheinen untereinander noch immer zu konkurrieren; auf die Dauer sterben alle Blätter auf den untersten Zweigen ab, da die höher wachsenden Blätter ihnen das Licht wegnehmen. Aber der Baum als Ganzes wächst und gedeiht aufgrund des Zusammenspiels von Differenzierung und Integration, von der das Überleben jeder einzelnen Zelle abhängt.

---

2   R. Dawkins 1976. Der Begriff „Soziobiologie" wurde von E.O. Wilson 1975 introduziert.
3   Siehe z.B. L. Margulis und D. Sagan 1997.
4   Eine erhellende schematische Übersicht mit vielen Verweisungen auf die jüngste Literatur findet sich bei A.F.H. Naccache 1999.

Dasselbe Prinzip gilt für das soziale Leben der höherentwickelten Tiere, vor allem jener Tierarten, die relativ wenig Nachkommen hervorbringen und diese auch nach deren Geburt noch eine geraume Zeit beschützen und versorgen. Das Zusammenleben bietet hier immer wieder Anlass zu Spannungen und Konflikten; die Konkurrenz um Nahrungsquellen und Fortpflanzungschancen kann heftig sein. Aber alle Individuen profitieren auch von den sozialen Bindungen, die wechselseitige Kommunikation und gemeinsames Auftreten ermöglichen. Unter diesem Aspekt besehen schließt das eine der beiden kontrastierenden Menschenbilder, die ich oben skizziert habe, das andere nicht aus.

2 Die Menschheit

Die Evolutionstheorie ist auf alle biologischen Arten anwendbar und also auch auf den Menschen. Die Geschichte der Menschheit knüpft an die Geschichte des organischen Lebens an, wobei die Herausbildung menschlichen Lebens (der Gattung Homo) mit dem Erscheinen der ersten Hominiden vor rund fünf bis sechs Millionen Jahren beginnt. Von da an bis zum Auftauchen des „modernen" Menschen, des Homo sapiens, hat sich ein Prozess fortschreitender „Vermenschlichung" oder „Hominisation" (oder „Anthropogenese") vollzogen, der durch wiederholte Artbildung und -auslöschung gekennzeichnet und in Interdependenz mit der allgemeinen Evolution des organischen Lebens verlaufen ist.[5]

Über das Erscheinen des Homo sapiens und das Verschwinden aller verwandten Menschenarten herrscht noch viel Unsicherheit. Es scheint jedoch festzustehen, dass die menschliche Anatomie in den letzten fünfundzwanzigtausend Jahren, in denen außer dem Homo sapiens keine anderen Menschenarten mehr auf der Erde lebten, keine nachweislichen Veränderungen mehr erfahren hat.[6] Dies, obwohl gerade in jener Periode in immer schnellerem Tempo allerlei neue Formen menschlichen Verhaltens entstanden sind.[7] So begannen die Menschen mit Pfeil und Bogen zu jagen, Häuser und Tempel zu errichten, sie gründeten Städte und Staaten und sie entwickelten mythologische und wissenschaftliche Vorstellungen über ihre eigene Vorgeschichte.

All diese Veränderungen betreffen die Lebensweise einer einzigen Art, des Homo sapiens. Alle Individuen dieser Art stehen in kontinuierlicher Interaktion mit anderen Arten, und als solche unterliegen sie einem allgemeinen Prozess der „Ko-Evolution" der Arten. Seit dem Erscheinen des Homo sapiens sind die wichtigsten Veränderungen des menschlichen Verhaltens jedoch zunehmend aus

---

5   A. Pannekoek 1957.
6   I. Tattersall 2000.
7   Siehe auch M. Harris 1968: 131.

internen Anlässen hervorgegangen, aus den Veränderungen der Art und Struktur der wechselseitigen Beziehungen und Abhängigkeiten innerhalb der eigenen Art.

Dieser Umschlag muss schon in einem relativ frühen Stadium der Menschwerdung erfolgt sein: mit der Entwicklung der Kommunikation mittels Symbolen, mittels Sprache. Im Zuge dieser Entwicklung verlagerte sich das Gewicht von der biologischen Evolution als treibender Kraft für die Veränderungen menschlichen Verhaltens allmählich hin auf die soziokulturelle Entwicklung. Es handelt sich dabei nicht um eine tiefe Zäsur, wohl aber um einen signifikanten Unterschied, der sich sogar mit dem Unterschied zwischen unbelebter und belebter Materie vergleichen lässt.[8]

Im Laufe der biologischen Evolution hat die menschliche Art die Möglichkeit erworben, ein großes Repertoire an sehr unterschiedlichen Verhaltensweisen zu entwickeln. Deshalb sind die Menschen jetzt mehr als die Individuen jeder anderen Art dazu in der Lage, sehr spezifische neue Verhaltensformen zu erlernen, von anderen vorgezeigte Verhaltensweisen nachzuahmen und diese ihrerseits an andere (insbesondere die Jüngeren) weiterzugeben.

Die Begriffe „erlernen", „nachahmen" und „weitergeben" entsprechen der englischen Trias „learned, shared, transmitted", die oft verwendet wird, um den anthropologischen und soziologischen Kulturbegriff zu umschreiben.[9] Ein deutliches Beispiel kulturell bestimmten Handelns bietet die Feuerbeherrschung: Die Kunst, ein Feuer am Brennen zu halten, war einst eine völlig neue Form des Verhaltens, von einigen erlernt, von anderen nachgeahmt und übernommen und dann bewusst an die nächsten Generationen weitergegeben.

Während die Weitergabe der Artmerkmale bei der biologischen Evolution vor der Geburt erfolgt, geschieht dies bei der soziokulturellen Entwicklung danach. Im ersten Fall erfolgt die Weitergabe über biogenetisch gesteuerte Mechanismen, im zweiten Fall über die Vererbung hinaus auf dem Wege der Kultur.[10]

Außer diesem so einfach zu formulierenden Unterschied besteht zwischen beiden Formen der Weitergabe der artspezifischen Eigenschaften aber auch ein komplizierter Zusammenhang. Die Möglichkeit zum Kulturaufbau hängt in hohem Maße mit den geistigen Fähigkeiten zusammen und diese wiederum mit dem Umfang und der Struktur des Gehirns. Physiologisch gesehen ist einer der wichtigsten Aspekte der Evolution der Hominiden, aus denen der moderne Mensch entstanden ist, die „Enzephalisierung" oder „Verhirnung", ein Prozess,

---

8   Zum Unterschied zwischen unbelebter und belebter Materie siehe z.B. R. Dawkins 1986: 1-18.
9   Z.B. von Talcott Parsons. Siehe J. Goudsblom 1960: 78.
10 Einige Autoren verwenden hier den von Richard Dawkins' (1976: 206) in Analogie zu „Gene" gebildeten Begriff „Meme" – ein Begriff, der ohne Berücksichtigung aller Theoriebildung über Kultur und Kulturelemente in der Anthropologie und der Soziologie suggeriert, dass „Kultur" als Summe einer überschaubaren Zahl deutlich erkennbarer Einheiten analysiert werden könnte.

in dessen Verlauf der Umfang und die Kapazität des Gehirns stark zugenommen haben und damit die Bedeutung der Gehirnaktivitäten für das Verhalten.[11]

Britische Paläoanthropologen sind aufgrund jüngerer Funde zum Schluss gekommen, dass die Zunahme des Gehirnumfangs Hand in Hand ging mit der Zunahme des Umfangs der Gruppen, in denen die frühen Hominiden zusammenlebten.[12] Dies wäre ein weiteres Indiz dafür, dass die Evolution menschlicher Intelligenz nicht nur ein psychischer sondern zugleich auch ein sozialer Prozess gewesen ist – eine Auffassung, die sich gut mit den in der Soziologie wohlbekannten Auffassungen von George Herbert Mead und mit dem symbolischen Interaktionismus verträgt, unter Paläontologen und Evolutionspsychologen hingegen viel Aufsehen erregt hat.

Während die frühesten Entwicklungen der geistigen Fähigkeiten des Menschen in älteren Auffassungen vor allem mit der Erkundung der außermenschlichen, natürlichen Geschehensvorgänge in Zusammenhang gebracht wurden, ist das Augenmerk nun vor allem auf die zwischenmenschliche Interaktion gerichtet. Die Kommunikation innerhalb der eigenen Gruppe, der Austausch von Anregungen und Warnungen, das Entwickeln vernunftgesteuerter, wohl überlegter und einverständlicher Verhaltensweisen im menschlichen Zusammenleben – diese Art sozialer Aktivitäten muss den Rahmen gebildet haben, in dem die menschliche Intelligenz ihren maßgeblichen Entwicklungsschub, ihre entscheidende Ausprägung erfahren hat und in dem Symbole und damit Sprachen entwickelt wurden.[13]

Die Intelligenz und die verbale Kommunikation machten es möglich, soziale Beziehungen in Gruppen mit hundert oder mehr einzeln erkennbaren Individuen zu unterhalten und dabei nicht nur scharf unterscheiden zu können, wer zur eigenen Gruppe gehörte und wer nicht, sondern auch, wer innerhalb der Gruppe welche Rechte für sich in Anspruch nehmen konnte. So konnten die Angehörigen einer Art, die sich nicht gerade durch körperliche Geschicklichkeit und Kraft auszeichneten, ihre Überlebenschancen vergrößern – eben dadurch, dass sie in Gruppen lebten und überlebten. Die sich in Richtung Sprache entwickelnde Kommunikation befähigte die Menschen, voneinander zu lernen, nicht nur wie bekömmlich oder schädlich bestimmte Nahrungsmittel waren, wie sicher oder unsicher ein bestimmtes Gebiet, sondern vor allem auch: wie man sich vor Menschen vorsehen, in Acht nehmen muss, wem man vertrauen kann, auf wen man bauen kann und wem man mit Achtsamkeit und Vorsicht begegnen sollte. (Dies

---

11 R.D. Martin 1998.
12 L.C. Aiello und R.I.M. Dunbar 1993.
13 Vgl. H. Plotkin 1994: 179-227.

erklärt auch, warum wir Klatsch und Tratsch noch immer so wichtig finden und so lieben.)

Das Zusammenleben in größeren Gruppen mit einer Vielfalt sozialer Bindungen von Solidarität und Hierarchie stellte soziale Anforderungen an die Einzelnen, begünstigte aber auch deren Überlebenschancen. Wie es sich auch heute noch bei Schimpansen beobachten lässt, erweist sich das gemeinschaftliche Auftreten in größeren Einheiten als nützlich und hilfreich, nicht nur bei der Jagd sondern, umgekehrt, auch bei der Abwehr von Raubtieren.[14] Dies kam den Hominiden als Omnivoren in beiderlei Hinsicht zugute. Das Auftreten in Gruppen erhöhte ihre Chance auf eine ertragreiche Beute bei der Jagd und verringerte die Gefahr, selbst als Beute gejagt und getötet zu werden.

Mit dieser Argumentation wird die „Phylogenese" des menschlichen Verstandes in einen „soziogenetischen" Bezugsrahmen gestellt. Ansätze zu einer solchen Betrachtungsweise finden sich bereits in der älteren Literatur, bis hin zu Darwin. Norbert Elias hat mit seiner „Symboltheorie" einen interessanten Beitrag aus soziologischer Sicht geliefert.[15] Die jüngsten Untersuchungen auf dem Gebiet der Paläoanthropologie über die Korrelation von Gehirnumfang und Gruppenumfang stützen den angenommenen Zusammenhang von Soziabilität und Intelligenz mit empirischem Material. Hiermit wird eine Form von Ko-Evolution innerhalb der menschlichen Art ans Licht gebracht: die Parallelentwicklung der durch biogenetische Information gesteuerten körperlichen Veränderungen und der durch geistige Information gesteuerten Veränderungen der Mentalität und des sozialen Verhaltens.[16]

Spezifische anatomische und physiologische Veränderungen haben sich offenbar Hand in Hand mit der Herausbildung neuer, sozial orientierter Verhaltensformen vollzogen, die sich gleichzeitig als neue Überlebensstrategien bewiesen und bewährten. Dass es so gelaufen ist, klingt plausibel. Damit wird jedoch nicht gesagt, dass es auch so hat laufen müssen. Die Evolutionsperspektive im-

---

14 Vgl. F. De Waal 1996: 170-1.
15 Vgl. N. Elias 1991. Elias erörtert auch das Problem der Funktion der Vielfalt von Sprachen. Warum sprechen Menschen nicht eine Sprache? Warum ist das Erlernen von Sprache bei Kindern immer das Erlernen einer bestimmten Sprache?
16 Die naheliegendste (und vielleicht auch bündigste) Antwort ist, dass mit der zunehmenden räumlichen Entfernung zwischen den einzelnen Gruppen auch ihre Sprachen in einem Prozess von „linguistic drift" immer weiter auseinander liefen (vgl. R. Collins 1999: 77). Daneben lassen sich auch das Misstrauen und die Feindseligkeiten zwischen den einzelnen Gruppen in Erwägung ziehen. Viele Kinder machen noch immer eine Phase durch, in der sie eine Vorliebe für Geheimsprachen zeigen; dies könnte auf einen „ontogenetischen" Rest der phylogenetischen Entwicklung hinweisen. Diese Annahme passt zu der Suggestion von L.C. Aiello und R.I.M. Dunbar 1993 c.s. über den Zusammenhang von Intelligenz und dem Vermögen, andere zu täuschen und zu betrügen und diese Absichten gegebenenfalls bei anderen zu durchschauen. Zur Bedeutung des Begriffs „Ko-Evolution" siehe E.O. Wilson 1998: 127.

pliziert keine Teleologie. Wir können nur feststellen, dass innerhalb eines bestimmten Bereichs an Variationen eine Serie von Mutationen in Richtung einer zunehmenden Enzephalisierung stattgefunden hat, und dass diese Mutationen den Prozess der natürlichen Auslese mit Erfolg überstanden haben. So schuf die sozial-biologische Evolution die Bedingungen für soziokulturelle Weiterentwicklungen.[17]

3 Macht als Selektionsmechanismus

Die große Frage ist nun, ob sich eine oder mehrere allgemeine Regeln erkennen lassen, die die Entwicklung der soziokulturell bestimmten Variation des Verhaltens näher erklären könnten. Ich lege diese Frage als Problem vor, ohne die Illusion, schon eine schlüssige Antwort parat zu haben. Wohl aber mit dem Gedanken, dass jedenfalls ein Typ von Prozessen in diesem Zusammenhang eine ernsthafte Betrachtung verdient, und zwar die Veränderungen der Machtverhältnisse.

Unter „Macht" verstehe ich das Vermögen, das Ergebnis einer Interaktion zu beeinflussen. An erster Stelle werden sich immer jene der neu erlernten Verhaltensformen eingeprägt und ausgeprägt haben, die einer Gruppe oder bestimmten Individuen einer Gruppe zu mehr Macht verhalfen. Wo dies passierte, werden aber auch neue Verhaltensformen entwickelt worden sein, mit denen andere, für die die neuen Machtverhältnisse sich eher zum Nachteil als zum Vorteil auswirkten, versuchten, sich an die veränderten Umstände anzupassen. Somit bildete sich ein neues soziales Regime heraus: eine neue Figuration von Menschen, die durch stark asymmetrische Machtbalancen gekennzeichnet war.

Auch andere Autoren, wie etwa Andrew Schmookler und Michael Mann, messen dem Faktor Macht eine große Bedeutung zu.[18] Sie lassen ihre Analysen jedoch erst in einem relativ späten Stadium der Menschheitsentwicklung, der Entstehung von Städten und Staaten, beginnen. So kann der Eindruck entstehen, dass Macht zuvor etwa kein wichtiger Faktor gewesen wäre, und das scheint mir ein Irrtum zu sein. Macht ist, wie Norbert Elias es formuliert, „eine Struktureigentümlichkeit aller menschlichen Beziehungen"[19]. Schon bei den frühesten Hominiden müssen Machtbalancen eine wichtige Rolle gespielt haben – sowohl für die Beziehungen zwischen den Mitgliedern der eigenen Art als auch für deren Beziehungen zu anderen Arten. Wenn man überhaupt eine bestimmte Episode in der Menschheitsgeschichte zur wichtigsten erheben will, dann diese: die

---

17 Siehe auch S.K. Sanderson 1990 und B.G. Trigger 1998 und, aus einer ganz anderen Perspektive, C. Buskes 1998.
18 A.B. Schmookler 1984; M. Mann 1986.
19 N. Elias 1970: 77.

Verlagerung der Machtbalancen zwischen Menschen und physisch stärkeren Tieren[20].

Diese Verlagerung ist nicht etwa einer Zunahme der körperlichen Kräfte und Geschicklichkeiten zuzuschreiben. Im Gegenteil: Homo sapiens, der moderne Mensch, der sich seit seinem ersten Erscheinen in Bezug auf die angelegten körperlichen und geistigen Fähigkeiten nicht von den heute lebenden Menschen unterscheidet, war nicht gerade mit großer Körperkraft ausgestattet – wohl aber mit dem stark entwickelten Vermögen, zu lernen und zu kommunizieren. Dank dieser Befähigung konnten die Menschen ihre Stellung gegenüber verwandten tierischen Lebewesen immer mehr zu ihrem Vorteil nutzen und ausbauen. Ihre Lebenschancen und Lebensweisen wurden dabei in kontinuierlich wachsendem Maße durch die gegenseitigen Beziehungen und Abhängigkeiten innerhalb der eigenen Art bestimmt.

Gewiss hat die Menschheit auch immer mit anderen Arten zu tun gehabt, von den Bakterien bis hin zu den höherentwickelten tierischen Lebewesen. Aber mit dem wachsenden Machtvorsprung gegenüber verwandten Tierarten sind gerade die Verhältnisse zwischen den einzelnen Menschengruppen, wie die innerhalb dieser Menschengruppen, immer wichtiger geworden, und dabei sind die Variationen, die Unterschiede der menschlichen Verhaltensweisen, immer maßgeblicher von den weitgehend selbstgeschaffenen Umständen, der Kultur, geprägt worden.

Die tief greifendsten Veränderungen, vor die Menschen gestellt waren, sind in zunehmendem Maße jene geworden, die von den Menschen selbst herbeigeführt wurden, und zwar in einer der folgenden drei Formen:

a) als solche beabsichtigte Verbesserungen der eigenen Lebensumstände (oder der bewussten Versuche, den Verschlechterungen dieser Umstände entgegenzuwirken);
b) als solche beabsichtigte Eingriffe in die Lebensumstände anderer; diese zielen oft auf deren Verschlechterung ab (Krieg, Vernichtung), aber manchmal auch auf die Verbesserung dieser Umstände in Form von Beistand und Unterstützung;
c) unbeabsichtigte Folgen.

In den meisten Fällen werden die Eingriffe in die Umstände anderer direkt aus dem Bestreben entstanden sein, die eigenen Umstände zu verbessern. Aber das Wichtigste dabei ist, dass sowohl die beabsichtigten Verbesserungen der eigenen Umstände als auch die beabsichtigten Eingriffe in die Umstände anderer auf die

---

20 Siehe auch J. Swabe 1999: 19-49.

Dauer immer in der Restkategorie der unbeabsichtigten Folgen aufgehen. Diese letzte Kategorie ist denn auch die weitaus größte. Aber wir können all diese Veränderungen, die sich langfristig als unbeabsichtigte Folgen erweisen, nicht erklären, ohne uns eine Vorstellung von den Absichten zu machen, die kurzfristig als auslösender Impuls dahinter standen. Die Absichten sind eine notwendige Voraussetzung für die unbeabsichtigten Folgen.

Anfangs werden es vor allem Veränderungen der außermenschlichen Geschehensvorgänge gewesen sein, welche die Menschen dazu anspornten, neue Verhaltensweisen (etwa neue Formen der Kommunikation und der Zusammenarbeit) zu entwickeln. Aber schon in einem relativ frühen Stadium der Menschheitsgeschichte haben die Menschen selbst ihre eigenen Umstände derartig mit- und umgestaltet, dass es in zunehmendem Maße „anthrogene" Veränderungen waren, die Anpassungen erforderlich machten – für die Menschen wie für die anderen Lebewesen. Als Beispiel bietet sich abermals die Feuerbeherrschung an. Menschengruppen mit Feuer bewirkten Veränderungen der Machtgewichte gegenüber Tieren, die physisch stärker und größer waren als sie selbst. Für diese Tiere waren die Überlebenschancen seitdem mit der Bedingung verknüpft, die Anwesenheit von Menschengruppen mit Feuer zu beachten, sich vor ihnen in Acht zu nehmen.

Die Feuerbeherrschung ist ein Aspekt des bereits eher genannten Prozesses, der als der wichtigste Trend im Verlauf der Menschheitsgeschichte betrachtet werden muss: die kontinuierliche Zunahme der Unterschiede des Verhaltens und der Machtgewichte zwischen Menschen und verwandten Tieren. Eine Anzahl der großen Säugetiere (darunter auch alle anderen Hominidenarten außer dem Homo sapiens) ist ausgestorben: und obwohl sich der Beweis schwer erbringen lässt, bietet sich die Vermutung an, dass dieses Aussterben vielfach durch die wachsende menschliche Übermacht mitverursacht worden ist.[21]

4 Ausweitung der Machtquellen

Als Machtquellen werden sich für Menschen, Erwachsene sowie Kinder, immer Körperkraft, Wissen und Organisation erwiesen und bewiesen haben[22]. Dank ihres Wissens verstehen sich die Menschen darauf, ihre Körperkraft nutzbrin-

---

21 Vgl. C.L. Redman 1999: 75-80. Siehe auch N. Elias 1987:341-2. Die Zunahme der ungleichen Machtgewichte zwischen Menschen und verwandten Tieren ist ein wichtiger Aspekt des mehrumfassenden Prozesses der Ausweitung der Anthroposphäre innerhalb der Biosphäre. Diese Ausdehnung ist selbstverständlich mit einer inneren Transformation der Anthroposphäre einhergegangen. Siehe auch J. Goudsblom in B. De Vries und J. Goudsblom (2002): 21-46.
22 Vgl. auch J. Goudsblom 1997: 97-116.

gend einzusetzen oder über dies hinaus mit technischen Hilfsmitteln zu vergrößern – wobei dann auch immer die Organisation eine Rolle spielt.

Immer wenn es einer Gruppe von Menschen gelang, neue Machtquellen zu erschließen, indem sie Körperkraft, Wissen und Organisation auf eine neue Weise bündelten, stellte diese Gruppe jede andere Gruppe, mit der sie in Berührung kam, vor ein Problem: Wie sollte jene diese Konfrontation überstehen und überleben?

Die entscheidenden Episoden in der Menschheitsgeschichte sind denn auch jene, in denen solche neuen Kombinationen zum ersten Mal in Erscheinung traten. Als solche sind die drei großen von Menschen herbeigeführten ökologischen Transformationen zu betrachten: die Feuerbeherrschung, die Entstehung von Ackerbau und Viehzucht (die „Agrarisierung") und die Industrialisierung, beziehungsweise die Errichtung eines Feuerregimes, eines agrarischen Regimes und eines industriellen Regimes.

Die Entstehung dieser drei – noch immer fortschreitenden – Prozesse lässt eine deutliche und deutbare Aufeinanderfolge erkennen. Die Feuerbeherrschung hat bereits in der Zeit des Homo erectus begonnen und bildete eine notwendige Vorraussetzung für die vor ungefähr zehntausend Jahren einsetzende Agrarisierung, die wiederum eine Voraussetzung für die Industrialisierung gewesen ist. Mit jedem dieser drei Eingriffe fügten Gruppen von Menschen ihrem eigenen Potential neue Energiequellen hinzu; sie steigerten somit ihre gemeinschaftliche Produktivität und ihr Vernichtungspotential; sie wurden wehrhafter, aber je mehr sie zu verlieren hatten, auch umso verwundbarer.

Auffallend sind die ungleichen Zeitintervalle zwischen den Perioden, in denen die drei großen Regimetransformationen begonnen haben. Wie lassen sich diese erklären? Eine mögliche Antwort bietet die Überlegung, dass es während der langen Phase nach der ersten Errichtung eines Feuerregimes hauptsächlich Veränderungen der außermenschlichen Umstände waren, die Menschen dazu herausforderten, ihr Verhalten anzupassen. Sogar die Agrarisierung wurde vielleicht noch in ihrem ersten Ansatz dadurch in Gang gesetzt, dass Menschen versuchten, den Problemen entgegenzuwirken, die durch klimatische Veränderungen entstanden waren. Aber seit dem Entstehen von Ackerbau und Viehzucht sind es in zunehmendem Maße die Menschengruppen selbst gewesen, die Veränderungen initiierten, die anderen Gruppen keine andere Wahl ließen, als ihr Verhalten ebenfalls zu verändern – sei es auch nur, indem sie fortzogen und sich so weit wie möglich vom Herd der Veränderungen entfernten. In den Fällen, wo man sich für Migration entschied, wird dies zumeist auch eine Veränderung der Lebensbedingungen zur Folge gehabt haben, die dann doch noch neue Anpassungen erforderte.

5 Wandel menschlicher Figurationen

Der Mensch ist ein Meister der Anpassung. Gruppen, die zur Art Homo erectus gehören, sind schon vor mehr als einer halben Million Jahren aus ihrem ursprünglichen Wohngebiet in den Grassteppen Ostafrikas aufgebrochen und in den eurasischen Kontinent gezogen; sie haben Spuren in viel kälteren Gebieten hinterlassen, von Mitteleuropa bis China. Man nimmt an, dass vor hundert- bis hundertfünfzigtausend Jahren noch einmal eine solche Migrationswelle und Zerstreuung stattgefunden hat, wahrscheinlich wieder von Ostafrika aus – der Beginn einer Landnahme und Besiedlung oder Kolonisierung durch den Homo sapiens über fast die gesamte bewohnbare Landoberfläche unseres Planeten.[23]

Im Laufe der Zeit ist die menschliche Anpassung immer „aktiver" geworden, wobei sie mehr und mehr die Form einer „Beherrschung" und „Kontrolle" angenommen hat. Insbesondere die Entstehung von Ackerbau und Viehzucht bedeutete eine immense Zunahme der Kontrolle. Hierdurch wurden Veränderungen der Umwelt bewirkt, die dann ihrerseits neue Formen der Beherrschung und Kontrolle erforderlich machten.

So haben die Menschen die Nischen, in denen sie leben, aus eigenem Antrieb, durch ihr eigenes Zutun tief greifend verändert. Und dadurch, dass es immer mehr Menschen gibt und diese Menschen sich zudem an neue Standards in Bezug auf Sicherheit und Komfort gewöhnt haben, ist auch ihre Abhängigkeit von den von ihnen selbst modifizierten Umständen immer größer geworden, und damit ihre Abhängigkeit von Technik, Wissen und Organisation. Diese Machtquellen bilden immer eine unzertrennliche Triade. Die Bedeutung der zwei Elemente Technik und Wissen ist schon oft und mit Recht hervorgehoben worden. Aber immer wieder sind es bei näherem Hinsehen gerade die Veränderungen im Bereich der Organisation gewesen, die es ermöglichten, Technik und Wissen optimal zu nutzen und auch weiterzuentwickeln.[24]

In diesem in hohem Maße kulturell geprägten Rahmen werden immer jene neuen Verhaltensformen erhalten geblieben sein und sich zu festen Gewohnheiten, zum Habitus, herausgebildet haben, die bestimmten Gruppen einen Vorteil verschafften und eine Machtquelle für sie bildeten, beziehungsweise für andere eine Anpassung an diese für sie nachteiligen Machtverhältnisse begünstigten. Jene Verhaltensformen überdauerten, die entweder zu einer Erweiterung der Macht beitrugen oder aber zu einer Lösung (und sei sie auch noch so übel) der durch die veränderten Machtverhältnisse entstandenen Probleme verhalfen.[25]

---

23 Vgl. Cavalli-Sforza 1995; B. Fagan 1990.
24 Vgl. R. Collins 1986: 77-116.
25 Auf den gleichen Gedanken ist auch die Theorie von Paul Gilbert (1992) über psychische Depression gegründet.

Anfangs ging es dabei vornehmlich um Vorteile in der Konkurrenz mit verwandten Tierarten. Die Feuerbeherrschung stellte derzeit eine sehr wichtige Machtquelle dar. Nach der Entstehung von Ackerbau und Viehzucht sind neben den Fähigkeiten und Fertigkeiten, mit deren Hilfe das kollektive Übergewicht der Menschen gegenüber den Tieren in Stand gehalten und noch weiter ausgebaut werden konnte, vor allem jene wichtig geworden, die sich im Konkurrenzkampf zwischen den einzelnen und innerhalb der einzelnen Menschengruppen als zweckdienlich und erfolgreich erwiesen. Die interspezifische Konkurrenz dauerte zwar an, aber die intraspezifische Konkurrenz wurde immer ausschlaggebender für die Entwicklung der Art und Struktur menschlichen Zusammenlebens. (Dies erklärt auch, warum Feuerspezialisten wie etwa Töpfer und Schmiede trotz ihrer Fähigkeit, eine so ungestüme Naturkraft zu meistern, nur selten oder nie höhere gesellschaftliche Positionen eingenommen haben: Durch die Art ihrer Arbeit standen sie im Kampf um soziale Vorrangstellungen im Abseits.)

In den Rahmen dieser Entwicklung fallen auch allerlei miteinander zusammenhängende langfristige Prozesse, die überall dort entstanden, wo die agrarische Produktion intensiviert wurde: Bevölkerungswachstum, das Entstehen von Städten, Spezialisierung, die Bildung großer Reiche mit weit reichenden Handelsnetzwerken und „Weltreligionen", soziale Schichtung.

In der Rückschau erscheint der Verlauf all dieser Prozesse klar und verständlich, eigentlich sogar noch in höherem Maße als der Verlauf der biologischen Evolution, denn wir kennen uns selbst, die Produkte dieser Gesamtentwicklung, die wir sind. Die Darwinsche Sichtweise, die die Entwicklung der Natur als das Ergebnis von Konkurrenzkampf und Selektion erklärt, beruht auf dieser sozialen Erfahrung.

Was wir immer wieder feststellen können, sowohl in Bezug auf die zwischenmenschlichen Beziehungen als auch auf die zwischen Menschen und verwandten Tieren, ist, dass überall dort, wo sich neue Verhaltensformen herausbildeten, die für manche die Machtchancen vergrößerten, immer auch solche Verhaltensformen entstanden, die sich für diejenigen, die dadurch ins Hintertreffen gerieten, bei der gebotenen Anpassung an die neuen Machtverhältnisse als nützlich und zuträglich erwiesen.

Diese Feststellung passt in eine figurationssoziologische Perspektive, die den Zusammenhang zwischen individuellen Eigenschaften und den Beziehungen, in die die betreffenden Individuen verstrickt und eingebunden sind, in den Mittelpunkt ihrer Betrachtung rückt. Der diesem Ansatz zugrunde liegende Gedanke ist nicht: das „Ganze" ist mehr als die Summe seiner „Teile", sondern: die Beziehungen zwischen den „Teilen" wirken auf die Eigenschaften der „Teile" ein und schlagen sich im Repertoire ihrer Eigenschaften nieder.

So ist in nahezu allen agrarischen Gesellschaften in einer bestimmten Phase eine „fatale Figuration" von Priestern, Kriegern, Bürgern und Bauern entstanden.[26] Die Bauern waren zahlenmäßig immer in der Mehrheit. Sie waren es auch, die die gesamte Bevölkerung mit Nahrung versahen. Aber gerade die Ausübung der produktiven Funktion, die sie erfüllten, machte sie in vielerlei Hinsicht dermaßen verwundbar, dass sie sich einem Regime unterwerfen mussten, das den anderen Ständen viel mehr Vorrechte einräumte und garantierte – vornehmlich den Priestern und Kriegern. Die hierdurch entstandenen Machtverhältnisse wirkten sich auf die Persönlichkeit, den „Habitus", aller Beteiligten, jedweden Ranges und Standes, aus.[27]

6 Eine spezialisierte Machtquelle: die Schrift

In fortgeschrittenen agrarischen Gesellschaften wurden allerlei Erfindungen gemacht: Erneuerungen, die sowohl die Kontrollchancen über die außermenschlichen Geschehensvorgänge oder „Naturereignisse" erhöhten (zum Beispiel der Pflug) als auch das Ausmaß der Kontrollchancen über die zwischenmenschlichen Zusammenhänge oder „gesellschaftlichen Verhältnisse" (zum Beispiel Geld). Eine der wichtigsten Erfindungen war die Schrift. Hierdurch wurde eine Form der Kommunikation und Kulturübertragung geschaffen, die ohne die direkte, leibliche Anwesenheit der jeweils vermittelnden oder empfangenden Parteien möglich war. Bei der Schrift wurde lebloses, also nicht mehr sterbliches Material verwendet; dies machte es möglich, die Kommunikation über Generationen hinaus auszuweiten und ihr einen quasi „zeitlosen" Charakter zu verleihen, mit der Illusion der Unsterblichkeit. Nicht ohne Grund haben Historiker später das Verfügen über schriftliche Quellen zur wichtigsten Zäsur in der menschlichen Vergangenheit erklärt: den Schnitt zwischen „Vorgeschichte" und „Geschichte".

Schreiben und Lesen sind soziale Fähigkeiten, die – abhängig von anderen Umständen – eine mehr oder weniger große Machtquelle darstellen. Sie dienten

---

26 Vgl. J. Goudsblom 1992: 81-8; J. Goudsblom 1997: 67-96, oder J. Goudsblom/ E. Jones/ S. Mennell 1996: 31-62.

27 Maßgeblich für die Habitus-Bildung waren und sind, damals wie heute, die Fertigkeiten, die die Menschen im sozialen Umgang mit anderen erworben haben. Die biologische Ausstattung ermöglicht es den Menschen, vor allem in einem gewissen, meist jugendlichen Alter, bestimmte Eigenschaften und Fähigkeiten zu erlernen. Nach Überschreitung des günstigsten Alters wird das Lernen schwieriger, unter anderem, wenn es gilt, eine Sprache sprechen zu lernen. Die abnehmende Lernfähigkeit erklärt zum Teil auch, warum der Habitus, der sich einerseits als Funktion des Verhaltens und der Machtverhältnisse herausbildet, sich andererseits in starkem Maße prägend auf das Verhalten und die Machtverhältnisse auswirkt. Fähigkeiten und Fertigkeiten spielen implizit eine wichtige Rolle in der Zivilisationstheorie von Norbert Elias; in den Werken von Pierre Bourdieu werden sie expliziter herausgestellt.

ursprünglich als Instrument, die Effizienz des Steuer- und Verwaltungswesens zu vergrößern. Aber abgesehen von diesen rein administrativen Funktionen eröffnen diese Fähigkeiten den Zugang zu sozialen Netzwerken und kulturellen Errungenschaften, der denjenigen, die die Schrift nicht beherrschen, verschlossen bleibt.[28]

Schrift ist ein Beispiel für eine weit fortgeschrittene Differenzierung. Zunächst entwickelten sich mündliche, gesprochene menschlichen Sprachen und erst viel, viel später kam eine neue Variante hinzu: die geschrieben Sprache.

Wir können in dieser Aufeinanderfolge eine Reihenfolge erkennen, die sich in der Entwicklung des menschlichen Zusammenlebens wie auch in der biologischen Evolution als eine wiederkehrende Form der Entwicklung aufzeigen lässt: Zuerst gab es eine Phase ohne Sprache und ohne Schrift, daran schloss sich eine Phase mit Sprache aber ohne Schrift an; nun leben wir in einer Phase mit Sprache und Schrift.

In der Entwicklung der Schrift allein, lässt sich noch eine zweite Art aufeinander folgender Phasen (eine „Phaseologie") erkennen. Erst gab es nur Gesellschaften ohne Schrift; dann folgte eine Periode, in der einige Gesellschaften über Schrift verfügten und andere nicht (das Zeitalter, das alles umfasst, was manchmal als „Protogeschichte" bezeichnet wird); und nun gibt es fast nur noch Gesellschaften mit Schrift.

Solche aufeinander folgenden Phasen beginnen immer mit einer Innovation, die irgendwann irgendwo stattfindet. Es liegt nahe, hierbei an eine Analogie mit den Mutationen in der Biologie zu denken. Genauso wie bei den Mutationen wird es auch zahlreiche Innovationen gegeben haben, die keine bleibenden Spuren hinterlassen haben. Die Gestalt, die die Innovationen annehmen, ist – innerhalb einer gewissen Marge – willkürlich (random); aber die Selektion, die daraufhin erfolgt, lässt sich erklären. Nach dem von mir verfolgten Ansatz müsste sich die Selektion soziokulturell geprägter Erneuerungen in erster Linie aus den veränderten Machtverhältnissen erklären lassen.

Manchmal kann die Entstehungs- und Überlebensgeschichte einer „erfolgreichen" Erneuerung noch ziemlich genau rekonstruiert werden. Ein bekanntes Beispiel in der jüngeren Entwicklung der Schrift ist die Anordnung der Buchstaben auf der Tastatur von Schreibmaschinen und Computern, das so genannte QWERTY-System. Die Entstehung dieses Systems war in hohem Maße „zufällig" und durch besondere Umstände bedingt, aber nachdem es einmal eingeführt worden war, hat es eine zwingende Wirkung (im Deutschen oft auch euphemistisch als „Sachzwang" bezeichnet) erlangt und sich zu einem als selbstverständ-

---

28 Vgl. E. Gellner 1988.

lich anerkannten „Regime" entwickelt, dem sich kein Hersteller und kein Benutzer mehr entziehen kann. Innerhalb einer in hohem Maße willkürlichen Variation an Möglichkeiten ist eine entscheidende Selektion erfolgt, und diese lässt sich rückblickend aus den Machtverhältnissen der modernen Gesellschaften erklären.[29]

7 Allgemeine und spezifische Entwicklungen

Während die Menschheit zurzeit noch etliche Tausend Sprachen spricht und verschiedene Schriftarten verwendet, lassen andere Formen erlernten Verhaltens weltweit eine fortschreitende Angleichung und Gleichförmigkeit erkennen. Gerade jene Verhaltensweisen, bei denen die Konvergenz am weitesten fortgeschritten ist, bleiben in diesem Zusammenhang oft außer Betracht, weil sie schon nicht mehr als etwas Besonderes oder Bemerkenswertes erfahren werden. Dies gilt zum Beispiel für die Zeitbestimmung: Die ganze Welt ist förmlich von einem unsichtbaren Raster überspannt, der die Tage in vierundzwanzig Stunden aufteilt, die überall genau die gleiche Dauer haben und genau zum gleichen Moment beginnen. Dieser irgendwann und irgendwo von bestimmten Menschen entworfene Raster gilt nun universell als unerschütterlich und selbstverständlich.[30]

Die Entstehung eines globalen Zeitregimes ist ein Aspekt der Ausweitung der Interdependenzketten, durch die Menschen über immer größere Abstände hinweg und mit kontinuierlich wachsender Geschwindigkeit sozialen Druck aufeinander ausüben. Die erfolgreichen Überlebensstrategien haben dazu geführt, dass die menschliche Bevölkerung heute hunderttausend Mal größer ist als die jeder anderen (nicht domestizierten) Tierart mit vergleichbarem Körperumfang und vergleichbarer Position innerhalb der Nahrungskette.[31] Im Rahmen einer inzwischen jeden Tag um gut zweihunderttausend Menschen anwachsenden Bevölkerung setzen sich Trends in Richtung zunehmend großmaßstäblicher Konzentration, Spezialisierung und Organisation immer stärker und immer schneller durch. Die Menschen sind ständig darauf bedacht, Veränderungen an den von ihnen selbst geschaffenen Nischen vorzunehmen, und damit zwingen sie einander und sich selbst, sich immer wieder an immer wieder neue Umstände anzupassen.

In der Kritik auf das (nicht immer mit Recht) als „unilinear" bezeichnete Modell der soziokulturellen Entwicklung des neunzehnten Jahrhunderts wurde seit circa 1950 die Unterscheidung zwischen einer „allgemeinen" und einer

---

29 Vgl. J. Diamond 1997: 248-9.
30 J. Goudsblom 1997: 20-38, oder J. Goudsblom 2001a.
31 S.P. Kapitza 2000: 15, 40.

„spezifischen" Evolution eingeführt.[32] „Spezifisch" werden jene Entwicklungen genannt, die sich in einer bestimmten Gesellschaft vollzogen haben und dieser Gesellschaft ein erkennbares eigenes Gepräge verliehen haben, dies im Unterschied zu „allgemeinen" Entwicklungen, die den Verlauf der Entwicklung der Menschheit als solche bestimmt haben. Dies ist ein analytischer Unterschied: Tatsächlich können alle Entwicklungen nur „spezifisch" beginnen; einige haben „Erfolg" und werden in zunehmendem Maße „allgemein"; aber sie bringen in der Folge auch immer wieder allerlei „spezifische" Verästelungen hervor.

Im zwanzigsten Jahrhundert haben sich sowohl auf dem Gebiet des Wissens und der Technik wie auch auf dem der Organisation immer mehr allgemeine Prozesse vollzogen, die, wie etwa die Zeitrechnung in Stunden und Minuten, Eingang in alle Gesellschaften gefunden haben. Damit haben die spezifischen Prozesse sicherlich noch nicht ihr Ende erreicht. Das Gegenteil ist der Fall; aber in zunehmendem Maße hat jeder spezifische Prozess seine Wurzeln im Nährboden allgemeiner Entwicklungen, die sich über die ganze Welt erstrecken.

Die Konkurrenz der Menschen innerhalb der eigenen Art ist im Verhältnis zur Konkurrenz mit anderen Arten immer wichtiger und immer direkter spürbar geworden. Sie wird auch immer umfassender und weitreichender und damit beschleunigt sich auch das Tempo der Veränderungen. Veränderung ist in dieser Hinsicht wie Feuer: So wie Feuer Feuer erzeugt, so erzeugt Veränderung Veränderung.[33]

Die in der Materie und im Leben universell vorhandenen Kräfte bleiben wirksam, auch in der soziokulturellen Entwicklung. Menschen unterliegen wie alle Materie der Schwerkraft, sie sind wie alle belebte Materie abhängig von Energie und Information, sie sind wie alle Wirbeltiere mit vier Gliedmaßen ausgestattet, einer Lunge und einem Herzen. Es wäre bizarr, unsere Augen vor all diesen Übereinstimmungen zu verschließen; aber es wäre genauso bizarr, die Besonderheiten zu vernachlässigen, durch die wir uns sogar von unseren nächsten Verwandten unter den Primaten unterscheiden.

Das Modell der allgemeinen Evolution der Menschheit, so wie es im achtzehnten und neunzehnten Jahrhundert entwickelt wurde, war implizit eurozentrisch und dadurch einseitig. Wir können versuchen, uns von dieser Einseitigkeit zu befreien, indem wir unser Augenmerk nachdrücklich auf die Menschheit in ihrer Gesamtheit richten. Die soziokulturelle Entwicklung mit all ihren Verzweigungen liegt dann auf einer Linie mit der biologischen Evolution, aber sie wird dabei auch in immer geringerem Maße durch das gesteuert, was in einer weit

---

32 M.D. Sahlins/ E.R. Service 1960.
33 Eine früher formulierte Variante dieser Regel lautet: „Information generiert Information" (P.J. Vinken 1976).

zurückliegenden Vergangenheit zu den grundlegenden biologischen Voraussetzungen und Gegebenheiten geworden ist. Soziale Veränderung erzeugt soziale Veränderung, mit einer Eigendynamik, in stets schnellerem Tempo. Für die weitere Diskussion der Frage, inwieweit die frühe biologische Evolution für die spätere soziale und kulturelle Entwicklung der Menschheit und für den tatsächlichen Verlauf der menschlichen Geschichte maßgeblich gewesen ist, könnte sich diese Einsicht als hilfreich erweisen.[34]

Literatur

Aiello, Leslie C./ Dunbar, R.I.M.: „Neocortex Size, Group Size, and the Evolution of Language". In: Current Anthropology 34. 1993. 184-93
Buskes, Chris (1998): The genealogy of Knowledge. A Darwinian Approach to Epistemology and Philosophy of Science. Tilburg: University Press
Cavalli-Sforza, Luigi Luca/ Cavalli-Sforza, Francesco (1995): The Great Human Diasporas. The History of Diversity and Evolution. Übersetzung aus dem Italienischen. Reading, MA: Perseus Books
Collins, Randall (1986): Weberian Sociological Theory. New York: Cambridge University Press
Collins, Randall (1999): Macrohistory. Essays in Sociology of the Long Run. Stanford: Stanford University Press
Dawkins, Richard (1976): The Selfish Gene. Oxford: Oxford University Press. Deutsch (1996): Das egoistische Gen. Reinbek bei Hamburg: Rowohlt
Dawkins, Richard (1986): The blind Watchmaker. London: Longman. Deutsch (1990): Der blinde Uhrmacher. München: Deutscher Taschenbuch-Verlag
Diamond, Jared (1997): Guns, Germs, and Steel. The Fates of Human Societies. New York: W.W. Norton
Elias, Norbert (1970): Was ist Soziologie? München: Juventa Verlag, 3. Auflage 1978
Elias, Norbert (1987): Die Gesellschaft der Individuen. Frankfurt am Main: Suhrkamp
Elias, Norbert (1991): The Symbol Theory. London: Sage
Fagan, Brian (1990): The Journey from Eden. The peopling of Our World. London: Thames & Hudson
Gellner, Ernest (1988): Plough, Sword and Book. London: Collins Harvill
Gilbert, Paul (1992): Depression. The Evolution of Powerlessness. Hove: Lawrence Erlbaum Associates

---

34 Diese äußerst allgemeine Frage stellt ihrerseits eine Spezifizierung der Frage dar, inwieweit frühere Begebenheiten und Prozesse überhaupt bestimmend für spätere Begebenheiten und Prozesse gewesen sind. Die verwendeten Begriffe „Evolution", „Entwicklung" und „Geschichte" suggerieren alle drei eine bestimmte Betrachtungsweise der Vergangenheit. Sie können nach Belieben gegeneinander ausgetauscht werden, aber sie erwecken auch alle drei Assoziationen, die mit den verschiedenen Betrachtungsweisen der Vergangenheit zusammenhängen, die ihrerseits wiederum mit den breiteren wissenschaftlichen Traditionen zusammenhängen. „Evolution" ist der Begriff, der in den Naturwissenschaften bevorzugt wird, gegenwärtig nicht nur in der Biologie sondern auch in der Kosmologie und der Physik. Der Begriff „Geschichte" passt am besten zu den Humaniora, beziehungsweise den Geistes- oder Kulturwissenschaften. In den Sozialwissenschaften, die gegenüber diesen zwei großen Wissenschaftsbereichen eine Zwischenstellung einnehmen, finden alle drei Begriffe Verwendung, wobei jedoch der Begriff „Entwicklung" dem spezifisch sozialwissenschaftlichen Ansatz am nächsten kommt.

Goudsblom, Johan (1960): Nihilisme en cultuur. Amsterdam: de Arbeiderspers 1960. Englisch (1980): Nihilism and culture. Oxford: Basil Blackwell
Goudsblom, Johan (1992): Vuur en Beschaving. Amsterdam: Meulenhoff. Deutsch (1995): Feuer und Zivilisation. Frankfurt am Main: Suhrkamp
Goudsblom, Johan (1997): Het regime van de tijd. Amsterdam: Meulenhoff
Goudsblom, Johan (2001): Stof waar hongeer uit ontstond. Over evolutie en sociale processen. Amsterdam: Meulenhof
Goudsblom, Johan (2001a): „The worm and the Clock: On the Genesis of a Global Time Regime." In: van Schendel/ Schulte (Hrsg.) (2001, 2001b): 19-36
Goudsblom, Johan/ Jones, Eric/ Mennell, Stephen (1996): The Course of Human History. Economic Growth, Social Process, and Civilization. Armonk, NY: M.E. Sharpe
Harris, Marvin (1968): The Rise of Anthropological Theory. New York: Harper & Row
Jablonski, Nina G./ Aiello, Lesly C. (Hrsg.) (1998): The Origin and Diversification of Language. San Francisco: University of California Press
Kapitza, Sergey P. (2000): Information Society and the Demographic Revolution. The Nonlinear Theory of Growth of Human kind. Moskau: Institute for Physical Problems
Mann, Michael (1986): The sources of Social Power. I. A History of Power from the Beginning to A.D. 1760. Cambridge: Cambridge University Press
Margulis, Lynn/ Sagan, Dorion (1997): Microcosmos. Four Billion Years of Microbial Evolution. Zweite Auflage, Berkeley: University of California Press
Martin, Robert D. (1998): „Comparative Aspects of Human Brain Evolution: Scaling, Energy Costs and Confounding Variables". In: Jablonski/ Aiello (1998): 35-68
Naccache, Albert F.H.: „A Brief History of Evolution". In: History and Theory 38-4. December 1999. 10-32
Pannekoek, A. (1957): Het ontstaan van de mens. Amsterdam: Wereldbibliotheek
Plotkin, Henry (1994): Darwin Machines and the Nature of Knowledge. London: Penguin Books
Redman, Charles L. (1999): Human Impact on Ancient Environments. Tucson: University of Arizona Press
Sahlins, Marshall D./ Service, Elmar R. (Hrsg.) (1960): Evolution and Culture. Ann Arbor: University of Michigan Press
Sanderson, Stephen K. (1990): Social Evolutionism. A Critical History. Cambridge, MA: Basil Blackwell
Schmookler, Andrew Bard (1984): The Parable of the Tribes. The Problem of Power in Social Evolution. Berkeley: University of California Press
Swabe, Joanna (1999): Animals, Disease, and Human Society. London: Routledge
Tattersall, Ian: „Once We Were Not Alone". In: Scientific American 282. January 2000. Nummer I. 38-44.
Trigger, Bruce G. (1998): Sociocultural Evolutionism. Oxford: Basil Blackwell
van Schendel, Willem/ Schulte, Henk (Hrsg.) (2001, 2001b): Time Matters: Global and Local Time in Asian Societies. Amsterdam: VU University Press
Vinken, P.J. (1976): Informatie genereert informatie. Amsterdam: Excerpta Medica
Vries, Bert de/ Goudsblom, Johan (2002): Mappae Mundi. Humans and their Habitats in a Long-Term Socio-Ecological Perspective. Amsterdam: Amsterdam University Press
Waal, Frans de (1996): Good Natured. The Origins of Right and Wrong in Humans and Other Animals. Cambridge, MA: Harvard University Press
Wilson, Edward O. (1975): Sociobiology. The New Synthesis. Cambridge, MA: Havard University Press
Wilson, Edward O. (1998): Consilience. The Unity of Knowledge. New York: Alfred A. Knopf

Die Genese normativer Strukturen im Hominisationsprozess
Vorüberlegungen zu einer Soziologischen Anthropologie

Heinz-Jürgen Niedenzu

Wenn man sich die Entwicklung der Soziologie rückblickend vergegenwärtigt, so fällt auf, dass der Weg zur disziplinären Eigenständigkeit durch eine zunehmende Verengung und Fokussierung der theoretischen Perspektive gekennzeichnet ist. Während die 'frühen' Klassiker Comte und Spencer evolutionstheoretisch argumentierten und den Gegenstandsbereich ihrer Erkenntnisbemühungen weder theoriestrategisch noch methodisch von der Biologie abschotteten, zeichnet sich die weitere Entwicklung durch eine wachsende 'Versozialwissenschaftlichung der Soziologie'[1] aus. In diesem Umorientierungsprozess des Faches verlieren Fragen nach der Genese und der Anbindung des soziologischen Gegenstandsbereiches an die Naturgeschichte an Bedeutung, das Problem des Natur-Kultur-Übergangs bedarf scheinbar keiner soziologischen Thematisierung mehr. Damit unterstellt die derzeitige Soziologie ihrem Gegenstandsbereich eine eigene Dignität, dessen Gesetzmäßigkeiten sich autark untersuchen lassen. Epistemologisch baut man dabei auf substanziell verstandenen Dichotomien auf, also auf der Vorstellung von mehr oder weniger klaren Abgrenzbarkeiten wie beispielsweise Natur versus Kultur, tierische versus menschliche Sozialität, Naturgesetze versus kulturelle Gesetzmäßigkeiten, weitestgehend festgelegte Verhaltensmuster versus Handlungsfreiheit, Stabilität biologischer Strukturen versus Geschichtlichkeit soziokultureller Verhältnisse.

Diese disziplinäre Abschottung der Soziologie gegenüber der Biologie erscheint angesichts der modernen, evolutionstheoretisch argumentierenden Biologie mehr als prekär, werden durch diese doch scheinbar unhinterfragbare Ausgangspostulate in Frage gestellt: Ist beispielsweise die Ausbildung von Kultur ein dem Menschen vorbehaltenes Vermögen, ist nur er zu reflexiv-intentionalem und gestalterischem Handeln in der Lage? Wie steht es um unsere Handlungsfreiheit angesichts der Rede vom 'Egoismus der Gene'? Lässt sich menschliches Handeln und Verhalten im Rahmen von unterliegenden Nutzenstrategien erklären? Sind menschlich-soziale Institutionen nur kulturelle Verlängerungen biolo-

---

1 Siehe dazu T. Meleghy 2003.

gisch-naturaler Vorgaben? Gibt es eine Eigenlogik in der soziokulturellen Entwicklung? Das Anschlussproblem der Kultur an die Natur wird auf diese Weise zunehmend virulenter angesichts des Anspruchs etwa von Soziobiologen und Ethologen, biologische Erklärungen für menschliches Sozialverhalten liefern zu können[2].

Diesen Herausforderungen, fassbar in der Vorwurfsmetapher einer 'Biologisierung des Sozialen', kann seitens der Soziologie nicht allein mit dem Verweis auf die immense Selbstgestaltungsfähigkeit der Verhältnisse, unter denen Menschen leben, begegnet werden. In der notwendig gewordenen Diskussion zwischen Biologie und Soziologie geht es nunmehr um die viel allgemeinere Frage des Verhältnisses von biologischer Grundmatrix und soziokultureller Lebensweise, von biologischer Kontinuität und kultureller Selbstkonstitution. Für die Beantwortung bedarf es meiner Meinung nach einer empirisch sachhaltigen prozessualen Analyse des Natur-Kultur-Übergangsfeldes; nur so lassen sich sowohl Entwicklungskontinuitäten als auch Bruchstellen herausarbeiten und damit fachspezifische Erklärungsansprüche positionieren[3].

Ein zentraler Aspekt in dieser Rekonstruktion ist dabei, soziologisch gesehen, die Frage, aus welchen Bedingungsgefügen sich normative Strukturen als ein wesentliches Charakteristikum menschlicher Gesellschaftsorganisation entwickelt haben. Im Unterschied zu anderen Steuerungsmechanismen wie Zwang, Emotionalität oder naturalen Verhaltensdispositionen handelt es sich bei normativen Strukturen um geistig konstruierte und geistig präsente soziokulturelle Muster, die prinzipiell gestaltungsoffen zu sein scheinen. Realität weisen sie insofern auf, als sie realen Interaktionsprozessen entstammen und diese strukturieren. Sollte es nun gelingen, die Unspezifiziertheit von Normativität 'als solcher', ihr gestalterisches Potential, naturgeschichtlich begründen zu können, dann wäre das ein wichtiges evolutionstheoretisches Argument für eine soziokulturelle Eigenlogik. Der soziologische Erklärungsanspruch wäre damit abgesichert, ohne axiomatisch den Gegenstandsbereich setzen oder spekulativ begründen zu müssen.

Die folgenden Überlegungen verstehe ich als Vorarbeiten für eine soziologische Anthropologie als Grundlage einer Theorie der sozialen Evolution. In einem ersten Schritt möchte ich kurz auf einen klassischen Zugang sowie zwei aktuellere Versuche eingehen, die mit dem Verhältnis und der Verknüpfung von

---

2 Zur Auseinandersetzung mit Verhaltensforschung, Humanethologie und Biosoziologie siehe M. Haller 1999: 91-165.
3 Kontraproduktiv sind dann Anleihen bei anthropologisch längst überholten Hypothesen. So spricht beispielsweise H. Esser (1993: 210ff.) immer noch von der großen Bedeutung des kooperativen Jagens für die Entwicklung menschlicher Sozialität und Soziabilität.

biologischen Rahmenbedingungen und humangesellschaftlicher Organisation befasst sind. Daran anschließend soll die Bedeutung des Normativen für das Verständnis humaner Sozialverbände verdeutlicht werden. Stellvertretend für die normativistische Perspektive in der Soziologie (E. Durkheim, T. Parsons, P.L. Berger/ Th. Luckmann) stütze ich mich dabei auf eine Arbeit von Heinrich Popitz, weil sich von dort her Anschlussstellen für eine Theorie der sozialen Evolution auftun. Anschließend wird das von Biologen, Paläoanthropologen, Primatologen u.a. vorgelegte Material zum Hominisationsprozess daraufhin befragt, was es zu einer Erklärung der Evolution normativer Strukturen beitragen kann. Abschließend soll eine Einschätzung versucht werden, inwieweit die Vernetzung von soziologischer Strukturanalyse und biologischer Evolutionstheorie für beide Disziplinen nutzbringend ist und welche neuen Forschungsperspektiven sich dadurch eröffnen.

1 Biologische Verfasstheit und soziale Selbstkonstitution

In der Vergangenheit wurde die Frage des Anschlusses wie auch der Abgrenzung von soziologischer Seite her, zumindest im deutschsprachigen Raum, fast ausschließlich durch Übernahme oder Verweis auf die im Rahmen der Philosophischen Anthropologie diskutierten Begriffe 'Plastizität' und 'Weltoffenheit' (M. Scheler, A. Gehlen) sowie 'exzentrische Positionalität' (H. Plessner) abgehandelt. Vom Anspruch her öffnete sich die Philosophische Anthropologie den Erkenntnissen der biologischen Wissenschaften; in der Aufnahme und Verwendung der Informationen wird dann allerdings die Frage nach der Genese dieser Konstitution, also deren evolutiv-prozessuale Rück- und Einbindung in die allgemeine Naturgeschichte bzw. die Geschichte des Lebens, mehr verdeckt als geklärt, weil im Vordergrund die Charakterisierung der konstitutionellen Einzigartigkeit steht, also eine eher statische denn prozessuale Sichtweise. Wohl wird auf diese Art und Weise der normativ-soziokulturelle Bereich begrifflich-konzeptuell nicht mehr als im Gegensatz zur Natur stehend betrachtet, da er in dieser Sichtweise als in einer naturgegebenen Potentialität verankert verstanden wird; gleichwohl ist damit der Brückenschlag zwischen Natur auf der einen Seite und der aus ihr heraus emergierenden humanen Kultur noch nicht vollzogen, denn die Charakterisierung der biologisch-anthropologischen Befindlichkeit setzt diese als Ausgangspunkt für die Überlegungen zur humanen Gesellschaftsform nur absolut, ohne die Kausalität des Emergenzprozesses dieser Befindlichkeiten hinreichend zu berücksichtigen. So etwa unterliegt die Behauptung, dass die normativ-soziokulturelle Lebensweise als Folge vergrößerter Lernkapazität und zunehmender Instinktentbundenheit an die Stelle instinktgesteuerter Lebensweise getreten sei bzw. treten musste, wie es beispielsweise die Gehlensche

Institutionenlehre in Verbindung mit der Mängelwesenthese nahe legt, den Beschränkungen funktionalistischer Argumentation. Sie kann nicht klären, inwieweit die normative Strukturierung humaner Lebensweise ein emergentes, gleichzeitig aber auch ein nicht-notwendiges Ergebnis evolutiv vorwegliegender Bedingungsstrukturen ist. Das subjektzentrierte solipsistische Argumentationsverfahren von Gehlen verstellt den Blick auf den Transformationsprozess, genauso wie es die Eigentätigkeit in der Handlung und den Aufbau von Handlungsfeldern nicht systematisch mit den immer schon vorwegliegenden sozietären Bedingungen verknüpft[4].

Plessner[5] wiederum versteht die exzentrische Positionalität wohl als direkte Manifestation einer anthropologischen und damit naturalen Vorgabe, aber der phänomenal gewonnene Begriff wird von ihm ebenfalls nicht prozesstheoretisch bzw. evolutiv bestimmt, sondern nur kategorial, womit die Abgrenzung zur zentrischen Positionalität des Tieres in den Vordergrund rückt. Des Weiteren stellt sich das Problem, dass die exzentrische Positionalität als Begründungskategorie für die geistig-soziokulturelle Lebensweise nicht einfach vorgegeben werden kann, da sie selbst erst Resultat eines ontogenetischen Prozesses ist; das naturale Potential muss erst als Kompetenz zur Realisierung gebracht werden. Exzentrische Positionalität ist mithin nur als Ergebnis eines Entwicklungsprozesses fassbar, der aber von Anfang an unter sozietären Rahmenbedingungen steht, was von Plessner ebenfalls nicht hinreichend berücksichtigt wird.

Stellvertretend für die wenigen soziologischen Arbeiten, die ausführlicher auf evolutionsbiologische Forschungen Bezug nehmen und von dort her die historische Ausbildung unterschiedlicher Gesellschaftsorganisationsmodelle analysieren, seien zwei aktuellere Zugänge kurz angesprochen. In einer ausführlichen Studie haben Maryanski und Turner[6] versucht, die 'menschliche Natur' und damit in Rechnung zu stellende biologische Prädispositionen stammesgeschichtlich zu bestimmen und den Zusammenhang von menschlicher Natur, Kultur und sozialer Organisation aufzuarbeiten. Unter der Annahme eines gradualistisch ablaufenden und systematischen Mustern folgenden Evolutionsprozesses und unter Anwendung des biologischen Verfahrens der Kladistik rekonstruieren sie, ausgehend von einer anhand rezenter Hominoiden gewonnenen Skizze des letzten gemeinsamen hominoiden Vorfahrens von Hylobatiden, Pongiden und Hominiden, die Evolution und die Ausbildung der Sozialstrukturen in der Hominidenlinie. Als stammesgeschichtliches Erbe und damit als Rahmenbedingung

---

4   Vgl. A. Gehlen 1974; zur Kritik K.-S. Rehberg (1994: 502ff.) sowie D. Claessens (1994: 629ff.).
5   Vgl. H. Plessner 1981; zur Kritik G. Dux 1994: 94ff.
6   Vgl. A. Maryanski und J.H. Turner 1992.

für die Evolution hominider Sozialstrukturmuster machen sie Prädispositionen für lockere Netzwerke und eine schwach entwickelte Sozialität bei starker Individualisierung in Verbindung mit einer großen Mobilität zwischen den Gruppen aus. Ebenfalls stammesgeschichtlich wird die neurologische Entwicklung mit neuen kognitiven Kapazitäten interpretiert, wobei sich ein Trend zur symbolischen Weltvergegenwärtigung, Zeichen- und Sprachgebrauch sowie voluntaristischem Handlungsvermögen in Folge der Umorganisation zerebraler Strukturen mit neuen Assoziations- und Verknüpfungsmöglichkeiten abzeichnet. Die Informationsverarbeitung unter dem Selektionsdruck, dem die Hominiden im neuen Habitat des Savannenlebens ausgesetzt sind, führt dann zur Ausbildung von Kultur und sozialen Strukturen. Die von Soziologen in der Regel unhinterfragt angenommene Verwiesenheit der Menschen auf soziale Bindungen und Gruppenleben als biologische Vorgabe betrachten sie mit Skepsis[7], verstehen die Ausbildung festerer Gruppenstrukturen vielmehr als eine kulturell erfolgende Reaktion auf den Selektionsdruck angesichts des Habitatwechsels. Die menschliche Kultur und die soziale Organisation wird von den Autoren mithin als eine Ausweitung stammesgeschichtlich angelegter neurologischer Kapazitäten interpretiert, und das soziale Band zwischen den Menschen, ihre Sozialität, fußt mehr auf Kultur und nur zu einem geringeren Teil auf einer rein genetischen Verankerung, arbeitet sogar als 'social cage' gegen stammesgeschichtliche Prädispositionen[8].

Das Modell und die Schlussfolgerungen von Maryanski und Turner sind in vielerlei Hinsicht problematisierbar; für den hier verfolgten Diskussionszusammenhang aber sei nur auf einen Punkt hingewiesen: Im Unterschied zur Diskussion in der modernen Biologie, die mehr auf die Erklärung der Brüche im Evolutionsprozess, also etwa das Aufkommen völlig neuer Organisationsmodelle, abstellt, verfolgen die Autoren eine individualistisch-gradualistische Argumentationsstrategie, so wie sie dem ursprünglichen Darwinschen Selektionsmodell eigen ist[9]. Damit aber wird dem völlig neuen Charakter humaner Sozialorganisation als einer normativ-soziokulturellen Ordnung im Unterschied zur Sozialstruktur rezenter Pongiden nicht hinreichend Rechnung getragen. Die isolierende Betrachtung der Individuen und ihrer organischen Kapazitäten, die Übertonung einer stammesgeschichtlichen Kontinuität der Entwicklung sowie die funktionalistische Erklärungsperspektive erschweren das Verständnis, warum es zum Bruch im Organisationsprinzip kam bzw. wie sich dieses überhaupt ausbilden konnte. Die Autoren verfolgen letztlich eine Hobbessche Argumentationsfigur,

---

7 Vgl. A. Maryanski und J.H. Turner 1992: 163.
8 Vgl. A. Maryanski und J.H. Turner 1992: 67f./73/165.
9 Vgl. dazu H.-J. Niedenzu 2003.

die die Individuen von vorneherein in Gegenlage setzt zu ihrer immer mitzudenkenden Sozialität.

Einen anders gelagerten Versuch der Rekonstruktion der Anfänge menschlicher Gesellschaft haben Lambrecht, Tjaden und Tjaden-Steinhauer[10] unternommen. Ihnen geht es nicht um eine Bestimmung der 'Natur des Menschen' aus der Extrapolation evolutionsbiologischer Forschungen und um die weitergehende Frage, inwieweit die gesellschaftlichen Verhältnisse im Sinne eines 'social cage' diesen entgegenstehen. Sie geben vielmehr die Fragerichtung aufgrund theoretischer Überlegungen vor, wobei dann die Forschungsergebnisse im Rahmen dieser Vorstrukturierung herangezogen werden, um möglichen Entwicklungsprozessen auf die Spur zu kommen. Ganz im darwinistischen Sinne verstehen sie Gesellschaft als ein Mittel der Selbsterhaltung menschlicher Lebewesen in natürlichen Umwelten. Für die individuelle und gesellschaftliche Reproduktion sind gesellschaftliche Aktivitäten auf drei Dimensionen funktional notwendig[11]: Gewinnung des Lebensunterhalts (Subsistenzaktivitäten), Sorge für die Nachkommenschaft ('familiale' Aktivitäten) sowie die Erhaltung des Lebensraums (praktische Tätigkeiten zur Regelung von alle betreffenden Angelegenheiten: 'politische' Aktivitäten). Der Gestaltwandel humaner Gesellschaften ist dann interpretierbar als Funktion neuer Möglichkeiten im Rahmen der einzelnen Aktivitätsbereiche, wodurch sich neue Konfigurationen ergeben. In allen Fällen aber bedarf es der Kooperation und der Kommunikation zwischen einzelnen oder zwischen allen Gruppenmitgliedern, wobei menschliche Gesellschaften durch eine zunehmend formflexibler werdende Kooperation sowie abstrahierenderer Kommunikation ausgezeichnet sind. Dieses theoretische Gerüst verwenden die Autoren nun, um Ergebnisse aus der Schimpansenforschung zu strukturieren und auf diesem Weg eine Vorstellung über die Sozialstruktur der gemeinsamen hominoiden Vorgängerpopulation von Protoschimpansen und Protohominiden zu gewinnen. Im Ergebnis gehen sie von einem ursprünglichen System offener Gruppen mit Mutter-Kinder/Geschwister-Gruppen als sozialen Kernen aus. Die Entwicklung zum homo habilis ist dann, aufgrund der Erfordernisse des Überlebens in einem neuen Habitat, durch eine alle subsistenziellen, familialen und politischen Tätigkeiten erfassende Intensivierung der sozialen Beziehungen gekennzeichnet[12].

Wie ist dieser Zugang einzuschätzen? Die Einbettung der Geschichte menschlicher Vergesellschaftungsformen in die Naturgeschichte, sowohl in einem stammesgeschichtlichen Sinne als auch als Wechselbeziehung zwischen

---

10 Vgl. L. Lambrecht/ K.H. Tjaden/ M. Tjaden-Steinhauer 1998.
11 Vgl. L. Lambrecht/ K.H. Tjaden/ M. Tjaden-Steinhauer 1998: 16ff.
12 Vgl. L. Lambrecht/ K.H. Tjaden/ M. Tjaden-Steinhauer 1998: 86ff.

Populationen und Biomen, versucht den Anschluss der Gesellschaftsgeschichte an die Evolution des umfassenden Biosystems herzustellen. In der Argumentation allerdings gewinnt auch hier die kontinuitätstheoretische Sichtweise die Oberhand, wodurch der offensichtliche Bruch im sozietären Organisationsmodus unterbelichtet bzw. als Problem unbeantwortet bleibt. Den Übergang von den Sozietäten der höheren Primaten hin zum Aufkommen menschlicher Gesellschaften als einer neuen Entwicklungslinie interpretieren die Autoren in einem gradualistischen Verständnis, d.h. sie sehen darin keine qualitative Innovation[13]. So müssen sie konsequenterweise auch die Frage, was die Geschichte menschlicher Gesellschaften zu einer eigenen Geschichte innerhalb der Erdgeschichte werden ließ, offen lassen[14]. Dieses Problem lässt sich meiner Ansicht nach nur dann einer Lösung näher bringen, wenn die biologische Verfasstheit der Menschen (organisch, sozietär) in einem doppelten Sinne bearbeitet wird: als eigene Entwicklungslinie innerhalb der Hominoidenentwicklung, wobei aber kontinuierlich ablaufende Selektionsprozesse mit Entwicklungsbrüchen verwoben sind. Nur so lässt sich die Kontinuität des evolutionären Prozesses und das evolutionär völlig Neue, nämlich das normativ-soziokulturelle Organisationsprinzip, als gleichzeitiges Geschehen erfassen. Die Rekonstruktion der Organisationsform der Vorgängerpopulation (etwa: offene oder stark strukturierte Gruppen) ist dabei in gewisser Hinsicht sekundär; entscheidend ist vielmehr, wie sich das neue Organisationsprinzip aus der Naturgeschichte heraus verständlich machen lässt.

Im Folgenden möchte ich diesen Bruch im sozietären Organisationsmodus in den Vordergrund stellen. Im Anschluss an die Charakterisierung des neuen Organisationsprinzips soll die Sichtung des naturwissenschaftlichen Wissens die Bedingungskonstellation klären, aus der heraus sich die normativ-soziokulturelle Lebensweise ausbilden konnte. Zu klären ist dabei die Möglichkeit der Entwicklung, ohne dass diese in irgendeiner Weise durch die Ausgangslage präjudiziert noch in einem deterministischen Sinne als notwendige Folge angelegt wäre.

2 Die normative Konstruktion der Gesellschaft

Wenn wir die Genese des Normativen rekonstruieren wollen, müssen wir vorab deren typische Formen näher skizzieren. Popitz geht es in seiner Arbeit nun gerade um die Herausarbeitung spezifischer Konstruktionsprinzipien des Normativen[15], welche als 'Konstrukte sozialer Normierungen' in allen menschlichen

---

13 Vgl. L. Lambrecht/ K.H. Tjaden/ M. Tjaden-Steinhauer 1998: 88.
14 Vgl. L. Lambrecht/ K.H. Tjaden/ M. Tjaden-Steinhauer 1998: 247.
15 Unter sozialen Normen versteht Popitz soziale Verhaltensregelmäßigkeiten, wobei die Forderung nach deren Einhaltung im Falle der Abweichung durch negative Sanktionen unterstrichen

Gesellschaften wirkmächtig geworden sind. Analysegegenstand sind mithin die die Architektonik des Normativen prägenden Kernelemente, die sich ungeachtet aller raum-zeitlich spezifischen Bedingungen in gleichartigen Strukturen manifestieren und empirisch einholbar sind. Über diese Bestandsaufnahme hinausgehend können wir dann entsprechend der hier verfolgten Fragestellung und ohne allzu große Spekulation annehmen, dass diese Kernelemente auch für eine evolutionstheoretische Rekonstruktion von zentraler Bedeutung sein dürften.

Die basale Normenarchitektur ist nach Popitz folgendermaßen charakterisierbar[16]: Konstitutiv für jede Gesellschaft ist die Regelung sozialer Beziehungen mittels *Allgemeiner Normen*, die den gesellschaftlichen Binnenraum in der Abgrenzung zur Umwelt konturieren. Die Zugehörigkeit zu diesem ist normativ konstituiert, nämlich als eine spezifische Gleichheit aller Mitglieder ungeachtet empirisch vorfindbarer Ungleichheiten zwischen ihnen etwa in generativer, geschlechtlicher, sozialer oder kognitiver Hinsicht. Eine solchermaßen normativ hergestellte und gesetzte Gleichheit drückt sich empirisch aus in einer von allen geteilten Gemeinsamkeit, nämlich dass bestimmte mit Sanktionen beschwerte normative Verpflichtungen für alle (zumindest prinzipiell) gleichermaßen gelten. Insofern drückt sich Gleichheit in einer spezifischen Gemeinsamkeit aus, oder umgekehrt ausgedrückt: etwas Gemeinsames manifestiert sich als Gleichheit der Mitglieder. Bereits diese Grundfeststellung ist sowohl voraussetzungs- als auch folgenreich, denn damit dieser Denkvorgang möglich wird, muss hier die kognitive Kompetenz angenommen werden, Gemeinsames als Allgemeines abstraktiv aus der Vielfalt des Besonderen generieren zu können und normativ als Gleichheit gerinnen zu lassen. Die Kompetenz wiederum muss gattungsgeschichtlich

---

wird. Die beiden weiteren von ihm genannten Merkmale von sozialen Normen, die Ebene der Erwartung von Verhaltensregelmäßigkeiten und der Soll-Charakter dieser Erwartungen ('desiderative Verhaltenserwartungen'), werden im Bemühen um einen empirisch leicht einholbaren Normbegriff mit den Merkmalen 'Verhaltensregelmäßigkeiten' und 'Vollzug von Sanktionen' aus dem schließlich verwendeten Normbegriff ausgeblendet (vgl. H. Popitz 1980: 12 und 21). Die 'innere Realität' (Erwartungen, Sollforderungen, Wertvorstellungen, Motive) wird damit erst einmal ins 2. Glied des Forschungsinteresses verwiesen. Bei dieser positivistischen Verkürzung läuft Popitz allerdings Gefahr, den Normbegriff auch theoretisch unterzubelichten, da eine prozessuale, evolutiv ausgerichtete Fragestellung, die auf die zugrundeliegenden Interessen, deren Generierung wie auch deren normativen Niederschlag abheben müsste, tendenziell aus den Augen gerät. Ich komme später darauf zurück.

16 Vgl. zum Folgenden H. Popitz (1980: 69ff.). Dabei ist zu beachten, dass Popitz unter Gesellschaft nicht unbedingt eine Form oberhalb elementarer Vergemeinschaftungsformen versteht, sondern jede soziale Einheit, die als nach außen geschlossene Gruppe auftritt, sich zumindest teilweise biologisch selbst rekrutiert und Integrationsleistungen bezüglich der Nachkommenschaft erbringt. Solche Gruppen sind zusätzlich durch einen Koordinations- und Kooperationsdruck ausgezeichnet, d.h. die soziale Interdependenz ist derart intensiv, dass der Einzelne kaum noch Handlungen sinnvoll setzen kann ohne Berücksichtigung seiner sozialen Eingebundenheit, also Unterstellungen bzgl. der Handlungen Anderer.

entstanden sein und als erbringbare Leistung dem soziokulturellen Vergesellschaftungsprozess vorausgesetzt werden. Eine damit als Möglichkeit angedeutete evolutionstheoretische Lesart der Popitzschen Überlegungen würde bedeuten, dass biologische Überlegungen über Normphänomene bei Tieren, die ausschließlich auf Verhaltensregelmäßigkeiten und Verhaltenskontrolle (Sanktion) aufbauen, zu kurz greifen.

Schaffen *Allgemeine Normen* Grenzen durch spezifische, nur intern geltende reziproke Verpflichtungsstrukturen, so gibt es im gesellschaftlichen Binnenraum des Weiteren multiple *Partikulare Normen*, die die Gleichheit als allgemeine Form modifizieren und unterlaufen. So kennen alle Gesellschaften Ungleichartigkeiten, die zu Ungleichrangigkeiten in sozialen Kontexten führen können, sei es im sozialen Rang, an Wissen oder an Macht, und das insbesondere bezogen auf Alter und Geschlecht. *Nicht-reziproke Partikularnormen* konstituieren normativ die Binnendifferenzierung einer sozialen Einheit in soziale Kategorien mit unterschiedlichen Verpflichtungen je nach Kategoriezugehörigkeit; solche Beziehungen nehmen dann in aller Regel die Form von Rollenstrukturen an[17]. Für die Beziehungen innerhalb einer solchermaßen normativ generierten Partikulargruppe gelten dann aber möglicherweise wieder Gleichheitsnormen, so dass Popitz hier von 'insularen Reziprozitäten' oder *Reziproken Partikularnormen* zwischen Personen mit gleichem partikularen Status spricht. Evolutionstheoretisch von Bedeutung ist hier, dass die normative Partikularisierung ein erweitertes kognitives Situationsverständnis bzw. eine vergrößerte Lernkapazität erfordert, da Rollenverhalten eine nicht-spiegelbildliche Reaktion erfordert, also keinesfalls imitierendes Verhalten darstellt.

Neben diesen Grundtypen gibt es weitere Strukturmuster, die für 'Gesellschaft an sich' grundlegend sind und zum Kernbereich der normativen Konstruktion von Gesellschaft zu zählen sind[18]. So kennt jede Gesellschaft ein relativ fixes Gefüge von thematisch spezifischen Positionen, die um die Aufgabe der Integration Neugeborener zentriert sind. Von strategischer Bedeutung ist für Popitz die Geschwisterbindung, weil sich aus ihr Normverklammerungen durch *Reziproke Partikularnormen* ergeben können. Des Weiteren zu nennen wäre die Erfahrung der Zuordnung der eigenen Person (Position) zu einer sozialen Einheit, damit die Grunderfahrung des Einschluss-Ausschluss-Prinzips, wie es sich in den *Allgemeinen Normen* verkörpert. Ebenso schließt es die Unterscheidung sozialer Beziehungen nach ihrem emotionalen Gehalt wie auch den strukturellen

---

17 H. Popitz (1980: 74) verweist allerdings darauf, dass es auch in Rollenbeziehungen, wo nicht-reziproke Partikularnormen, mithin unterschiedliche Verpflichtungen dominieren, durchaus reziproke Normen geben kann, etwa die wechselseitige Beistandspflicht von Eheleuten.
18 Vgl. zum Folgenden H. Popitz 1980: 77ff.

Begrenzungen ein, wie es sich häufig in den sozialen Konstrukten Inzesttabu und Endogamieverbot manifestiert bzw. offenbart[19]. Mittels dieser auf Integration hin ausgerichteten Struktur sozialer Beziehungen erfährt der zu Sozialisierende also die Grundprinzipien normativen menschlichen Handelns, nämlich *Allgemeine Normen, Reziproke Partikularnormen* und *Nicht-reziproke Partikularnormen*.

Um diese Integrationsstruktur herum entwickelt sich Popitz zufolge nun ein Gefüge sozialer Einheiten in dem Sinne, dass die einzelnen Gesellschafts(Familien-)mitglieder aufgrund zugeschriebener oder erworbener Merkmale in multiple soziale Einheiten eingebunden sind, die sich in ihrem Zwischenverhältnis durch sogenannte *Grenznormen* voneinander abgrenzen[20]. Grenznormen sind ein Mittel der normativen Festschreibung sozialer Gleichheit bzw. Ungleichheit, indem sie Handlungsspielräume von Akteuren im Umgang mit anderen Akteuren festlegen bzw. einen Interaktionsrahmen vorgeben[21]. Gleichzeitig ziehen sie damit kulturelle Grenzen ein. Schließlich geht Popitz davon aus, dass mit dem Aufbau von Normensystemen immer auch *Sanktionsnormen*[22] entstehen, die die Frage regeln, wer was im Falle eines Normbruches tun darf oder tun soll.

Was ist der Ertrag dieser Strukturanalyse? Für eine gattungsgeschichtliche Rekonstruktion der Genese normativer Strukturen konturiert sie ein potentiell empirisch zugängliches Untersuchungsfeld, denn die Universalität spezifischer 'Konstrukte sozialer Normierungen' verweist auf sozietäre Problembereiche, die offenbar von den ersten Anfängen an als Gegenstand eines aufkommenden kognitiv-normativen Bearbeitungsmodus und damit einer sich herausbildenden humanen Lebensweise in Betracht zu ziehen sind. Auch wenn Popitz auf eine historisch-genetische Rekonstruktion verzichtet, verweisen seine Überlegungen mithin auf Bereiche, die, ohne sie rein spekulativ setzen zu müssen, für eine prozessuale Analyse zentral sein sollten: Entwicklung der Kognition, Entwick-

---

19 Inwieweit das Inzestverbot einer naturalen (biologischen) Vorgabe entspricht bzw. diese kulturell redupliziert, soll hier offengelassen werden. C. Lévi-Strauss (1981) betrachtet das Inzestverbot bekanntlich als einzige 'universale Norm', wobei 'universal' auf die naturale Vorgabe, 'Norm' dagegen auf die kulturelle Relativität abzielt. Das Inzestverbot kann als 'anthropologische Konstante' (M. Oppitz 1975: 104) bezeichnet werden, wobei es sich in der strukturalistischen Interpretation als die allgemeinste Form des Gesetzes des reziproken Tausches interpretieren lässt. Zum Strukturalismus vgl. auch T. Meleghy 2001.
20 Vgl. H. Popitz 1980: 82ff.
21 Im Unterschied zu Grenznormen, die soziale Einheiten voneinander abgrenzen und den Interaktionen ihrer Mitglieder einen strukturellen Rahmen setzen, finden sich auch auf der Ebene von Rollen wie auf der der Identitätswahrung Phänomene der Aus- und Abgrenzung, die vermutlich ebenfalls universalen Charakter haben. Zur Universalitätsthese von Distanzverhalten und Distanzregeln vgl. H.P. Bahrdt 1990: 280f.
22 Vgl. H. Popitz 1980: 86ff.

lung einer normativ verfassten Sozialstruktur, Zentralität von auf die Nachkommenschaft ausgerichteten Integrationsstrukturen.

Entsprechend diesen das Untersuchungsfeld heuristisch eingrenzenden Überlegungen möchte ich nun in gattungsgeschichtlicher Perspektive die Bedingungskonstellation für die Möglichkeit der Ausbildung einer humansozialen Lebensweise und die daran anschließenden Prozesse in aller Kürze am Beispiel des Gehirnwachstums und der sozietären Strukturen rekonstruieren, wobei ich allerdings das Problem der Sprachentstehung an dieser Stelle unberücksichtigt lassen muss. Was das Material betrifft, stütze ich mich auf den aktuellen Forschungsstand der Paläoanthropologie, der Evolutionsbiologie sowie der Primatenforschung.

3 Der naturwissenschaftliche Befund

Eine erste Voraussetzung für eine normbasierte Lebensorganisation ist eine entsprechend leistungsfähige Kognition, die evolutionär entstanden sein muss. Nach heutigem Wissensstand lassen sich Gehirnwachstum, Gehirngröße und Gehirnorganisation weder funktional aus veränderten Problemlagen im Hominisationsprozess erklären noch gibt es eine Korrelation mit Veränderungen in der Werkzeugkultur. Die Zunahme des Gehirns relativ zur Körpergröße ist schon lange vor dem Aufkommen gezielt bearbeiteter Werkzeuge in Gang gekommen[23] und die Hirnorganisation erreichte bereits das menschliche Niveau, bevor die Hirngröße sich dem modernen Ausmaße annähert[24]. Trotzdem erhält sich das vor ca. 2,3 Millionen Jahren mit dem Homo rudolfensis erreichte geistige Niveau, wenn man auf die gefundenen Artefakte blickt, weit über 2 Millionen Jahre, also bis vor etwa 300.000 Jahren[25]. Mit dem Erscheinen des modernen Menschen, dem Homo sapiens, vor ca. 200.000 Jahren in Ostafrika ist umgekehrt kein nachweisbarer kognitiver Sprung verbunden, weder auf technologischem noch auf kulturellem (z.B. Totenbestattung) Gebiet. Wir müssen also von einer Entkopplung von technologischen und anatomischen Veränderungen ausgehen[26].

---

23 So verweist R.D. Martin (1996: 2ff.) darauf, dass innerhalb der Hominidenfamilie schon bei Australopithecus africanus (ca. 2,8-2,4 Mill. J.) die relative Gehirngröße, bezogen auf das Körpergewicht, deutlich über der heutiger großer Menschenaffen liegt, wo für manche Arten ein Werkzeuggebrauch dokumentiert ist.
24 Diese Umorganisation des Gehirns im Vergleich zu den Menschenaffen geht nach R. Lewin (1995: 184) mit dem Aufkommen von Homo einher.
25 So die Behauptung von Chr. Stringer/ R. McKie (1996: 46), die allerdings der älteren Diktion entsprechend nur zwischen Homo habilis und Homo erectus unterscheiden.
26 Vgl. I. Tattersall 1997: 263ff. und 300ff. Auch St. Mithen (1996: 158) geht davon aus, dass Korrelationen zwischen der Anatomie und der materiellen Kultur eher die Ausnahme denn die Regel sind.

Der Vergleich mit heutigen Menschenaffen aber macht schon sehr früh die Lücke deutlich: Alle Experimente der Steinbearbeitung zeigen, dass die frühhominiden Werkzeugmacher der Oldowan-Industrie ein besseres kognitives Verständnis für die Werkzeugherstellung erreichten als es jeder rezente Affe erwerben könnte.

Das außergewöhnliche Wachstum des Gehirns bei den Hominiden lässt sich als 'Nebeneffekt' von Adaptationen an veränderte geologische, ökologische und klimatische Bedingungen im ostafrikanischen Grabenbruchsystem, der heute kaum mehr bestrittenen Urheimat der Hominiden, begreiflich machen[27]. Die Gehirnvergrößerung erscheint als Folge einer veränderten Nahrungszusammensetzung mit einem ausreichenden Fleischanteil[28], die möglich wurde durch vorausgegangene und schrittweise erfolgte anatomische Umbauten[29], Ausdifferenzierungen bzw. Anpassungen an variierende Umweltverhältnisse mit einer verbesserten Energieversorgung in Folge eines neuen Ernährungsverhaltens[30]. Evolutionstheoretisch kann wohl festgehalten werden, dass das Gehirn ein universell nützliches Organ ist, mithin ein Wachstum des Gehirns einen allgemeinen Selektionsvorteil darstellt, aber man kann seine später übernommenen Funktionen nicht zum Ausgangspunkt der Erklärung machen. Wir müssen demnach von einer ursprünglich 'zwecklosen', d.h. nicht auf konkrete Probleme bezogenen

---

27 Die zentrale Bedeutung von Umweltveränderungen als Ausgangspunkt für die Abspaltung der Hominiden von anderen Hominoiden vor etwa 5 Millionen Jahren ist heute unumstritten; vgl. dazu R. Leakey/ R. Lewin 1993: 174ff. sowie R. Lewin 1995: Kap. 1. Generell gehe ich davon aus, dass die Out-of-Africa-Hypothese, die Ostafrika als Urheimat des frühen wie auch des modernen Menschen sieht, damit verschiedene Auswanderungswellen in Rechnung stellt, nach dem derzeitigen Forschungsstand mehr empirische Argumente von der Molekulargenetik bis hin zur Linguistik für sich in Anspruch nehmen kann als die Verfechter einer multiregionalen Entstehung, die eine Kombination von kulturellem Fortschritt und regelmäßiger Kreuzung zwischen örtlichen Linien zugrunde legen müssen, um die evolutionär normalen Tendenzen der (biologischen) Divergenz und Speziation ausschließen zu können. Zur Diskussion der beiden Thesen sowie den molekulargenetischen, linguistischen und archäologischen Begründungen vgl. z.B. R. Leakey/ R. Lewin (1993: 221ff.), R. Lewin (1995: Kap. 3 und 4), Chr. Stringer/ R. McKie (1996: Kap. 3 und 6), I. Tattersall (1997: 275ff.), R. Cann (1997) und H. Engeln (1998).
28 Zur Bedeutung der Fleischversorgung vgl. J.H. Reichholf (1993: Kap. 12) und Chr. Stringer/ R. McKie (1996: Kap. 2).
29 Zu den einzelnen Schritten vgl. J.H. Reichholf 1993.
30 R.D. Martin (1996) hat darauf hingewiesen, dass ausgeklügeltere Strategien der Futtersuche oder komplexere soziale Verhaltensweisen, z.B. die Anforderungen des Gruppenlebens mit seinen Unwägbarkeiten ('soziale Intelligenz'), oft genannt als auslösender Faktor für das Gehirnwachstum), die eher bei Tieren mit größerem Gehirn auftreten, nach der Hypothese der Energieversorgung als dem Schlüsselfaktor nicht mehr als die relevanten Selektionsfaktoren für eine evolutionäre Vergrößerung des Gehirns zugrunde gelegt werden müssen, auch wenn die Korrelation unbestritten ist. Aber Korrelationen und ursächliche Zusammenhänge sind bekanntermaßen zwei verschiedene Dinge.

anatomischen Entwicklung von zerebralen Strukturen und Kapazitäten ausgehen. Die Struktur, in diesem Fall das kognitive Potential als Leistungsvermögen, evolvierte vorgängig; die Nutzung im Sinne der Entwicklung neuer Fähigkeiten oder auch die Nicht-Nutzung dieses vorgängig aufgebauten kognitiven Potentials hing dann von historisch kontingenten Faktoren ab. Ähnliches gilt im Übrigen auch für die Sprachentwicklung: Die neuralen Grundlagen für die Symbolisierungsfähigkeit und für die Sprache scheinen ebenfalls einen langen evolutionären Vorlauf zu haben, bevor sie manifest wurden. Auch in diesem Fall lässt sich evolutionär gesehen kein zwingender Bedingungszusammenhang rekonstruieren, der Sprache funktional notwendig gemacht hätte, unbeschadet der Tatsache, dass Sprachfähigkeit zu einem selektionsrelevanten Faktor wurde.

Neben dem Gehirnwachstum ist ein weiterer Faktor für das Verständnis der soziokulturellen Welt entscheidend: Das Leistungspotential des menschlichen Gehirns ist nicht einfach Funktion einer bestimmten Gehirngröße. Zum einen wird die Leistungsfähigkeit durch den vorgeburtlichen Zustand, also durch die Zahl der ausgebildeteten Nervenzellen, bestimmt[31]; zum Zweiten beruht sie auf der innerzerebralen Organisation, wobei die Verknüpfung von Nervenzellen zu komplexen Gebilden im Rahmen des nachgeburtlichen Gehirnwachstums erfolgt, die bei Menschen besonders augenfällig ist[32]. Insbesondere sind es die Möglichkeiten der neuronalen Verknüpfung differenter, für die Verarbeitung bestimmter Erfahrungsmodi zuständiger, Gehirnteile ('Synapsen', Verschaltungen), die menschliches Erfahren und Handeln auszeichnen. So ist die Möglichkeit, den emotiven Erfahrungsmodus begrifflich-kognitiv repräsentieren und dann über die Kognition verhaltenssteuernd einsetzen zu können, ein Kennzeichen der humanspezifischen Organisation der zerebralen Strukturen.

Ein prä- wie postnatales Gehirnwachstum bedarf, um sich evolutiv durchzusetzen, sowohl bestimmter Voraussetzungen auf Seiten der Mütter (Anatomie; energiereiche Nahrungsversorgung) als auch im Bereich korrespondierender sozialer Strukturen. Im Unterschied zu den pflanzenfressenden höheren Primaten ist die Energieversorgung ein prekärer Punkt, da er ein hohes Maß an Mobilität voraussetzt, also von schwangeren und stillenden Weibchen nur begrenzt eingelöst werden kann. Die dauerhafte Lösung des Versorgungsproblems der Weib-

---

31 In dieser Hinsicht unterscheiden sich die Primaten in ihrer Fetalentwicklung von allen anderen Säugern, da sie in allen Stadien circa doppelt so viel Hirngewebe aufweisen als ein anderer Säugerfetus gleichen Körpergewichts; vgl. dazu R.D. Martin 1996: 4.
32 Zur Gehirnentwicklung vgl. Chr. Wills (1996: 29ff. und Kap. IV.) sowie D. Johanson/ E. Blake (1998: 80). Die Ausbildung komplexer Verschaltungsmuster im Zusammenhang mit dem dramatischen Gehirnwachstum Neugeborener ist bei C.J. Shatz (1996) dokumentiert. Diese 'Neotenie' (A. Portmann) des Menschen hat als Ausgangspunkt für viele Überlegungen im Rahmen der Philosophischen Anthropologie gedient.

chen ist nur vorstellbar durch eine festere Einbindung der mobileren Männchen in die Versorgung, also durch Erbringung einer Leistung durch das Heranschaffen und Teilen von Fleisch mit den Weibchen. Biologisch ist die hohe Investition in den Nachwuchs und deren Überlebenserfolg also nur im Rahmen der Integration der Männchen in die Gruppenökonomie möglich[33].

Diese wechselseitige 'Arbeitsteilung' beinhaltet damit einen spezifischen reziproken Altruismus zwischen den Geschlechtern, wie er für andere primär pflanzenfressende Primaten, etwa den um die Weibchen zentrierten Gruppen der Menschenaffen, nicht erfüllt ist, obwohl Altruismus in einem allgemeineren Sinne als Teil des Verhaltensrepertoires sozial lebender Tiere, die einander individuell erkennen können, anzusehen ist[34]. Damit ist die typisch humane Geschlechterbindung als normatives Verhältnis allerdings noch nicht erklärt, wenn sie vielleicht auch aus biologischen Gründen naheliegend zu sein scheint[35].

Ein wichtiger biologischer Hinweis auf das Geschlechterverhältnis bzw. auf Sozialstrukturen ist der Geschlechterdimorphismus. So ist es auffällig, dass bei Australopithecinen die Männchen etwa doppelt so schwer sind wie die Weibchen. In der biologischen Perspektive korrespondiert bei Primaten wie auch bei anderen Säugern dieses Verhältnis mit einer Gruppenstruktur, in der die Männchen in einem starken sozialen Wettbewerb um den Zugang zu den Weibchen stehen. Bei den frühen Vertretern der Gattung Homo hat sich der Dimorphismus auf ca. 20 % verringert. Diese Relation entspricht in etwa den Verhältnissen bei heutigen Schimpansen und liegt nur wenig höher als beim modernen Menschen, dem Homo sapiens. Wieder in Analogie zu den Primaten wird diese morphologische Tatsache dahingehend interpretiert, dass sich auch das soziale System entscheidend geändert haben muss[36]. Anders als im Fall eines großen Di-

---

33 Lovejoy hat im Rahmen einer darwinistischen Erklärung, die die Faktoren Fortpflanzung, Ernährung und Sicherheit energiebilanzmäßig zueinander in Bezug setzt, versucht nachzuvollziehen, wie sich die Paarbindung als eine evolutionär stabile Strategie herausgebildet haben könnte. Vgl. dazu die Zusammenfassung bei D. Johanson/ E. Blake (1998: 89). Zu einer kritischen Auseinandersetzung mit Lovejoy vgl. die Beiträge in L.D. Hager (1997) sowie speziell D. Falk (1997).
34 Für Menschen mit ihrem langen Erinnerungsvermögen und der Fähigkeit der Individuenerkennung vermutet R. Dawkins (1996: 303), dass in deren Entwicklung wechselseitiger Altruismus eine große Rolle gespielt hat.
35 Eine evolutionsbiologische Begründung für tendenziell monogame Beziehungen bietet etwa J. Diamond (1994: 89ff.) an. Die Ehe wird dabei allerdings nicht als normative, gruppenvermittelte Geschlechterzuordnung ins Blickfeld gerückt. Der Reduktionismus einer rein soziobiologischen Argumentation zeigt sich, um ein anderes Beispiel zu nennen, auch in einer Studie von E. Voland (1996) zum Thema: 'Elternliebe als Kalkül'; die Probleme dieser Sichtweise zeigt H. Hemminger (1996: 142ff.) auf.
36 Vorsichtig in Bezug auf allgemein gültige Ableitungen von sozialen Strukturen aus dem Geschlechterdimorphismus sind D. Johanson/ E. Blake (1998: 57ff. und 73) sowie C. Power und L. Aiello (1997: 164).

morphismus mit einer starken und intensiven Konkurrenz nicht miteinander verwandter Männchen zeichnet sich z.B. die Sozialstruktur der Schimpansenhorde dadurch aus, dass miteinander verwandte Männchen eine Gruppe von ihnen allen zugänglichen Weibchen verteidigen.

Sozial lebende Säugetiere[37] sind einer mehr oder weniger stabilen und strukturierten Rangordnung unterworfen, die vorrangig auf die relative Positionierung der Maskulinen untereinander ausgerichtet ist. Die Stellung in diesem System ist generell von körperlich-physiologischen Eigenschaften abhängig; auf der Ebene der Primaten können wir insofern eine Modifikation feststellen, als zunehmend auch kognitive Fähigkeiten als intervenierende Faktoren auftreten, die häufig als Ausdruck 'sozialer Intelligenz' bezeichnet werden. Hier geht es um das Erkennen des eigenen Status, um Täuschungsmanöver, um Koalitionsbildung etc., so dass sich nicht mehr automatisch das stärkste Tier als Alpha-Tier durchsetzt. So kennen etwa Schimpansen keine rigiden Hierarchien, sondern die sozialen Beziehungen werden situationsspezifisch durch variable Kommunikationsmuster und Allianzen definiert, aufrechterhalten und verstärkt. All diesen sozialen Ordnungen ist aber eigentümlich, dass weder die Ordnung als solche noch die interne Arbeitsteilung der geistigen Revision als zugänglich erscheinen, also sozial konstruierten Regeln unterworfen werden können. Vielmehr lassen sich solche, wenn auch schon abgeschwächte, Dominanzhierarchien als Ausfluss evolutionär stabiler Strategien bei asymmetrischen Auseinandersetzungen mit individuellem Erkennen und spezifischer Erinnerung verstehen[38].

4 Grenzen und Perspektiven: Zur Vernetzbarkeit soziologischer Strukturanalyse und biologischer Evolutionstheorie

Welchen Stellenwert haben nun evolutionsbiologische Erklärungen für die soziologische Fragestellung? Die Überlegungen von Popitz wurden hier als Wegweiser verwendet, die es uns erlaubt haben, das reichhaltige naturwissenschaftliche Wissen über die Evolution des Menschen auf seine gesellschaftswissenschaftliche Relevanz hin zu strukturieren. Gleichwohl sind mit dem Popitzschen Normbegriff aber auch Probleme verbunden, die Grenzen für eine rekonstruierende Betrachtung setzen[39]. So werden die Dimensionen der Erwartung und des

---

37 Damit sind keine Herden gemeint, sondern kleine zeitstabile Interaktionseinheiten (Rudel; Gruppe; Horde), wie wir sie etwa bei Wölfen, Löwen, Gorillas oder Schimpansen vorfinden. Bei letzteren wurde allerdings darauf aufmerksam gemacht, dass verschiedene Gruppen – allerdings nur zeitweise – auch größere Verbände bilden können (N. Tanner 1994: 93ff.).
38 Vgl. R. Dawkins 1996: 146.
39 Diese sind Popitz natürlich selbst sehr wohl bewusst (1980: 12f.). Insofern bezieht sich die Kritik nicht auf die methodische Entscheidung als solche, sondern auf die Frage der Fruchtbarkeit dieser Strategie für die hier verfolgte Fragestellung.

Soll-Charakters von Erwartungen von ihm wohl als Teilelemente des Normativen anerkannt, aber dann wird im Bemühen um einen empirisch einholbaren Begriff auf diese verzichtet. Die berücksichtigten Normbestandteile 'Verhaltensregelmäßigkeiten' und 'Vollzug von Sanktionen' als normorientierte Handlungen[40] wiederum lassen sich ihrerseits nur erklären im Rückgriff auf Handlungsmotive bzw. Handlungsinteressen, die mit desiderativen Erwartungen befrachtet sind.

Verhaltensorientierungen erhalten nun Popitz zufolge dann einen normativen Charakter, wenn die Standardisierung des Verhaltens zum einen bedeutsam für das Zusammenleben ist, zum anderen die Erwartbarkeit eines entsprechenden Verhaltens zugleich gefährdet ist. Die Dimension der Gefährdung verweist in diesem Fall perspektivisch auf die involvierten Interessen der Akteure, die ins soziale Feld eingebracht, durchgesetzt oder verteidigt werden müssen. Die weitergehende Frage wird von Popitz nicht aufgenommen, wie, wo und warum sich solche Interessen ausbilden und warum sie gerade die Form normativer Strukturen annehmen und mittels dieses Mediums sozial wirksam werden. Zur Begründung führt er nur an, dass es eine hohe Plausibilität gäbe für einen zwingenden Zusammenhang von relativer Instinktentbundenheit, aufkommendem Selbstbewusstsein und Sprache auf der einen Seite und dem Zwang zur Normierung von Verhalten auf der anderen Seite, also einer moralisch konstituierten Gesellschaft im Sinne Durkheims[41].

Dieser Sichtweise steht das empirische Material zum Gehirnwachstum und zur Entwicklung der Werkzeugkultur entgegen, aus dem sich keine unmittelbaren Rückschlüsse auf funktionale Erfordernisse für einen Zwang zur Normierung von Verhalten ableiten lassen. Das Aufkommen normativer Strukturierungen der Interaktionsverhältnisse dürfte eher eine Nebenfolge neuer zerebral-sprachlicher Möglichkeiten sein als auf funktionalen Notwendigkeiten beruhen, wie es beispielsweise in der Mängelwesenthese und der Annahme einer Instinktarmut impliziert ist. Im Weiteren aber durchbricht diese neue Steuerungsmöglichkeit

---

40 Terminologisch schließt Popitz hier an Geiger an. Dabei verzichtet er allerdings auf den Versuch, die Genese dieses Mediums der Handlungsorientierung nachzuzeichnen, wie es etwa Th. Geiger (1970) im Rahmen seiner behavioristisch ausgerichteten Lerntheorie ausgehend vom Aufbau von Gewohnheiten versucht hat. H. Popitz (1980: 18f.) stellt sich explizit nicht der Frage, ob und wie sich derartige Bausteine oder Konstrukte sozialer Normierung anthropologisch oder evolutionstheoretisch begründen lassen. Ein wichtiger Aspekt wäre dabei wohl die Verbindung von Prozessen der Institutionalisierung von Macht mit der Etablierung normativer Strukturen, die Popitz an anderer Stelle (1992: 232ff.) angedeutet hat.
41 Vgl. H. Popitz 1980: 17f. Dass Sprache und sprachliches Denken eine notwendige Voraussetzung für die Genese normorientierten und damit normativ organisierten Verhaltens ist (so etwa H.P. Bahrdt 1990: 273), ist in der Soziologie eine nicht weiter diskutierte Annahme, im Unterschied etwa zu Diskussionen in der Biologie.

dann ältere naturale Handlungsmodi der Hominiden, und sie weist eigenlogische Prozessualität auf.

Die biologische Kontinuitätsthese durchgehender naturaler Gesetzmäßigkeiten betrifft entwicklungsgeschichtlich ältere Steuerungsebenen. Das spezifische zerebrale Leistungsvermögen des Menschen kennzeichnet eine Bruchstelle in der Evolution des Lebens analog zu anderen evolutionären 'Erfindungen' wie dem Zellverband, der zwischengeschlechtlichen Fortpflanzung, der sozietären Lebensweise oder dem Lernprinzip. Ein derartiges Verständnis fügt sich auch der soziobiologischen Interpretation, sofern diese nicht einer genreduktionistischen Position verpflichtet ist. So ist für Dawkins das Aufkommen des humanen Gehirns wohl eine Folge genselektierender Evolution; dann aber ermöglicht das entstandene zerebrale Leistungsvermögen eine neue Art der Evolution mittels Kultur, die ihrerseits eine evolutionäre Eigenlogik aufweist. Die humanspezifische Leistung des Gehirns, ein (Selbst-) Bewusstsein zu ermöglichen, ist für ihn der Höhepunkt eines evolutionären Trends hin zur Emanzipation der Überlebensmaschinen von ihren Konstrukteuren, den Genen. Kultur, kulturelle Entwicklung wie auch kulturelle Vielfalt haben mithin eine biologische Basis, lassen sich aber hinsichtlich ihrer Entfaltung mitnichten mittels biologischer Gesetzmäßigkeiten erklären[42].

Der durch die sich verändernde Lebensweise der Hominiden entstehende Druck auf die Sozialstruktur und insbesondere das Geschlechterverhältnis gibt ein potentielles Bearbeitungsfeld für die sich erweiternden kognitiven Möglichkeiten vor, was man als eine indirekte Begründung für den Popitzschen Befund ihrer Zentralität in der Architektur des Normativen heranziehen könnte. Das bedeutet allerdings nicht, dass sich biologische Prozesse einfach in soziokulturelle Strukturen übersetzen, wie es insbesondere Soziobiologen und Verhaltensforscher oft propagieren. Eine über soziale Konstruktionsleistungen generierte soziale Norm schafft eigenlogisch Handlungsketten und Ordnungsstrukturen, auch wenn sie sich häufig über konkrete Situationserfahrungen und deren kognitive Aufarbeitung bilden dürfte. Dass ein biologisches Geschehen bzw. ein biologischer Zustand wie etwa ein objektiv inzestvermeidendes Paarungsverhalten nicht umstandslos in soziokulturelle Strukturen 'umschlägt', verweist darauf,

---

42 Vgl. R. Dawkins 1996: 110f. und 307, wobei die von ihm vorgenommene Analogisierung von Genen und Memen nur sehr bedingt zur Erklärung kulturellen Geschehens taugt, was der Autor allerdings selbst auch so sieht. Den Versuch einer Anwendung des Meme-Konzepts auf kulturelle Tradierungen und kulturellen Wandel haben beispielsweise R. Boyd und P.J. Richerson (1994) unternommen. Einen Genreduktionismus vertreten Ch. Lumsden/ E.O. Wilson (1981); zur Kritik dieser Position siehe etwa Chr. Wills 1996: 37f. und 265f.

dass die Dimensionen von Macht, Interesse und kultureller Logik ausschlaggebend sind für den Bildungsprozess von Normen[43].

Die Erklärung für das Aufkommen soziokultureller Strukturen, die begriffssprachlich codiert und normativer Natur sind, kann nur in einer Besonderheit der rekonstruierten Bedingungslage liegen. Das Gehirnpotential bedarf offensichtlich, das zeigen schon die Studien bei Menschenaffen, einer bestimmten Konfigurierung, die, nach all dem was wir wissen, zentral, wenn auch nicht ausschließlich, in der nachgeburtlichen Phase erfolgt; hier werden dem Gehirn sozusagen strukturelle Muster für die Erkenntnisfähigkeit und die -leistung eingeschrieben, wobei dieser Prozess im Rahmen der Interaktion mit Anderen erfolgt. Ohne diese Interaktion verläuft der Strukturierungsprozess in gewissem Sinne 'unstrukturiert', d.h. er zeigt, in Bezug auf den Gradmesser der natürlichen Selektion, das Überleben beeinträchtigende Auswirkungen im Verhalten.

Damit öffnet sich der Blick auf eine viel versprechende Perspektive, nämlich die theoriestrategische Verknüpfung von ontogenetischer Entwicklung und gattungsgeschichtlichen Bedingungslagen[44]. In der biologischen Evolution entstandene Potentiale bedürfen immer der individuellen Aneignung, um über sie als Kapazitäten verfügen zu können; genau in diesem Sinne ist die Plessnersche Kategorie der 'exzentrischen Positionalität' nicht etwas natural Vorgegebenes, sondern etwas im Rahmen sozialer Prozesse immer wieder von Individuen Aufzubauendes. Der Interaktionsrahmen aber ist wiederum vom gesellschaftlichen Entwicklungsstand bestimmt und begrenzt insofern die Ausschöpfungsmöglichkeiten des zerebralen Potentials.

Als conclusio lässt sich die Aufgabe einer soziologischen Anthropologie folgendermaßen umreißen:

- Sie muss, um sich nicht der Gefahr der reinen Spekulation auszusetzen, bezüglich naturaler Vorgaben in der Humanentwicklung empirisch sachhaltig sein, also nicht hinter den Wissensstand der modernen Naturwissenschaften zurückfallen;
- sie muss auf prozessuale Erklärungen hin angelegt sein, die an die Naturgeschichte anschließen, gleichzeitig damit aber auch die Begründbarkeit der Eigenlogik des Soziokulturellen aus der Naturgeschichte selbst erschließen;

---

43 J. Morel (1986: 23) hat versucht, der Entstehung von Normen über die Anbindung an 'natürliche' Vorgaben wie Geschlecht, Alter, Hautfarbe etc. mit dem Begriff der 'selektiven Normen' Rechnung zu tragen. Der Selektionsprozess, d.h. welche 'Vorgaben' als wichtig erachtet werden, ist dabei interessegesteuert.
44 Diese theoretische Herausforderung nimmt zum Beispiel die historisch-genetische Theorie von G. Dux (2000) auf.

- systematischer Ausgangspunkt für ein Verständnis muss die Rekonstruktion von Interessenlagen und Sozialisationsprozessen, jeweils vor dem Hintergrund gattungsgeschichtlich spezifischer und variierender Bedingungslagen, sein, weil sich nur so natural entstandene Potentiale individuell aneignen und sozial zur Wirksamkeit bringen lassen;
- schließlich muss sie im Rahmen einer Theorie der Sozialen Evolution die eigenlogische Bewegung des Soziokulturellen aufarbeiten können, ohne ältere Steuerungsebenen zu vernachlässigen oder zu ignorieren.

Literatur

Bahrdt, Hans Paul (1990): Soziologische Überlegungen zum Begriff der 'Distanz'. In: Oswald (Hrsg.) (1990): 269-287
Boyd, Robert/ Richerson, Peter J. (1994): The Evolution of Norms: An Anthropological View. In: Journal of Institutional and Theoretical Economics 150/1. 72-87
Cann, Rebecca (1997): Mothers, Labels and Misogyny. In: Hager (ed.) (1997): 76-90
Claessens, Dieter (1994): Arnold Gehlen und die Soziologie – Auf den Punkt gebracht. In: Klages/ Quaritsch (Hrsg.) (1994): 629-638
Dawkins, Richard (^{2}1996): Das egoistische Gen. Reinbek bei Hamburg: rororo (engl.Org. 1976)
Diamond, Jared (1994): Der dritte Schimpanse. Evolution und Zukunft des Menschen. Frankfurt am Main: Fischer
Dux, Günter (1994): Für eine Anthropologie in historisch-genetischer Absicht. In: Dux/ Wenzel (Hrsg.) (1994): 92-115
Dux, Günter (2000): Historisch-genetische Theorie der Kultur. Weilerswist: Velbrück
Dux, Günter/ Wenzel, Ulrich (1994): Der Prozeß der Geistesgeschichte. Frankfurt am Main: Suhrkamp
Engeln, Henning (1998): Die China Connection. In: GEO Wissen. Sept. 1998. 154-165
Esser, Hartmut (1993): Soziologie. Frankfurt/ New York: Campus
Falk, Dean (1997): Brain Evolution in Females: An Answer to Mr Lovejoy. In: Hager (ed.) (1997): 114-136
Gehlen, Arnold (^{10}1974): Der Mensch. Frankfurt am Main: Athenaion (ursprgl. 1940)
Geiger, Theodor (^{2}1970): Vorstudien zu einer Soziologie des Rechts. Neuwied; Berlin: Luchterhand (Erstauflage 1947)
Hager, Lori D. (ed.) (1997): Women in Human Evolution. London/ New York: Routledge
Haller, Max (1999): Soziologische Theorie im systematisch-kritischen Vergleich. Opladen: Leske + Budrich
Hemminger, Hansjörg (1996): Soziobiologie des Menschen – Wissenschaft oder Ideologie? In: Sommer (Hrsg.) (1996): 136-144
Johanson, Donald/ Blake, Edgar (1998): Lucy und ihre Kinder. Heidelberg/ Berlin: Spektrum Akademischer Verlag
Klages, Helmut/ Quaritsch, Helmut (Hrsg.) (1994): Zur geisteswissenschaftlichen Bedeutung Arnold Gehlens. Berlin: Duncker & Humblot
Lambrecht, Lars/ Tjaden, Karl Hermann/ Tjaden-Steinhauer, Margarete (1998): Gesellschaft von Olduvai bis Uruk. Soziologische Exkursionen. Kassel: Jenior und Pressler
Leakey, Richard/ Lewin, Roger (1993): Der Ursprung des Menschen. Frankfurt am Main: Fischer
Lévi-Strauss, Claude (1981): Die elementaren Strukturen der Verwandtschaft. Frankfurt am Main: Suhrkamp (franz. Org. 1949)
Lewin, Roger (1995): Die Herkunft des Menschen. Heidelberg/ Berlin/ Oxford: Spektrum Akademischer Verlag

Lumsden, Charles J./ Wilson, Edward O. (1981): Genes, Mind and Culture: the coevolutionary Process. Cambridge (Mass.): Harvard University Press
Martin, Robert D. (1996): Hirngröße und menschliche Evolution. In: Sommer (Hrsg.) (1996): 2-9
Maryanski, Alexandra/ Turner, Jonathan H. (1992): The Social Cage. Human Nature and the Evolution of Society. Stanford (Calif.): Stanford University Press
Meleghy, Tamás (2003): Die Versozialwissenschaftlichung der Soziologie. Zur Transformation einer Disziplin. Erscheint in: Österreichische Zeitschrift für Soziologie 28. 2003/1
Meleghy, Tamás (⁷2001): Der Strukturalismus: Claude Lévi-Strauss. In: Morel et al. (⁷2001): 116-146
Mithen, Steven (1996): The Early Prehistory of Human Social Behaviour: Issues of Archaeological Inference and Cognitive Evolution. In: Runciman, W.G./ Smith, John M./ Dunbar, R.I.M. (ed.) (1996): 145-177
Morel, Julius (1986): Ordnung und Freiheit. Innsbruck; Wien: Tyrolia
Morel, Julius et al. (⁷2001): Soziologische Theorie. München: Oldenbourg
Niedenzu, Heinz-Jürgen (2003): Die 'Große Evolution' und die Humangeschichte. Überlegungen zur Verknüpfung von Evolutions- und Entwicklungstheorie bei Norbert Elias. Erscheint in: Wenzel/ Bretzinger/ Holz (Hrsg.) (2003)
Oppitz, Michael (1975): Notwendige Beziehungen – Abriß der strukturalen Anthropologie. Frankfurt am Main: Suhrkamp
Oswald, Hans (Hrsg.) (1990): Macht und Recht. Opladen: Westdeutscher Verlag
Plessner, Helmuth (1981): Die Stufen des Organischen und der Mensch. Gesammelte Schriften, Bd.IV. Frankfurt am Main: Suhrkamp (ursprgl. 1928)
Popitz, Heinrich (1980): Die normative Konstruktion von Gesellschaft. Tübingen: Mohr
Popitz, Heinrich (²1992): Phänomene der Macht. Tübingen: Mohr
Power, Camilla/ Aiello, Leslie (1997): Female Proto-Symbolic Strategies. In: Hager (ed.) (1997): 153-171
Rehberg, Karl-Siegbert (1994): Existentielle Motive im Werk Arnold Gehlens. In: Klages/ Quaritsch (Hrsg.) (1994): 491-542
Reichholf, Josef H. (1993): Das Rätsel der Menschwerdung. München: dtv
Runciman, W.G./ Smith, John M./ Dunbar, R.I.M. (ed.) (1996): Evolution of Social Behaviour Patterns in Primates and Man. Proceedings of the British Academy (88). Oxford: University Press
Shatz, Carla J. (1996): Das sich entwickelnde Gehirn. In: Sommer (Hrsg.) (1996): 56-65
Sommer, Volker (Hrsg.) (1996): Biologie des Menschen. Heidelberg/ Berlin/ Oxford: Spektrum Akademischer Verlag
Stringer, Chris/ McKie, Robin (1996): Afrika – Wiege der Menschheit. München: Limes
Tanner, Nancy M. (1994): Wie wir Menschen wurden: der Anteil der Frau an der Entstehung des Menschen. Frankfurt am Main/ New York: Campus (engl. Org. 1981)
Tattersall, Ian (1997): Puzzle Menschwerdung. Auf der Spur der menschlichen Evolution. Heidelberg/ Berlin: Spektrum Akademischer Verlag
Voland, Eckart (1996): Kalkül der Elternliebe – ein soziobiologischer Musterfall. In: Sommer (Hrsg.) (1996): 128-135.
Wenzel, Ulrich/ Bretzinger, Bettina/ Holz, Klaus (Hrsg.) (2003): Subjekte und Gesellschaft. Zur Konstitution von Sozialität. Weilerswist: Velbrück
Wills, Christopher (1996): Das vorauseilende Gehirn. Die Evolution der menschlichen Sonderstellung. Frankfurt am Main: Fischer

'Constraints' im Zivilisationsprozess
Das Konzept der Eigengesetzlichkeiten bei Norbert Elias im Lichte neuerer evolutionsbiologischer, insbesondere systemtheoretischer Konzepte

Detlef Weinich

Der folgende Beitrag will das Problemfeld 'soziale Evolution' einer interdisziplinären „Analyse" unterziehen, um so zu neuen Erkenntnissen bzgl. der charakteristischen Momente dieses Prozesses zu kommen. Konkret handelt es sich dabei um den Versuch, Konzepte, die im Bereich der theoretischen Biologie entwickelt wurden, auf sozialwissenschaftliche Fragestellungen anzuwenden, um so zu zeigen, dass von dort her durchaus sinnvolle Ergänzungen des sozialwissenschaftlichen Erkenntnisstandes möglich sind. Darüber hinaus soll diese Gegenüberstellung zeigen, dass Evolution ein universaler Prozess des Werdens ist, der allgemeinen Gesetzmäßigkeiten unterworfen ist.

Methodisch wird dabei insbesondere Bezug auf die Zivilisationstheorie von Norbert Elias (bzw. einigen ihrer zentralen Aspekte und Aussagen) genommen und versucht, ihre Kompatibilität mit vorrangig systemtheoretischen Evolutionskonzepten (insbesondere zu den Vorstellungen des Wiener Evolutionstheoretikers Rupert Riedl) herauszustellen. Dabei soll gezeigt werden, dass das Oeuvre dieses Klassikers der Soziologie ein Werk ist, mit dem sich der Biologe durchaus anfreunden kann, und welches von der theoretischen Biologie in einer ganzen Reihe von Punkten Unterstützung erfährt.

Im Mittelpunkt der Überlegungen steht dabei die These, dass der Zivilisationsprozess mit dem evolutionsbiologischen Konzept der 'constraints in evolution' sinnvoll behandelt werden kann.

Es wird zu zeigen sein, dass der Zivilisationsprozess im Wesentlichen als 'gelenkt' verstanden werden kann durch zwei Typen von 'sozialen constraints'. Als solche sind zu verstehen:

1. die gesellschaftlichen Institutionen.
2. die Mechanismen der individualen Affektkontrolle.

1 Norbert Elias und der Prozess der Zivilisation

Wenn bei dieser interdisziplinären Untersuchung Bezug genommen wird auf die Zivilisationstheorie von Norbert Elias, so hat dies wichtige Gründe: Hier liegt ein sehr umfangreiches sozialwissenschaftliches Gedankengebäude vor, welches außerdem von einem Wissenschaftler entwickelt wurde, der sich gegenwärtig einer besonderen Wertschätzung durch die Fachwelt[1] erfreut.

Elias bietet sich für eine solche interdisziplinäre Untersuchung auch deshalb an, weil er seine Thesen mit einer Fülle von Fakten historisch exemplifiziert, und seine Ausführungen – in gewissem Umfang – in einem naturwissenschaftlichen Sinne überprüfbar sind. Aufgrund der Auswertung konkreter zeitgenössischer Quellen ist Norbert Elias' Zivilisationstheorie potentiell falsifizierbar und weist sich damit als eine 'wissenschaftliche' Theorie im Sinne des 'kritischen Rationalismus' Karl Poppers (1934) aus. Durch diese Vorgehensweise hebt sich Elias in einer für den Naturwissenschaftler wohltuenden Weise von solchen Historikern und Sozialwissenschaftlern ab, die mit metaphysischen Gesetzmäßigkeiten operieren.[2]

Nur am Rande sei auf eine Problematik grundsätzlicher Art hingewiesen: Der Begriff „Zivilisation" gilt als einer der schillerndsten der Soziologie überhaupt und hat außerdem völlig unterschiedliche Konnotationen in den verschiedenen europäischen Sprachräumen. So ist die Unterscheidung zwischen 'Zivilisation' und 'Kultur' (engl.: „Zivilisation and Kultur"!!) und der stärker technizistische Inhalt des ersteren Begriffes eine Besonderheit im deutschen Sprachraum. In Frankreich und England ist der Begriff 'civilisation' inhaltlich weitgehend identisch mit dem deutschen Begriff 'Kultur'.

Elias glaubt zwar, dass mit dem Begriff 'Zivilisation' ein spezifisch abendländisches Lebensgefühl seinen Ausdruck findet, räumt aber auch ein, dass darunter eine Reihe komplexer und höchst unterschiedlicher Phänomene subsumiert werden wie „Stand der Technik", „Art der Manieren", „Entwicklung der wissenschaftlichen Erkenntnis", „religiöse Ideen und Gebräuche", „die Art des Wohnens oder das Zusammenleben von Mann und Frau", „die Form der gerichtlichen Bestrafung", „die Zubereitung des Essens" (Bd. I: 1).[3]

---

1 Zur Wertschätzung von Elias und seiner Einstufung als 'Klassiker der Soziologie' vgl. H. Korte 1988, H. Kuzmics/ I. Mörth 1991, G. Fröhlich 1991, W. Lepenies 1977, A. Bogner 1989.
2 Beispielhaft hierfür sei Oswald Spenglers (1922) „Untergang des Abendlandes" genannt. Spengler spricht in Bezug auf die Entwicklung von Kulturen von zyklisch ablaufenden Prozessen, wobei er bei diesem 'natürlichen Altern' der Kulturen von einer (völlig hypothetischen) Analogie zwischen individuellen Prozessen der Seneszenz und dem Altern überindividueller Einheiten ausgeht.
3 Da im Folgenden häufiger Bezug genommen wird auf Elias' Zentralwerk aus dem Jahr 1939, erfolgt die Zitierung in dieser Kürze.

Bei seinen eigenen Betrachtungen orientiert sich Elias vorrangig am Wandel des Verhaltens der Menschen, wobei er den menschlichen Affekten – genauer: ihrer Kontrolle – eine wichtige Rolle als Gradmesser für den Stand der Zivilisiertheit zuordnet. Die folgende Grafik soll die Konzeption Elias' in ihren Grundzügen verdeutlichen.

Abbildung 1: Konzeptualisierung des Zivilisationsprozesses

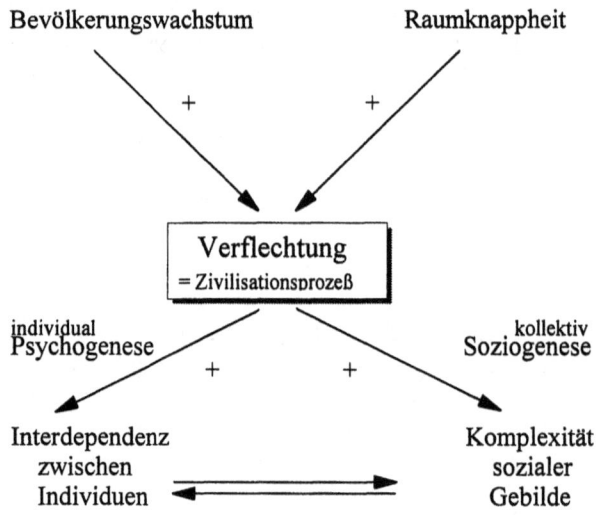

Die zugrundeliegende sozialwissenschaftliche Prämisse ist dabei die Vorstellung, dass Individuum und Gesellschaft keine getrennt voneinander existierenden Phänomene sind. Elias betont stattdessen, dass jeder Außenbezug eines Individuums auch einen gesellschaftlichen Aspekt besitzt. Individualer und kollektiver Bereich bedingen und durchdringen einander, und Elias hält eine Unterscheidung zwischen 'Psychogenese' und 'Soziogenese' nur aus analytischer Sicht für sinnvoll:[4] Menschen – so seine Vorstellung – kommen nur in „Pluralitäten" vor, und es sind „Geflechte von Angewiesenheiten, (...) ihre Interdepen-

---

4 Bd. I: XLIIIff. Im Übrigen ist diese Vorstellung von der gegenseitigen Bedingtheit individueller und kollektiver Phänomene auch unter Humanethologen unbestritten. So äußert Konrad Lorenz, dass der menschliche Geist als ein „sozialer Effekt" (1983: 69) aufzufassen sei, und ein „Mensch, für sich genommen, gar kein Mensch ist". „Kultur" sei damit – so Lorenz weiter – „die individuelle konkrete Verwirklichung geistiger Gemeinsamkeit" (1983: 70).

denzen" (Bd. II: LXVII), welche die Menschen aneinander binden. Auf diese Weise bilden sich jene Gruppen interdependenter Menschen, die Elias als „Figurationen" bezeichnet, und welche die Grundlage darstellen für seine Konzeption vom Zivilisationsprozess als einem Vorgang voranschreitender „Verflechtung"[5] der beteiligten Individuen: Der Zivilisationsprozess ist demnach gekennzeichnet vom fortschreitenden Aufeinanderangewiesensein von Individuen und er besitzt seine wesentlichen Wurzeln im Bevölkerungswachstum und in der (geographisch bedingten) Limitierung des Raumes.

Mit diesem Denken in Verflechtungen rückt Elias außerdem den dynamischen Charakter des Sozialen und von Gesellschaft ins Zentrum: Dynamik ist ein für alle soziale Phänomene konstitutives Element, und alles 'nomothetische Denken' ist deplaziert (A. Bogner 1991), weil es versucht, „Wandlungen auf etwas zurückzuführen, das selbst angeblich unveränderlich ist" (J. Goudsblom 1984: 98). Sein Scheitern – so der Elias-Schüler Johan Goudsblom weiter – rührt daher, weil wir „weder bei der Beschreibung einzelner Veränderungen noch bei der Diagnose und Erklärung langfristiger Prozesse (...) uns auf irgendein unveränderliches Prinzip zurückziehen [können]".

1.1   Das Prinzip der 'Eigengesetzlichkeit'

Soweit einige Präliminarien und damit zu den Aussagen von Elias: Zentral ist seine These, dass nicht die „rationale Einsicht" einzelner Personen oder die Planung seitens größerer Kollektive den „Motor der 'Zivilisation'" (Bd. I: 155) darstellen, sondern dass es vielmehr die 'Eigengesetzlichkeiten' des Zivilisati-

---

5   Dies bedeutet eine Abkehr von der traditionellen soziologischen Begriffsbildung, wobei Hermann Korte als das herausragende Merkmal ansieht, dass „Elias keine begrifflichen Unterschiede zwischen Individuum und Gesellschaft macht" (1988: 166). Darüber hinaus sieht Korte auch einen Bruch mit der Soziologie in der Tradition Max Webers: „Am deutlichsten kommt dies bei den Idealtypen Max Webers zum Ausdruck, die abstrakte Beschreibungen einer möglichen Realität sind. Es sind gedankliche Konstruktionen, die Soziologen glauben erfinden zu müssen, um Ordnung in eine vieldeutige Umwelt zu bringen" (H. Korte 1988: 162). Demgegenüber formuliere Elias keine „'soziologischen Grundbegriffe', mit denen man Ordnung in die vermeintliche Unordnung gesellschaftlicher Verhältnisse bringen kann, sondern grundlegende Probleme der Menschen und der Gesellschaft, die sie miteinander bilden" (1988: 164).
Diese Sicht beinhaltet aber auch eine Absage an Vorstellungen, wie sie von der 'Strukturellfunktionalen Theorie' entwickelt wurden. So behandelt Talcott Parsons (1951) – einer ihrer bedeutendsten Vertreter – Gesellschaft als ein statisches Phänomen und postuliert die Existenz abstrakter, zeitlos gültiger Eigenheiten von 'Gesellschaft'. Personen sind aus dieser Sicht Planstellenbesitzer, die nur zur Realisierung gesellschaftlicher Prinzipien beitragen (zur Kritik von Elias an Parsons: Bd. I: XIIIff.). Gleichermaßen inadäquat sind aus der Sicht von Elias individualpsychologische Überlegungen, in welchen dem Individuum der Rang eines „homo clausus" zuerkannt und damit von menschlichen Konstanten ausgegangen wird, die unabhängig von der „Welt da draußen" existieren (Bd. I: LIVff.).

onsprozesses selber sind (u.a. Bd. II: 152), die für die Entstehung von 'Neuem' letztendlich verantwortlich sind.

Damit grenzt sich Elias von zwei konträren geschichtswissenschaftlichen Positionen ab: Er verneint, dass es sich beim Zivilisationsprozess um ein historisches Ereignis handelt, welches einzigartig – eben historisch – sei, sich quasi zufällig so und nicht anders ereignet habe und über welches – weil ihm kein erkennbares Prinzip zugrunde liege – konsequenterweise keinerlei Prognosen möglich sind. Elias lehnt eine solche Konzeption ebenso ab wie deterministische Vorstellungen, nach denen der Zivilisationsprozess einem 'Sukzessionsgesetz' unterliegt und dabei mit Notwendigkeit eine Reihe charakteristischer Epochen hervorbringt. Gerade letztere Vorstellungen – Karl Popper (1936; 1965) nannte sie 'historizistisch' – besitzen eine lange Tradition und spielen bis heute eine bedeutende Rolle in den Sozialwissenschaften.[6]

Seine eigene, eine Mittelstellung beziehende Vorstellung von den 'Eigengesetzlichkeiten' charakterisiert Elias mit den Worten, dass „Wandel als ganzes nicht 'rational' geplant; aber (...) auch nicht nur ein regelloses Kommen und Gehen ungeordneter Gestalten [ist]" (Bd. II: 313).

Hier wird deutlich, dass sich Elias in diesem Punkt in der Tradition von Immanuel Kant befindet, mit dem er schon frühzeitig während seines Studiums in Breslau – und wohl aufgrund seines neukantianisch orientierten Doktorvaters Hönigswald – konfrontiert war. Kant hatte sich bei seiner Bestimmung der Aufgabe der 'philosophischen Geschichte' in einer Weise geäußert, die so bemerkenswerte Parallelen zu Elias aufweist, dass es angemessen erscheint, hier von der Weiterentwicklung und Konkretisierung eines bereits bei Kant antizipierten Programms durch Elias zu sprechen (vgl. K.-S. Rehberg 1996: 35f.).

> „Die Geschichte, welche sich mit der Erzählung dieser Erscheinungen beschäftigt, so tief auch deren Ursachen verborgen sein mögen, lässt dennoch von sich hoffen: dass, wenn sie das Spiel der Freiheit des menschlichen Willens im großen betrachtet, sie einen regelmäßigen Gang derselben entdecken könne; und dass auf die Art, was an einzelnen Subjekten verwickelt und regellos in die Augen fällt, an der ganzen Gattung doch als eine stetig fortgehende obgleich langsame Entwicklung der ursprünglichen Anlagen derselben werde erkannt werden können" (I. Kant, 1784: 33).

Es mag nun verblüffen, wenn sich ein Biologe anschickt, dieser Vorstellung von der 'Eigengesetzlichkeit' etwas abgewinnen zu wollen. Denn schließlich behauptet ja die, auf Darwin zurückgehende und häufig als 'Lehrmeinung' eingestufte 'Synthetische Theorie', dass die *Umwelt* bestimmt, wer im 'Kampf ums Dasein'

---

6 Als herausragende Vertreter wären hier Henri Saint-Simon (1760-1825) und Auguste Comte (1798-1857) und deren berühmtes 'Drei-Stadien-Gesetz' (Comte 1956) zu nennen.

überlebt. Bei Darwin sind ganz eindeutig die Außenfaktoren die bestimmenden Größen und nicht – wie bei Elias – interne Bedingungen[7].

Nun – die ganze Größe des Eliasschen Oeuvre erschließt sich dem Biologen auch nur dann, wenn er dieses nicht ganz unumstrittene Selektionsmodell verlässt und stattdessen systemtheoretische Überlegungen heranzieht. Ich will einige wichtige Aspekte solcher Ansätze in der hier gebotenen Kürze skizzieren.

Betrachtet man aus systemtheoretischer Perspektive die zitierte, programmatische Formulierung von Elias vom 'nicht-regellosen Kommen und Gehen ungeordneter Gestalten' und die sich anschließenden Erläuterungen, so wird deutlich, dass Elias hier eine Konzeption entfaltet, die sich mit der Rupert Riedls deckt (1982: 221ff.) – nämlich der Vorstellung, dass Evolutionsprozesse in ihrem Ablauf durch Zufall und Notwendigkeit gesteuert werden. Der Zufall sei dabei bereits auf der untersten Ebene des Seins in Form der Indeterminiertheit mikrophysikalischer Vorgänge wirksam und reicht bis auf höhere Ebenen des Seins hinauf. Dabei erhält er auf jeder Stufe der Evolution neue, spezifische Ausformungen (Stichwort: Emergenz[8]) und greift so bis ins makroskopisch wahrnehmbare Geschehen ein. Auf der biologischen Ebene etwa greift der Zufall in Form von Mutation und Rekombination ins Geschehen ein.

Die Notwendigkeit wiederum erhält deshalb Zugang, weil mit jeder (zufällig) entstandenen Struktur gleichzeitig Freiräume für jede weitere Entwicklung verloren gehen. Aufgrund dieser, durch 'systemische Bedingungen' verursachten Einengung der Wirkung des Zufalls kann etwa nicht jede denkbare Mutation stattfinden. Der Frankfurter Morphologe Wolfgang Gutmann (1989) hat diese Problematik eindrucksvoll dokumentiert und gezeigt, dass manche Veränderungen ein System so beeinträchtigen, dass es bereits in frühen Embryonalphasen zu Abgängen kommt, weil es als Ganzes nicht mehr funktionsfähig ist. Diesem allgemein bekannten Sachverhalt Rechnung tragend, spricht Riedl von einer „Betriebsselektion" (1976: 140), die schon in der Embryogenese einsetzt und damit lange vor der klassischen, darwinischen (Umwelt-)Selektion wirksam wird. Letztere – Riedl spricht von ihr als „Marktselektion" – ist auch vom Umfang erheblich geringer als die Betriebsselektion, durch die bereits 95 % der

---

[7] Bei dieser Beurteilung des darwinistischen Standpunktes beziehe ich mich auf den bedeutenden deutschen Evolutionsbiologen Günther Osche und seine Äußerungen über die Rolle der Selektion als einzige richtende Kraft im Evolutionsprozess. Er schreibt noch 1978 in einem Lehrbuch: „Der einzige Evolutionsfaktor, der in das durch 'zufällige' Mutation und Rekombination gelieferte 'Rohmaterial' eine 'Richtung' bringt, d.h. gerichtet auf zunehmende Adaptation hin 'arbeitet', ist die natürliche Auslese, die Selektion" (G. Osche 1972: 43). In den sich anschließenden Erläuterungen über die Selektion finden sich die gängigen abiotischen und biotischen (Umwelt-) Selektionsfaktoren.

[8] Vgl. hierzu G. Vollmer 1979: 207. K. Lorenz spricht inhaltsgleich von 'Fulguration' (1973: 47).

durch Mutation entstandenen Variationen beseitigt werden. Riedl stellt deshalb zurecht fest, dass „es (...) keineswegs Darwins 'Kampf ums Dasein' [ist]", der ausschlaggebend für das Überleben eines Phänotypen ist, sondern „die Prüfung der Betriebstüchtigkeit auf einer früheren, prinzipielleren Ebene" (1976: 162).[9]

Hier wird die Ursache für die Richtungshaftigkeit der Evolution deutlich: Aufgrund der schöpferischen Kraft des Zufalls und der durch die Produkte seines Wirkens bedingten Zwänge entsteht der Weg, auf welchem 'neue', bislang nicht da gewesene Phänomene auftreten. Aufgrund dieser Innovationskraft der Evolution spricht Riedl von einem 'schöpferischen Prozess' (1982: 225), der eine Eigendynamik besitzt und der von der physikalischen Evolution bis in den Bereich kognitiver Leistungen 'hinaufreicht'.

Ein solcher, von einer Eigendynamik getriebener, 'schöpferischer Prozess' – so ist Elias aus evolutionstheoretischer Sicht zu interpretieren – ist auch der 'Zivilisationsprozess': Hier stellen sich jene Abfolgen von Ereignissen und Zuständen ein, die – obwohl prinzipiell nicht vorhersehbar – trotzdem einen nichtzufälligen Charakter aufweisen und bei denen es sich *nicht* um „ungeordnete Gestalten" (s.o.) handelt. Im Zivilisationsprozess – so wäre Elias aus der Sicht von Riedl weiter zu interpretieren – existiert der Zufall in Form der Freiheit der individuellen Entscheidung, während die Kanalisation des Zufalls durch jene – noch näher zu erläuternden – systemimmanenten Notwendigkeiten, den sog. 'constraints' erfolgt, die aus dem kollektiven Handeln der Individuen – genauer: aus den Aktivitäten der durch aufeinander bezogenes Handeln entstehenden „Figurationen" – resultieren.

1.2   Zentralisierung

Es würde den Rahmen des Beitrags sprengen, wenn hier die Zivilisationstheorie eines Klassikers der Soziologie detailliert vorgestellt werden sollte. Gleichwohl spielt der Prozess der 'Zentralisierung' als Musterbeispiel für das von Elias so betonte Prinzip der 'Eigengesetzlichkeit' eine so bedeutsame Rolle, dass er kurz angesprochen werden soll.

Worum geht es? Elias zeigt hier die Bedingungsfaktoren dafür auf, dass von ehemals 'freien Rittern' gegen Ende des Mittelalters eine große Zahl in die Einflusssphäre der großen Feudalhöfe gelangt, militärisch bedeutungslos geworden und wirtschaftlich verarmt war (Bd. II: 97). Als besonders bemerkenswert hebt Elias hervor, dass diese gesamte historische Entwicklung der Zentralisierung der

---

9   Diese (bescheidene) Rolle der Umwelt wird inzwischen allgemein erkannt. So betont auch der Evolutionstheoretiker Walter Nagl, dass Umwelt-Selektion lediglich ein „Feinmechanismus [ist], der die Kanten der oft sprunghaften Evolutionsergebnisse abschleift" (1993: 6).

Macht nicht von Einzelpersonen beabsichtigt oder von bestimmten Personengruppen geplant war (vgl. u.a. Bd. II: 132ff. und 221). Jeder der Beteiligten suchte in jeder Phase des Geschehens lediglich nach kurzfristig realisierbaren, individuellen Vorteilen und orientierte sich in keinster Weise an kollektiven Erfordernissen oder langfristig gültigen Zielen.

Folgt man den Ausführungen von Elias, so ist es suggestiv, hier von einem Prozess der „Selbstorganisation" (vgl. E. Jantsch 1979) zu sprechen, denn er vollzieht sich mitunter sogar gegen den erklärten Willen der am Geschehen Beteiligten und folgt nur der ihm eigenen „Beziehungsdynamik" (Bd. II: 221): So erfolgte im Rahmen dieser historischen Entwicklung der Untergang einer Gruppe bzw. einer sozialen Schicht, nämlich des Ritterstandes. Das Beziehungsgeflecht der Faktoren sei – der Kürze halber – hier graphisch dargestellt:

Abbildung 2: Konstellation der Faktoren in der Zentralisierung der Macht

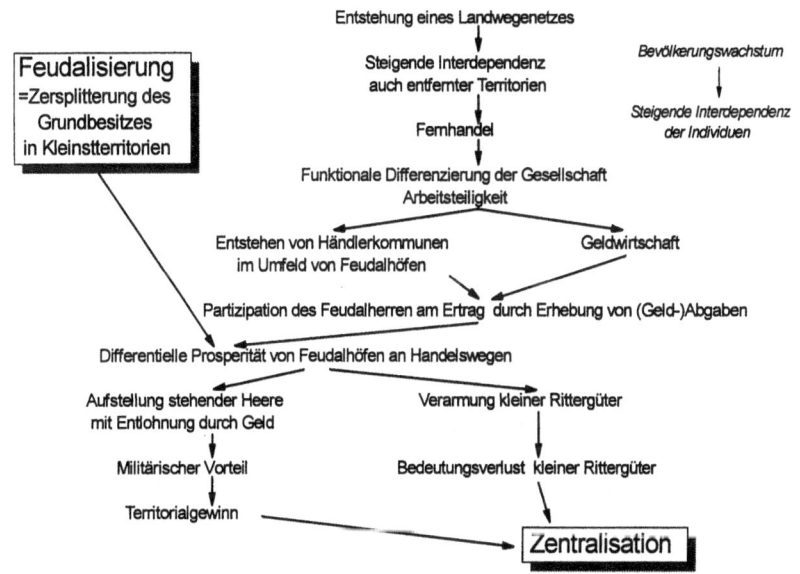

Wenn Arthur Bogner in diesem Zusammenhang schreibt, dass „gesellschaftliche Prozesse (...) in Elias' Blickwinkel kurzfristig geplante, aber langfristig ungeplante Prozesse [sind], weil kein einziger Akteur mächtig und allwissend genug ist, um ihren Kurs mehr als temporär vorausberechnen und steuern zu können" (A. Bogner 1991: 54), so legt diese Äußerung den Glauben Bogners an die Existenz des 'Laplaceschen Dämons' (P.S. Laplace 1814) nahe und ist im Licht der 'Chaostheorie' (vgl. J. Briggs/ D. Peat 1990) ganz sicher noch ergänzungsbedürftig. Allerdings kann der Grundaussage – wonach sich komplexe Prozesse einer Steuerung über längere Zeiträume hinweg entziehen – gerade aus der Sicht der Chaos-Theorie nicht widersprochen werden.

Bemerkenswert scheint außerdem, dass die These von Elias, wonach Nichtintentionalität keine Abweichung vom 'Normalfall' ist, sondern ungeplante Zusammenhänge zwischen intentionalen Handlungen die entscheidende Rolle im Zivilisationsprozess spielen (vgl. hierzu genauer A. Bogner 1989), im deutlichen Widerspruch stehen zu milieutheoretischen Konzepten, die an die Planbarkeit gesellschaftlicher Zustände glauben und ein Verfehlen von Zielen auf Fehler bei der Wahl der verwendeten Mittel zurückführen.

Bei dieser Sicht erfährt Elias Zustimmung von naturwissenschaftlicher Seite in einem grundsätzlichen Sinne: So glaubt auch der Physiko-Chemiker und Nobelpreisträger Manfred Eigen (bezüglich der gesamten Kosmogenese in einem umfassenden Sinne), dass „alles Geschehen in unserer Welt einem großen Spiel [gleicht], in dem von vornherein nichts als die Regeln festliegen" (1975: 11). Auf Elias und den Zivilisationsprozess bezogen, sind die zunehmende Verflechtung und die daraus resultierende steigende Interdependenz der Beteiligten zu verstehen als die 'Spiel-Regeln' im Sinne eines *allgemeinen Gesetzes*. Die spezifische innere Verfasstheit der mittelalterlichen Gesellschaft stellt dagegen die *spezifische Randbedingung* dar. Beide gemeinsam – allgemeines Gesetz und spezifische Randbedingung – bedingen, dass sich im Rahmen einer historischen Situation gewisse Folgen – wie Elias meint – quasi-gesetzlich einstellen.

2 Order-on-order

Am deutlichsten – so die Einschätzung durch Elias – zeigt sich dieser Prozess der fortschreitenden Zentralisierung als „Gesetzmäßigkeit" in Frankreich. Er spricht hier vom sog. „Königsmechanismus", der sich aufgrund einer Reihe kulturgeographischer Besonderheiten im Gebiet des heutigen Frankreichs am typischsten entfalten konnte (Bd. II: 129ff.).

Um seine Darstellungen kurz zu fassen: es gab eine Hierarchie der Ausscheidungskämpfe: Der Sieger aus dem Duell zweier kleiner Rittergüter vergrößerte zwar seine Macht, wurde aber in Kürze mit einem ihm etwa ebenbürtigen Gegner konfrontiert, und es kam zu einem neuerlichen Waffengang. Elias beschreibt auch hier eine Dynamik, die, einmal in Gang gekommen, keinen Ausstieg der

Beteiligten auf einer Stufe des Geschehens mehr erlaubt. Am Ende dieser, das ganze Mittelalter ausfüllenden Ausscheidungskämpfe steht mit dem absolutistischen Herrscher ein Sieger, der als Repräsentant eines Staates eine neue Arena der Auseinandersetzung betritt, nämlich die zwischenstaatliche.

Dieser Prozess der Zentralisierung und Monopolisierung, den Elias als nicht immer geradlinig verlaufend und von einer Reihe zeitweilig entgegengerichteter Tendenzen verfälscht beschreibt (Bd. II: 180ff.), repräsentiert in seiner Gesamtheit eine Entwicklung hin zu sozialen Gebilden mit höherer Komplexität. Mit jedem Ausscheidungskampf entsteht ein neues System, welches sich von den Systemen, aus denen es hervorgegangen ist, darin unterscheidet, dass es ein höheres Maß an Interdependenz seiner Einheiten und damit einen höheren Integrationsgrad aufweist (Bd. II: 177ff.).

Es ist besonders bemerkenswert, dass der Prozess der Zentralisierung in dieser Sicht in wichtigen Punkten analogen Prinzipien folgt wie die biologische Evolution. So ist die von Elias besonders betonte 'Konkurrenz' ein klassischer Evolutionsfaktor, der seine Ursachen in der prinzipiell stattfindenden 'Überproduktion an Nachkommen' und der daraus resultierenden 'Ressourcenknappheit' hat (schließlich sieht Elias die basalen Ursachen für diese Entwicklungen in der Zunahme der Bevölkerung und der damit verbundenen Verknappung an bebaubarem Land). Obgleich „kritische Evolutionskonzepte" (W. Gutmann 1989) die Rolle der Konkurrenz für den Evolutionsprozess etwas anders akzentuieren, ist ihre wichtige Rolle als Evolutionsfaktor weitgehend unbestritten.

Bedeutsam ist außerdem, dass der von Elias beschriebene Prozess der Expansion auf Kosten von Mitkonkurrenten Ähnlichkeit aufweist mit der Gesetzmäßigkeit, die der österreichische Physiker und Nobelpreisträger von 1933 Erwin Schrödinger das „order-on-order-Prinzip" (E. Schrödinger 1944) genannt hat. Es besagt, dass Ordnung nur aus einer anderen Form von Ordnung hervorgehen, niemals aber de novo entstehen kann. Konkret bedeutet dies, dass jedes evoluierende System seine Höherentwicklung auf Kosten konkurrierender Systeme betreibt und letztere in dem Maße auf einen niedrigeren Grad der Differenzierung zurücksinken, wie sie zur Differenzierung des 'höheren' Systems beitragen. Dies genau beschreibt Elias, wenn er sagt, dass ein soziales System zu seiner Höherentwicklung nicht bloß Energie braucht, die dann in Form von energiereichen Rohstoffen aus der Natur bezogen werden. Vielmehr raubt ein sich entwickelndes Sozialsystem einem konkurrierenden und in seiner Komplexität in etwa vergleichbaren System Entwicklungschancen und bringt letzteres damit zum Niedergang.

Diese 'Gesetzmäßigkeit' wird gegenwärtig überdeutlich im viel beschworenen Prozess der 'Globalisierung'. So sind Rohstoffquellen im Wettbewerb der entwickelten Industrienationen zwar nicht völlig marginalisiert, aber ihre Bedeutung ist doch in erheblicher Weise zurückgedrängt durch 'neue' Ressourcen wie 'Märkte', 'hochqualifizierte Fachkräfte' oder 'technisches know-how'.

Dieses 'order-on-order-Prinzip' gilt als für biologische und präbiotische Systeme bewiesen, und Riedl betont sein 'Hindurchreichen' bis hinauf auf höhere „Schichten des Seins" (N. Hartmann 1940) mit den Worten, dass „Zivilisationen (...) in der Hauptsache (...) Zivilisationen [fressen]" (R. Riedl 1976: 271). So verhält es sich nach Elias auch mit der Monopolisierung (Bd. II: 143ff.): Der Sieger gewinnt an Einfluss und führt seinen Herrschaftsbereich in einen Zustand höherer Integration, während der Unterlegene an Bedeutung verliert und sein Territorium ggf. ganz an den Sieger verliert.

3 Niedergang

Insbesondere dieser Prozess, bei dem – aus der Sicht von Riedl – eine Zivilisation gerade von einer anderen gefressen wird, macht einen wesentlichen Aspekt des Zivilisationsprozesses deutlich und sei deshalb etwas genauer betrachtet.

Was geschieht konkret? Der Übernahme eines Territoriums geht eine Zeit schleichender Auszehrung der Macht des unterlegenen Herrschers voraus, die für die Untertanen schmerzlich – als Niedergang – zu spüren war, da sie in verstärktem Maße Gefahren durch innere oder äußere Feinde ausgesetzt waren (Bd. I: 263ff., Bd. II: 268). Letztendlich beruhte dieser Niedergang auf einer durch ein Machtvakuum bedingten Rechtsunsicherheit, und er äußerte sich darin, dass Menschen Gefahr liefen, körperliche oder materielle Schäden zu erleiden, weil sie Opfer eines Verbrechens wurden. Kurz: Die Zunahme der lebensgefährdenden Risiken (aufgrund direkter Gewalteinwirkung oder materieller Unterversorgung) bedingte eine Reduzierung der Lebenserwartung.

Neben diesen quantitativ erfassbaren Folgen hatte der Niedergang noch eine zweite Dimension: Rechtsunsicherheit und Einschränkung des Handels (durch äußere Feinde) führten auch dazu, dass der einzelne Mensch in stärkerem Maße mit naturalen Dingen und archaischen Lebenszwängen befasst war und auch die Produktion auf Güter für den täglichen Bedarf beschränkt blieb. In einer solchen, zur Naturalienwirtschaft zurückgekehrten Agrargesellschaft vollzog sich somit eine Entdifferenzierung des Arbeitsprozesses, die letztlich darin mündete, dass der einzelne Mensch vornehmlich mit der Verrichtung allgemeiner, unspezifischer Tätigkeiten beschäftigt war und spezielle Fertigkeiten (wie künstlerische Tätigkeiten) geringeren Wert besaßen.

Zusammengefasst lässt sich diese Entwicklung als ein 'Niedergang' interpretieren, dessen Ursachen darin liegen, dass das zusammenbrechende System an Komplexität verliert und so gewisse (systemstabilisierende) Leistungen nicht mehr erbringt. Dabei manifestiert sich diese Insuffizienz in zweierlei Hinsicht: Einerseits ist die Sicherung des Lebens der Menschen nicht mehr gewährleistet und der einzelne Mensch ist so stärker mit Fragen des täglichen Überlebens konfrontiert. Außerdem besteht 'Niedergang' darin, dass sich der Mensch von transzendenten Inhalten abwendet und damit spezifisch menschliche Tätigkeitsbereiche preisgibt: Er wird somit entzivilisiert und 'naturalisiert'.[10]

4 Zur Rolle der Institutionen

Diese Folgen, die der Niedergang eines Territorialreichs mit sich bringt, machen darauf aufmerksam, dass es für ein Voranschreiten des Zivilisationsprozesses gewisser Voraussetzungen bedarf.

Elias spricht hier von „Monopol- und Zentralinstituten", die „eine Fülle von (...) Koordinations- und Regulierungsmaßnahmen" gewährleisten,

wie   das Gedeihen der Arbeitsteilung selbst,
die Sicherung von Wegen und Märkten,
die Regelung der Münzprägung und des Geldverkehrs,
den Schutz der friedlichen Produktion,

und glaubt, dass „ohne entsprechend hoch organisierte Organe mit dieser Funktion von einer bestimmten Höhe der Differenzierung an die funktionsteiligen Prozesse innerhalb der Gesellschaft weder vorankommen, noch aktuell funktionieren [können]" (Bd. II: 225).

Wenn Elias in diesem Zusammenhang 'Wirtschaft', 'Justiz' und 'Politik' nennt, so wird der Bezug der Zivilisationstheorie zu der von Arnold Gehlen (1956) und Helmut Schelsky (1952) formulierten Institutionenlehre (vgl. auch T. Parsons 1951) deutlich. Elias räumt Institutionen eine zentrale Bedeutung im Zivilisationsprozess ein, denn er macht deutlich, dass es zur Aufrechterhaltung eines gesellschaftlichen Gemeinwesens und zu dessen Weiterentwicklung der Schaffung und Bewahrung einer ganzen Reihe von Kontroll- und Koordinierungsinstanzen bedarf. Die geforderten 'gesellschaftlichen Institutionen' erbringen diese Leistung im Rahmen einer Doppelfunktion, denn sie „tragen einmal, auf anthropologischer Ebene, dazu bei, den Menschen 'aufzurichten', d.h. ihn abzusichern teils gegen die 'riskierte', 'regressionsanfällige' eigene Natur, teils gegen Störgrößen, die von außen kommen – so dass 'Entlastung' (A. Gehlen) erfolgt und so das Dasein frei wird zu höheren, kulturschöpferischen Leistungen" und bewirken außerdem „dass die Gesellschaft als ganze – als Räderwerk

---

[10] Eine detaillierte Untersuchung solcher Tendenzen, insbesondere der 'Renaturalisierung' des Menschen in der postmodernen Gesellschaft, findet sich bei D. Weinich (1997).

diverser, für sich spezialisierter Teilsysteme – funktional zusammenhält und bestehen kann" (W. Lipp 1989: 94).

5 'Constraints', die Systembedingungen der Evolution

Betrachtet man die 'Institutionen' – als den 'Zufall kanalisierende' Einrichtungen im Sinne von Elias – mit den Augen des Evolutionsbiologen, so drängt sich ein Vergleich auf zu einem Phänomen, welches heute – auf Vorschlag von Alberch (1982) – als 'constraints' Eingang in die Diskussion gefunden hat.

Was versteht die Biologie darunter? Allgemein umfasst der Begriff 'constraints' die Gesamtheit der internen Faktoren, die auf den weiteren Verlauf der Evolution eines Systems dadurch Einfluss nehmen, indem sie manche Möglichkeiten ausschließen und so limitierend wirken. „Diese Kanalisierungen, wie sie aus Bürden und Prädispositionen zustande kommen, nennt man etwas summarisch 'constraints'" (R. Riedl 1994: 30) sagt Riedl und macht damit deutlich, dass er 'constraints' als weitgehend identisch erachtet mit dem von ihm bereits in den siebziger Jahren in die deutschsprachige Literatur eingeführten Begriff der 'Systembedingungen der Evolution' (R. Riedl 1975), die er als eine Folge der 'funktionellen und genetischen Bürde' eines Systems definiert.

Schlüsselbegriffe scheinen hierbei 'Bürde' und 'Prädisposition' zu sein und sollen anhand eines konkreten biologischen Beispiels kurz erläutert werden: So war die Entwicklung eines Chitinpanzers durch die phylogenetischen Vorfahren der heutigen Arthropoden von unschätzbarem Wert, denn er bot dem Besitzer Schutz vor äußeren Einwirkungen verschiedenster Art. Im Zuge der Perfektionierung dieser Funktion wurden andere organische Funktionen auf diese Variante der Körperoberfläche abgestimmt und ihrerseits perfektioniert. So ist dieses Körperorgan bei rezenten Insekten außerdem Außenskelett und damit (u.a.) Aufhängepunkt für den motorischen Apparat und die innere Muskulatur.[11] In der Sprache von Riedl waren diese Ur-Insekten mit der Entwicklung des Chitinpanzers zur Entwicklung eines solchen Außenskeletts 'prädisponiert'[12].

Mit den so erzielten Vorteilen ging dieser Tierstamm aber auch in eine 'phylogenetische Falle', weil ein Chitinpanzer auch enge Grenzen setzt – etwa in Bezug auf die Körpergröße. Dies zeigt sich darin, dass auch die größten rezenten Insekten eine im Vergleich mit Vertretern anderer Tiergruppen eher kümmerliche Größe besitzen. Obwohl Insekten heute die weitaus formenreichste Tiergruppe darstellen, ist es der Phylogenese auch nach Millionen von Jahren nicht

---

11 So dient der Chitinpanzer als Ansatzpunkt für die Muskulatur des Bewegungsapparates und des Herzens. Daneben entstanden mit den Ostien Öffnungen, durch die ein Gasaustausch mit dem Milieu (über ein weit verzweigtes Tracheensystem) möglich wurde.
12 Bzgl. weiterer Beispiele vgl. R. Riedl (1994: 28ff. und 2003).

geglückt, auf der Grundlage dieses Bauplans Großformen hervor zu bringen. Ohne die Gründe hier im Einzelnen darlegen zu können[13]: Eine Vergrößerung des Körpers ist nur möglich unter Preisgabe des Außenskeletts. Da letzteres jedoch zu einer wichtigen konstruktiven Bedingung anderer Organsysteme geworden ist, war (und ist) eine Beseitigung des Außenskeletts unweigerlich verbunden mit einer massiven Beeinträchtigung der Vitalität des Gesamtsystems. Der Chitinpanzer erweist sich somit als 'funktionelle Bürde', die gewisse Entwicklungsrichtungen für jetzt und alle Zukunft ausschließt[14].

5.1 Institutionen – die 'Constraints' des Zivilisationsprozesses

Ziehen wir Bilanz: Zur Gewährleistung der Existenz eines Systems bedarf es in besonderem Maße einer Sicherung des Bestehenden und Erreichten, wenn eine Weiterentwicklung noch möglich sein soll. Allerdings 'bezahlt' das System die durch Systemisierung seiner Funktionen erzielten Vorteile mit dem Nachteil, dass sich die Optionen für weitere Entwicklungsrichtungen reduzieren. Wir stoßen hier auf das Phänomen der 'constraints', das als ein allgemeines systemisches Phänomen anzusprechen ist, welches auf den verschiedenen Stufen des Seins unterschiedliche Ausprägung erfährt (R. Riedl 1976: 191).

Aufgrund ihrer besonderen Rolle im Zivilisationsprozess – als den 'Zufall kanalisierende' Einrichtungen, die richtend auf den Evolutionsprozess wirken – würde ich daher vorschlagen, den Leistungen der gesellschaftlichen Institutionen die Rolle der 'constraints' für den Bereich der 'sozialen Evolution' zuzuordnen. Die Institutionen wären in dieser Sicht zu vergleichen mit den Organen eines biologischen Systems und zwar deshalb, weil sie – in *Analogie* zu den materiellen Grundlagen der 'biologischen constraints' – das Erreichte absichern und so weitere zivilisatorisch-soziale Entwicklungen überhaupt erst möglich machen. Sie sind – um einen Vergleich aus der Architektur zu gebrauchen – die tragenden Mauern eines Bauwerks, und sie stellen sicher, dass die Statik der nächsten Etage gewährleistet ist. Institutionen beeinflussen als 'constraints' den Zivilisationsprozess in seinem weiteren Verlauf und 'lenken' ihn quasi so.

Die bisherigen Überlegungen – bzgl. 'constraints', 'Institutionen' und 'inneren Gesetzlichkeiten' – zusammenfassend sei bemerkt, dass die Konzeption von Elias mit biologischen Vorstellungen durchaus kompatibel ist. Elias wäre ledig-

---

13 Die Rolle von Körpergrößen auf die Funktionsfähigkeit von Organismen, bzw. auf das Zusammenspiel von inneren Organen erfreut sich gegenwärtig eines besonderen Forschungsinteresses im Rahmen der sog. Biometrie oder Biophysik. Vgl. hierzu Schwarzenberg (2000).

14 'Versuche' zu einer Erhöhung der Körpergröße bei gleichzeitiger Bewahrung des Außenskeletts liegen etwa bei den hemimetabolen Insekten oder den Crustaceen vor. Hier wird mit Hilfe periodischer Häutungen ein bescheidener Erfolg in diese Richtung erzielt.

lich dahingehend zu präzisieren, dass es eine wesentliche Bedingung des Zivilisationsprozesses ist, dass letzterer – aufgrund 'innerer Gesetzlichkeiten' – jene 'Institutionen' hervorbringt, die aufgrund ihrer besonderen Leistung als Kontroll- und Koordinationsorgane die zivilisatorischen Errungenschaften sichern und so die Grundlage für weitere Schritte im Zivilisationsprozess bilden.[15]

Am Rande sei eine bemerkenswerte Entwicklung erwähnt: Die Aufmerksamkeit, die 'constraints' heute in der Biologie erfahren[16], und die zunehmende Akzeptanz der Bedeutung von 'Binnenfaktoren' unter Wissenschaftlern unterschiedlichster Provenienz (vgl. W. Gutmann 1997) deuten auf eine schleichende Korrektur des darwinistischen Evolutionsparadigmas hin: Zwar ist die von 'constraints' ausgeübte Wirkung eine limitierende und so der Selektion ähnlich, aber 'constraints' sprengen den Rahmen der klassischen Theorien deshalb, weil letztere die Umwelt als maßgebliche Instanz der Selektion betonen. Die von 'constraints' vermittelte Selektion geht dagegen nicht von einer 'Um'-Welt aus. Vielmehr sind es die Teile (und die Bedingung ihrer Kohärenz) innerhalb eines komplexen Systems – also die 'Innen-Welt' im Sinne Jakob von Uexkülls (1928: 150) –, die selektierend auf das Gesamtsystem wirken.

In diesem Sinne sind auch die Wirkungen der Institutionen als 'constraints' des Zivilisationsprozesses zu verstehen: Es handelt sich bei ihnen nicht um Selektionsfaktoren, wie sie darwinistische Evolutionskonzepte als durch eine externe 'Umwelt' auf ein System ausgeübt beschreiben, sondern um Produkte, die der Zivilisationsprozess als ein 'schöpferischer Prozess' und sich 'selbst organisierend' hervorgebracht hat.

---

15 Am Rande sei erwähnt, dass eine solche Analogisierung von Institutionen und 'constraints' auch aus anderen Gründen gerechtfertigt erscheint. Gemeinsamkeiten zeigen sich etwa beim Phänomen des Funktionswandels. So werden Institutionen bei Bedeutungsschwund ihrer ursprünglichen (manifesten) Funktion nicht etwa beseitigt, sondern werden vielmehr zum Träger neuer, vorher nur latent vorhandener Funktionen. Ohne dies näher ausführen zu können, seien der von Elias beschriebene Prozess der 'Vergesellschaftung des Monopols' (Bd. II: 223) und die 'Familie' genannt – genauer: der Bedeutungswandel, den letztere Institution erfuhr (Bd. I: 259ff.).
Gerade ein solcher Bedeutungswandel weist deutliche Parallelen auf zum biologischen Phänomen des 'Funktionswechsels', das erst in jüngerer Zeit von Gerhard Vollmer in seiner Bedeutung als einem 'bislang übersehenen Evolutionsfaktor' erkannt wurde (1984: 19ff.): Vollmer weist auf eine Fülle von Organen hin, deren ursprüngliche Bedeutung verloren gegangen ist, und die heute eine gegenüber ihrer ursprünglichen Funktion völlig andere Leistung für den Organismus erbringen.

16 Sie werden heute auch von bekannten Vertretern der Synthetischen Theorie in zunehmender Weise in ihrer Bedeutung als Evolutionsfaktoren akzeptiert (vgl. J. Maynard-Smith 1985).

5.2 Mechanismen der Affektkontrolle

Aber das Konzept der 'constraints' lässt sich auch sinnvoll anwenden auf den zweiten zivilisatorischen Aspekt des Zivilisationsprozesses, nämlich auf die 'Affektmodellierung des Individuums'.

Auch hier nur in aller Kürze: Elias sieht im Grad der Affektmodellierung einen Hinweis für den Grad der Zivilisiertheit und spricht dabei von der individualen Ebene des Zivilisationsprozesses – der 'Psychogenese' –, die er als in Korrespondenz stehend erachtet mit der bislang beschriebenen Soziogenese.

Was versteht Elias darunter? Er weist darauf hin, dass die Affekte des Menschen in allen geschichtlichen Epochen durch entsprechende Instanzen modelliert wurden und historisch eine zunehmende Internalisierung dieser Affektkontrolle nachweisbar sei. So ist die staatliche Zentralgewalt als eine ursprünglichere Form von Kontrollinstanz anzusehen. Sie erzwang zunächst mit physischer Gewalt, dann mit immer subtileren Methoden die Einhaltung gewisser Verhaltensstandards. In dem Maße aber, wie die äußere Kontrolle ihre physische Zwanghaftigkeit verlor, schlüpften interne Instanzen in diese Rolle, wobei sie sukzessive auf psychostrukturell immer tiefere Ebenen verlagert wurden.

Elias greift dabei auf Inhalte der Psychoanalyse Siegmund Freuds zurück (vgl. J. Goudsblom 1984a) und glaubt, dass beim Menschen der Gegenwart diese Affektkontrolle ins 'Über-Ich' verlegt und dabei völlig dem bewussten Zugriff des Individuums entzogen ist. So wurde die Triebhaftigkeit des Es als einzige Kontrollinstanz des archaischen Menschen während der Zivilisationsgeschichte sukzessive ersetzt durch das Zusammenwirken von Es und Ich - wie dies beim mittelalterlichen Menschen der Fall war. Während des Unterganges der mittelalterlichen Feudalgesellschaft und der einsetzenden 'Verhöflichung der Krieger' wurde dann das Ich immer bedeutsamer und damit die Kontrollinstanz fast völlig aus dem sozialen Umfeld in das Innere des Individuums verlagert. Anschließend, in der bürgerlich-industriellen Gesellschaft, wird das 'Über-Ich' in dem Maße dominierend, wie zivilisatorische Effekte äußere Gefahren und existenzielle Bedrohungen zurückdrängen, und es lenkt die Handlungen des einzelnen dadurch, indem es ihm ein Gefühl dafür gibt, was 'natürlich' ist.

Gesellschaftsform	endogene Kontrollinstanz
Ritterlich-höfisch	Es / Ich
Höfisch-absolutistisch	Ich
Bürgerlich-industriell	Über-Ich

Aufgrund ihrer besonderen Rolle als Kontroll- und Steuerungsmechanismen scheint es sinnvoll, diese Leistungen der Affektkontrollinstanzen als eine zweite Kategorie von 'constraints' im Zivilisationsprozess einzustufen, nämlich als die auf der Ebene der Psychogenese wirksamen.

5.3 Die Form- und Materialbedingungen des Zivilisationsprozesses

Zusammengefasst ergibt sich somit folgendes Bild: Neben der bereits erläuterten, immer komplexer werdenden Steuerung auf kollektiver Ebene (durch Institutionen) ist auf der individualen Ebene des Zivilisationsprozesses in Form der Instanzen der individualen Affektkontrolle noch ein weiteres Kontrollsystem wirksam. Beide gemeinsam wirken als 'constraints' des Zivilisationsprozesses und tragen so zur Sicherung der zivilisatorischen Errungenschaften bei.

Der Zivilisationsprozess vollzieht sich zwischen den beiden Eckpfeilern der kollektiven und individualen Kontrolle und ist dabei dem Einfluss des einzelnen weitestgehend entzogen: Während die gesellschaftlichen Institutionen als apersonale Einrichtungen des Rechtsstaates ihre Leistung maschinenhaft versehen und einem direkten Einfluss des Individuums nicht unterworfen sind, ist auch die Einflussnahme auf die Instanzen der individualen Affektkontrolle weitgehend unmöglich: Die Ursache hierfür liegt in der besonderen Steuerfunktion dieses 'Über-Ich': Es lenkt das Verhalten des einzelnen mit Hilfe von Derivaten der Angst – nämlich der Empfindung von Scham und Peinlichkeitsgefühlen – und wird damit vom Individuum nicht mehr bewusst registriert.

Diese Betrachtungen abschließend sei nur kurz noch folgendes bemerkt: Diese Vorstellung von den zwei Eckpfeilern des Zivilisationsprozesses, die in Form der Institutionen und den Mechanismen der Affektkontrolle (als 'constraints' des Zivilisationsprozesses) vorliegen und die die weitere Entwicklung im Sinne 'innerer Gesetzlichkeiten' lenken, lässt sich in bemerkenswerter Weise verklammern mit der Kosmogonie von Rupert Riedl (1985: 78).

Riedl begreift Evolution als einen Prozess einer inneren Differenzierung. Dabei entwickelte sich der Kosmos nach dem Urknall (als dem kosmischen Primärereignis) in Form eines Einschubs von Schichten (die große Ähnlichkeiten besitzen mit Nikolai Hartmanns 'Seinschichten') zwischen das jeweils präexistente „Ganze" und das „Teil". Jede neue Schicht war demnach bei ihrer Entstehung den Einflüssen der jeweils schon vorhandenen Nachbarschichten ausgesetzt, die er als 'Ober-' bzw. 'Untersystem' bezeichnet. In den vier aristotelischen Ursachen – Causa finalis, Causa formalis, Causa materialis und Causa efficiens – erkennt Riedl den besonderen Charakter, den diese Einflüsse der Schichten wechselseitig aufeinander ausüben. So wirkte jeweils das Obersystem auf eine neuentstehende Schicht als 'Form-Bedingung', während das Untersystem vermittels seiner 'Material-Bedingungen' in Erscheinung trat.

Betrachtet man die hier als 'constraints' des Zivilisationsprozesses identifizierten Instanzen, so wird deutlich, dass mit den Mechanismen der Affektkontrolle die *'Materialbedingungen'* und mit den Institutionen, die auf der Ebene der Evolution sozialer Systeme wirksamen *'Formbedingungen'* vorliegen. Betrachtet man die hier als 'constraints' des Zivilisationsprozesses identifizierten Instanzen, so wird deutlich, dass mit den Mechanismen der Affektkontrolle die *'Materialbedingungen'* und mit den Institutionen, die auf der Ebene der Evolution sozialer Systeme wirksamen *'Formbedingungen'* vorliegen.

Abbildung 3: Verändert nach R. Riedl (1985: 78)

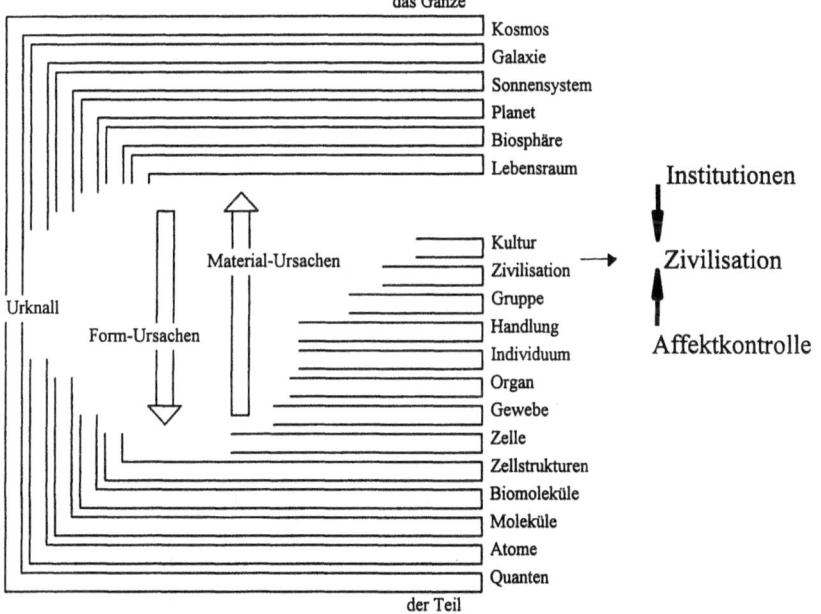

6 Zusammenfassung

Diese Überlegungen zusammenfassend sei bemerkt, dass der Zivilisationsprozess durchaus mit den für die biologische Evolution gültigen Prinzipien erfasst werden kann, bzw. dass die Konzeption von Elias mit der biologischen Evolutionstheorie vereinbar ist. Es sei jedoch nochmals besonders betont, dass die Gemeinsamkeiten des Prozesses der Zivilisation mit der biologischen Evolution – allgemeiner: die Durchgängigkeit des Evolutionsprinzips – nur erkennbar sind aus einer systemtheoretischen Perspektive. Elias muss mit seinen Ausführungen für den orthodoxen Darwinisten inakzeptabel bleiben, denn es handelt sich weder bei Institutionen noch beim 'Über-Ich' um Selektionsfaktoren, wie sie die darwinistischen Evolutionskonzepte als durch eine externe 'Umwelt' auf ein System ausgeübt beschreiben. Vielmehr sind dies Phänomene, die der Zivilisationsprozess – in Analogie zu den 'constraints' biologischer Systeme – als ein „Prozess des schöpferischen Werdens" (M. Polanyi 1985: 49) selbst hervorgebracht hat und vermittels derer er seinen weiteren Verlauf selbst organisiert.

Damit sollte auch der Wert einer interdisziplinären Betrachtung – oder genauer: der Wert einer Untersuchung eines sozialwissenschaftlichen Theoriengebäudes mit dem Instrumentarium der theoretischen Biologie – klar geworden sein: Es kann nicht Ziel sein, die Soziologie auf Biologie zu reduzieren, wie dies einige Soziobiologen – etwa E.O. Wilson (1980) – gerne sähen. Die Soziologie bearbeitet eine andere 'Schicht des Seins' und kann prinzipiell nicht auf biologische Prinzipien 'reduziert' werden (vgl. G. Vollmer 1979). Gleichwohl verfügt die Biologie als Naturwissenschaft über einen erheblichen Bestand an 'harten' Fakten und mit der Evolutionstheorie über ein reichhaltig elaboriertes Theoriengebäude, welches der Soziologie zur Überprüfung im Bereich ihrer eigenen Problemfelder zur Verfügung gestellt werden kann. Erweist sich dann eine sozialwissenschaftliche Konzeption als mit biologischen Prinzipien kompatibel – wie dies für die Kernaussagen von Elias gezeigt werden konnte –, so sollte dies zwar nicht als 'Beweis' überschätzt werden, aber es scheint gleichwohl geboten, einem solchen Gedankengebäude einen größeren Wert zuzumessen als konkurrierenden, mit der naturwissenschaftlichen Faktenlage nicht korrespondierenden Theorien. Ein solches Bezugnehmen auf den nicht unerheblichen Kenntnisstand der Evolutionsbiologie würde der Soziologie auch erlauben, solchen Kritikern wirksam zu begegnen, die – wie etwa der Wiener Philosoph Paul Feyerabend – behaupten, dass es kennzeichnend für die Soziologie sei, „von einem öden Theoremchen zum anderen zu stolpern" (1976: 381) und zu größeren Entwürfen nicht in der Lage zu sein.

Literatur

Alberch, P. (1982): Developmental constraints in evolutionary processes. In: Bonner (1982): 313-32.
Bogner, A. (1989): Zivilisation und Rationalisierung. Die Zivilisationstheorien Max Webers, Norbert Elias und der Frankfurter Schule. Opladen: Westdeutscher Verlag
Bogner, A. (1991): Die Theorie des Zivilisationsprozesses als Modernisierungstheorie. In: Kuzmics et. al. (1991): 33-58
Bonner, John T. (Hrsg.) (1982): Evolution and Development. Berlin: Springer
Briggs, John/ Peat, David (1990): Die Entdeckung des Chaos. Eine Reise durch die Chaos-Theorie. München: Hanser
Comte, Auguste (1956): Rede über den Geist des Positivismus. Hamburg: Felix Meiner
Dreitzel, Hans-Peter (Hrsg.) (1967): Sozialer Wandel. Zivilisation und Fortschritt als Kategorien der soziologischen Theorie. Neuwied/ Berlin: Luchterhand
Eigen, Manfred/ Winkler, Ruthild (1975): Das Spiel. Naturgesetze steuern den Zufall. München/ Zürich: Piper
Elias, Norbert (1939): Über den Prozeß der Zivilisation. Soziogenetische und psychogenetische Untersuchungen, Bd. I (^{1}1976): Wandlungen des Verhaltens in den weltlichen Oberschichten des Abendlandes, Bd. II (^{15}1990): Wandlungen der Gesellschaft. Entwurf zu einer Theorie der Zivilisation. Frankfurt am Main: Suhrkamp
Elias, Norbert/ Lepenies, Wolf (Hrsg.) (1977): Zwei Reden anläßlich der Verleihung des Theodor-W.-Adorno-Preises. Frankfurt am Main: Suhrkamp
Feyerabend, Paul (1976): Wider den Methodenzwang. Frankfurt am Main: Suhrkamp
Fröhlich, Gerhard (1991): Inseln zuverlässigen Wissens im Ozean menschlichen Nichtwissens. Zur Theorie der Wissenschaften bei Norbert Elias. In: Kuzmics/ Mörth (1991): 95-111
Gehlen, Arnold (1956; ^{5}1986): Urmensch und Spätkultur. Philosophische Ergebnisse und Aussagen. Wiesbaden: Aula
Gleichmann, Peter/ Goudsblom, Johan/ Korte, Hermann (Hrsg.) (1984): Macht und Zivilisation. Materialien zu Norbert Elias' Zivilisationstheorie 2. Frankfurt am Main: Suhrkamp
Goudsblom, Johan (1984): Die Erforschung von Zivilisationsprozessen. In: Gleichmann et al. (1984): 83-104
Goudsblom, Johan (1984a): Zum Hintergrund der Zivilisationstheorie von Norbert Elias: Das Verhältnis zu Huizinga, Weber und Freud. In: Gleichmann et al. (1984): 129-47
Gutmann, Wolfgang F. (1989): Die Evolution hydraulischer Konstruktionen. Organismische Wandlung statt altdarwinistischer Anpassung. Frankfurt: Kramer
Gutmann, Wolfgang F. (1997): Globalisierungsrückwirkung auf den Bereich der klassischen Biologie und Paläontologie. In: Natur und Museum 127 (7). 209-218
Hartmann, Nikolai (1940, ^{3}1994): Der Aufbau der realen Welt. Grundriß der allgemeinen Kategorienlehre. Berlin: deGruyter
Jantsch, Erich (1979, ^{4}1988): Die Selbstorganisation des Universums. Vom Urknall zum menschlichen Geist. München: Hanser
Kant, Immanuel (1784): Idee zu einer allgemeinen Geschichte in weltbürgerlicher Absicht. In: ders. (1988). Bd. XI, 31-50
Kant, Immanuel (1988): Werkausgabe. Hrsg. v. W. Weischedel. Frankfurt am Main: Suhrkamp
Korte, Hermann (1988): Über Norbert Elias. Das Werden eines Menschenwissenschaftlers. Frankfurt am Main: Suhrkamp
Kuzmics, Helmut/ Mörth, Ingo (Hrsg.) (1991): Der unendliche Prozeß der Zivilisation. Zur Kultursoziologie der Moderne nach Norbert Elias. Frankfurt am Main/ New York: Campus
Laplace, Pierre-Simon de (1814, deutsch 1886): Philosophischer Versuch über die Wahrscheinlichkeiten. Leipzig: Duncker & Humblot
Lepenies, Wolf (1977): Ein Außenseiter, voll unbefangener Einsicht. In: Elias/ Lepenies (1977): 9-34

Lipp, Wolfgang (1989): Entinstitutionalisierung. Wie erfaßt man sozialen Verfall? In: Papalekas (1989): 86-114
Lorenz, Konrad (1973, ^{8}1985): Die Rückseite des Spiegels. Versuch einer Naturgeschichte menschlichen Erkennens. München: dtv
Lorenz, Konrad (1983): Der Abbau des Menschlichen. München/ Zürich: Piper
Maynard-Smith, John (1985): Developmental constraints and evolution. In: The quarterly review of Biology 60. 265-287.
Nagl, Walter (1993): Grenzen unseres Wissens am Beispiel der Evolutionstheorie. In: Ethik und Sozialwissenschaften 4, Heft 1. 3-16
Osche, Günter (1972, 1978): Evolution. Grundlagen – Erkenntnisse – Entwicklungen der Abstammungslehre. Freiburg: Herder
Papalekas, Johannes (Hrsg.) (1989): Kulturelle Integration und Kulturkonflikt in der technischen Zivilisation. Frankfurt: Campus
Parsons, Talcott (1951): The Social System. New York: The Free Press
Polanyi, Michael (1985): Implizites Wissen. Frankfurt am Main: Suhrkamp
Popper, Karl (1934, ^{9}1989): Logik der Forschung. Stuttgart: Mohr
Popper, Karl (1936): Der Historizismus. In. ders (1995): 276-292
Popper, Karl (1965): Das Elend des Historizismus. Tübingen: Mohr
Popper, Karl (1995): Lesebuch. Ausgewählte Texte zu Erkenntnistheorie, Philosophie der Naturwissenschaften, Metaphysik, Sozialphilosophie. Hg. von David Miller. Tübingen: Mohr
Rehberg, Hart-Siegbert (Hrsg.) (1996): Norbert Elias und die Menschenwissenschaften. Studien zur Entstehung und Wirkungsgeschichte seines Werkes. Frankfurt: Suhrkamp
Riedl, Rupert (1975): Die Ordnung des Lebendigen. Hamburg/ Berlin: Parey
Riedl, Rupert (1976, ^{4}1985): Die Strategie der Genesis. München/ Zürich: Piper
Riedl, Rupert (1982, ^{2}1984): Evolution und Erkenntnis. Antwort auf Fragen aus unserer Zeit. München: Piper
Riedl, Rupert (1985): Die Spaltung des Weltbildes. Biologische Grundlagen des Erklärens und Verstehens. Berlin/ Hamburg: Parey
Riedl, Rupert (1994, ^{2}1996): Mit dem Kopf durch die Wand. Die biologischen Grenzen des Denkens. Stuttgart: Klett-Cotta
Riedl, Rupert (2003): Riedls Kulturgeschichte der Evolutionstheorie. Die Helden, ihre Irrungen und Einsichten. Berlin/ Heidelberg/ New York: Springer
Schelsky, Helmut (1952): Über die Stabilität von Institutionen, besonders Verfassungen. In: Jahrbuch für Sozialwissenschaft 3. 1-21
Schrödinger, Erwin (1944): What is life? The physical aspect of the living cell. Cambridge: Cambridge Univ. Press
Schwarzenberg, Monika (2000): Das Gesetz der vierten Potenz. In: Naturwiss. Rundschau 5. 251-252
Spengler, Oswald (1922): Der Untergang des Abendlandes. Umrisse einer Morphologie der Weltgeschichte, 2 Bde. München: Beck
Uexküll, Jocob von (1928, 1973): Theoretische Biologie. Frankfurt am Main: Suhrkamp
Vollmer, Gerhard (1979): Probleme des Reduktionismus für die Biologie. In: ders (1988): Bd. 2. 200-210
Vollmer, Gerhard (1984): Die Unvollständigkeit der Evolutionstheorie. In: ders (1988): Bd. 2. 1-38
Vollmer, Gerhard (1988): Was können wir wissen? Band 1: Die Natur der Erkenntnis; Band 2: Die Erkenntnis der Natur. Stuttgart: Hirzel
Weinich, Detlef (1997): Aussterben, Niedergang und Verfall. Der Zivilisationsprozeß aus biologisch-soziologischer Sicht. Dettelbach: Röll
Wilson, Edward O. (1980): Biologie als Schicksal. Die soziobiologischen Grundlagen menschlichen Verhaltens. Frankfurt: Ullstein

Fundamentalismus als Stadium sozialer Evolution?
Konstitutionstheoretische und methodologische Überlegungen am Beispiel des radikalen Islamismus

Gerda Bohmann

1 Zum Thema: Fundamentalismus und Entwicklung

Bestimmungen des so genannten Fundamentalismus reichen von den „weltweit auftretenden Formen eines radikalen religiösen Neotraditionalismus" (H. Dubiel 1992: 747; V.N. Makrides 1994: 19) über die, die Religion instrumentalisierende „politische Ideologien", bis hin zu religiös-politischen und sozialen Bewegungen, oder – spezifischer – zu „patriarchalen Protestbewegungen" (M. Riesebrodt 1990). Die viel diskutierten Schwierigkeiten, die mit dem, ursprünglich historisch an den amerikanischen Protestantismus gebundenen, Begriff verbunden sind, sollen hier vorerst nicht das Thema sein. Für unseren Zusammenhang von vorrangigem Interesse ist, dass der Fundamentalismus – auch immer welcher Prägung – gemeinhin als in ein spezifisches, widersprüchliches Spannungsfeld eingelassen verstanden wird, jenem zwischen Tradition und Moderne. Die vorliegenden sozialwissenschaftlichen Erklärungsansätze lassen sich gleichwohl auf einem Kontinuum verorten. Dieses führt von Ansätzen, die vor allem die Beharrungstendenz von Fundamentalismen betonen und diese als anti-aufklärerische „Gegenmoderne" zu bestimmen suchen (Th. Meyer 1989; 1989a; M. Greiffenhagen 1991; A. Künzli 1989 u.a.m.), über jene, die das Spannungsverhältnis selbst ins Zentrum der Betrachtung stellen, also Fundamentalismen als „moderne Konstruktionen von Tradition" betrachten (M. Marty/ R.S. Appleby 1996), bis zu solchen, die den spannungsgeladenen modern-traditionalen Doppelcharakter des Fundamentalismus in einen krisenhaften Kontext „kulturellen und sozialen Wandels" stellen (M. Riesebrodt 1990; B. Tibi 1991; 1993: 35-56). Für „die Moderne" stehen in aller Regel Wissenschaft, Technologie und moderne Medien; für „die Tradition" die Religion als kulturelles Normen-, Werte- und Symbolsystem. Bassam Tibi spricht deshalb vom fundamentalistischen „Traum einer halben Moderne" und bezeichnet den religiösen Fundamentalismus auch als „politische Ideologie, die aus der Konfrontation mit der Moderne entstanden ist", in der sich aber „ein aktualisierter archaischer Widerspruch gegen die Trennung von Religion und Politik zu Wort meldet" (B. Tibi 1992: 215).

Erst neuerdings lässt sich eine ansatzweise Abkehr vom, sehr allgemein gehaltenen, Begriff des Fundamentalismus feststellen – so plädieren etwa Bielefeldt und Heitmeyer für dessen Präzisierung als „modernen Typus politisierter Religion", der sich durch ein spezifisches, durch „den Modus der Unmittelbarkeit" gekennzeichnetes Verhältnis der Religion zur Politik auszeichnet (vgl. H. Bielefeldt/ W. Heitmeyer 1998: 12 und ff.). Dies erscheint vor allem deshalb problematisch, weil von politisierten oder politischen Religionen erst dann sinnvoll gesprochen werden kann, wenn Politik und Religion sich bereits gesellschaftlich differenziert haben; deren Beziehung also gerade nicht mehr unvermittelt ist (vgl. G. Bohmann 2001: 4). Und freilich wird der „Fundamentalismus" auch hier als Reaktion auf die mit moderner Rationalisierung, Individualisierung, Pluralisierung und Säkularisierung verbundenen Ambivalenzen der Moderne in Verbindung gebracht. Sie bleibt der Horizont für eine tendenziell normative Bestimmung des Fundamentalismus – sei es im Rahmen eines so genannt erkenntniskritisch definierten Fundamentalismus i.S. einer „unkritischen Verarbeitung von Wirklichkeit, die sich gegen äußere Kritik immunisiert"; sei es im Rahmen eines politisch definierten Fundamentalismus, mit dem „solche Positionen und Kräfte (gemeint sind), die den definierten Mindeststandard politischer Kultur, d.h. allgemeine Menschenrechte, demokratische Entscheidungsfindung und pluralistische Toleranz nicht erfüllen und so mit herkömmlichen westlichen politischen Grundsätzen, darüber hinaus aber auch den Grundsätzen des geltenden Völkerrechts, prinzipiell nicht kompatibel sind" (A. Meier 1994: 26 und 27; vgl. auch H. Bielefeldt/ W. Heitmeyer 1998: 20ff.). Dieser, von der europäischen Moderne geprägte, normative Horizont zur Bestimmung von Fundamentalismen führt tendenziell zu einer Ausblendung von ihm strukturverwandten Phänomenen, die diese anti-demokratische politische Dimension nicht aufweisen, auf der strukturellen Ebene ihrer Argumentationslogik aber nicht minder absolutistisch als der „politische Fundamentalismus" sind.

Es lässt sich gleichwohl festhalten, dass „der Fundamentalismus" nahezu durchgängig als eine, unter spezifischen sozialstrukturellen Bedingungen generierte und nach einem spezifischen Muster strukturierte, Reaktion auf sozialen Wandel betrachtet wird. Und es scheint auch darin weitgehend Einigkeit unter SozialwissenschaftlerInnen zu bestehen, dass der Fundamentalismus – wenngleich er in einer gewissen Kontinuität zu älteren, strukturverwandten Phänomenen steht – ein sozialhistorisch durchaus neues Phänomen darstellt. Im Rahmen einer systematischen sozial-evolutionären Perspektive wurde er bislang aber noch nicht analysiert. Dies hat m.E. aber mehr mit deren Diskreditierung in den

Human- und Sozialwissenschaften denn mit einer prinzipiellen Unangemessenheit dieses Analyserahmens für unser Problem zu tun. Es kommt freilich darauf an, wie „soziale Evolution" konzeptualisiert wird. Sehen wir uns zuvor ein Beispiel zur theoretischen Bestimmung des Fundamentalismus im Kontext einer langfristigen Perspektive sozialen Wandels an.

1.1   S.N. Eisenstadts „Antinomien der Moderne"

Explizit in eine langfristige Entwicklungsperspektive hat Shmuel N. Eisenstadt den Fundamentalismus gestellt, um dessen Zusammenhang mit sozialem Wandel systematisch zu explizieren. Er bestimmt die „proto-fundamentalistischen" und „fundamentalistischen" Bewegungen der Gegenwart als „Ergebnis einer historischen Transformation", und zwar „jener utopischen Heterodoxie, die schon in den Achsenzeitkulturen und – besonders während der großen Revolutionen – in den Wurzeln der Moderne vorhanden waren" (vgl. S.N. Eisenstadt 1998: 8). Im Gegensatz zur herkömmlichen soziologischen Fassung werden bei Eisenstadt Differenzierung und Rationalisierung als Hauptdimensionen des Prozesses sozialen Wandels, „durch das Spannungsverhältnis zwischen transzendentaler Vision und den Formen und Prozessen ihrer innerweltlichen Institutionalisierung ersetzt" (G. Stauth 1998: 151).

Den Fundamentalismus, gleichviel welcher religiösen Prägung, bestimmt Eisenstadt als eine „moderne jakobinische gegenmoderne Utopie und als eine Heterodoxie" bzw. als eine „totalistische Rekonstruktion der Tradition" (S.N. Eisenstadt 1998: 77ff.). Er sei, „trotz seiner gegenmodernen und traditionalistischen Ideologie, ein grundsätzlich modernes Phänomen, da er sowohl hinsichtlich seiner organisatorischen Charakteristika, als auch hinsichtlich der Konstruktionsform seiner Ideologie in eine hochmoderne Struktur eingebunden" ist (ebd.: 84). Die Kontinuität zu früheren historischen Phänomenen erweise sich nicht zuletzt in dessen ontologischer Grundkonzeption. Bereits die großen modernen Revolutionen, und allen voran die französische, seien durch die Eigenart ihrer Ontologien und Kosmologien gekennzeichnet gewesen: In allen stand der Versuch, „das Staatswesen zu erneuern – die Zerstörung der alten und die Begründung neuer politischer Institutionen auf der Basis einer neuen Vision, in der Gleichheit, Gerechtigkeit, Freiheit und Partizipation der Gemeinschaft am politischen Zentrum verkündet wurden", im Vordergrund (ebd.: 46). Sie werden als „Kulminationspunkte der heterodoxen Potentiale" betrachtet, „die die Kulturen der Achsenzeit hervorgebracht haben" (ebd.: 43). Zentrale Elemente dieses revolutionären Prozesses, die sich als neue Formen sozialen und politischen Wandels durchgesetzt hätten, sind: Rebellionen und Protestbewegungen, die soziale Grenzsituationen ausdrücken, politischer Kampf zwischen unterschiedlichen

Gruppen des Zentrums, der Konkurrenzkampf um Souveränität sowie die Sakralisierung von Gewalt (vgl. ebd.: 43ff.). Alle diese Charakteristika hätten sich in den modernen fundamentalistischen Bewegungen weiter ausgeprägt. Deren stark totalitäre, jakobinische Komponente zeige sich vor allem in den Bemühungen um eine Erneuerung der Zentren (bei gleichzeitiger, tendenzieller Negierung der Zivilgesellschaft), in der Rechtfertigung von Gewalt, in ständiger Grenzüberschreitung, und schließlich in deren missionarischem Expansionismus. Diesbezüglich weisen sie auch Parallelen zu linken totalitaristischen Bewegungen auf (vgl. S.N. Eisenstadt 1998: 77ff.).

Mitunter argumentiert Eisenstadt also durchaus „evolutionistisch"– da, wo er die Kontinuität in der Transformation dieser utopischen Konzeptionen herausstellt: Denn es seien diese, die „in Verbindung mit der Herauskristallisierung der kulturellen und politischen Programme der Moderne, besonders den großen Revolutionen, aus den historischen Kulturen der Achsenzeit die modernen fundamentalistischen Konzeptionen entwickelten" und „eine verknüpfende Ausrichtung auf Rebellion, Protest, intellektuelles Abweichlertum und die Bildung von Zentren und Institutionen" konstituierten (vgl. S.N. Eisenstadt 1998: 59). Darin aber zeigt sich jene Identitätslogik, wie sie geschichtsphilosophischen Bestimmungen, etwa Hegelscher Prägung, inhärent ist. Das Spannungsverhältnis zwischen transzendentaler Vision und ihrer innerweltlichen Institutionalisierung, wie es mit den Achsenzeittransformationen in die Welt getreten ist, wird hier invariant gesetzt, wenngleich es – im Kontext des sozialen Wandels – zu immer neuen Formen seiner Realisierung drängt, die die älteren bereits in sich aufgenommen haben.

Bei aller Kritik an diesen Prämissen erscheint mir der Befund Eisenstadts, den er dem universalistischen und missionarischen Grundzug der Kosmologien der Achsenzeittransformationen, den großen Revolutionen und eben auch den fundamentalistischen Bewegungen attestiert, zentral. In allen gehe es um „die Vorstellung, die die Gesellschaft zu einem Gegenstand der aktiven Konstruktion, vor allem des politischen Handelns des Menschen macht" (S.N. Eisenstadt 1998: 46f.). So problematisch seine Annahme auch ist, dass der „Mechanismus" sozialen Wandels im Spannungsverhältnis von Transzendenz und Immanenz zu suchen ist, so ist von dieser Diagnose der Genese des Bewusstseins einer gesellschaftlichen Konstruktionsmacht des Subjekts auszugehen. Nur: Weder knüpfen die gegenwärtigen Fundamentalismen an die Tradition der großen Revolutionen, oder gar der klassischen philosophischen Entwürfe der Achsenzeitkulturen an, noch lassen sie sich aus diesen ableiten. Der springende Punkt ist vielmehr, dass der Prozess dieser Genese sich immer wieder von neuem in Gang setzt, wenn auch unter historisch wie kulturell differenten Bedingungen. Denn strukturell sind Zeiten historischen Wandels jeweils dadurch gekennzeichnet, dass „das Subjekt nicht nur (beginnt), die Wirklichkeit auf sich konvergieren zu lassen; es wird sich dieser Konvergenz auch bewusst" (G. Dux 2000: 148).

An der Herausbildung eines modernen politischen Denkens, wenn man so will, moderner politischer Subjektivität, die sich entlang der Transformation eines spezifischen (fundamentalistischen) Weltbildes rekonstruieren lässt, kann gezeigt werden, dass ihr jeweils ein Wandel der Handlungs- und Organisationskompetenz der Subjekte in einer je gegebenen Gesellschaft zugrunde liegt und dass dieser Prozess seinerseits mit einem Wandel des gesellschaftlichen Organisationsniveaus verbunden ist. Wenngleich die historischen und kulturellen Formen sowie die Semantiken sich jeweils deutlich voneinander unterscheiden, so lässt sich auf der Ebene der Strukturen gleichsam Analoges ausmachen. In diesem Prozess der Transformation von Gesellschaften und von Weltbildern wiederholt sich nicht etwa das Identische auf „höherer Stufe", sondern es emergiert unter veränderten Bedingungen in der Tat jeweils Neues.

Ich begebe mich damit in eine dezidiert sozial-evolutionäre Perspektive, eine allerdings, die progressistische wie teleologische Prämissen hinter sich lässt, da sie historisch-genetisch und prozessual ansetzt. Das Beispiel, an dem ich den Wandel rekonstruieren werde, ist jenes der Genese des „radikalen Islamismus". Denn, wenngleich alle Fundamentalismen gemeinsame Grundzüge aufweisen mögen, ihre Emergenz muss am je konkreten Fall rekonstruiert werden.

2 Rekonstruktion eines Weltbilds im Prozess

Als radikalen Islamismus bezeichne ich zuvorderst ein spezifisches Weltbild, wobei unter „Weltbild" eine kognitive Struktur sowie ihre Ausgestaltung auf der Ebene der Semantik verstanden wird. Das Weltbild des radikalen Islamismus ist durch eine absolutistische und religiöse Grundstruktur gekennzeichnet; diese ist mit einer politischen Semantik aufgeladen und wird in einer militanten Sprache kommuniziert (vgl. bereits: G. Bohmann 2001a; 2002: 4). In diesem Weltbild wird einerseits auf eine substanzialistisch verstandene Tradition, auf einen Ursprungsmythos, bzw. eine Ursprungsvision, rekurriert, andererseits aber eine durchaus „moderne" politische Semantik bemüht. Es gibt eine Kontinuität in der Entwicklung zu diesem Denken hin und es unterliegt seinerseits einer Transformation – hin zu, in der Tat, historisch Neuem. Zentral ist auch in diesem Weltbild die Genese des Bewusstseins der gesellschaftlichen Konstruktionsmacht des Menschen und seiner Verortung in einer als wahr und richtig vorgestellten Ordnung. Ich werde zu zeigen versuchen, dass ein „evolutionärer Zusammenhang" zwischen der sozialstrukturellen Entwicklung und jener von Weltbildern besteht.

Die Entwicklungslinie des islamistischen Weltbilds beginnt etwa in den achtziger Jahren des neunzehnten Jahrhunderts – mit der so genannten „muslimischen Reformbewegung" (C. Geertz). Sie führt über einen „islamischen Nationalismus" der zwanziger, dreißiger und vierziger Jahre, über einige Brüche hinweg zum „radikalen Islamismus", wie er insbesondere im Verlauf der sechziger und siebziger Jahre entwickelt worden ist. Dieser sei einer der wichtigsten Repräsentanten des zeitgenössischen islamischen Denkens (vgl. M. Arkoun 1984; B. Etienne 1987). Bassam Tibi ist sogar der Ansicht, dass „der islamische Fundamentalismus heute die Weltanschauung der Mehrheit der Muslime prägt" (B. Tibi 1992: 34; vgl. auch 74). Der erst kürzlich geprägte Begriff *usuliyya* (Fundamentalismus) werde deshalb von zeitgenössischen muslimischen Denkern durchaus akzeptiert. „Der Begriff ist für Muslime neu, obwohl das islamische Konzept der *usul* (Fundamente) so alt ist wie der Islam selbst. Für jeden Muslim ist die *fromme und bedingungslose Unterwerfung* unter die verbindlichen islamischen *usul* der wesentliche Bestandteil des religiösen Bekenntnisses zum Islam; im Islam hat es bisher noch keine kulturelle Tradition gegeben, die das Reflexiv-Werden des Religiösen zugelassen hätte" (ebd.: 32).[1]

Das islamistische Denken, und zwar in all seinen semantischen Formen, ist ursprungslogisch und absolutistisch, indem es auf den absoluten Willen des einzigen, omnipräsenten und eingriffsmächtigen Gott und sein Wort rekurriert. Es ist dualistisch, indem es das Sakrale und das Profane (Dîn-Dunyâ), das Haus des Friedens und das Haus des Krieges (dâr al-islâm – dâr al harb), den richtigen Weg und die Abweichung, die legitime Autorität und die teuflische Macht u.a.m. als ewige Gegensatzpaare betont (vgl. M. Arkoun 1984: 200). Es ist substanzialistisch, insofern es vom Wesen aller mit der Religionsstiftung begründeten Wahrheit und deren Unveränderlichkeit in allen Zeiten ausgeht. Die kognitive Struktur des islamistischen Weltbilds ist, mit anderen Worten, ungebrochen subjektivisch, identitätslogisch und durch eine zweistellig-relationale Struktur gekennzeichnet, d.h. einer, in der jegliches Ereignis und Geschehen auf seinen absoluten Grund zurückgeführt und eben deshalb als aus diesem heraus gesetzt verstanden bzw. abgeleitet wird. Und weil in jener Logik „jede Erklärung das vorgefundene Explikandum aus einem Ursprung herausgesetzt versteht, in dem es schon beschlossen lag, muss, was immer in der Welt geschieht und vorgefunden wird, identisch mit dem sein, was in aller Ewigkeit im Grunde der Welt schon angelegt ist" (G. Dux 2000: 123). Mit ihr verbunden ist deshalb auch die Vorstellung der Wiederbelebung eines „ursprünglichen Islam" – mit dem Ziel

---

1 Gleichwohl hält Tibi immer wieder dagegen, daß die einzig wahre Islaminterpretation eine der Toleranz und Offenheit sei; das demokratische Prinzip der Gleichheit sei in ihm ebenso angelegt wie seine Kompatibilität mit moderner Wissenschaft und Rationalität.

dessen „Erneuerung" (*Nahda*). Völlig zu Recht hat M.A. Ahmad betont: „Die Geschichte des Islam im 19. und 20. Jahrhundert ist eine Geschichte der Wiederbelebung und der Bemühungen um seine Wiederherstellung unter dem doppelten Druck der inneren Forderungen und der äußeren Gefahren" (M.A. Ahmad 1963: 3).

Semantisch wurde das Weltbild durch seine jeweiligen Proponenten in den unterschiedlichen historischen Perioden verändert. Ein scheinbar „modernistischer" Diskurs um die Authentizität der islamischen Kultur im ausgehenden 19. Jahrhundert wird im Zuge der anti-kolonialen Befreiungsbestrebungen der Zwischenkriegszeit von einem „nationalistischen", nur teilweise „säkularisierten" abgelöst; um schließlich als „revolutionärer" Diskurs sich gegen die eigenen Vorläufer, gegen die Regime der jungen „islamischen Nationalstaaten" und gegen die „gottlose" westliche Welt insgesamt zu richten. Paradoxerweise ist es jene letzte, radikalisierte Version des Weltbilds, die die „Vorstellung, die die Gesellschaft zu einem Gegenstand der aktiven Konstruktion, vor allem des politischen Handelns des Menschen macht" (S.N. Eisenstadt 1998: 46f.), ins Bewusstsein breiter Schichten der Bevölkerung bringen wird.

2.1 Islamische Reform

Ausgangspunkt der frühen Revitalisierungsbestrebungen in der zweiten Hälfte des 19. Jahrhunderts war die Entwicklungs- und Fortschrittsdifferenz zwischen Okzident und Orient, die es – angesichts der sich etablierenden politischen und militärischen Dominanz des Westens – zu überwinden gelte. Die so genannte „Salafiya" ist auch als modernistische Bewegung bezeichnet worden, da sie darauf orientiert war „to adapt modern society and government to the requirements of Islam" (M.H. Kerr 1966: 14). Das Ziel einer Rationalisierung des Islam und seine „puritanische" ethisch-moralische Erneuerung im Sinne einer dem Westen als überlegen erachteten Zivilisation hat der islamischen „Reformbewegung" des späten 19. Jahrhunderts u.a. den Ruf eingetragen, das islamische Pendant zum lutherischen Reformismus zu sein (vgl. E. Gellner 1981). Wenngleich diese „Reformbewegung" vorrangig an der Re-Skripturalisierung der Grundlagen des Glaubens, der Reinigung des Islam von seinen mythischen Komponenten orientiert war, stand doch der Diskurs um Authentizität im Zentrum ihres Diskurses (vgl. A. Al-Azmeh 1996). Die Frage nach den Ursachen der Entwicklungsdifferenz zwischen muslimischer und westlicher Welt, wurde von den Salafisten mit dem notwendigen Rekurs auf den authentischen Islam beantwortet:

> „Al-Afghani resolves the paradox by saying that neither the achievements of Christian nor the failure of Muslim countries are due to their religions. The Christian peoples grew strong because the Church grew up within the walls of the Roman Empire and incorporates its pagan be-

liefs and virtues; the Muslim peoples grew weak because the truth of Islam war corrupted by successive waves of falsity. Christians are strong because they are not really Christian; Muslims are weak because they are not really Muslim" (J. Al-Afghani – zit. in A. Hourani 1995: 129).

Es finden sich bereits bei Jamal al-Din Al-Afghani sowie seinen Schülern Muhammad 'Abduh und Rashid Rida Bezugnahmen auf den europäischen nationalistischen Diskurs.[2] Abdel Malek hat die Salafiya deshalb als „nationalitär" bezeichnet, weil sie als *der* Vorläufer des Nationalismus in der muslimischen Welt gelten könne (vgl. L. Addi 2001: 27). In Afghanis Bestimmung der Nation dominiert das substanzialistisch gedachte historische Subjekt:

> „Für Afghânî gleicht die Nation einem Körper, (...). Eine Nation besteht aus Erbmassen analog den Gliedern eines Körpers oder aus Individuen, deren organische Einheit die der Teile eines lebendigen Organismus ist. Diesem Organismus wird eine Lebenskraft eingeflößt wie jene, die seine einzelnen Organe durchdringt. Diese individuelle Lebenskraft steht in direktem Verhältnis zu der im Gesamtorganismus" (A. Al-Azmeh 1998: 94; vgl. J. Al-Afghani 1958: 123f.).

Die gemeinsame Religion und die gemeinsame Sprache werden als die entscheidenden einenden Prinzipien erachtet; die „linguistische Einheit", welche die Nationalität begründe, sei sogar dauerhafter als jene der Religion, da sie keinem kurzfristigen Wandel und keiner Transformation unterlegen sei (vgl. J. Al-Afghani 1958: 125). Deshalb plädiert Al-Afghani auch vehement für die Ausbildung und Erziehung zur Schriftkundigkeit in der islamischen Welt; sie sichere nicht nur die Einheit der Nation, sondern eröffne auch zudem den Zugang zu und das Verständnis der Wissenschaften.

Der Diskurs der Salafiya war also wissenschaftlichem Fortschritt und Rationalität gegenüber durchaus offen. Dies wurde auch mit der rationalen arabischen Tradition in den mathematischen, astronomischen und philosophischen Wissenschaften begründet und seinerseits in einen Zusammenhang mit der Religionsstiftung gebracht: Alle Entwicklung von Rationalität und wissenschaftlichem Fortschritt lasse sich bereits direkt aus dem Koran ableiten. Die Strategie zur Überwindung aller Entwicklungsdefizite ist daher klar:

> „Es gibt keine wirksame Antwort auf Schwäche und Zerstörung außer der Erneuerung: die Rückgewinnung und Wiederherstellung der ursprünglichen Qualitäten, die zu Stärke und historischer Bedeutung führten. Kein Fortschritt ohne das Wiederbringen der unberührten Zustände und die Reinigung der Essenz von der Verfälschung der Geschichte: das ist das fundamentale Prinzip der Erneuerung" (A. Al-Azmeh 1998: 97).

---

2 Dieser hat u.a. Niederschlag in einer Kontroverse zwischen Al-Afghani und Ernest Renan gefunden – im Journal des Debats, May 18, 1883.

2.2 Islamischer Nationalismus

Erst im Verlauf der zwanziger, dreißiger und vierziger Jahre des zwanzigsten Jahrhunderts wird, im Kontext der Kolonialgesellschaften, ein explizit politischer Nationalismus entwickelt. Dieser knüpft dezidiert an das Erbe der Salafiya an, wenngleich es auch „säkulare" nationalistische Strömungen gegeben hat, die sich vorrangig auf die Erringung eines souveränen modernen Staates konzentriert haben (vgl. L. Addi 1995; 2001; M. Ferjani 1991). Es sollte dies ein durch und durch synkretistischer Nationalismus sein (vgl. B. Stora 1989: 42); die konstitutive Rolle des Islam für die zu schaffende Nation wird in keiner der Strömungen aufgegeben. Ich beschränke mich hier auf das Beispiel Algeriens, wo die islamische Reformbewegung sich in einzigartiger Weise mit dem entstehenden Nationalismus verschränkt hat. „Die algerische Reformbewegung wurde in einem Zeitraum von nur zehn Jahren zu einer regelrechten religiösen Partei. (...) Sie baute einen wirkungsvollen religiösen Propagandaapparat auf und wurde, indem sie die Aufmerksamkeit des ganzen Landes (und der Administration) erzwang, zu einer Bewegung mit überwältigender Dynamik" (A. Mérad, zitiert in: E. Gellner 1981: 238). Die Träger des islamischen Nationalismus waren einerseits die Religions- und Schriftgelehrten in der Tradition der Salafiya – wie Abdulhamid Ben Badis und sein Schüler Tayyib Uqbi; sowie andererseits die im Kontext der französisch-algerischen Kultur sozialisierten, okzidental und „traditionell" gleichermaßen gebildeten – neuen kleinbürgerlichen und bürgerlichen – Eliten der zwanziger und dreißiger Jahre – wie insbesondere Messali Hadj oder Ferhat Abbas.[3]

Bei aller Divergenz und Uneinheitlichkeit der an der Unabhängigkeit orientierten Bewegungen und Parteien, wurde die Religion zur treibenden Kraft des nationalen Widerstands. Die „Ideologisierung" des Islam und seine Mobilisierung als politische Ressource sind in diesem Kontext entstanden (vgl. L. Addi 2001); in ihm wurde die Nation zugleich „sakralisiert". Explizit in der Tradition der Salafiya verankert, und sie in einem nationalistischen Rahmen weiterführend, war die Vereinigung der *Ulama* mit ihrem führenden Vertreter Ben Badis. Sein Denken führt die reformistische Tradition, in ihrer Methodologie wie in ihrer Doktrin, weiter (A. Mérad 1974: 215). Ben Badis hat „die Ulema mobilisiert, um die (muslimische) Religion und die (arabische) Sprache zu verteidigen, jene zwei konstitutiven Elemente dessen, was er als 'ethnische Nationalität' bezeichnet hat; er stellte sie der anderen, der 'politischen

---

3 Hadj, Vertreter radikaler Unabhängigkeitsbestrebungen, hatte (gemeinsam mit anderen), die „Étoile Nordafricaine" 1926 in Paris begründet und war geistiger wie politischer Führer der PPA und des MTDL; Abbas, Proponent eines moderaten Nationalismus, hat die UDMA begründet (vgl. B. Stora 1985).

Nationalität' gegenüber, welche ihm zufolge künstlich ist, da sie sich bloß in Bezugnahme auf ein 'konjunkturbedingt' gegebenes Kräfteverhältnis aufgedrängt habe" (L. Addi 2001: 29). Sein berühmt gewordener Ausspruch – „Arabisch ist unsere Sprache, der Islam ist unsere Religion und Algerien ist unser Vaterland" – bringt dieses Verhältnis ebenso zum Ausdruck. Aber auch in den „säkularen" Strömungen des Nationalismus, wie in den radikalen Unabhängigkeitsbestrebungen des Messali Hadj, wurde die Politik in das religiöse Referenzsystem eingeschrieben und die nationale Unabhängigkeit im Sinne einer erneuerten Hochblüte der islamischen Zivilisation vorgestellt und konzipiert (vgl. L. Addi 1995: 22; B. Stora 1989: 82ff.).

Dieser spezifisch „islamisch-arabisch-algerische" Nationalismus vermochte späterhin, als politische und militärische Unabhängigkeitsbewegung, auch große Teile der ländlichen Bevölkerung zum Widerstand gegen die Kolonialherrschaft zu rekrutieren. Er wurde von den Führern der Befreiungsfront (FLN) schließlich mit sozialistisch-revolutionärem Gedankengut verknüpft und hat als ideologische Grundlage Eingang in das politische Programm für die Unabhängigkeit gefunden. Bereits die erste Verfassungs-Charta Algeriens enthält einen Passus, der den Islam zur Staatsreligion erklärt und der langjährige Staatschef Algeriens, H. Boumedienne hat die Verankerung der revolutionären Republik in der Tradition der islamischen Zivilisation betont.[4]

Der algerische Nationalismus habe aber, wie L. Addi ausgeführt hat, den Stammes-Pluralismus nur bekämpft, um ihn durch eine Art Stammes-Einheit zu ersetzen. Indem es dies getan hat, hätte er keineswegs eine – auf der Allgemeinheit der Staatsbürgerschaft gegründete – Nation geschaffen, was auch gar nicht sein Ziel gewesen sei. Vielmehr ging es ihm ausschließlich darum, den lokalen Gemeinschaften einen formellen nationalen Rahmen zu geben (vgl. L. Addi 1995: 190). Diese, aus dem Unabhängigkeitskrieg erstandene, „revolutionäre", „starke" und „einheitliche" Nation sollte allerdings zum Mythos hochstilisiert werden (vgl. A. Rouadjia 1994).

2.3 Radikaler Islamismus

Der radikale Islamismus schließlich wird dann innerhalb dieses spezifischen „islamisch-nationalstaatlichen" Rahmens generiert. Er sollte, ab den späten sechziger und frühen siebziger Jahren, zum Leitbild einer breitenwirksamen Oppositionsbewegung werden, die ihren Ausgang an den Universitäten nimmt. Der radikale Islamismus setzt sich semantisch sowohl von seinen rationalistischen und modernistischen als auch von seinen nationalistischen „Vorläufern"

---

4 Vgl. ARTE : „Boudiaf – Zerschlagene Hoffnung für Algerien" (gesendet am 26.06.2002).

ab. Die Struktur des Weltbildes wird aber zugleich zugespitzt, mystisch aufgeladen und politisch instrumentalisiert.

Sayyid Qutb gilt als einer der Begründer des radikal islamistischen Weltbildes. Ihm ging es nicht mehr bloß darum, auf die unhinterfragbaren Grundlagen der islamischen Gesellschaftsordnung zu rekurrieren und diese zu erneuern, sondern sie im Sinne einer „revolutionären Lektüre des Korans" direkt in das kollektive Handeln der „wahren Gläubigen" zu überführen. Der Rekurs auf den Koran muss Qutb zufolge strikt und ohne jegliche Vermittlung sein; fähig sind dazu nur jene, die für die unumstößlichen Glaubensinhalte auch unmittelbar und aktiv eintreten – die Avantgarde der *Mudjaheddin* (Glaubenskämpfer). Das Konzept der Gottesherrschaft (*Hâkimîyat 'Allah*) wird der „Versklavung des Menschen durch den Menschen" als einzige Alternative entgegengestellt. In den Worten Sayyed Qutbs:

> „Es ist das Ziel des Islam, die menschliche Gesellschaft so zu lenken, dass Lebensumstände und -bedingungen entstehen, die den Einzelnen von allem Verderblichen reinigen, das sich seiner wahren Natur aufgedrängt hat. (...) Deshalb also fordert der Islam, dass die absolute Kontrolle über die menschliche Gesellschaft Gott gehöre und sich alles nach den von Ihm vorgeschriebenen Geboten richte (...)" (S. Qutb o.A: 55f.).

Im islamistischen Diskurs wird das – in der klassischen Philosophie zentrale – Verhältnis von Religion (*Din*) – Staat (*Dawla*) – Welt (*Dunya*) im Rekurs auf den Ursprung der idealen medinensischen Umma neu zu bestimmen gesucht; zugleich allerdings verkürzt und zum „Kampfruf" gemacht: *„Al-islâm dîn wa dawla"*, was bedeutet „der Islam ist Religion und Staat" (vgl. M. Arkoun 1986: 47). Da alle vorfindlichen Staaten vom ursprünglichen Ideal abweichen, ist diese Bestimmung verbunden mit der fundamentalen Kritik am jeweiligen staatlichen System, innerhalb dessen die radikalen Islamisten operieren: Einen idealen Staat habe es nie gegeben und der Nationalstaat ist Repräsentant von Unordnung und Chaos (*fitna*), weil er die Gemeinschaft der Gläubigen spaltet. Das Recht, das von Gott gegeben sei, stehe unter der Obhut jedes einzelnen Muslims; der (National-)Staat könne daher weder seine Quelle, noch sein Garant sein (vgl. Etienne 1987, S. 270f.).

Bruno Etienne hat zur Charakterisierung des radikalen Islamismus folgende Merkmale hervorgehoben: die Wiederaneignung des Politischen durch die Religion hindurch; seine politische Radikalität[5] als revolutionärer Islam; seine Mili-

---

5 „S'il s'agit bien d'un Islam *radical*, en arabe le mot est plus fort encore avec au moins quatre sens; *efficace* et remède salutaire (naji'), *solution* radicale (tasfiya), mesure ou *épreuve* radicale (tadbîr, tajrîb) et enfin *ultime* (ni'ly). Pour ajouter à la complexité, je signale, que l'Irâq signifie 'racine' et que la racine grammaticale, le radical se dit *asl*; or c'est partir de celui-ci que s'est construit le sens moderne d'àuthenticité, *asàla* (B. Etienne 1987: 335, Fn. 15).

tanz in doppeltem Sinne: der Formulierung einer Doktrin, die aus jedem Muslim einen begeisterten Anhänger und einen Kämpfer für sie zugleich macht (vgl. B. Etienne 1987: 21f.). Der Islamismus ist also radikal in seiner Fundierung und Zielformulierung, radikal in seiner strategischen Programmatik und in seiner Argumentationslogik; er ist notwendigerweise auch praktisch radikal. Das Projekt der (Wieder-)Errichtung der islamischen Umma, die Restituierung des Korans als einzig gültiger Verfassung und somit der Shari'a als einzig anerkennungswürdigem Rechtssystem schließt die Beseitigung der historisch vorfindlichen Nationalstaaten, respektive dieser – in ihrem Sinne illegitimen – Regierung mit ein. Die religionsstiftende Ursprungsvision wird in der „revolutionären Koranlektüre" in ihrer mythischen sowie ihrer politischen Kraft reaktiviert und in eine totalitäre Utopie transformiert.

Die Trägerschaft des islamistischen Weltbilds ist von den Intellektuellen auf die so genannten „neuen Intellektuellen" übergegangen – Olivier Roy nennt sie „les bricoleurs de la culture musulmane". Sie hätten ein, von den Intellektuellen verlassenes Terrain okkupiert und den Kleinhandel mit ideologischen Fabrikaten übernommen; sie entsprechen gleichwohl den neuen sozialen Schichten der *mustazafin*, d.h. jener durch die wilde Urbanisierung in Bezug auf ihre Ansprüche „Enterbten" (vgl. O. Roy 1987: 54). Zum ersten Mal in der Geschichte der Entwicklung des „islamistischen Denkens" wird dieses für breitere Bevölkerungsschichten, insbesondere für die jüngere Generation, direkt zugänglich. Diese hatte, erstmals auf breiter Ebene, Zugang zum schulischen Bildungssystem und zu universitärer Bildung und ihre Ausbildung, als erste Generation, überwiegend in arabischer Sprache erhalten. Aber sie hat die damit verbundenen Ansprüche und sozialen Aufstiegserwartungen als nicht realisierbar erlebt. Mit Gilles Kepel ist darauf zu verweisen, dass die Islamisten in ihrer überwiegenden Mehrzahl nicht dem religiösen Bildungssystem entstammen, sondern den modernen Universitäten, wo sie – an den zumeist natur- und ingenieurswissenschaftlichen Fakultäten – jene konzeptuellen Werkzeuge erwerben, die im Rahmen des säkularen Referenzsystems entstanden sind. Sie wenden sich, mehr oder minder mit diesem Instrumentarium ausgestattet, diesem anderen Wissen, dem Absoluten und der transzendenten Ordnung, zu. Aber sie eignen sich dieses nicht mittels der traditionellen Methoden der Lektüre und Interpretation der heiligen Texte im Rahmen eines tradierten strikten und anspruchsvollen Apparats von erläuternden Bemerkungen an, wie sie von den Schriftgelehrten an den religiösen Institutionen gelehrt werden und welche nur einen eingeschränkten Spielraum für Innovation erlaubt. Sich, mit dem Argument, dies sei bloß menschliche und daher fehlerhafte Ausarbeitung, über die Vorsicht der Ulema und die juristische Tradition hinwegsetzend, konstruieren sie ihren eigenen Modus des Zugangs zum Sakralen. Das Ergebnis ist eine „revolutionäre" Interpretation, d.h. die grundsätzliche Infragestellung der sozialen Ordnung und der Legitimität des etablierten politischen Systems (vgl. G. Kepel 1990: 19f.).

Der Dualismus, Absolutismus und Substanzialismus behält das Denken bei; das Geschichtsverständnis des radikalen Islamismus bleibt durch eine zweistellig-relationale Logik strukturiert. Das Weltbild bleibt gleichwohl vom Prozess der Transformation nicht unberührt – es wird vulgarisiert und radikalisiert, und in einer Semantik, die den deprivierenden sozialen und ökonomischen Verhältnissen Rechnung trägt, militant kommuniziert. Die anvisierte Wiederherstellung der totalitären Utopie ist nunmehr im konkreten Rahmen des Widerstands gegen die politischen Regime situiert. Die tradierten Fundamente des Islam werden, ebenso gezielt wie wohlorganisiert, als religiös-politisches Projekt gegen den „verwestlichten", „korrupten", „gegen das islamische Volk gerichteten" und „nur so genannten" islamischen Nationalstaat, sein „laïzistisches" Regime sowie gegen die durch dieses repräsentierten Werte mobilisiert. Es ist dieses Weltbild, das sich in den im Prozess ihrer Transformation befindlichen maghrebinischen Gegenwartsgesellschaften als einer der wichtigsten „Träger" der politischen Opposition profiliert.

2.4 ... und die Sozialstruktur?

Die genannten „Phasen" der Entwicklung sind zunächst auf den Wandel eines Weltbilds bezogen. Diesem liegen Prozesse sozialen, politischen, ökonomischen und demographischen Wandels in ungeheurem Ausmaß zugrunde. Es lassen sich auch auf historischer Ebene unterschiedliche Perioden ausmachen, aber die Entwicklung des Weltbilds ist nicht umstandslos auf einen gleichsinnigen Wandel der Sozialstruktur zu beziehen. Der Prozess der Transformation reicht von einer in traditionale Strukturen eingebetteten, segmentären Stammes-Gesellschaft zur stark, sowohl nach Zentrum und Peripherie differenzierten sowie stratifizierten Form der „zweigeteilten Kolonialgesellschaft" (F. Fanon), bis hin zur – auf der institutionellen Ebene – funktional ausdifferenzierten Gesellschaft. Empirisch ist nach wie vor von einer Gemengelage auszugehen.

In anderen Worten: Im Verlauf der letzten eineinhalb Jahrhunderte hat eine Transformation vom Organisationsniveau einfacher agrarischer Sozietäten zu nationalstaatlich differenzierten (Welt-)Marktgesellschaften stattgefunden. In diesem Prozess sind in sehr knapper Zeit mehrere „epochale Schwellen" überschritten worden: Mit der Kolonialisierung der einfachen Sozialorganisation (auch im Sinne Habermas), weil erstere eine Adaptierung an die neuen ökonomischen Gesetze und politischen Herrschaftsstrukturen erzwungen hat; und (später) mit der nationalstaatlichen Re-Organisation der im Umbruch befindlichen Gesellschaften. Dass dieser Prozess nicht friktionslos erfolgt ist, ist bekannt; welches Ausmaß und welche „Qualität" der koloniale Eingriff insbesondere in Algerien angenommen hatte, schon weniger. War das neunzehnte Jahrhundert durch eine Kette von Aufständen der Stämme, deren „heiligen Krieg" gegen die Invasoren, und durch ihre brutale Niederschlagung geprägt, so ist es das zwanzigste zunächst durch den Befreiungskrieg.

Während „die Stämme und die patriarchale Familie (bereits) in den Wirren von Kolonisation, Landflucht und der Durchsetzung des kommerziellen Tauschhandels weitgehend zerfallen sind" (vgl. L. Addi 1999: 17), kommt entscheidende Bedeutung dann dem Übergang in die politische Unabhängigkeit zu. Im Unterschied zur vergleichsweise friedlichen Entlassung Marokkos und Tunesiens in die Unabhängigkeit, hat Frankreich gegen die nationale Befreiungsarmee Algeriens (ALN) seinen – neben Indochina – härtesten Kolonialkrieg (1954 bis 1962) geführt. (B. Stora 1995: 3). Während des Krieges noch hatte Frankreich groß angelegte Umsiedlungsprogramme durchgeführt. Von allen Erschütterungen, denen die ländliche Bevölkerung ausgesetzt war, sei dies die schlimmste gewesen. Pierre Bourdieu und Abdelmalek Sayad sprechen von mindestens drei Millionen, also der Hälfte der Landbevölkerung, die ihren Heimatort verlassen mussten; 1960 seien die zuvor bewohnten Bergregionen, in die sich die ALN zurückgezogen hat, praktisch leer gewesen (vgl. P. Bourdieu/ A. Sayad 1964: 23). Mit den Verträgen von Evian (im März 1962) schließlich hatten aber die demographischen Umwälzungen keineswegs ein Ende gefunden. Benjamin Stora spricht davon, dass mit dem „Moment" der Unabhängigkeit erneut Hunderttausende ihre Region hinter sich – und sich in den, von den Siedlern und Beamten verlassenen Häusern niedergelassen hatten: „Ce 'surgissement paysan' transforme en profondeur, et de manière durable, la physionomie des villes algériennes" (B. Stora 1995: 94; vgl. auch L. Addi 1999: 18).

Dass die algerische Gesellschaft sich auch gegenwärtig in einer tief greifenden ökonomischen, sozialen und demographischen Krise und, und insbesondere seit 1991, in einer Art „innerem Krieg" befindet, wird in Europa nur anlässlich der schlimmsten Massaker wahrgenommen. „Eine Bilanz der Jahrzehnte der Unabhängigkeit ergibt das Scheitern der sozialen Integration, die bis dato nur durch die kulturellen Repräsentationen einer genealogischen Mythologie gesichert und durch die Historiographie des Befreiungskrieges verstärkt worden war" (vgl. L. Addi 1999: 9).

Die Transformation der Sozialstruktur, keineswegs abgeschlossen, muss wohl als ein Fall von – zunächst extern induzierten – rapiden, Diskontinuitäten und Brüche produzierenden sozialen Wandel bezeichnet werden. Um die algerische Gegenwartsgesellschaft zu charakterisieren, hat Paul Pascon den Begriff der „société composite" geprägt, d.h. einer Gesellschaft, die nicht sosehr dadurch gekennzeichnet ist, dass in ihr traditionale und moderne Subjekte zusammenleben, sondern vielmehr durch ein Kollektiv von Individuen, die in ihrem Verhalten wie in ihrem alltäglichen Leben zugleich traditionell und modern sind, indem sie stetig zwischen den instrumentellen Anforderungen von Ökonomie und Bürokratie und den traditionell, an der Gemeinschaft orientierten, Wertbezügen hin und her zu wechseln gezwungen sind und die Widersprüche ersterer in letztere kognitiv zu integrieren suchen (vgl. L. Addi 1999: 179ff.). In dieser Gesellschaft emergiert ein „neuer sozialer Typus: eines modernen Individuums, das nicht mehr nur anonymes Mitglied eines Stammes oder Untertan eines Herrschers ist, aber auch noch nicht selbstbewusster Staatsbürger" (M. Hussein 1998: 22). Bereits die kolonialen Gesellschaften hätten ihn entstehen lassen, „aber sie boten ihm keine Möglichkeit, sich selbstbewusst zu behaupten. In der nachkolonialen Ära berief man sich auf das Prinzip der individuellen Rechte, aber den Individuen wurde das Recht verweigert, im eigenen Namen zu sprechen. So blieben sie auf sich gestellt: Sie mussten sich zurechtfinden und die neuen Möglichkeiten erkunden" (ebd.).

3 Theorien sozialer Evolution und die Rekonstruktion von emergenten Strukturfolgen

Die Frage ist nun, wie jener eingangs postulierte „evolutive" Zusammenhang zwischen Weltbildentwicklung und dem Wandel der Sozialstruktur theoretisch bestimmt werden kann. In drei – paradigmatisch unterschiedlichen – theoretischen Kontexten wurden dafür Ansatzpunkte geliefert: in jenem der Systemtheorie Niklas Luhmanns, in jenem der universalpragmatisch fundierten Konstitutionstheorie Jürgen Habermas' sowie in jenem der historisch-genetischen Theorie Günter Dux'. In allen dreien stehen freilich die spezifische historische Entwicklung Europas, die Ausdifferenzierung, Rationalisierung und Säkularisierung der modernen okzidentalen Gesellschaft im Vordergrund. Deren Strukturierungsprinzipien lassen sich gleichwohl übertragen, da sie universal geworden sind. Die entscheidende Frage in unserem Zusammenhang ist, inwiefern jener – mit der Transformation eines Weltbilds einhergehende und an die soziostrukturelle Entwicklung zurückgebundene – Prozess als soziale Evolution im Sinne einer nicht einfach umkehrbaren Strukturfolge gesellschaftlicher Entwicklungen bestimmt werden kann.

3.1 Systemtheoretische Begründung sozialer Evolution

Auch in der Allgemeinen Systemtheorie der Gesellschaft wird, wenn man nur genau hinsieht, von einer historischen Strukturfolge gesellschaftlicher Differenzierungsformen ausgegangen. Wie Luhmann an der Abfolge von segmentärer, nach Zentrum/Peripherie-Beziehungen, stratifikatorischer und schließlich funktionaler Differenzierungsform gezeigt hat, „kann die Evolution keine beliebigen Sequenzen wählen" (N. Luhmann 1997/II: 615). Er hat die Strukturveränderung als dynamische Stabilität konzipiert und mit der wissenssoziologischen Analyse des Wandels historischer Semantiken verknüpft, d.h. dem Evoluieren der gesellschaftlich verfügbaren Formen „höherstufig generalisierten, relativ situationsunabhängig verfügbaren Sinn(s)" (N. Luhmann 1993: 19). Die Unterscheidung von Struktur und Semantik „soll dazu beitragen, zum einen die Beschreibung der soziokulturellen Evolution von der Fixierung auf bloße Ideenevolution zu befreien und zum anderen die gesellschaftsstrukturell eingeschränkten Formen auch sinnhaft unterscheiden zu können" (G. Kneer/ A. Nassehi 1997: 121) Und Luhmann hat die Herausbildung der je historischen Semantiken, als dem Ausdruck der Ideenevolution, durchaus in Abhängigkeit von den Sozialstrukturen, als ihr „Korrelat" gesehen, die ihrerseits durch die dominante Differenzierungsform vorgegeben sind (vgl. N. Luhmann 1997/I: 549).

Niklas Luhmann hat – unter Aufnahme theoretischer Entwicklungen in den Biowissenschaften wie in der Kybernetik – ganz wesentlich dazu beigetragen, die evolutionstheoretische Perspektive auch in der Soziologie wieder campusfähig zu machen. Bereits in seinen frühen Arbeiten hat er jeglichen Substanzialismus und Absolutismus in der Theoriekonstruktion verabschiedet, dieses Vorhaben allerdings nicht zur Gänze eingelöst. Ein Rest an logischem Absolutismus ist in die differenztheoretischen Prämissen der Systemtheorie eingegangen; er wird – scheinbar – durch die bewusste Entscheidung mit einer voraussetzungslosen und kontingenten Differenz den Anfang zu machen, hinweggefegt.

Systemische Differenzierungstheorie und systemische Theorie der Evolution sozialer Systeme greifen bei Luhmann wechselseitig ineinander ein. Erstere ist – vereinfacht gesagt – auf die Beschreibung der evolutionären Formen gesellschaftlicher Differenzierung gerichtet; letzter geht es um die Erklärung von Strukturänderungen. Insofern die je dominante Differenzierungsform zugleich aber die möglichen Selektionsvorgänge sowie die jeweilige Form von Variation/Selektion und Selektion/Restabilisierung strukturiert, verläuft die soziale Evolution – als Strukturänderung sozialer Systeme – systemtheoretisch über die sich jeweils durchsetzende Primärdifferenzierung. In aller Deutlichkeit hat Luhmann dies im Vorwort zum dritten Band von „Gesellschaftsstruktur und Semantik" festgehalten: „Strukturell wird der Umbau des Gesellschaftssystems als

Wandel der Form gesellschaftlicher Differenzierung beschrieben" (N. Luhmann 1998: 7). Die mitgeführte Beschreibung der je historischen Semantik, die von der Systemstruktur zu unterscheiden ist, bildet einen konstitutiven Bestandteil der Hypothese, dass der strukturelle Umbau von innen heraus, d.h. in der eigenen Operationsweise sozialer Systeme, der Kommunikation also erfolgt sein muss (vgl. ebd.). In der „Gesellschaft der Gesellschaft" hat Luhmann den sozialevolutionären Mechanismus dann auch konsequent über das Muster sprachlicher Kommunikation konzipiert: Evolutionäre Variation komme nur dadurch zustande, dass sprachlich gelungene Sinnzumutungen im Kommunikationsprozess infrage gestellt oder rundheraus abgelehnt werden (vgl. N. Luhmann 1997/I: 459).

Die Frage, *ob* es „epochemachende" Errungenschaften gebe, sei (hinsichtlich der Entwicklung von Kommunikationsmedien und Differenzierungsform) bereits positiv beantwortet (N. Luhmann 1997/I: 515); insofern kommt es nur noch auf die Beschreibung der Möglichkeiten *wie* an. Evolution ist, in ihrem allgemeinen Sinn, theoretisch weitgehend über „Zufall" konstruiert (vgl. ebd.: 449). Sobald aber die soziale Evolution (bzw. die »soziokulturelle Evolution« – ebda: 594) in Gang gesetzt ist und ihre ersten Errungenschaften erreicht hat, sind die Strukturen der sozialen Systeme für ihr weiteres Prozessieren ausschlaggebend. Begründet ist dies theoretisch darin, dass es ja die jeweilige Form der Strukturbildung ist, die die Möglichkeiten struktureller Kopplung zwischen den Teilsystemen bestimmt bzw. diese einschränkt; „Evolution ist daher immer nur Modifikation bestehender Zustände" (ebd.: 455). Dass sich eine je dominante Form evolutionär durchsetzt, wird von Luhmann als theoretisch nicht zwingend angenommen, aber:

> „Ohne behaupten und begründen zu können, dass es in jedem Gesellschaftssystem eine dominante Differenzierungsform geben müsse, sehen wir darin doch die wichtigste Gesellschaftsstruktur, die, wenn sie sich durchsetzt, die Evolutionsmöglichkeiten des Systems bestimmt und auf die Bildung von Normen, weiteren Differenzierungen, Selbstbeschreibungen des Systems usw. Einfluss nimmt" (N. Luhmann 1997/II: 611).

Welche Rolle spielt nun die historische Semantik? Ohne auf den Begriff als solchen hier eingehen zu können[6], lässt sich festhalten, dass Luhmann wiederholt auf deren Kompatibilität und Korrelation mit der jeweiligen Differenzierungsform von Gesellschaften verwiesen hat, wenngleich er – in systematischer Hinsicht – den Zusammenhang beider möglichst „weich" formuliert hat: „Gemeint ist damit zunächst nur, dass Ideengut im Verhältnis zur Gesellschaft nicht belie-

---

6 Zu Luhmanns Semantik-Begriff – vgl. N. Luhmann 1993: 17f.; zu dessen Revision im Kontext einer historisch-genetischen Perspektive – vgl. G. Bohmann 2002.

big variieren kann" (N. Luhmann 1993: 17). In der Beschreibung der Differenzierungsformen bedient Luhmann sich durchaus der Befunde historischer Forschung und verlässt nicht selten die Position des Beobachters zweiter Ordnung, indem er da und dort Tatsachenbehauptungen aufstellt; hier werden die strukturabhängigen Möglichkeiten empirisch benannt (vgl. N. Luhmann 1997/II: 634ff.; zur Kritik: Hauck 1999: 58f.). Sie dienen dann sozusagen als Fallstudien in historischer Semantik. Mit ihnen soll zugleich gezeigt werden, dass in der Semantik „eine sanftere Mischung von Kontinuitäten und Diskontinuitäten und ein anderer Zeitrhythmus möglich sind" (N. Luhmann 1998: 7).

Wenngleich also durchaus eine sequentielle Strukturfolge – gesellschaftlicher Differenzierungsformen wie historischer Semantiken – angenommen wird, die Systemtheorie lässt sich auf strikte Zusammenhänge ebenso wenig festlegen wie auf Kausalerklärungen. Und auch die, mit der systematischen Aufnahme der Evolutionstheorie anvisierte, genetische Lösung des logischen Problems (vgl. N. Luhmann 1997/I: 413) wird nicht eingelöst – weder wird der emergente Aufbau einer sozialen Ordnung in ihrem Entstehungsprozess erklärt, noch wird die Reproduktion der Strukturen des Sozialsystems Gesellschaft und ihre evolutionäre Ausdifferenzierung empirisch nachvollziehbar gemacht. An die Stelle der Genese sowie an jene der Übergänge tritt ein blinder Fleck.

3.2   Konstitutionstheoretische Begründung sozialer Evolution: universalpragmatisch

Eine explizite – auch empirische – Verknüpfung der Strukturfolge gesellschaftlicher Formen mit den jeweiligen Strukturen sprachlich vermittelter Interaktion war bereits das Ziel der späten Kritischen Theorie. Von Jürgen Habermas (1976; 1981) und Klaus Eder (1976; 1985) wurden die „evolutionären Stufen der Gesellschaftsorganisation" mit dem sozialen Handeln und dem ihm zugrundeliegenden kognitiven Reflexionsniveau in der Theorie „moralischer Lernprozesse" miteinander verknüpft. Im Kontext dieser, nachmetaphysisch konzipierten, Entwicklungstheorie sollte zugleich eine diskursethische Neubegründung Kritischer Theorie durchgeführt werden. In ihr wurden, durchaus analog zu den systemtheoretischen Differenzierungsformen, drei zentrale historische gesellschaftliche Organisationsformen unterschieden: jene der egalitären, der traditionalen und schließlich der modernen Gesellschaften. Innerhalb dieses Rahmens wurden mehrere „Typen sozialer Organisation" ausgemacht.[7]

---

7   Eder hat für die folgenden „Typen" nach historischen Entsprechungen gesucht: paläolithische Organisationsformen – neolithische Errungenschaften – Entstehung herrschaftlich geregelter Interaktionsmuster – Entstehung rationalisierter Denkmuster – Entstehung universalistisch geregelter Interaktionsmuster – Entstehung der Wissenschaften (vgl. K. Eder 1976: 184); und Ha-

Ziel war die Formulierung einer konstitutionstheoretischen soziologischen Evolutionstheorie. Diese müsse, da Kultur das ist, was menschliche Vergesellschaftungsformen von biologischer Sozialität unterscheidet, „die adaptiven Mechanismen menschlicher Vergesellschaftung in der Kulturfähigkeit der menschlichen Spezies festmachen" (K. Eder 1976: 123). Kultur, die in Eders Begriffen „universale Konstituentie sozialer Systeme", wird dann ihrerseits „aus den spezifischen Eigenschaften von sprachlich organisierten Lernprozessen und sprachlich organisierten Systemen abzuleiten" versucht (ebd.: 124f.). Denn – wie dies von Habermas dann auch in der „Theorie des kommunikativen Handelns" (1981) ausformuliert wurde – es seien die „anthropologisch tief liegenden Strukturen sprachlich vermittelten normenregulierten Verhaltens" (J. Habermas 1981/II: 139), die „die Ausgangslage für soziokulturelle Entwicklungen überhaupt bestimmen" (ebd.: 217f.).

Erkenntnistheoretische Basis dieses Ableitungsversuchs ist die, von Habermas und Karl Otto Apel zunächst gemeinsam formulierte, universalpragmatische Theorie der Rationalität (vgl. K.-O. Apel 1976). In ihr wurde die prinzipielle Verständigungs- und damit Vernunftorientierung kommunikativen Handelns – über die universalen Geltungsansprüche sprachlicher Kommunikation (normative Richtigkeit, objektive Wahrheit, subjektive Wahrhaftigkeit) – nur noch „schwach-transzendental" in den Strukturen der Sprache verankert.[8] Deren Bindungswirkung sollte über eine Theorie der sozialen Evolution auch empirisch verankert werden können (vgl. A. Bora 1991: 125f.; ähnlich A. Weber 2000: Kap. 3.1.).

Habermas wie Eder setzten also ganz explizit auf, der sozialstrukturellen Entwicklung vorauslaufende, (zunächst individuelle) Entwicklungsschübe, die allmählich in Institutionen abgelagert werden; sie „erzeugen dann, wenn sie sozial implementiert werden, ein neues gesellschaftliches Organisationsprinzip" (K. Eder 1976: 157). Die Bedingung dieser Möglichkeit ist in ihrem, wenngleich nur noch „schwach-transzendentalen" Apriori verankert, der prinzipiell Verständigungs- und Vernunftorientierung sprachlicher Kommunikation, der zufolge auch die kommunikative Grundverfassung der Gesellschaft erklärt werden soll. Das aber heißt – „Theorie und Methode sind an eine Vorgabe philosophisch begründeter Rationalität gebunden, unter welcher die moralischen Intuitionen der Subjekte expliziert werden" (T. Sutter 1990: 22). Habermas hat all dies wie-

---

bermas hat sozialstrukturelle Innovationen als „Organisationsprinzipien" unterschieden, die durch entwicklungslogisch nachkonstruierbare Lernschritte möglich werden: vorhochkulturelle Gesellschaften – archaische Hochkulturen – entwickelte Hochkulturen – frühmoderne und schließlich moderne Gesellschaften (vgl. J. Habermas 1976: 135 und f.).

8 K.-O. Apel hat späterhin, im Gegensatz zu Habermas, für die Beibehaltung einer philosophischen Letztbegründung plädiert (vgl. K.-O. Apel 1989).

derholt eingeräumt, nur ohne die unterliegende Begründungslogik zu thematisieren. Der Theorie der sozialen Evolution „liegt die Annahme zugrunde, dass ontogenetische Lernprozesse den gesellschaftlichen Evolutionsschüben gleichsam vorauseilen, sodass gesellschaftliche Systeme, sobald ihre strukturell beschränkte Steuerungskapazität durch unausweichliche Probleme überfordert wird, unter Umständen auf überschießende individuelle, über Weltbilder auch kollektiv zugängliche Lernkapazitäten zurückgreifen können, um diese für die Institutionalisierung neuer Lernniveaus auszuschöpfen" (J. Habermas 1976: 136).

Die universalpragmatische Begründung der Theorie, ihre normativen Prämissen sowie die historisch-theoretische Methodologie nötigen also dazu, die Spuren von Vernunft und Moral schon am Anfang der kulturellen Entwicklung aufzusuchen. Damit wird diese aber selbst noch identitätslogisch entfaltet; in der Theorie der sozialen Evolution „werden allgemeine rationalitätstheoretische Annahmen in die Geschichtstheorie übersetzt" (K. Holz 1993: 269). Die genetische Frage, warum denn und wie die jeweils neuen Strukturen des Bewusstseins ihrerseits emergieren, bleibt in dieser Erklärungsstrategie offen, da sie nicht vom Entstehungsprozess, sondern von einem normativ gesetzten Ergebnis her konzipiert und in einem – wenn auch nur noch „schwach-transzendentalen" – Apriori logisch absolutistisch verankert ist.

3.3 Konstitutionstheoretische Begründung sozialer Evolution: historisch – genetisch

Historisch-genetische Theorie ist mit der Frage befasst, unter welchen Bedingungen die jeweiligen Strukturen der Gesellschaft sich gebildet und sich fortan verändert haben. Auch ihr geht es um eine Entwicklungslogik im Prozess der Geschichte; die Belastungen der identitätslogischen und geschichtsphilosophischen Begründung lässt sie dabei aber in einem strikten Sinne hinter sich. Denn der Prozess wird genetisch und prozessual rekonstruiert. *Entwicklungslogik* heißt in diesem Verständnis nicht mehr als eine strukturelle Sequenz, in der die nachfolgende Struktur die vorhergehende zur Bedingung hat und dass einmal erreichte gesellschaftliche Entwicklungen in der Organisationsform sich auch für andere Gesellschaften als anschlussfähig erwiesen haben. Erkenntnistheoretisch wie methodisch *prozessual* ist die Erklärungsstrategie von Günter Dux darin, „dass sie, was geschieht, nicht schon in der Konstellation, aus der heraus es geschieht, angelegt sein lässt. Es bildet sich vielmehr im Prozess zwischen Ausgangskonstellation und Folge, und es bildet sich so, dass wirklich Neues entstehen kann" (G. Dux 1999: 48). Dies ist der Ansatzpunkt für eine, strukturgenetisch-konstitutionstheoretische, Neubestimmung „sozialer Evolution".

Der Begriff wird von Günter Dux nicht verwendet; aber auch er hat einige epochale Schwellen der okzidentalen Entwicklung benannt: ausgehend von den frühen Gesellschaften der Sammler und Jäger, zunächst die neolithische Revolution mit dem Übergang in einfache agrarische Gesellschaften; die Herausbildung der archaischen Zivilisation mit der Ausbildung von Herrschaft und Staat; die griechische Antike mit ihrer Entwicklung zur Polis; und schließlich, den Prozess der Säkularisierung im Mittelalter weiterführend, die Neuzeit, in der sich die naturwissenschaftliche, die politische und die bürgerliche Moderne herausgebildet haben (vgl. G. Dux 2000: 335ff.). Diese Schwellen zeichnen sich jeweils durch bahnbrechende Veränderungen im Niveau der gesellschaftlichen Organisation aus und sind mit Entwicklungsschüben in der Handlungs- und den kognitiven Kompetenzen der Gesellschaftsmitglieder konstitutiv verbunden (vgl. G. Dux 2000: 335-350).

Der entscheidende Unterschied zum systemtheoretischen wie zum universalpragmatischen Ansatz besteht darin, dass der Anthropologie ein methodologischer Primat eingeräumt wird. Denn der Einstieg in die Kulturgeschichte erfolgt – historisch wie erklärungsstrategisch – über universelle Konstruktionsleistungen in der humanen Ontogenese.[9] In ihr wird der Anschluss der Gattungsgeschichte an eine evolutive Naturgeschichte hergestellt und über sie lässt erstere sich in ihrer Emergenz auch rekonstruieren, da „die ontogenetisch begonnenen Strukturen unter derselben Maxime fortentwickelt werden, unter der sie begründet wurden: nämlich die erfahrbare Wirklichkeit in die kognitiven Strukturen zu fassen" (G. Dux 1994: 191).

Unter *einer* Vorgabe steht auch die historisch-genetische Theorie – jener einer evolutiven Naturgeschichte des Menschen. Diese ist hinreichend voraussetzungsvoll, aber sie entbehrt jeglicher Moralität und Rationalität; aus ihr emergieren gleichwohl Gesellschaften und Kulturen. Dementsprechend werden menschliche Gesellschaften und Kulturen strikt als Anschlussorganisation an eine evolutiv heraufgeführte, selbst organisierte Naturgeschichte gefasst. Jede weitere Entwicklung schließt dann ihrerseits an die einmal erreichten Organisationsformen an, ohne aus diesen hergeleitet werden zu können. Aber „der eigentliche Prozess der Enkulturation liegt in dem frühen ontogenetischen Prozess des Erwerbs einer Handlungskompetenz und des daran gebundenen Aufbaus der Welt" (G. Dux 1989: 60). Da der Enkulturationsprozess aus der Ontogenese der Gattungsmitglieder heraus verstanden wird, kann auch die Rekonstruktion an dieser ansetzen, denn die Konstruktivität des ontogenetischen Entwicklungsprozesses

---

9 Günter Dux knüpft hierbei kritisch an die genetische Erkenntnistheorie Jean Piagets an und führt sie in einem kompetenztheoretischen und historisierten soziologischen Rahmen weiter (vgl. G. Dux 2000: 253ff.).

ist in einem strikten Sinne universell. Weil sie keinen – „in der Natur des Menschen" gelegenen – Vorgaben unterliegt, beginnt die humane Ontogenese zu jeder historischen Zeit, in jeder Kultur, in jeder Gesellschaft bei einer „kulturellen Nulllage der Geburt". Die anthropologische Verfassung einer konstitutionellen Desäquilibration zwischen Organismus und Außenwelt „stellt den gesamten Bildungsprozess der Enkulturation unter den Imperativ, Handlungskompetenz zu gewinnen" (G. Dux, 1989: 62).

Am Beginn der Entwicklung *ist* die Außenwelt die Sozialwelt; es wird deshalb mit dem primären Objekt-Schema der Wahrnehmung und des Denkens zugleich ein kognitives Schema aufgebaut, das die vom Körper des (immer schon kompetenteren) Anderen ausgehende Handlung in ein Ereignis-Schema integriert: das primäre Objektschema, das damit ausgebildet wird, ist das des Subjekts – eines „Objekts" also, das im Raum Aktivitäten setzt; das mit ihm verknüpfte Ereignisschema ist deshalb jenes der Handlung. Günter Dux hat jenes primäre kategoriale Schema konsequenterweise als „subjektivisches" bezeichnet (vgl. G. Dux 1982: 86ff.; 251ff.). Ist es einmal gebildet, funktioniert es als „interpretatives Paradigma" (G. Dux 1982: 96); es stellt konstante Relationen zwischen dem sich mit seiner Reflexivität bildenden Subjekt und der sich allmählich strukturierenden Außenwelt dar.

Das subjektivische Schema der Kognition ist ein äußerst leistungsfähiges Muster – eine operante Struktur: „Die unübersehbare Vielfalt erfährt ihre Deutung, indem sie unübersehbar vielen subjektivischen Agenzien zugeschrieben werden kann – man kann sozusagen auf alle Möglichkeiten gefasst sein, da hinter allen ein sie hervorbringendes Agens steht" (vgl. G. Dux 1982: 98). Es ist dieses – universelle – kategoriale Schema, das mit den frühen operationalen Formen am Beginn jeder Ontogenese gebildet wird, sich aber über deren Entwicklung hinaus auf der Ebene der Kausalitäten wie der Urteile durchhält und dessen Logik deshalb auch in der Geschichte der Erkenntnisformen perpetuiert wird. Es verbindet den Absolutismus der Logik mit deren Substanzialismus, mit dualistisch gedachten Identitäten, um sich – in entwickelter Form – als bloße zweistellige Relationalität im Verständnis der Sozialwelt durchzuhalten. Entwickelt werden die frühen kognitiven Schemata jeweils über die an sie gestellten Anforderungen; aber erst auf der formal-operationalen Ebene des Denkens wird es überhaupt möglich, die zweistellig-relationale Logik des Denkens zu reflektieren, in ihrer Konstruktivität einzusehen und sie prozessual aufzulösen.

Was für den Strukturierungsprozess der Kognition Gültigkeit hat und in einem strikten Sinne – entlang jeder einzelnen Ontogenese – genetisch rekonstruiert werden kann, kann auch für den Prozess der Geschichte genutzt werden. Denn, „wenn der Erwerb von Wissen ein konstruktiver Prozess ist, dann ist der

Erwerb von Wissen über Wissen ein rekonstruktiver Prozess" (G. Dux 1991: 22). Es ist dabei weder von einer irgendwie gearteten „Parallelität" oder auch nur von einer „Konvergenz" von Ontogenese und Geschichte auszugehen. Im Gegenteil: In einer genetischen und prozesslogischen Perspektive ist „systematisch (...) einzig akzeptabel, die Entwicklung für jede Gesellschaft in der Verlängerung der ontogenetisch begonnenen Strukturen zu verstehen und empirisch zu bestimmen zu suchen" (G. Dux 1994: 190).

Dies bedeutet nicht, dass sämtliche Entwicklungsdimensionen von Gesellschaften, oder gar jedes einzelne Spezifikum von Kulturen, wie sie sich auf der semantischen Ebene ausdifferenziert haben, unter ein Erklärungsschema gebracht werden sollen. Es lässt sich aber jedenfalls in *einem* unbestreitbaren Sinne sagen: dass mit der je erreichten gesellschaftlichen Organisationsform auch die Handlungskompetenz ihrer Mitglieder sich erweitert und mit diesen zugleich auch die Bedingungen für ihre Entwicklung transformiert werden. Dieser Prozess ist universell und auf seinem jeweiligen strukturellen Niveau einer Rekonstruktion auch zugänglich. Über die je erreichten Kompetenzen ihrer Mitglieder im sozialen Handeln lässt sich der Grad der Organisation einer Gesellschaft erschließen; auf deren Niveau wird Handlungskompetenz zugleich aber entwickelt. Wenn die ontogenetische Entwicklung auch als primär, und d.h. konstitutiv, angesehen werden muss, so ist erneut zu betonen, dass diese in der Geschichte nicht einfach fortgesetzt wird. Sie „hat die gesellschaftliche Organisation (...) allererst möglich gemacht. Aber die Weiterentwicklung über die naturwüchsige Schwellenlage hinaus ist Resultat nicht der ontogenetischen, sondern der gesellschaftlichen Prozesse, die hernach die ontogenetische Weiterentwicklung nach sich ziehen" (G. Dux 1989: 71).

Auch ihre Rekonstruktion erfolgt, wie bereits angedeutet, konsequent über die Rekonstruktion ihrer Konstrukte, d.h. nichts anderes, als über die im Verlauf dieser Geschichte entwickelten und zur Sprache gebrachten kognitiven Strukturen. Sie sind – kulturell wie semantisch höchst unterschiedlich ausdifferenziert – in Form von Mythen, Kosmologien und Weltbildern aufgehoben.

Unter methodologischen Gesichtspunkten ist für die Rekonstruktion des konstruktiven Vermögens in einzelnen Gesellschaften Folgendes zentral: „Wenn wir davon ausgehen müssen, dass sich der Bildungsprozess der Kognition in allen Gesellschaften über die gleichen Anfangsphasen in Bewegung setzt, ist die Frage unumgänglich, wie weit er in den einzelnen Gesellschaften vorangetrieben wurde, wann der Prozess mit anderen Worten zum Stillstand kam" (G. Dux 2000: 355). Es geht damit keineswegs um die Frage unterschiedlicher intellektueller Fähigkeiten der Individuen in je spezifischen Gesellschaften, sondern es geht der historisch-genetischen Theorie darum, deutlich zu machen, dass konkret gegebene Organisationsniveaus bestimmter Gesellschaften unterschiedliche Anforderungen an die kognitive Entwicklung stellen – sowohl in praktischer Hinsicht, als auch hinsichtlich der erforderlichen Abstraktions- wie Urteilskompetenzen. Unter systematischen Gesichtspunkten ist festzuhalten, dass unterschiedliche Anforderungen in „ein und derselben Gesellschaft" auch zu unterschiedlichen kognitiven Entwicklungsniveaus führen (vgl. ebd.: 361); dass aber „Individuen ihre Entwicklung nur dann weiter (treiben), als die vorangehende Generation, wenn sich die Verhältnisse derart geändert haben, dass neue und komplexe Anforderungen zu bewältigen sind" (U. Wenzel 1997: 27).

4 Zum Schluss

Eine an der historisch-genetischen Theorie orientierte Konzeptualisierung sozialer Evolution hat also – sowohl gegenüber identitätslogischen Konzepten als auch gegenüber dem differenzlogischen, aber mit einem Rest an logischem Absolutismus behafteten, Ansatz der Systemtheorie – den Vorteil, eine zeitgemäße Methodologie für die konkrete empirische Rekonstruktion von Weltbildern zu liefern und zugleich deren genetischen Verbund mit gesellschaftlichen Strukturen systematisch erklären zu können. Wenngleich strikte Periodisierungen jeweiliger kognitiver Kompetenzen der Subjekte und des zugrunde liegenden Wandels des gesellschaftlichen Organisationsniveaus sich allenfalls ex post factum über lange Zeiträume zeigen mögen, so lässt sich auf strukturgenetischer Ebene erklären, warum spezifische Entwicklungen in bestimmten historischen Zeiträumen stattfinden. So etwa, warum im Kontext der segmentären, traditionalen, agrarischen Organisation der Gesellschaft am Beginn der Kolonialisierungsphase das islamistische Weltbild eine Domäne der städtischen intellektuellen Eliten geblieben ist; und warum erst im Rahmen der nationalstaatlich strukturierten, industrialisierten Gesellschaft mit ihren – gescheiterten – Modernisierungsprogrammen jene Bedingungen entstanden sind, die eine Verbreitung, semantische Transformation und Radikalisierung dieses Weltbilds nach sich gezogen haben.

Der historisch-genetische Ansatz bietet zudem die Möglichkeit, die konkreten empirischen Subjekte und deren kognitive Verarbeitungsstrategien in einer von mannigfachen Widersprüchen und Krisen gekennzeichneten Welt in die Theoriebildung systematisch einzubeziehen. Es sind letztere, die in den Weltbildern zum Ausdruck kommen, wie diese strukturell als „Fortentwicklung von universalen Strukturen" zu verstehen sind (vgl. U. Wenzel 1997: 28).

Freilich reicht die Rekonstruktion der Logik der kognitiven Konstrukte nicht aus; denn es sind die semantischen Formen, in denen sich das kategoriale Verständnis, aber auch dessen Inkonsistenzen im Verständnis der Sozialwelt zum Ausdruck bringen. Der radikale Islamismus präsentiert sich in dieser Perspektive als ein Weltbild, das logisch noch durch und durch absolutistisch strukturiert ist. Es gehorcht dem subjektivischen Schema der Interpretation und des Verständnisses, sowie es ungebrochen substantialistisch und dualistisch strukturiert ist. In seiner Semantik nimmt es auf die gegebenen, neuen, sozialen wie politischen Bedingungen Bezug, es ist – wie seine Proponenten – in ein widersprüchliches Verhältnis zwischen Tradition und Moderne eingelassen, in die Gemengelage einer hybriden, durch divergente Organisationsprinzipien gekennzeichneten und deshalb brüchigen Welt. Die Argumentation des radikalen Islamismus ist deshalb dezidiert politisch, „er predigt Demut gegenüber Gott, nicht die Unterwerfung unter die bestehende Ordnung. Er ist anti-modern und anti-westlich, doch zugleich tritt er gegen die alten Formen an, er wendet sich gegen die Untätigkeit und den Fatalismus der traditionellen Brüderschaften und der etablierten religiösen Autoritäten" (M. Hussein 1998: 179).

In seiner Logik bleibt das Weltbild an ein substanzielles Absolutes gebunden, aber auch sein Radikalismus ist bereits Ausdruck ihres Widerspruchs zur politischen Praxis und zum konkreten Erfahrungswissen der involvierten Subjekte. Bei allen Paradoxien, Widersprüchen und auch bei aller Gewaltsamkeit, die es nach sich zieht, bringt sich in diesem Weltbild ein Wandel im Selbstverständnis der muslimischen Bevölkerung und ihrer Stellung in der Sozialwelt zum Ausdruck. Insofern zeugt es von der Genese eines – sich verallgemeinernden – Bewusstseins politischer Subjekte, und d.h. nichts anderes als der „Vorstellung, die die Gesellschaft zu einem Gegenstand der aktiven Konstruktion, vor allem des politischen Handelns des Menschen, macht" (S.N. Eisenstadt 1998: 46). So gesehen könnte der radikale Islamismus Indikator eines Aufbruchs in eine „islamische Neuzeit" sein.

Literatur

Addi, Lahouari (1995): L'Algérie et la démocratie. Pouvoir et crise du politique dans l'algérie contemporaine. Paris: Éd. La Découverte
Addi, Lahouari (1999): Les mutations de la société algérienne. Paris: Éd. La Découverte
Addi, Lahouari (2001): Der Islam im Modernisierungsprozeß. In: Österreichische Zeitschrift für Soziologie. Heft 4. Politische Religionen der Gegenwart. 25-40
Ahmad, Muhammad Abdelhamid (1963): Die Auseinandersetzung zwischen Al-Azhar und der modernistischen Bewegung in Ägypten. Hamburg
Al-Afghani, Jamal ad-Din (1958): Philosophie de l'union nationale, basée sur la race et l'unité linguistique. In: Orient, Revue trimestrielle, N° 6. 123-128
Al-Azmeh, Aziz (1996): Die Islamisierung des Islam. Imaginäre Welten einer politischen Theologie. Frankfurt am Main: Campus
Al-Azmeh, Aziz (1998): Geschichte, Kultur und die Suche nach dem Organischen. In: Rüsen (Hrsg.) (1998): 74-114
Apel, Karl-Otto (1989): Normative Begründungen der „Kritischen Theorie" durch Rekurs auf lebensweltliche Sittlichkeit? Ein transzendental-pragmatisch orientierter Versuch, mit Habermas gegen Habermas zu denken. In: Honneth/ Mc Carthy u.a. (Hrsg.) (1989): 15-65

Apel, Karl-Otto (Hrsg.) (1976): Sprachpragmatik und Philosophie. Frankfurt am Main: Suhrkamp
Arkoun, Mohammed (1984): Pour une critique de la raison islamique. Paris: Maisonneuveet Larose
Arkoun, Mohammed (1986): L'islam. Morale et politique. Paris: UNESCO
Bielefeldt, Heiner/ Heitmeyer, Wilhelm (1998): Politisierte Religion in der Moderne. Einleitung. In: Diess. (Hrsg.) (1998): 11-33
Bielefeldt, Heiner/ Heitmeyer, Wilhelm (Hrsg.) (1998): Politisierte Religion. Frankfurt am Main: Suhrkamp
Bohmann, Gerda (2001): Editorial zu „Politische Religionen der Gegenwart". Schwerpunktheft der Österreichischen Zeitschrift für Soziologie 4. 3-8
Bohmann, Gerda (2001a): De la description dense (Clifford Geertz) à l'analyse structurale et génétique (Pierre Bourdieu), et à une méthodologie historico-génétique (Günter Dux) appliqué aux questions de la compréhension de l'islamisme radical au Maghreb. Contribution au Colloque „Anthropologie du Maghreb" à Lyon. (Im Erscheinen)
Bohmann, Gerda (2003): Radikaler Islamismus – beharrlicher Traditionalismus oder Aufbruch in die Moderne? Eine historisch-genetische Provokation. In: Wenzel/ Bretzinger/ Holz (Hrsg.) (2003)
Bora, Alfons (1991): Die Konstitution sozialer Ordnung. Pfaffenweiler: Centaurus
Bourdieu, Pierre/ Sayad, Abdelmalek (1964): Le Déracinement. La crise de l'agriculture traditionelle en Algérie. Paris: Éd. De Minnit
Dubiel, Helmut (1992): Der Fundamentalismus der Moderne. In: Merkur 514-515
Dux, Günter (1982): Die Logik der Weltbilder. Frankfurt am Main: Suhrkamp
Dux, Günter (1989): Die Zeit in der Geschichte. Frankfurt am Main: Suhrkamp
Dux, Günter (1991): Das Problem der Logik im historischen Verstehen. Zur Kritik der Entscheidung als geschichtsphilosophischer Kategorie. In: Dilthey-Jahrbuch für Philosophie und Geschichte der Geisteswissenschaften. Bd. 7. 44-70
Dux, Günter (1994): Geschlecht und Gesellschaft. Warum wir lieben. Frankfurt am Main: Suhrkamp
Dux, Günter (1999): Theorie des sozialen Wandels. Bericht über die Forschungsgruppe. In: ZiF-Jahresbericht 97/98. Bielefeld 1999
Dux, Günter (2000): Historisch-genetische Theorie der Kultur. Weilerswist: Velbrück
Dux, Günter (2001): Die Religion im Prozeß der Säkularisierung. In: Österreichische Zeitschrift für Soziologie. Heft 4. 61-88
Eder, Klaus (1976): Die Entstehung staatlich organisierter Gesellschaften. Ein Beitrag zu einer Theorie sozialer Evolution. Frankfurt am Main: Suhrkamp
Eder, Klaus (1985): Geschichte als Lernprozeß? Zur Pathogenese politischer Modernität in Deutschland. Frankfurt am Main: Suhrkamp
Eisenstadt, Shmuel N. (1998): Die Antinomien der Moderne. Die jakobinischen Grundzüge der Moderne und des Fundamentalismus. Frankfurt am Main: Suhrkamp
Etienne, Bruno (1987): L'islamisme radical. Paris: Hachette
Ferjani, Mohamed-Chérif (1991): Islamisme, Laïcité, et Droits de l'Homme. Paris: L'Harmattan
Gellner, Ernest (1981): Leben im Islam. Religion als Gesellschaftsordnung. Stuttgart: Klett-Cotta
Greiffenhagen, Martin (1991): Versuche gegen die Sinnlehre. Zur Entwicklung fundamentalistischer Strömungen in Gegenwartsgesellschaften. In: Universitas 1. 36-45
Habermas, Jürgen (1976): Zur Rekonstruktion des historischen Materialismus. Frankfurt am Main: Suhrkamp
Habermas, Jürgen (1981): Theorie des Kommunikativen Handelns. 2 Bände. Frankfurt am Main: Suhrkamp
Habermas, Jürgen (1983): Moralbewußtsein und kommunikatives Handeln. Frankfurt am Main: Suhrkamp
Hauck, Gerhard (1999): Radikaler Bruch? Niklas Luhmann und die sozialwissenschaftliche Tradition. In: Berliner Journal für Soziologie. 2/1999. 253-269

Holz, Klaus (1993): Historisierung der Gesellschaftstheorie. Zur Erkenntniskritik marxistischer und kritischer Theorie. Pfaffenweiler: Centaurus
Honneth, Axel/ Mc Carthy, Thomas u.a. (Hrsg.) (1989): Zwischenbetrachtungen. Im Prozeß der Aufklärung. Jürgen Habermas zum 60. Geburtstag. Frankfurt am Main: Suhrkamp
Hourani, Albert (1995): Arabic Thought in the Liberal Age. 1798-1939. Cambridge: Cambridge University Press
Hussein, Mahmoud (1998): Die Südseite der Freiheit. Die Genese des Individuums in der Dritten Welt. Wien: Passagen Vlg.
Kepel, Gilles (1990): Intellectuels et militants de l'Islam contemporain. In: Kepel/ Richard (sous la direction de) (1990): 13-25
Kepel, Gilles/ Richard, Yann (sous la direction de) (1990): Intellectuels et militants de l'Islam contemporain. Paris: Seuil
Kerr, Malcolm H. (1966): Islamic Reform. The Political and Legal Theories of Muhammad 'Abduh and Rashid Rida. Berkeley and Los Angeles
Kneer, Georg/ Nassehi, Armin (1997): Niklas Luhmanns Theorie sozialer Systeme. München: Fink
Künzli, Arnold (1989): Kritik der reinen Unvernunft. Plädoyer für ein radikales Denken gegen den Fundamentalismus. In: Meyer (Hrsg.) (1989)
Luhmann, Niklas (1993): Gesellschaftsstruktur und Semantik, Band 1. Frankfurt am Main: Suhrkamp
Luhmann, Niklas (1997): Die Gesellschaft der Gesellschaft, 2 Bände. Frankfurt am Main: Suhrkamp
Luhmann, Niklas (1998): Gesellschaftsstruktur und Semantik, Band 3. Frankfurt am Main: Suhrkamp
Maier, Andreas (1994): Der politische Auftrag des Islam. Wuppertal: Hammer
Makrides, Vassilij N. (1994): Fundamentalismus aus religionswissenschaftlicher Sicht. In: Dialog der Religionen. Halbjahresschrift 1
Marty, Martin/ Appleby, R. Scott (1996): Herausforderung Fundamentalismus. Frankfurt am Main: Campus
Mérad, Ali (1974): Le réformisme musulman en Algérie. Paris
Meyer, Thomas (1989a): Fundamentalismus. Aufstand gegen die Moderne. Reinbeck bei Hamburg: Rowohlt
Meyer, Thomas (Hrsg.) (1989): Fundamentalismus in der modernen Welt. Frankfurt am Main: Suhrkamp
Piaget, Jean (1974): Biologie und Erkenntnis. Über die Beziehungen zwischen organischen Regulationen und kognitiven Prozessen. Frankfurt am Main: Fischer
Qutb, Sayyed, (o.A.): Dieser Glaube des Islam. Nr. 16 in der Schriftenreihe des Islamischen Zentrum München
Riesebrodt, Martin (1990): Fundamentalismus als patriarchale Protestbewegung. Tübingen: Mohr
Rouadjia, Ahmed (1994): Grandeur et décadence de l'état algérien. Paris: Éd. Karthala
Roy, Olivier (1987): Bricoleurs de la culture musulman. In: Esprit (août/sept.). 44-54
Roy, Olivier (1994): The Failure of Political Islam. London/ New York: Tauris
Rüsen, Jörn u.a. (Hrsg.) (1998): Die Vielfalt der Kulturen. Frankfurt am Main: Suhrkamp
Stauth, Georg (1998): Nachwort. In: Eisenstadt (1998): 131-152
Stora, Benjamin (1985): Dictionnaire biographique de militants nationalistes algériens. Paris: L'Harmattan
Stora, Benjamin (1989): Les sources du nationalisme algérien. Parcours idéologiques, origines des acteurs. Paris: L'Harmattan
Stora, Benjamin (1994): Histoire de l'Algérie coloniale. Paris: La Découverte
Stora, Benjamin (1995): Histoire de la guerre d'Algérie (1954-1962). Paris: La Découverte
Sutter, Tilmann (1990): Moral aus der Perspektive der Amoral. Pfaffenweiler: Centaurus
Tibi, Bassam (1987): Vom Gottesreich zum Nationalstaat. Frankfurt am Main: Suhrkamp

Tibi, Bassam (1991): Der Islam und das Problem der kulturellen Bewältigung des sozialen Wandels. Frankfurt am Main: Suhrkamp

Tibi, Bassam (1992): Islamischer Fundamentalismus, moderne Wissenschaft und Technologie. Frankfurt am Main: Suhrkamp

Tibi, Bassam (1993): Die fundamentalisitische Herausforderung: Der Konflikt mit der Moderne. München: Beck

Weber, Andreas (2000): Das Subjekt im Verständnis der soziologischen Theorie. Marburg: Tectum Vlg.

Wenzel, Ulrich: Zur Konstitutionstheorie der Kultur. Vortrag i.R. der Forschungsgruppe „Theorie des sozialen Wandels" am ZiF. Dezember 1997

Wenzel, Ulrich/ Bretzinger, Bettina/ Holz, Klaus (Hrsg.) (2003): Subjekte und Gesellschaft. Zur Konstitution von Sozialität. Weilerswist: Velbrück

Evolution und Metamorphose
Explikation der pragmatistischen Evolutionstheorie von
Charles S. Peirce und ihre Anwendung auf die Diagnose der
westlichen Gesellschaft

Henrik Kreutz

1 Die pragmatistische Evolutionstheorie

1.1 Der Widerspruch zwischen Evolution und Entropie

Das physikalisch wohlbegründete Gesetz der Entropie auf der einen Seite und die biologische Theorie der evolutionären Höherentwicklung der Lebewesen (hinsichtlich ihrer Überlebensfähigkeit) auf der anderen Seite geraten in einen fundamentalen Widerspruch zueinander, wenn man versucht für die Anthropologie ein naturwissenschaftliches Weltbild über die Grenzen der Einzeldisziplinen hinweg zu formen.

Gemäß den empirisch gut bewährten und formalwissenschaftlich exakt gefassten Theoremen der Physik findet in unserer Welt ein irreversibler und unausweichlicher Prozess der Angleichung und Herabminderung der Molekularbewegungen in der Materie statt, der letztlich nicht nur zu einem allgemeinen *'Wärmetod'* führen wird, sondern auch jegliche Unterscheidungsmöglichkeit, also jede Information eliminiert. Diese *'Entropie'* der Materie führt mithin *von einem höheren Ordnungsgrad zu einem niedrigeren*. Demgegenüber behauptet die biologische Evolutionstheorie, dass Negentropie das Leben bestimmt und daher der Ordnungsgrad der lebenden Materie zunimmt. *Leben wäre demnach insgesamt gesehen ein Prozess der Negentropie*, auch wenn alle Lebewesen als Individuen der Entropie unterliegen. Allerdings ist zuzugestehen, dass die Möglichkeit in der Biologie nicht ausgeschlossen wird, dass es sich hier nur um eine *relative* Negentropie handelt, da Lebewesen ihre Umwelt schädigen, um selbst zu überleben und die *Negentropie* des Lebens durch ein Vielfaches an *Entropie* in der unbelebten Natur erkauft wird. Wäre dem so, dann wäre die 'Höherentwicklung' der Lebewesen im Zuge der Evolution in Wahrheit eine Beschleunigung der weitaus umfassenderen Zerstörung der Umwelt, also Teil der absoluten *Entropie*. Dem entspricht durchaus, dass komplexe Lebewesen – allen voran der

Mensch – sehr viel mehr Energie verbrauchen als etwa Einzeller[1]. Dies gilt natürlich auch, wenn man von dem Lebendgewicht an Lebewesen verschiedener Spezies ausgeht. *Höherentwicklung von Lebewesen entspräche somit letztlich der Steigerung der Destruktivität des Lebens.*

Einen Ausweg aus diesem *Selbstmordszenario des Lebens* könnte der Umstand bieten, dass insbesondere der Mensch neue Informationen und neue Arten von Zeichen schafft, die der *Entropie* entgegengesetzte autopoietische Prozesse der *Semiose*, also der Schaffung und Vermehrung von Zeichen, in Gang setzen kann und so dem Prozess der *Entropie der Materie* einen Prozess der *Negentropie der Zeichen* entgegensetzt. Unausgesprochen bzw. unklar ausgedrückt scheint genau dies die Hoffnung zu sein, die zumindest den gebildeten Teil der Menschheit am Leben erhält. *Kultur*, verstanden als Prozess der *Semiose*, wäre somit jener negentropische Prozess, der im menschlichen Leben Hoffnung ermöglicht und dem Leben schlechthin seinen Sinn verleiht.

Die *Darwin*sche Theorie baut auf der Idee des Zusammenwirkens von zwei einander entgegengesetzten, generierenden Prozessen, der *Mutation* einerseits und der *Selektion* andererseits, auf. Der Vorgang der *Selektion* folgt dem Prinzip des *'survival of the fittest'*. Dieses Prinzip ergibt sich aus der Knappheit an frei verfügbarer Energie, die die Lebewesen für ihr Überleben brauchen und die sie ihrer Umwelt entnehmen.[2] Daher entstehen, gemäß der Lehrmeinung des Darwinismus und seiner verschiedenen Strömungen, über kurz oder lang Verteilungskonflikte um diese verfügbare Energie und ihre Quellen. Wer in diesem Verteilungskonflikt überlebt, der hat eben die größere Überlebenstüchtigkeit. Diese letzte Behauptung ist schlicht eine *Tautologie*, sie macht aus einem zu erklärenden Vorgang die Erklärung selbst, sie stellt daher eine echte Leerformel dar: *„Wer überlebt? – Der Tüchtigste! Wer ist der Tüchtigste? – Derjenige, der überlebt!"* Dies ist natürlich Humbug und bereits *C.S. Peirce* hat diesen als solchen erkannt. Nun trifft es zu, dass *Darwin* selbst hier sehr viel vorsichtiger war als z.B. die späteren Sozialdarwinisten, die sich auf ihn beriefen. Auch hat die moderne biologische Evolutionsforschung empirisch gezeigt, dass es keineswegs immer zu einer unerbittlichen Selektion kommt und dass bestimmte Arten auch in Umwelten langfristig überleben können, in denen sie in Konkurrenz zu ande-

---

1 Eine Forschungsrichtung, die als *'Energetische Soziologie'* bezeichnet werden kann, hat sich bereits zu Beginn des 20. Jahrhunderts gebildet. Hierzu zählen u.a. Arbeiten von Solvay, Waxweiler und Ostwald. Die scharfe Polemik von Max Weber gegen diese Schule hat die Hauptrichtung der Entwicklung der Soziologie aber von diesem interessanten Ansatz abgebracht, sodass die hier relevanten Aspekte in anderen Disziplinen, so in der Bioenergetik (z.B. W. Wieser 1989), nicht aber in der Soziologie weiterverfolgt wurden.

2 Diese Prozesse stellen keine deterministische Ordnung her, sondern sind lediglich stochastischer Natur, so dass es zahlreiche Ausnahmen gibt.

ren Arten stehen, die an die Umwelt weit besser angepasst sind als sie. Auch geht der evolutionäre Anpassungsprozess selten bis zur Optimallösung weiter, sondern verharrt typischerweise bei Lösungen, die halbwegs überlebensfähig sind.

All diese Einschränkungen zugegeben, wird in der Evolutionstheorie doch an der Selektion als dem einen der beiden generierenden Kausalprozesse festgehalten. Bei allen zugestandenen, möglichen Modifikationen wird hier doch ein Erklärungsmuster festgeschrieben, das einen gesetzmäßigen Ablauf des Evolutionsgeschehens behauptet, bei dem der Ausgang des Evolutionsprozesses insgesamt gesehen nicht offen und unbestimmt bleiben kann, soweit es die Einwirkung der Selektionsprozesse betrifft.

Ganz anders steht es mit den Mutationsvorgängen. *Mutationen* werden in diesem Erklärungsmodell durch die Einwirkungen der Umwelt auf die Gene erklärt, wobei die Prozesse in der Umwelt zwar wiederum determiniert sind, die Wirkung etwa einer bestimmten Strahlung auf ein ganz bestimmtes Lebewesen und seine Gene aber ein zufälliges Ereignis darstellt.

1.2 'Subjektiver Zufall' als Folge von Beobachtungsfehlern oder 'objektiver Zufall' als normierender Faktor der Evolution? – Die Antwort des Tychismus

Wenn hier somit ein stochastischer Vorgang in das Modell der *Darwin*schen Evolution eingebaut ist, so bleibt hierbei aber doch offen, ob *objektiver Zufall* oder lediglich *subjektiver Zufall* für die beobachtete Variation verantwortlich ist. Von einem *'subjektiven Zufall'* sprechen wir, wenn es lediglich für den Beobachter nicht feststellbar ist, wie spezifische, eindeutig determinierte Kausalfaktoren sich in einer gegebenen Situation so kombinieren, dass z.B. eine 'zufällige' Mutation die Folge ist. Eben deshalb kam es zunächst zur Annahme zufälliger Beobachtungsfehler in den klassischen Naturwissenschaften und sekundär zur Berechnung von objektiv bestimmbaren Wahrscheinlichkeitsverteilungen der zufälligen Beobachtungsfehler, also im einfachsten Fall zur Annahme einer Normalverteilung dieser Zufallsfehler. Der subjektive Zufall folgt damit wieder objektiven Gesetzen und ist mithin durch subjektive Ungenauigkeiten der Beobachter erklärt. Wie steht es aber mit dem objektiven Zufall, mit dem sich *Charles Sanders Peirce* (1923, 1973) im Rahmen seines *'Tychismus'* auseinandersetzt? Nimmt man einen solchen *objektiven Zufall* an, dann durchbricht man die Geschlossenheit des naturwissenschaftlichen Weltbildes und relativiert alle deterministischen Gesetze als abhängig von einem bestimmten Zustand der Welt, der sich selbst zufällig ergeben hat und der sich inklusive all seiner Kausalgesetze auch ebenso zufällig wieder auflösen wird. Gibt es einen objektiven Zufall, dann hilft die Annahme der Normalverteilung der Beobachtungsfehler nicht weiter, denn der gegebene Weltzustand mit all seiner Gesetzmäßigkeit wird selbst relativ und erweist sich letztlich als ein Zufallsprodukt.

Im *Darwinismus* und auch im *Neodarwinismus* besteht in dieser Hinsicht somit eine grundlegende Unklarheit. Es wird nämlich überhaupt nicht thematisiert, ob die Mutationen selbst nicht doch irgendwelchen Gesetzmäßigkeiten folgen. *Peirce* hat unterschieden zwischen *„thought in action"*, also einerseits einem Denken, das aktiv Fragestellungen aufgreift und sie zu beantworten sucht, wobei jede Antwort neue Fragen aufwirft und dem *„thought at rest" andererseits*, also einem Denken, das 'endlich' zur Ruhe kommen will und daher jede erdenkliche Zwischenlösung als ewige Wahrheit und der Weisheit letzten Schluss anzusehen bereit ist. Diese geistige *'inertia'* produziert daher fortlaufend (angeblich) unumstößliche Gesetze, die dem Wissenschaftler und seinen Adepten subjektive Gewissheit verleihen und so sowohl die leidige Grundlagenforschung als auch undogmatisches Denken beenden. Daher ist jedes deduktive Erkenntnisprogramm in erster Linie auf der Suche nach Algorithmen, also abstrakten Mechanismen, die, den Maschinen vergleichbar, dem Menschen das Denken abnehmen und Maschinen überantworten können. Daher ist verständlich, dass 'zufällige' Mutationen der überwiegenden Mehrheit der Forscher als Erklärungsgrundlage genügen. Fragt man aber weiter nach dem Charakter dieses Zufalls, dann verschwindet die Gewissheit und man ist genötigt zu entscheiden, ob im gegebenen Fall der *'objektive Zufall'* oder ob lediglich der *'subjektive Zufall'* maßgeblich ist. Wenn es lediglich der subjektive Zufall sein sollte, der als komplexe Gesamtwirkung unterschiedlich gearteter Messfehler anzusehen ist, dann wäre allerdings das Modell der Evolution doch noch um die deterministischen Faktoren zu erweitern, die Mutationen erzeugen. Man bräuchte dann eine überprüfbare Theorie, die Mutation erklären und zumindest in Form von Wahrscheinlichkeitsrechnungen vorhersagen kann. Soweit ich die Sachlage überblicke, sind solche Forschungen aber noch weit von einer systematischen Prognosefähigkeit entfernt. Man weiß sicherlich bereits eine Menge über chemische und physikalische Ursachen von 'Missbildungen', aber eine theoretische Brücke zwischen der Evolutionstheorie und einer kausalen Theorie der Mutation und ihres Auftretens ist wohl noch nicht in Sicht. Auch die systematischen Eingriffe – wie das *Klonen* – in das Erbmaterial von Lebewesen, die in den letzten Jahrzehnten große Fortschritte gemacht haben, stellen eher erste experimentelle Gehversuche dar und folgen nicht einer bereits empirisch bewährten Theorie. Aber setzen wir den Fall, dass eine solche systematische und umfassende Theorie absehbar möglich wird, dann ergibt sich doch wiederum die alte grundlegende Fragestellung nach dem Charakter des bewussten Eingriffs des Menschen in das Naturgeschehen. Ändert der Mensch bewusst und gekonnt das Erbmaterial und kann er so gezielt selbst Mutationen technisch produzieren: welcher Gesetzmäßigkeit folgt dann die Produktion mittels der neuen Gentechnik und ist damit die Möglichkeit der Einmischung auch des objektiven Zufalls ausgeschaltet? Keineswegs. Denn dann stellt sich die genuin soziologische Frage neu und gewinnt noch entscheidend an Bedeutung: *Ist das 'bewusste, zielgerichtete Handeln' von Menschen, also z.B. der Genetiker ebenfalls kausal determiniert und die Vorstellung der bewussten Entscheidung dieser Biotechniker und Naturwissenschaftler lediglich eine Illusion? Oder repräsentiert sich doch auch in der Unabhängigkeit und Freiheit der bewussten Entscheidung von Menschen das Prinzip des objektiven Zufalls,* das durch das Messfehlermodell des mechanistischen Weltbildes eliminiert werden sollte?

Wenn nun aber das menschliche Bewusstsein eine folgenlose und kausal unerhebliche Illusion darstellen sollte, wie ist dann die umfassende Theorie beschaffen, die nicht nur

a) die Evolution,
b) die die Ursachen der bewussten Manipulation der Keimbahnen zur gezielten Veränderung der genetischen Ausstattung von Lebewesen erklärt, sondern darüber hinaus auch
c) den illusionären Charakter der bewussten menschlichen Zielsetzungen empirisch aufweist und ein empirisch bewährtes, reduktionistisches Modell menschlichen Handelns liefert?
d) Eine solche umfassende Theorie müsste dazu noch erklären, wie es möglich ist, dass die Menschen in der Lage sein sollten, zwischen der Angemessenheit alternativer Theorien bewusst zu entscheiden, wenn das menschliche Bewusstsein selbst lediglich eine folgenlose Illusion ist.[3]

Ein solches wissenschaftliches Programm ist offensichtlich eine Utopie, und zwar eine *„absolute Utopie"* im Sinne von *Karl Mannheim* (1952), die selbst lediglich eine Form von Ideologie darstellt, da sie in keiner Weise empirisch überprüft werden kann. Die Prüfung von Theorien ist nämlich offensichtlich nur dann möglich, wenn es unabhängige Prüfer gibt, die nicht selbst jenen Kausalgesetzen unterliegen, deren Geltung sie nachweisen wollen.

---

3 Dieses Argument beruht auf den Analysen von Hans Jonas (1986), die dieser bei seiner Auseinandersetzung mit dem klassischen physikalischen Weltbild formuliert und begründet hat.

1.3 Evolution als Ergebnis der Wechselwirkung von objektivem Zufall und Synergie

Wenn aber objektive wissenschaftliche Prüfung von Theorien möglich sein soll, dann bedarf es der Annahme der Existenz des objektiven Zufalls, da nur dieser die Unabhängigkeit von dem kausal determinierten Gesamtzusammenhang gewährleisten kann.[4] Genau diese Annahme macht *Peirce* (1985: 79-92) im Rahmen des von ihm entwickelten *Tychismus*. Er verdeutlicht seine Annahme in einer spekulativen Erzählung, die eine Vorstellung von der Denkbarkeit einer solchen Welt mit objektivem Zufall geben soll, ohne dass man diese Metapher wörtlich zu nehmen braucht und als testbares Weltmodell missversteht. Es geht hier wohlgemerkt nur um die *„Bedingung der Möglichkeit" (I. Kant)* des objektiven Zufalls und nicht auch schon darum, wie genau dieser objektive Zufall beschaffen ist und wann er auftritt. Das Bemerkenswerte an dieser Modellvorstellung von *Peirce* ist, dass der Prozess der Evolution hier über die üblichen Grenzen zwischen Physischem und Psychischem hinweggeht und diese beiden Bereiche als *unterschiedliche Zustände der gleichen Welt* auffasst.[5]

Peirce behauptet vier evolutionäre Stadien des Kosmos:

1. Das Stadium der völligen Ununterschiedenheit, in dem einzig ein diffuses und unbestimmtes Gefühl, eine diffuse Befindlichkeit existiert. Auch die grundlegenden Dimensionen von Raum und Zeit fehlen hier.
2. Das Stadium des blitzartigen und erstmaligen Auftretens von Differenzierungen, in dem sich unterschiedliche Zustände voneinander abheben. Solche blitzartigen Differenzierungen sind je für sich unbeständig und bestehen lediglich für unendlich kleine Augenblicke, die aber bereits Zeit konstituieren. Die Wiederholung der gleichen Differenzierung erhöht dabei die Wahrscheinlichkeit ihres Wiederauftretens. Jede Differenzierung des ursprünglich ununterschiedenen Gefühls, der diffusen Befindlichkeit, erhöht somit die Chance zu ihrer weitergehenden Verfestigung. *Peirce* spricht hier von *„Gewohnheitsbildung"*. Die Dimensionen der Welt und alle ihre materiellen Strukturen beruhen demgemäß auf zunehmend häufiger werdenden Wiederholungen der gleichen blitzartigen Ereignisse, die die Differenzierungen schaffen.
3. Vom atomaren Aufbau der Welt bis hin zu den komplexen Umlaufbahnen von Gestirnen und ganzen Galaxien beruht alles, was im Stadium der Diffe-

---

4   Wenn der objektive Zufall nämlich fehlt, dann unterliegt der Prüfende den gleichen Kausalgesetzen wie die Realität, die er untersucht.
5   Hierbei wird eine frühe Vorwegnahme des Gedankengangs der späteren Quantentheorie formuliert.

renzierung existiert, auf dem *'gewohnheitsmäßigen' Einschleifen der gleichen Elementarereignisse*, die sich selbst insofern selbst erschaffen, als jedes Wiederauftreten die Wahrscheinlichkeit ihres erneuten Wiederauftretens erhöht. Diese sich selbst verstärkenden Impulse werden schließlich so dicht, dass die Existenzform der Materie erreicht wird, deren Elementarereignisse sich in minimalen Zeiteinheiten wiederholen, so dass der Anschein entsteht, als ob 'Festkörper' bzw. 'Substanzen' existierten. Dies lässt sich noch heute im Mikrobereich, den die Quantenphysik erforscht, beobachten. Welche Elementarereignisse sich über selbstverstärkende Wiederholungen selbst wiederherstellen können und so zu Substanzen werden, wird durch den 'objektiven Zufall' entschieden. Erst wenn durch anfänglich zufällige Wiederholungen feste Strukturen herausgebildet werden, entsteht 'Allgemeingültigkeit' und 'Gesetzmäßigkeit'.

4. Der objektive Zufall ist mithin ein konstitutiver Teilprozess, der die materielle Welt überhaupt erst möglich macht. In dem Maße aber, in dem der reine Zufall – bedingt durch die sich fortlaufend selbst verstärkende Gewohnheitsbildung – wieder seltener wird, in dem Maße verliert sich der materielle Charakter des Kosmos und die Welt geht allmählich in den Zustand des reinen Bewusstseins, des „Geistes" über. Die Evolution führt mithin letztlich zu einer Aufhebung der Materie und zu einer *Semiosis*, zu einem Prozess der Zeichenbildung, der eine „semiotische Kontinuität" schafft, die *Peirce* (1892/93, 1993: 173-193) mit dem Gefühl der Liebe im Sinne der *„agape"* gleichsetzt. *„Agape"* wird dabei als Synthese ('Drittheit') von objektivem Zufall ('Erstheit') und Notwendigkeit ('Zweitheit') verstanden. Die Evolution führt mithin über den *objektiven Zufall*, der überhaupt erst die Möglichkeit zu Unterscheidungen schafft, und über die *Notwendigkeit*, die als das Resultat von sich selbst verstärkenden Ereigniswiederholungen entsteht, zu einer *Welt des allumfassenden Bewusstseins und Zeichenprozesses*, der von *Peirce* deshalb als *„Agape"* aufgefasst wird, weil „jedes Zeichen in einem kontinuierlichen Verknüpfungszusammenhang" mit seinem Interpretanten steht; „Das Folgezeichen (die Folgehandlung) erfüllt in spezifischer Brechung den Impuls des >anderen<, des Erstzeichens" (L. Nagl 1992: 127).

Bedeutsam ist, dass die Evolution hier nicht als ein regulierender Prozess verstanden wird, der die Höherentwicklung der Lebewesen als Folge ihres Kampfes um das Dasein bewirkt, wobei der letztere selbst wiederum die Konsequenz der Knappheit an frei verfügbarer Energie darstellt. *'Evolution'* ist mithin vielmehr ein Prozess der *'Metamorphose'*, der vom Zustand eines unbewussten, weil ununterschiedenen diffusen Gefühls über den Zwischenzustand der materiellen

Welt und ihren temporär bestehenden Notwendigkeiten bis hin zu einer Welt der bewusst gefühlten, durch Zeichen vermittelten Bezogenheit aller Elemente aufeinander führt. *Interaktionen* konstituieren hier einen Gesamtzusammenhang, in dem das Selbstbewusstsein des einzelnen sich überhaupt erst als solches konstituieren kann. Die Evolution führt mithin über den Zustand der Differenzierung und der Vereinzelung zu einer bewusst bejahten existentiellen Bezogenheit auf den Anderen. *Differenzierung durch „objektiven Zufall"* und *Synergie durch Komplementarität* bilden mithin diese beiden fortgeschrittenen und aufeinander folgenden Stadien der Evolution (vgl. dazu auch die von ganz anderen Voraussetzungen ausgehenden, aber im Ergebnis sehr ähnlichen Erkenntnisse von H. Popitz 2000: 107-119).

Differenzierung durch Mutation und *Eliminierung durch Auslese* dagegen bilden in der *Darwin*schen Tradition die Grundprinzipien einer Evolution. Diese Art der Evolution bleibt völlig relativ und beinhaltet nur eine augenblickliche Verbesserung der Anpassung an die jeweilige Umwelt, wobei sich die Umwelt ihrerseits selbst unausweichlich ändert.

1.4   Die Schaffung von objektiven Tatsachen durch Gewohnheitsbildung

Da der Ansatz von *Peirce* dem materialistisch geprägten Vorurteil des heutigen 'common sense', d.h. des Alltagsdenkens, das auch die Mehrheit der Sozialwissenschaftler beherrscht, widerspricht, ist es wichtig zu betonen, dass es nicht erforderlich ist, die spekulativen Elemente des *Peirce*schen Paradigmas, also die Stadien I und IV der von ihm vorgestellten Evolution zu übernehmen, um seinen Ansatz für die einzelwissenschaftliche Forschung fruchtbar zu machen. Insbesondere für die soziologische Theoriebildung ist es selbstverständlich, normative Prägungen, Gewohnheitsbildung und die Bildung von verhaltensleitenden Institutionen auf der Basis von Handlungswiederholungen als Grundtatsachen, die gesellschaftsbildend wirken, unreflektiert als Tatsachen einfach hinzunehmen. Man könnte daher *Peirce* eher den Vorwurf machen, dass er anthropomorphe bzw. soziomorphe Vorstellungen ungeprüft in eine allgemeine Evolutionstheorie hineinprojiziert, die dort nichts zu tun haben. Aber auch der letztere Vorwurf beruht auf einem nicht zu Ende gedachten Gedanken. *Peirce* ist ein konsequenter *Monist*, für den Transzendenz und Immanenz nur zwei Seiten der gleichen Wirklichkeit sind.[6] Von einem monistischen Ansatz her gesehen bildet das menschliche Bewusstsein keine Gegenwelt, sondern es ist systematisch mit allen

---

6   *Peirce* gehörte in dieser Hinsicht zu einem Kreis von Forschern, der an der *Harvard Universität* seinen Ausgangspunkt hatte und hier auch die Zeitschrift *'Monist'* edierte (vgl. dazu vor allem L. Menaud 2001).

anderen Prozessen der Welt verbunden, auch wenn diese Relation alles andere als einfach ist. Ein marxistischer Satz, wie etwa „*Das Sein bestimmt das Bewusstsein*", beinhaltet daher nur eine lachhafte Simplifikation und ideologische Einseitigkeit. Die zentrale These von *Peirce* ist demgegenüber, dass *Außenwelt und Innenwelt miteinander evolutionär verbunden sind*, sie können zueinander bestenfalls in die Relation der „*Gleichzeitigkeit des Ungleichzeitigen*" (K. Mannheim 1928) treten. Schon ihre Unterscheidung ist das Ergebnis der Evolution, d.h. es gibt Phasen in der Evolution, in denen diese Unterscheidung leer ist und keine empirische Entsprechung hat. Ist demgegenüber nicht gerade die ungeprüfte Annahme, dass sich solche Unterscheidungen zeitunabhängig machen ließen, eine unwissenschaftliche Behauptung, die lediglich durch ideologische Überzeugungen, die beim Individuum wahrscheinlich mit der Angst vor dem Tod, also der eigenen Endlichkeit verknüpft sind, begründet ist?

Die Ausdifferenzierung bewusster Lebewesen ist das Ergebnis eines langen evolutionären Prozesses. Wenn vor dieser Ausdifferenzierung Bewusstsein bestanden haben sollte, dann daher in anderer Form, eben nicht gebunden an das Leben von Individuen. Wenn aber Bewusstsein erst im Laufe der Evolution spontan entstanden ist, dann ist die monistische Sicht zutreffend, dass physische und psychische Prozesse einfach nur zwei Aspekte der gleichen Vorgänge sind. In beiden Fällen ist es daher nicht angebracht, der bisherigen Form des 'common sense' zu vertrauen, der bis in die Unterscheidung von 'Naturwissenschaften' einerseits und 'Geisteswissenschaften' andererseits unser Weltverständnis unzutreffend verformt. *Peirce* wählt das Modell, das Bewusstsein als Grundtatsache setzt, das durch alle Stadien der Evolution hindurch zwar stets vorhanden ist, aber während dieser Evolution Veränderungen erfährt, die zwar qualitative Umformungen beinhalten, aber letztlich als stufenweise Verwirklichung eines Potentials gedeutet werden können. Dieses Modell der Evolution umfasst mithin ein Bild der Entwicklung, das nicht der Vorstellung einer linearen Höherentwicklung folgt, sondern eher dem Vorgang einer *'Metamorphose'*. Es erscheint dabei aber erforderlich, sich mit dem wissenschaftlichen Konzept der *'Metamorphose'* eingehender zu beschäftigen, da dieser Begriff seit der Antike auch in der Kunst gebräuchlich ist und daher eine eindeutige und präzise Fassung auch unter Sozialwissenschaftlern nicht vorausgesetzt werden kann.

1.5 *'Metamorphosen' als Evolution ohne linearen Fortschritt*

Seit dem Beginn des neuzeitlichen, zunächst mechanischen, aber bis heute noch durchgehend von materialistischen Vorstellungen beherrschten Weltbildes, ist die Vorstellung der Evolution mit der Fortschrittsidee verknüpft. Seit der Erkenntnis der Unausweichlichkeit von Entropie und der Unmöglichkeit von *'ab-*

soluter Negentropie' in der Welt der Materie, hat diese Fortschrittsgläubigkeit der Evolutionslehre – wie eingangs bereits ausgeführt – keine wissenschaftliche Basis mehr. Evolution im Sinn einer strukturellen Höherentwicklung kann daher nur im Rahmen einer temporären Episode der Gesamtevolution als *'relative Negentropie'* behauptet werden. Wenn die Evolution aber insgesamt – wie der *Monismus* von *Peirce* es behauptet – in verschiedene Phasen mit je eigener Gesetzlichkeit zerfällt, dann sind auch die naturwissenschaftlichen Erkenntnisse der physikalischen Wärmelehre von *Boltzmann* und seinen Nachfolgern relativ und in ihrer Geltung an ein bestimmtes Stadium der Gesamtevolution gebunden und letztere muss komplexer gefasst werden als es die Naturerkenntnis, die sich wissenschaftlich nur im Rahmen der derzeitigen Phase der Dynamik des Kosmos bewegen kann, erlaubt. Aber selbst im Rahmen dieser limitierten Erkenntnis gibt es offensichtlich Modelle von Entwicklungsprozessen mit qualitativen Veränderungen, die als Analogie für die Bildung von Hypothesen über den Ablauf der Gesamtevolution im *Peirceschen* Sinn dienen können. Daher scheint es sinnvoll, sich mit dem Entwicklungsmodell der Metamorphose zu beschäftigen. Dies scheint mir um so mehr berechtigt, als die Untersuchung eines solchen qualitativen Übergangs, nämlich die empirische Auseinandersetzung mit der sozio-ökonomischen Transformation der sozialistischen Staaten sowjetischen Typs über abduktive Schlussfolgerungen vermittelt zu der Erkenntnis führte, dass diese Transformationsprozesse am besten als *'Metamorphosen'* verstanden werden können (vgl. dazu H. Kreutz 2001a).

Gemäß dem ontologischen Ansatz von *A.N. Whitehead* (1928), der auch schon die soziologische Theorienbildung von *Talcott Parsons* (1951) implizit entscheidend beeinflusst hat, werden *Gesellschaften durch spezifische Gruppierungen von Vorgängen und Ereignissen gebildet*. Die Elemente von Gesellschaften bilden mithin Vorgänge, nicht Menschen und auch *nicht allein Handlungen* im Sinne von bewusst orientierten Verhaltensweisen von Menschen. Die elementare Gruppierung von Vorgängen, die *Whitehead Nexus* nennt, entsteht dadurch, dass „letztere im wahrnehmenden Erleben (der Beteiligten) eine gemeinsame Funktion ausüben". Ein *Nexus* besitzt dann eine „*gesellschaftliche Ordnung*", wenn seine Mitglieder sich „*wechselseitig die Bedingungen auferlegen, die zu ihrer Gleichheit führen*". Eine Gesellschaft ist mithin eine Gruppierung, die sich selbst eine Ordnung schafft, die sie ihren Mitgliedern auferlegt. Diese sich selbst fortentwickelnde Ordnung ist ihrerseits das Produkt der Ereignisse, die für die Beteiligten gemeinsame Funktionen ausüben. In diesem Sinn ist jede 'gesellschaftliche Ordnung' ein autopoietischer Prozess, der nicht auf die Handlungsintentionen der beteiligten Individuen reduziert werden kann, da die

Handlungen sowohl bewusst als auch vorbewusst voneinander abhängig und jede einzelne von ihnen bestenfalls mit- aber nie alleinbestimmend sind.

Auf der Grundlage dieses allgemeinen theoretischen Ansatzes scheint es zur Erklärung der Evolution von gesellschaftlichen Ordnungen zielführend, die Begriffe der *'Metamorphose'* und der *'Anamorphose'* einzuführen. *'Metamorphose'* wird als Begriff in der Biologie, der Geologie sowie der Literaturwissenschaft in je unterschiedlichen Bedeutungen verwendet. In allen diesen Varianten sind Inhalte angesprochen, die auch für die soziologische Theoriebildung bedeutsam sind (vgl. dazu H. Kreutz 2001a).

In der Biologie bezeichnet *'Metamorphose'* eine ontogenetische Entwicklung, die einhergeht mit grundlegendem Gestaltwandel der Lebewesen der betreffenden Gattung. Bei der vollständigen Metamorphose durchläuft das Lebewesen drei grundverschiedene Erscheinungsformen:

1. 'Larve'
2. 'Puppe' oder 'Nymphe'
3. 'Imago'

Neben dieser vollständigen Form gibt es unvollständige mit nur zwei Phasen bzw. solche, bei der eine der beiden Phasen eine Reihe von aufeinander folgenden, graduellen Veränderungen ('Verpuppungen' und verschiedene Larvenstadien) kennt (vgl. K. Schmidt-Nielsen 1999: 446-454).

Bei jeder Metamorphose werden überflüssig gewordene Teile abgeworfen und/oder treten andere bisher untätig gebliebene Organe in Wirksamkeit. Dies ist ein wesentliches Definitionsmerkmal der Metamorphose, das auch auf gesellschaftliche Ordnungen angewendet werden kann. Bei Tieren spielen Hormone in Interaktion mit dem Zentralnervensystem für die Metamorphose die entscheidende Rolle. Bei der Metamorphose von Gesellschaften kann man qualitative Änderungen des Nexus konstatieren, die mit einer geänderten Rolle spezifischer Tauschmedien (Geld, Macht, Einfluss, Loyalität gemäß der Theorie von Talcott Parsons) einhergehen.

Diese Analogie zwischen der empirisch zweifelsfrei belegten Metamorphose bestimmter Tiere und Pflanzen (vgl. zu letzterem: G. Grohmann 1990) und der wahrscheinlich ebenfalls gegebenen Metamorphose der menschlichen Gesellschaftsordnung kann natürlich nur heuristisch gemeint sein und hat keinerlei Beweiskraft. Sie soll lediglich verständlich machen, dass der Begriff der Metamorphose auch in der Soziologie wertvolle Dienste, und diese vor allem als Modell für die Beschreibung und Diagnose gesellschaftlichen Wandels, leisten kann.

Sehr wichtig für die soziologische Rezeption dieser Begrifflichkeit ist, dass auch der Begriff der *'Anamorphose'* in die Soziologie transponiert wird. Mit Anamorphose wird in der Biologie ein Gestaltwandel bezeichnet, bei dem die Lebewesen in der ersten bzw. in einer frühen Form ihrer Existenzweise eine evolutionär weiter fortgeschrittene Stufe erreichen als in den späteren Phasen. Evolutionär gesehen stellt die *'Anamorphose'* mithin eine *'regressive Metamorphose'* dar. Dies ist bezeichnenderweise vor allem bei Parasiten der Fall. Während Parasiten häufig in ihrer ersten Lebensform frei bewegliche Tiere darstellen, regredieren sie auf eine pflanzliche Existenz, indem sie sich fest an den Wirtsorganismus binden und daher auch keine eigenen Bewegungsorgane mehr ausbilden. Auch hier liegt die Analogie zu ausbeuterischen gesellschaftlichen Ordnungen von Menschen auf der Hand: die Spezialisierung von *anamorphen Eliten* kann so weit gehen, dass sie ohne die Bindung an die Wirtspopulation nicht mehr überlebensfähig sind.

Metamorphosen gesellschaftlicher Ordnungen treten bevorzugt dann auf, wenn deren *energetische Versorgung auf Dauer ernsthaft in Frage gestellt* ist. Sie stellen daher Alternativstrategien zur endgültigen Aufgabe der alten gesellschaftlichen Ordnung auf. Um es mit *Emile Durkheim*s Worten auszudrücken: die Morphologie der Gesellschaft gestaltet sich um bzw. wird zumindest teilweise ganz bewusst umgeformt.

Der Gestaltwandel von Gesellschaften ist mithin ein relativ kurzfristig ablaufender Prozess, der mit den Zeiträumen, in denen die Evolution abläuft, nicht vergleichbar ist. Man kann Prozesse der Metamorphose von Gesellschaften als Prozesse der Mikroevolution auffassen, die in Analogie zu der Gesamtentwicklung, die *Peirce* vorschwebt, verstanden werden können. Denn auch hier handelt es sich um qualitative Sprünge zwischen den einzelnen Phasen der Evolution, die ihre je eigenen Gesetzmäßigkeiten haben. Dabei sind die Metamorphosen auf der Ebene der Gesamtentwicklung allerdings grundlegender als die Entwicklungssprünge auf der Ebene der Ontogenese von Lebewesen oder der von Gesellschaften.

1.6   Agape – oder wie werden aus 'Zombies' bewusst handelnde Menschen?

Die letzte Stufe der Evolution, die Metamorphose des Kosmos zu einer von der *Agape*, dem liebenden Wohlwollen, erfüllten Welt, kann einem nüchternen Leser heute leicht als lebensferner Idealismus des Stubengelehrten *Charles S. Peirce* (1923-1997: 173-177 und 215-225) erscheinen. Daher kann diese spekulative Idee nicht einfach hingenommen werden. Beschäftigt man sich intensiver mit dieser Behauptung, dann stellt man zur eigenen Überraschung fest, dass diese These ausgerechnet mit bestimmten, ganz neuen theoretischen Ansätzen harmoniert, die zu klären versuchen, was überhaupt als 'Bewusstsein' bezeichnet werden kann (vgl. G. Hüther 1998, K. Lehrer 1997, D. Massey 2002).

In der Welt der Horrorfiktionen hat sich ein virtuelles Wesen breit gemacht, das so funktioniert wie der Alltagsmensch, allerdings ohne über Selbstbewusstsein zu verfügen. Dieses Wesen wird als absolut gefühllos und ohne jede Vorstellung von Verantwortung für das eigene Tun modelliert. Es weiß eigentlich nicht was es tut, denn es besitzt kein bewusstes Aktionszentrum, das seine eigenen Handlungen registrieren und reflektieren könnte. Diese Konstruktion aus der Welt der *'science fiction'* ist nicht so unrealistisch wie es auf den ersten Blick scheinen mag, da wir auch beim Menschen komplexe Handlungsabläufe registrieren können, die ohne jegliches Bewusstsein ablaufen. Nachtwandeln ist ein extremes Beispiel für ein solches bewusstloses Handeln, das auch wissenschaftlich nicht bezweifelt werden kann. Viele Alltagshandlungen – wie z.B. Autofahren in Routinesituationen – sind darüber hinaus so ankonditioniert, dass sie komplexe Abläufe steuern, ohne dass bewusstes Entscheiden oder auch nur Wahrnehmen erfordert werden. Reduktionistische Erklärungsansätze und auch schon auf diesen aufbauende Umerziehungsprogramme tendieren dazu, ein solches von objektiven Informationen getrenntes, 'bewusstloses' Verhalten zu verallgemeinern. Damit steigt der *'Zombi'* aus der Welt der Fiktion in die Welt des Alltages der postmodernen Gesellschaft. Angesichts der jungen Nationalsozialisten in Deutschland hatte der Schriftsteller *Ödön von Horvath* schon in den dreißiger Jahren des zwanzigsten Jahrhunderts vom „*aufkommenden Zeitalter der Fische*" gesprochen. Und in der Tat kann man eine Art 'Bewusstlosigkeit' bei vielen KZ-Schergen feststellen, die einfach nicht in der Lage waren und sind, sich bewusst zu machen, was ihre Handlungen für die Opfer bedeuteten und bedeuten.

Genau hier setzt nun die Theorie des Psychologen *Nicholas Humphrey* (1983 und 1995) an. Durchaus noch im Rahmen einer reduktionistischen Sicht des Evolutionsprozesses wird von ihm angenommen, dass das Bewusstsein sich als Nebenfolge einer Überlebensstrategie einstellt, die zu ergründen versucht, was im Kopf *anderer Personen* vor sich geht, um vorhersehen zu können, was diese in Zukunft machen werden. Der Akteur bildet somit Arbeitshypothesen darüber, was im Inneren von relevanten Interaktionspartnern vorgeht, er unterstellt somit zunächst bewusste Handlungsabsichten bei anderen, um sich in Hinblick auf die Zukunft an diesen orientieren zu können. Ist diese Hilfsannahme erfolgreich, dann entsteht die Vorstellung, dass es tatsächlich ein solches Innenleben des anderen gäbe. In Analogie wird in einem weiteren Schritt ein eigenes Innenleben postuliert und dann als Folge dieses Postulats auch tatsächlich konstruiert. Insofern sich solche Annahmen über die eigene künftige Befindlichkeit als brauchbar erweisen, werden sie habitualisiert und es entsteht nicht nur ein Bewusstsein von den wechselseitigen Absichten und ihren Realisierungschancen, sondern auch das Bewusstsein eines 'Selbst', also Selbstbewusstsein.

Identifiziert sich nun das Lebewesen mit diesem so geschaffenen, bewussten Handlungszentrum, das wir *'Ego'* nennen, und erkennt es die Abhängigkeit der Existenz dieses *'Ego'* von der Interaktion mit anderen, also mit *'Alter'*, dann wird es seine Selbstliebe zugleich als Wohlwollen mit seinen Interaktionspartnern, den ihn selbst konstitutionierenden Lebewesen, empfinden, da es selbst nur als Resultat eines Prozesses der Interaktion mit anderen zustande kommen konnte. Schränkt man diesen Prozess auf die persönliche Lebenswelt von Menschen (möglicherweise unter Einschluss von bestimmten höheren Säugetieren) ein, dann erscheint das Modell durchaus realistisch. Die Frage ist allerdings, wieweit eine solche Erfahrung generalisiert wird und ob nicht gerade sie Abgrenzungen unter Menschen neu schafft und so das Wohlwollen beschränkt – das Gebot der Nächstenliebe beantwortet eben nicht die Frage, wer dieser Nächste nun tatsächlich ist.

2   Die pragmatistische Evolutionstheorie als Bezugsrahmen für eine Diagnose aktueller Entwicklungstendenzen der Globalgesellschaft

Gemäß den Erkenntnissen, die wir aus der Explikation des Begriffs der Evolution gewonnen haben, werden nun nachfolgende Hypothesen, die sich direkt oder indirekt auf die Metamorphosen der Europäischen Gesellschaft beziehen, zur Diskussion gestellt.

Auch wenn es auf dem gegenwärtigen Stand des Wissens noch kaum zu eindeutig gesicherten empirischen Erkenntnissen führen kann, ist es den Versuch wert, die bisherigen Überlegungen auf aktuelle, wichtige Ereignisse der Geschichte der Europäischen Gesellschaft exemplarisch zu beziehen, um zu einer Diagnose grundlegender Probleme der Gegenwart zu gelangen. Auf diese Weise soll hier versucht werden, die bisherigen sehr abstrakten und teilweise spekulativen Gedankengänge auf ihre Brauchbarkeit für die Erstellung von konkreten Diagnosen zu überprüfen.

2.1   *Metamorphosen der Europäischen Gesellschaft und die Evolution der Nationalstaaten*

Die europäische Gesellschaft stellt einen spezifischen *'Nexus'* dar, der im Verlauf von etwa 2500 Jahren mehrere Phasen einer Metamorphose durchlaufen hat. Im Verlauf dieser Metamorphosen hat diese Gesellschaft verschiedene, voneinander morphologisch unterschiedene 'historische' Epochen herausgebildet. Da innerhalb des bisherigen Gesamtprozesses auch Perioden, die eher einer *Anamorphose* als einer *Metamorphose* entsprechen, aufgetreten sind, ist jede Fortschrittsvorstellung in Bezug auf die Gesamtevolution dieser Form der vergesellschafteten Verkettung unbegründet, ja fast abwegig. Dennoch kann der Gesamtverlauf auch nicht einseitig als Verfall oder als zunehmende Entropie gedeutet werden. Vielmehr scheint es so zu sein, dass relativ lange Perioden von stetig fortschreitenden Prozessen durch Phasen raschen, fast schlagartigen Formwandels unterbrochen werden, in denen die Implementierung neuer Strukturen mit einem raschen Wiederanstieg des Ordnungsgrades, also mit relativer Negentropie verbunden sind. Aufgabe der Soziologie ist es daher zunächst, die Metamorphose dieser spezifischen Form des gesellschaftlichen Nexus, den wir *'Europäische Gesellschaft'* nennen, herauszuarbeiten. In einem weiteren Schritt kann dann versucht werden, den Gesamtprozess zu erklären und Prognosen über künftige Metamorphosen abzuleiten. Dieser zweite Schritt kann hier nicht umfassend ausgeführt werden, er soll lediglich anhand einer Analyse der jüngsten Geschehnisse in den USA und in New York im Besonderen exemplarisch verdeutlicht werden.

2.1.1 Die Metamorphose des 'christlichen Abendlandes' in einen Kampfplatz von Nationalstaaten

Nationalstaaten stellen im Rahmen dieser Metamorphose eine spezifische Phase dar. Der *Aufstieg der Nationalstaaten* beinhaltet kurzfristig einen bedeutenden negentropischen Schub, der den *Ordnungsgrad der europäischen Gesellschaft temporär erhöhte* und neue morphologische Ausprägungen der Sozialstruktur ins Leben rief. Auch nach Auftreten der nationalstaatlichen Form der Organisation der europäischen Gesellschaft wurde aber der grundlegende Prozess der zunehmenden Entropie der gesellschaftlichen Struktur der gesamten 'abendländischen' Gesellschaft nicht beendet. Im Gegenteil lässt sich eine Beschleunigung der Entropie feststellen, die *ohne die umfassenderen Formen einer neuartigen Verkettung der Menschen im Rahmen der Globalgesellschaft zur vollständigen Vernichtung der Europäischen Gesellschaft durch Vernichtungskriege geführt hätte*. Auch in der Gegenwart ist die Gefahr keineswegs gebannt, dass die spezifische Form der Beschleunigung der Entropie während der 'Neuzeit' bzw. der 'Moderne' in naher Zukunft einen katastrophalen Zusammenbruch der Europäischen Gesellschaft bewirken.

Die Entstehung der europäischen Nationalstaaten kann als eine Metamorphose der nicht-nationalen Welt, die als 'Imperium' bzw. 'Reich' konzipiert und organisiert war, verstanden werden. Diese Umformung steht in engem Zusammenhang mit den Strukturänderungen im Inneren dieser Gesellschaft.

Die vorneuzeitliche Gesellschaft Europas weist eine *bipolare Struktur* auf, die in dieser ihrer extremen Ausprägung eine Art Singularität darzustellen scheint. Diese bipolare Struktur war dadurch sowohl entstanden als auch längerfristig gesichert worden, dass ein *profanes Machtzentrum* sich neben einem *sakralen* herausbildete und keiner der beiden Pole den anderen eliminieren oder auch nur sich gänzlich unterordnen konnte.[7] Das schwache Machtzentrum war von Anfang an real mit dem überlegenen Wissen, das aus der Antike rudimentär herübergerettet werden konnte, verknüpft. Dadurch, dass dieses sakrale Zentrum ein Wissensmonopol beanspruchen und durchsetzen konnte und *das globale Imperium aus der Vergangenheit als Transzendenz nicht nur in die Gegenwart, sondern auch in die Zukunft projizierte*, konnte es die Herrschaft über den direkt nicht sichtbaren, aber äußerst wirksamen Teil der Welt, also über das Bewusstsein – sei es Individualbewusstsein oder auch Kollektivbewusstsein – beanspruchen. Und da *dieses Reich seinem Anspruch nach nicht von dieser (sichtbaren) Welt war*, konnte es auch nicht mit den Mitteln dieser Welt erobert werden. Die Verankerung sowohl der Vergangenheit als auch der Zukunft in der bipolaren Struktur der bestehenden Gesellschaft war eine Machtbasis, die jede aktuelle Gewaltherrschaft relativieren konnte. Semiotisch gesehen war dieses *Reich der Transzendenz die Welt der Ikons, aber auch die der Symbole*. Demgegenüber wurde die *profane Herrschaft auf die Welt der Indices* beschränkt.[8] Soweit das weltliche Machtzentrum Symbole benötigte, musste es sich auf die sakrale Macht stützen.

Ikons repräsentieren Gefühle und nur vage empfundene Befindlichkeiten ohne klare Abgrenzungen. *Indices* bilden dagegen fassbare Sachverhalte eindeutig ab. Symbole vergegenwärtigen abstrakte sowie aktuelle, aber nicht direkt greifbare Objekte, die mittels der Symbole vergegenwärtigt werden.

2.1.2 Die Anamorphose der verabsolutierten Zweckrationalität

Die 'Europäische Neuzeit' kann als eine Formation der Gesellschaft verstanden werden, in der das *'Sakrale Machtzentrum'* zeitweise seine Eigenständigkeit

---

7 Der Investiturstreit im Mittelalter repräsentiert eine frühe Form dieses Kampfes um Vorherrschaft. Bis Mitte des 20. Jahrhunderts kulminierte diese Auseinandersetzung in Form des Kampfes zwischen Staat und ideologisierter Partei, seitdem ist die bipolare Struktur als Gegensatz von Markt und globalen Unternehmen einerseits und geschwächten Nationalstaaten andererseits wiedererstarkt.

8 Diese Unterscheidung von drei grundlegenden Arten von Zeichen ist von *Ch.S. Peirce* (1931-66 sowie 1983) eingeführt und expliziert worden (vgl. auch H. Pape 1989), sie stellt einen von mehreren Ansätzen in der Semiotik dar.

verliert und 'Kirchen' quasi als untergeordnete staatliche Institutionen fungieren, wie etwa die Lutheranische Kirche in Deutschland. Dabei sollte man aber nicht den Fehler begehen, die Entwicklung eurozentrisch zu missdeuten. Es handelt sich um eine Metamorphose des Sozialen Systems, die keineswegs zu einer weltweit einheitlichen Entwicklung führte, obwohl dieses nordwesteuropäische Modell mittels physischer und auch symbolischer Gewalt in beträchtlichem Maße exportiert wurde und mehrfach nahe daran war, eine einheitliche globale Gesellschaft formen zu können. Wir können drei Phasen dieses Ansatzes der Formung einer globalen säkularisierten Gesellschaft feststellen:

a) Die Phase der Formung von weltweiten Imperien westlicher Prägung im 19ten Jahrhundert, temporärer Abbruch dieser Umformung im Ersten Weltkrieg und ihr endgültiges Scheitern in der Weltwirtschaftskrise um 1930.
b) Die Periode der Ausformung verschiedener Varianten (Sowjetsystem, Nationalsozialismus, Faschismus, u.ä.) einer sozialistischen, weltbeherrschenden Formation im 20ten Jahrhundert, ihr Scheitern zu Ende des 20sten Jahrhunderts und rezente Versuche ihrer *'Transformation'* in *'Soziale Marktwirtschaften'* mit sozialdemokratischem Charakter.
c) Eine Gesellschaftsformation, die den *'pursuit of happiness'* des Individuums als singulärem Einzelwesen, also die Schaffung des Paradieses auf Erden für den 'Single' in den Mittelpunkt stellt. Diese Gesellschaftsformation hat ihr Machtzentrum in den USA und stellt die massenhafte Befriedigung normierter Bedürfnisse in den Mittelpunkt, wozu auch ein riesiges System der Massenkommunikation zur symbolischen Manipulation erforderlich ist. Diese auf die Immanenz ausgerichtete Formation erlebt gegenwärtig in der Auseinandersetzung mit der Renaissance sakraler, auf die Transzendenz sich stützender Machtzusammenballungen eine Bestandskrise. Gleichzeitig setzt sie dazu an, das menschliche Leben mit den Mitteln der Wirtschaft vollständig umzuformen und so eine grundlegende Metamorphose der menschlichen Gesellschaft herbeizuführen.

Die Schwächung des sakralen Machtzentrums der Gesellschaft im Verlauf der Neuzeit ermöglichte und erforderte zugleich eine innere Differenzierung des profanen Pols der Gesellschaft. Diese artikulierte sich zunächst in der aristokratisch-liberalen Theorie der Gewaltenteilung im Rahmen staatlicher Macht, die zuerst von *Montesquieu* programmatisch mit Breitenwirkung formuliert wurde. Weitergeführt wurde diese Dreiteilung in *'Exekutive, Legislative und Judikative'* durch die Zentren wirtschaftlicher Macht einerseits und politisch – weltanschaulicher Ideologieproduktion andererseits. Der sich durch diesen Pluralismus zeitweise ergebende Liberalismus wurde in dieser Formation bereits zu Ende des

18ten Jahrhunderts aufgehoben durch eine Verabsolutierung der Immanenz, die in einer *'Fanatisierung durch Zweckrationalität'* gipfelte.[9] Diese innerweltliche Fanatisierung kann sich dabei relativ beliebig an die unterschiedlichsten inhaltlichen Ziele ankoppeln, sie formt diese dann aber durch ihre eindimensionale Verabsolutierung bestimmter, eng definierter Zwecke zu Katastrophenprogrammen um.

Ein prominentes Beispiel für eine solche *'katastrophenbildende Zweckrationalität'* stellt der Nationalismus und der mit diesem verbundene Imperialismus dar. Bei *Montesquieu* ist der französische Nationalismus und frühe Rassismus *(Gobineau)* bereits vorgeformt als Ideologie der Selbstverteidigung des französischen (fränkischen) Adels gegenüber dem Zentralismus der königlichen Macht einerseits und der Pariser Plebs andererseits. Die 'nordische' Abkunft des französischen Adels und seine (angebliche) Überlegenheit wird bei *Montesquieu* noch auf den überragenden Einfluss des Klimas auf den Menschen zurückgeführt. Es dauerte aber nicht lange, bis dieser externe Faktor sich mit der Vorstellung des *'edlen (blauen) Blutes'* verband und so den Rassismus à la *Gobineau* hervortreten ließ. So wurden staatliche Gemeinschaften dann als Abstammungseinheiten aufgefasst und es entstand die sozialdarwinistische Vorstellung des *„Überlebens des Tüchtigen"*, die den Krieg und das Morden als unerlässliches Mittel der Selektion zwecks Evolution adelte.

Diese gescheiterte Ideologie der durch den Menschen selbst bewerkstelligten Evolution durch bewusste (rassistische) Gattenwahl und so gesteuerte Erzeugung des Nachwuchses erlebt in der Gegenwart einen vorher nicht vorstellbaren Aufschwung durch die neuen Möglichkeiten der Biologie und angewandten Genetik. *Max Weber* (1895) hatte schon zu Beginn des 20sten Jahrhunderts erkannt, dass die Ideologie gemeinsamer Abstammung empirisch nur illusionär sein kann, wenn man sie auf existierende Populationen anzuwenden sucht. So zeigt sich inzwischen empirisch, wie zu erwarten war, dass selbst eine so abgelegene Population wie die der Isländer genetisch keineswegs von Anfang an homogen ist, sondern sich aus der Vermischung von Kelten, Germanen und den vorkeltischen Bewohnern Schottlands ergeben hat und daher in vielen Hinsichten heterogen zusammengesetzt ist.

Aus einer solchen Einsicht heraus hat *Max Weber* daher auch als einzige Möglichkeit eines genetisch einheitlichen 'Volkes' die bewusste und prospektiv planende Schaffung solcher Populationen mittels bewusster Inzucht erkannt (vgl. dazu auch H. Kreutz 2000).

---

9   Bezeichnenderweise führte die französische Revolution aus sich heraus nicht zur Demokratie sondern zur Militärdiktatur Napoleons, in der erstmals in Europa bedingungslose Zweckrationalität dominierte.

Genmanipulation und Klonen haben diese theoretische Möglichkeit in die Reichweite der Machbarkeit geführt. Die *'new brave world'* von *Aldous Huxley* ist damit in greifbare Nähe gerückt. Diese beinhaltet die konkomitante Normung der Menschen durch Züchtung und Genmanipulation einerseits und andererseits durch Normung der Bedürfnisse durch (a) bewussten Massenmedieneinsatz, (b) durch 'Schlafschulen' (A. Huxley), d.h. durch vorbewusste und unterbewusste äußere Konditionierung sowie durch (c) Psychopharmaka ('Soma'). In der Massengesellschaft kann ein solcher 'pursuit of happiness' natürlich nicht gemäß stochastischen Impulsen von Milliarden von Individuen erfolgen, sondern bedarf der Vereinheitlichung der individuellen Wünsche durch Selektion, Manipulation und Normung.[10]

Dieses Programm, das in westlichen Gesellschaften absehbar realisiert ist, setzt eine Verabsolutierung der eindimensionalen Zweckrationalität voraus. Alle Institutionen und Verhaltenstechniken, die dieser Verabsolutierung folgen, setzen für ihr klagloses Funktionieren den fanatischen Glauben an die Überlegenheit und unbezweifelbare Angemessenheit dieser Immanenz des 'pursuit of happiness' voraus. Auch Religionsfreiheit wird im Rahmen dieser Weltsicht reduziert auf die Garantie der Privatheit jener Religionen, die mit dem irdischen 'pursuit of happiness' kompatibel sind. Die Toleranz wird fraglich, wenn dieses irdische Glücksstreben, das laut Verfassung der USA ihr oberstes Staatsziel ist, in Frage gestellt wird. Diese Ideologie erscheint den Indoktrinierten als 'common sense' und wird daher nicht als Ideologie der Immanenz, die sie in Wirklichkeit ist, empfunden. Sie erfüllt damit bereits die wesentlichste Voraussetzung, die einen dogmatischen Glauben, der sich im Besitz einer unbezweifelbaren Wahrheit glaubt, auszeichnet. Die geglaubte 'Absolute Wahrheit' erscheint dabei als 'Rationalität' und letztere wird als 'bounded rationality' zur beschränkten Rationalität jedes beliebigen Vorurteils (vgl. z.B. V. Stocké 2000: 17-66).

2.2 Der fanatische Kreuzzug der Anhänger des 'pursuit of happiness' gegen den 'Djihad' der einseitig verabsolutierten Transzendenz

Nach dem Terror vom 11. September 2001 konnte man ein exzessives Präsentieren der *'union flag'*, der Nationalflagge *'stars and stripes'* in den USA beobachten. An allen möglichen und unmöglichen Plätzen 'zeigte man' nach der Katastrophe so bald und so häufig als möglich 'Flagge'. Warum bestand ein offensichtlich unersättlicher Bedarf nach Repräsentation der eigenen Person im Rahmen eines Kollektivs, das seinerseits mittels eines allseits bekannten Symbols vergegenwärtigt wird? Das Hineinschlüpfen in dieses verdoppelte Zeichen der Ge-

---

10 Zum Begriff der 'Normung' vgl. L. von Bertalanffy (1932 und 1948)

schütztheit war offensichtlich erforderlich, um die überraschend deutlich werdende völlige Ungeschütztheit der eigenen Existenz erträglich zu machen. Die Nation wirkt offensichtlich wie ein schützender Mutterschoß und die Flagge verdeutlicht die gewaltige Kriegsmacht, die diese Gemeinschaft nach außen schützt. Da aber dieser Schutz wider alles Erwarten versagte, bedurfte es des Racheschwurs, der die Geschütztheit durch Abschreckung restituiert und für die Zukunft sichert. Das Zeigen der Flagge suggerierte, dass die Gefahr von außen kommt und dass lediglich der Außenpanzer des Kollektivs verbessert werden muss, damit das 'amorphe Schalentier', nämlich der unselbständige und allem ausgelieferte Massenmensch, der sich selbst nicht zu helfen weiß, wieder in Ruhe seinem Glücksstreben folgen und alle weitere Vorsorge der schützenden Gemeinschaft und ihrer Führung überlassen kann. Folgerichtig wurden auch grundlegende demokratische Grundrechte aufgegeben, nur um den Schutz des Kollektivs durch den Führer zu sichern. Der Wandel der Sozialstruktur in der Moderne erweist sich hier vom Individuum her als *'Anamorphose'*, als regressive Entwicklung, die dem Individuum die Chance zu einer eigenständigen Existenz längst genommen hat, diese Unmündigkeit aber hinter einer Rhetorik der Freiheit und Selbständigkeit versteckt.

In allen Äußerungen seit dem 11. September 2001 überwiegt eindeutig die These, dass die Bedrohung von außen kommt, dass die Gewaltbereitschaft und Gewaltfähigkeit des Staates weiter erhöht werden muss, dass das Kollektiv deshalb *Krieg* gegen andere Kollektive führen muss und dass die Absicherung nach außen einfach besser funktionieren muss als bisher. Der *'Kampf der Kulturen'* ist angesagt und auch Religionen, die den übergeordneten Glauben, also die Metareligion des *'pursuit of happiness'* nicht akzeptieren wollen, sind deshalb mit Krieg zu überziehen. Die Pathologie dieses metaphysisch überhöhten *Hypernationalismus* wird dabei anhand einer schwerwiegenden kollektiven Amnesie nachweisbar. Diese Amnesie, diese Verdrängung des Offensichtlichen – also jeder Orientierung an der empirischen Evidenz – hat zwei Brennpunkte:

2.2.1 „Was ich nicht weiß, macht mich nicht heiß": Die Verdrängung von Risiko und Gefahr durch 'bounded rationality'

Das eigentlich nicht mehr vertretbare Hinnehmen von Risiko in allen Lebenslagen darf nicht bewusst eingestanden werden. *'Lean management'* und *'lean production'* sind Beispiele für den systematischen Abbau von allen Formen von sichernden Reserven. Die *'just-in-time'* Ideologie setzt unbedingtes Funktionieren voraus, Reserven wurden bereits in den letzten beiden Jahrzehnten als unproduktives totes Kapital abgebaut. Das Verkehrssystem ist insgesamt ein ausgezeichnetes Beispiel für das Akzeptieren von nicht kalkulierbarem Risiko.

Während es noch vor 100 Jahren ein Problem war, wenn Überseeschiffe nicht für jeden Passagier einen Platz in einem Rettungsboot vorsahen (vgl. dazu H. Kreutz 2001), hat man jegliche technologische Entwicklung für die Rettungsmöglichkeit von Flugpassagieren einfach nicht weiterverfolgt. Sind die Türen geschlossen, ist jedes Passagierflugzeug eine Falle, aus der es im Fall einer Katastrophe praktisch kein Entrinnen gibt. Es bedarf eines irrationalen Systemvertrauens, um diese objektiv unerträgliche Situation hinzunehmen, nur um relative Kosten- und Zeitgewinne zu erzielen, die in vielen Fällen zudem nur relativ gering sind. Die Vorsorge gegen mögliche Terroranschläge ist generell extrem vernachlässigt worden. Nicht nur, dass es sich bei stichprobenartigen Überprüfungen zeigte, dass bei den üblichen Routinekontrollen auf den Flughäfen 80 % der von Passagieren mitgeführten Messer nicht entdeckt wurden, die vorbeugende Arbeit riesiger Geheimdienstapparate erwies sich in diesem Fall eindeutig als völlig ineffektiv. Man kann ruhig sagen, dass auch der CIA das Schicksal der STASI insofern teilt, als auch er eine solche Menge von Daten fortlaufend sammelt, dass ihre bewusste und zielgerichtete Auswertung nicht Schritt halten kann. Ähnlich verhält es sich mit Rettungsmöglichkeiten aus Wolkenkratzern. Auch hier gilt offensichtlich der Grundsatz 'Es wird schon gut gehen, wählen wir die Lösung, die die Erträge am wenigsten schmälert'. 'Information' im Sinne der Kybernetik maschineller Systeme wird verwechselt mit gewissenhafter Unterrichtung, die von den handelnden Akteuren bewusst aufgenommen und mit Rücksicht auf die Situation und die jeweiligen Interaktionspartner inhaltlich zutreffend gedeutet wird. Letzteres erfordert sowohl kognitives Verstehen als auch emotionales Einfühlen, also *Empathie*, das bei informationsverarbeitenden Maschinen nicht gegeben ist. Der zentrale Vorgang, der heute überhaupt nicht berücksichtigt wird, ist *'role-taking'*, also das 'Sich-selbst-in-die-Rolle-des-anderen-Hineinversetzen'.

Erst jetzt wird z.B. der Mehrheit der Bevölkerung die Lage eines Flugpassagiers bewusst, der sich in einem Flugzeug befindet, das in wenigen Minuten zerschellen wird und der keine Chance hat, das Ereignis zu überleben. Erst wenn der ganze Schrecken einer solchen Situation voll bewusst und nachvollziehbar wird, erst dann wird die Auswegslosigkeit einer solchen Lage bewusst, die bis dahin durch ihre extrem geringe Wahrscheinlichkeit verschleiert war, und erst nach einer solchen Bewusstwerdung kann sie in die Alltagskalküle der Menschen Eingang finden. Eine vereinfachende Modellrechnung kann dies verdeutlichen: Wenn eine solche Extremsituation die Wahrscheinlichkeit von 1/10.000 hat – also nur in einem von 10.000 Flügen auftritt – und die Flugpassagiere im Durchschnitt eine solche Gefahr nur auf sich nähmen, wenn ihre überlebenden Verwandten 10 Millionen Dollar an Lebensversicherungsprämie für den Todesfall erhielten, dann ergibt sich 10.000.000/10.000 = 1.000 Dollar an Rückstellungsbedarf pro Flug und Passagier. Erst wenn das Risiko eines Fluges einem solchen Finanzbedarf gegenübergestellt wird, entsteht ein Anreiz, über brauchbare Sicherungs- und Rettungsmöglichkeiten nachzudenken. Dies ist in einer Situation aber völlig ausgeschlossen, in der Billigfluglinien ihre Flugpreise für bestimmte Strecken auf 15 Dollar reduziert haben. Nach dem 11. September 2001 waren Flugzeuge daher einfach nicht mehr zu versichern, da die Versicherungsgesellschaften sich weigerten, das Risiko zu übernehmen. An Stelle der Versicherung für den Katastrophenfall musste daher die Staatshaftung für Flugzeuge eingeführt werden, um den Flugbetrieb überhaupt weiter aufrechterhalten zu können. Im Frühjahr 2002 haben eine deutsche und eine amerikanische Fluggesellschaft ein gemeinsames Modell für neue Versicherungspolizzen ausgearbeitet, bei dem die Versicherungsprämie pro Flugzeug von vornherein auf eine Milliarde Dollar festgelegt ist. Es bleibt daher eine beträchtliche bzw. in vielen Fällen eine exorbitant große mögliche Schadenssumme ungedeckt und der Wert des menschlichen Lebens ergibt sich als abhängige Größe aus der Gesamtkalkulation. Demnach soll die Versicherung für jeden Passagier (Person pro Flug) einen Dollar kosten. Wenn man bedenkt, dass aus der Milliarde alle Sachschäden und auch eventuelle Tote und Verletzte an der Absturzstelle ebenfalls abgegolten werden müssen, dann kann man ermessen, dass der Preis des menschlichen Lebens recht bescheiden angesetzt ist. Der Anspruch der deutschen Verfassung, dass der Mensch Würde, aber keinen Preis besitzt, ist damit de facto unterlaufen. Selbst bei einer solchen Kalkulation werden aber nur vier Flugzeuge einer Gesellschaft durch die Versicherung im Schadensfall berücksichtigt. In einer Massenkatastrophe wären alle übrigen Flugzeuge der Gesellschaft ohne jede Versicherung.[11]

Ein Jahr Erfahrung seit dem 11. September 2001 stellt nun unter Beweis, dass die nach der Katastrophe beschlossenen Vorsorgemaßnahmen praktisch undurchführbar sind. Allein in den USA werden jährlich rund 570 Millionen Passagiere und eine Milliarde Gepäckstücke in 429 kommerziellen Flughäfen abgefertigt. Allein zur Durchleuchtung der Gepäckstücke und zur Erkennung von Sprengstoff wären 7.100 Geräte (Computertomographen) erforderlich. Der Finanzbedarf dafür beläuft sich auf 4,8 Milliarden Euro. Diesem Soll steht nach einem Jahr ein Ist von 400 Geräten auf 50 Flugplätzen, das sind 5,6 % des Sollwertes gegenüber. Für die Fluggastkontrolle müssen 21.600 neue Mitarbeiter angelernt werden, ganze 200, das sind 0,9 %, wurden im Laufe eines Jahres

---

11 Robert Jacobi (2002): Allianz und Warren Buffett versichern Flugzeuge. Süddeutsche Zeitung vom 26.04.02: 22 sowie: Sybille Haas (2002): Weber plant für 2002 eine Dividende. Süddeutsche Zeitung vom 26.04.02: 19

eingestellt. Dies ist nun die „rationale" Reaktion der westlichen Führungsmacht auf eine systemgefährdende Katastrophe! Man spricht heute unter unbelehrbaren Anhängern der 'rational-choice'-Schule von *'bounded rationality'*, da der noch zu Anfang der 90er Jahre allgemein vertretene Optimismus hinsichtlich einer uneingeschränkten Vernunft des heutigen Durchschnittsmenschen sich als völlig obsolet erwiesen hat. Im vorliegenden Beispiel macht das Verkehrssystem der USA ohne eine grundlegende Revision seiner Entwicklungslogik, die Jahrzehnte erfordern würde, das kollektive Handeln durchgehend irrational. Wie sich am Beispiel dieser Katastrophe des 11.09.2001 und der durch sie erforderlich gewordenen Vorsorge zeigt, ist es durch begrenzte Modifikationen einfach nicht mehr rational umzugestalten. Stundenlange Wartezeiten und fehlende Vorhersehbarkeit der Zeitdauer einer Flugreise führen lediglich zu Kontrollen, die auch noch nach einem Jahr mehrheitlich unzureichend sind.[12] Das Aufkommen von 570 Millionen Flugpassagieren pro Jahr ist selbst das Faktum, das die, rational gesehen, minimal erforderliche Sorgfalt im Rahmen der zeitlichen und ökonomischen Möglichkeiten unmöglich macht. Dieses Volumen ist aber die Folge eines anomischen Verkehrsystems, in dem z.B. das Eisenbahnsystem in den USA seit etwa 1925 weder qualitativ weiterentwickelt noch flächenmäßig ausgedehnt wurde. Dieses Verkehrsystem, das ungeheure Quantitäten von Energie vergeudet, weltweite Umweltprobleme verursacht, und zudem viel zu risikoanfällig ist, muss strukturell umgestaltet werden. Die Katastrophe vom September 2001 bewirkt nun in den USA ein Umlernen durch Versuch und Irrtum. Diese primitive Form des Lernens ist aber wegen ihres gewaltigen Zeitbedarfs und wegen der dabei zu erwartenden riesigen Vergeudung von Ressourcen nicht geeignet, eine Systemumstellung – zum Beispiel eine Umlenkung von 30 % bis 40 % der Passagiere auf die Bahn – zu bewältigen. Wir können mithin feststellen, dass die Entwicklung des Verkehrssystems in den USA seit 1925 zu einer Anamorphose dieser Gesellschaft geführt hat, die vergleichbar ist mit einer Anamorphose im Tierreich, bei der aus einer Raupe kein Schmetterling, sondern nach der nächsten Häutung wiederum nur eine neue Riesenraupe hervorgeht. Fliegen lernt ein solches Insekt nie.

Die heutige Situation mit Schwimmwesten als einziger Rettungsmöglichkeit in Passagierflugzeugen ist mithin ein zynischer Scherz. Ähnlich verhält es sich mit dem Risiko, etwa im 70sten oder 80sten Stockwerk eines Hochhauses zu leben oder zu arbeiten. Auch hier ist schlichte Verdrängung der Gefahr die heutige Geschäftsgrundlage. Rechnete man alle üblichen Risiken der heutigen

---

12 Andreas Specht (2002): Sicher ist, dass nichts sicher ist. Viele der schnell entworfenen Pläne zum besseren Schutz von Passagierjets sind längst wieder Makulatur. Süddeutsche Zeitung vom 07./08.09.02: V1/1

'postmodernen' Lebensweise eines mobilen Bewohners eines großstädtischen Agglomerationszentrums zusammen, dann ergäbe sich ein Gesamtrisiko, das wohl kaum jemand zu übernehmen bereit wäre. Auch bei Hochhäusern wird den Menschen ihre potentielle Ausweglosigkeit erst jetzt bewusst und das *World Trade Center* wird daher sicher nicht mehr in der alten Höhe und mit der leichtfertigen ('lean') Konstruktion wieder aufgebaut. Entscheidend ist aber, dass die an sich objektiv bestehenden Risiken dadurch unkalkulierbar werden, dass jede Risikoquelle potentiell für gezielte Anschläge genützt werden kann. Dies bedeutet, dass es nicht genügen kann, die objektiven Risiken zu berücksichtigen. Vielmehr muss die Möglichkeit der bewussten, terroristischen Nutzung dieser Risiken mitbedacht werden. So gesehen deckt der Terrorismus den impliziten Fanatismus des *'pursuit of happiness'* der neuzeitlichen Lebensweise erst auf. Erst die tatsächliche und bewusste terroristische Nutzung der an sich schon terroristischen Risikoquellen lässt der Bevölkerung diese bewusst werden. Daher auch der 'Krieg' gegen den Terror. Ein solcher Krieg muss umso rücksichtsloser und bedingungsloser geführt werden, je mehr unverantwortliche Risikoquellen der eigene Alltag produziert. Dementsprechend wäre die Alternative zum 'Krieg' die systematische Beseitigung von unvertretbaren Risikoquellen und eine entsprechende Änderung der Lebensweise neben der selbstredend auch dann notwendigen Bekämpfung des Terrors. Die Anstrengungen müssten sich aber auf beide Ziele gleichzeitig und in gleicher Weise richten.

2.2.2 Die Anamorphose des 'pursuit of happiness': der Weg in eine Lebenswelt ohne Selbstbewusstsein und mit vollständiger, externalisierter Verhaltenskontrolle

Die Strategie, die seit dem 11. September 2001 verfolgt wird, ist aber auch noch in einer zweiten Hinsicht demagogisch. Durchgehend wird die Gefahr so dargestellt und so bekämpft, als ob die Täter, ihre Motive und Überzeugungen aus anderen Kulturen in die eigene friedfertige Gesellschaft eindringen würden. Diese Fiktion ist auch die Voraussetzung für die Strategie, die den Feind im Bereich anderer Gesellschaften bzw. Kulturen sucht und auch dort in erster Linie bekämpft. Dies widerspricht nun ebenfalls den Tatsachen und beinhaltet wiederum nur den irrationalen Versuch, die eigene Lebensweise in der bisherigen Form aufrechtzuerhalten und weiterzuführen. Tatsache ist zweifellos, dass die unmittelbaren Täter von New York und Washington fanatisierte Anhänger des Islam waren. Dies gilt aber keineswegs generell und ob es auch nur in diesem Fall für die Organisatoren gilt, scheint eher zweifelhaft.

Nun bewirkten die Selbstmordflüge gegen New York und Washington zwar die größte Katastrophe von allen bisherigen Terroranschlägen, vergleichbare

Aktionen wurden aber bereits in den 90er Jahren – und keineswegs alle von Arabern oder von Mohammedanern – durchgeführt.

Nehmen wir als Beispiel den Anschlag auf das *Alfred P. Murrah Building* in Oklahoma City im Jahr 1995. Mit zwei Helfern sprengte *Timothy McVeigh* dieses Hochhaus in die Luft. 168 Personen starben bei diesem Anschlag.

Timothy McVeigh war US-Amerikaner von der Ostküste aus einer Arbeiterfamilie. Sein Großvater war aus Irland eingewandert und sein Vater hat sein ganzes Arbeitsleben als geachteter Arbeiter in einer Automobilfabrik verbracht. Die Mutter verließ den Vater, als *Timothy* kaum zehn Jahre alt war, nahm ihre Töchter mit und kümmerte sich nicht mehr um den Sohn, der beim Vater blieb. Das Trauma dieses Lebens hatte mithin nichts mit dem Islam zu tun, auch nicht mit dem Ausland, sondern mit dem *'American way of life'* und dem *'pursuit of happiness'*. Während des Militärdienstes kam *Timothy* später mit rechtsradikalen und nazistischen Kreisen in Kontakt, die ein weißes Amerika fordern und gegen farbige Minoritäten auftreten. Bei der Armee nahm *McVeigh* an dem Golfkrieg teil und gewöhnte sich hier daran, Menschenleben gering zu achten. Wie er es selbst später darstellte, machte es ihm ab diesem Zeitpunkt nichts aus, Menschen zu töten. Ausgenommen waren Kinder, denen er bewusst keinen Schaden zufügen wollte. Dennoch wurden auch 19 Kinder bei dem Anschlag getötet, die eine Ausbildungsstätte in dem Gebäude besuchten. Entsprechend der Nachlässigkeit der postmodernen Lebensweise hatte *Timothy McVeigh* auch bei der Frage, bei der es um Leben und Tod ging, nachlässig recherchiert. Bestürzend ist, dass *McVeigh* in jener Armee rechtsradikal wurde, die weltweit zur Bekämpfung des gewalttätigen Radikalismus eingesetzt wird (Tracy McVeigh 2001: 23-26).

Jedenfalls macht dieser Fall von terroristischem Massenmord deutlich, dass hier nicht der Kampf verschiedener, scharf voneinander abgegrenzter Kulturen vorliegt, sondern eine Tendenz zu xenophober Abgrenzung, die auch im Westen sehr stark geworden ist und gerade durch die heute gewählte Form der Attribution der Ursachen alles Bösen an das Fremde und an das Ausland auch von der amerikanischen Staatsführung de facto fortlaufend verschärft wird.

Im Fall der terroristischen Vernichtung des *World Trade Center* ist zudem feststellbar, dass neben dem religiösen Fanatismus auch handfeste Wirtschaftsinteressen, die heute gemeinhin als 'rational' bezeichnet werden, beteiligt waren. Zahlreiche erfolgreiche Börsenspekulationen verraten, dass Insiderwissen aus der Terrororganisation selbst auch dazu genutzt wurde, an der Börse ex ante auf Kursveränderungen zu setzen, die erst später durch den Anschlag bewirkt wurden. Es stellt daher eine relativ beliebige Attribution dar, ob man den religiösen

Fanatismus oder schlicht das zweckrationale Nutzenkalkül der westlich denkenden Geschäftemacher als letzten Endes ausschlaggebende Ursache ansehen will.

Ohne in weitere Details zu gehen, lässt sich mithin sagen, dass der Gestaltwandel der Gesellschaft im Zuge ihrer Reorganisation gemäß der Zweckrationalität wirtschaftlicher Nutzenorientierung in keiner Weise einen Fortschritt bedeutet. Es lässt sich hier mithin kaum von einer *Metamorphose* sprechen. Eine Diagnose, die hier eine *Anamorphose* konstatiert, kann hingegen sehr viele Argumente für ihre Richtigkeit anführen. Der Übergang zu einer *ungehemmten Zweckrationalität* des Handelns im Laufe der Moderne und Postmoderne kulminiert heute in der selbstverständlichen und unreflektierten Hinnahme von immer größeren Risiken, die zudem nicht rational abgeschätzt werden. Die notwendigerweise sich ebenfalls steigernden, nachfolgenden Schadensfälle lassen sich nicht mehr verantwortlich beheben, ihre Ursachen werden vielmehr mit Mitteln der Ideologie teils externalisiert, teils rationalisiert und mithin insgesamt verdrängt. Die auf diese Weise zweckrational genutzte Ideologie verselbständigt sich in der Folge und führt zu immer neuen Katastrophen, die mittlerweile systemgefährdende Ausmaße erreicht haben.

Man kann z.B. junge Piloten zu Kampfmaschinen abrichten und sie dann als solche einsetzen. Die Ideologie, die in ihren Einheiten herrscht, kann aber zu Handlungen führen, die auf die demokratische Grundordnung zurückschlagen. Man kann die sowjetische Aggression in Afghanistan mit Hilfe des religiösen Fundamentalismus erfolgreich bekämpfen, dabei war es aber von Anfang an vorhersehbar, dass dieser Fundamentalismus den *'American way of life'* nicht gerade erfreut übernehmen und gutheißen wird, sobald er die sowjetische Bedrohung überwunden hat. Die zweckrationalen, kurzfristig wechselnden Strategien, die der Gesellschaftsformation, die sich dem *'pursuit of happiness'* verschrieben hat, dienen, haben mittlerweile Dutzende von Staaten und ganze Weltregionen – in Afrika und Lateinamerika, im Nahen Osten, in Indonesien und den Philippinen, in den GUS-Staaten – in einen Zustand weitest gehender Anomie versetzt. Diese Strategie entspricht der alten Expansionspolitik, die einerseits immer neue Energieressourcen im Umfeld rücksichtslos erschließt und für die eigene Gesellschaft ausbeutet und andererseits den Abfall und die Kosten der eigenen zerstörerischen Lebensweise wiederum diesem Umfeld aufbürdet. Diese Vernichtung durch Konsum ist offensichtlich nicht mehr lange weiterzuführen. Die Moderne (und noch stärker die Postmoderne) mit ihrem Ziel des individuellen Glückes im diesseitigen Leben hat eine Gesellschaft erzeugt, die sehr viel mehr Energie verbraucht als jede Gesellschaftsform vor ihr. Gleichzeitig ist der Wirkungsgrad der gesellschaftlichen Institutionen und der Produktionsweisen bereits in der Vergangenheit inzwischen erheblich gesunken und sinkt derzeit weiter rasch ab. Ausgeglichen wird dieser Prozess der raschen Zunahme der Entropie derzeit noch immer vor allem durch die Hinnahme von immer größeren und in ihren Folgen immer weniger absehbaren Risiken. So gesehen kann man die Diagnose, *dass die moderne (und insbesondere postmoderne) Gesellschaft* einer *Anamorphose* in der menschlichen Evolution unterliegt, bereits als gut gesichert ansehen. Ein Aspekt dieser Regression auf eine frühere Entwicklungsstufe ist der Abbau der demokratischen Freiheiten und der Nichtbeachtung der Verfassung. Der amerikanische Pragmatist Richard Rorty (2002: 11) geht sogar so weit, implizit zu behaupten, dass in den USA heute der Präsident den Status eines absoluten Herrschers erreicht hat und die Erklärung des permanenten Kriegszustandes die Basis für eine diktatorische Herrschaft darstellt.

3 Zusammenfassung

Die Evolutionstheorie von *Ch. S. Peirce* nimmt ihren Ausgangspunkt bei den Evolutionstheorien des 19ten Jahrhunderts, allen voran bei den Konstruktionen von *Darwin* und *Spencer*. Die *Darwin*sche Evolutionstheorie wird von *Peirce* als Projektion politisch-ökonomischer Ideologien auf die Natur dekonstruiert: im Ergebnis ergibt sie eine *'Habsuchtsphilosophie'*. Peirce prognostiziert, dass diese im 20ten Jahrhundert wie *„die Sintflut über die soziale Ordnung hereinbrechen"* wird. *Peirce* zeigt auf, dass eine monistische materialistische Evolutionstheorie bei der Erklärung von Bewusstseinsphänomenen notwendigerweise zu Selbstwidersprüchen führt. Er entwickelt daher umgekehrt auf der Basis des *Tychismus* und des *Synechismus* eine Theorie der Evolution der Materie aus Prozessen, die vom objektiven Zufall gesteuert werden und von geistigen und emotionalen Globalzuständen und -befindlichkeiten ihren Ausgang nehmen. Diese Theorie, die auch Elemente des *Lamarckismus* – in radikalerer Form als *Lamarck* sie je gedacht hat – aufnimmt, ist mit dem Entropiegesetz sehr viel besser als jede Evolutionstheorie, die von Darwin ausgeht, vereinbar. Dies insofern, als Evolution hier den fortschreitenden Verlust von Freiheitsgraden beinhaltet und von freier Spontaneität über *'habit-Bildung'* zur Entstehung von Materie in Form von weitgehend gebundener Energie führt.

Diese Evolutionstheorie erlaubt es im Bereich der Soziologie, die Bildung von Institutionen, formalen Organisationen und Staaten als Resultate zunehmender Entropie zu begreifen, die die an sich mögliche Spontaneität von Menschen einschränken. Im fortschreitenden Prozess der Entropie sozialer Strukturen stellt die Bildung von Nationalstaaten eine weitreichende Verschiebung dar, die durch Habitualisierung und Homogenisierung mittels der Unkultur der Massenmedien die Symbolwelt primitivisiert und den *'vertikalen Einbruch der Barbarei'* (Ortega Y Gasset) in die Entwicklung der europäischen Zivilisation ermöglichte.

Die Massenvernichtungen durch Kriege, Konzentrationslager und Euthanasie sind dabei lediglich extreme Formen der Schaffung von Entropie durch die Evolution der Zivilisation.

Eine solche Sicht der evolutionären Prozesse, die die modernen und postmodernen Gesellschaften beherrschen, muss keineswegs zwingend zu Kulturkritik und Pessimismus führen. *Peirce* selbst hat im *'Agapismus'* gerade gegenteilig eine Konzeption entwickelt, die auf den Prinzipien der Nächstenliebe (*'Agape'*) und der zunehmenden Befähigung zur Selbstkontrolle aufbauend, die Entropie der 'naturwüchsigen' gesellschaftlichen Evolution kompensieren kann. Voraussetzung für eine entsprechende Umorientierung der Entwicklungsrichtung ist aber die Durchsetzung der Erkenntnis, dass 'beschränkte' und eindimensionale, sogenannte 'Zweckrationalität' nicht den Ausdruck von Vernunft, sondern umgekehrt ein Anzeichen von Beschränktheit und Verdrängung der existentiellen Probleme der Menschen darstellt.

Literatur

Bertalanffy, L.V. (1932 und 1948): Theoretische Biologie. Berlin: Gebrüder Bornträger
Canetti, Elias (2002): Komödie der Eitelkeiten. München: Hoffmann & Campe
Dawkins, Richard (1998): The Extender Phenotype: The Long Reach of the Gene. Oxford/ New York: Oxford University Press
Durkheim, Emile (1908): Die Methode der Soziologie. Leipzig: Klinkhardt, Neuauflage 1961 als: Die Regeln der soziologischen Methode. Neuwied: Luchterhand
Elster, Jon (1999): Alchemics of the Mind: Rationality and Emotions. Cambridge: Cambridge University Press
Grohmann, Gerbert (1990): Metamorphosen im Pflanzenreich. Stuttgart: Freies Geistesleben, 3. Aufl.
Hadley, M.E. (1996): Endocrinology. Englewood Cliffs/ New York: Prentice Hall, 4. Aufl.
Hausmann, Carl R. (1997): Charles S. Peirce's Evolutionary Philosophy. Cambridge: Cambridge University Press
Humphrey, Nicholas (1983): Consciousness regained. Oxford: Oxford University Press
Humphrey, Nicholas (1995): Die Naturgeschichte des Ich. Hamburg: Hoffmann & Campe
Hüther, Gerald (1998): Biologie der Angst. Wie aus Streß Gefühle werden. Göttingen: Vandenhoek
Huxley, Aldous (1932): Brave New World. Deutsche Ausgabe (1959): Schöne neue Welt. München: Piper
Huxley, Aldous (1976): Dreißig Jahre danach oder Wiedersehen mit der schönen neuen Welt. München: Piper
Jonas, Hans (1985): Technik, Medizin und Ethik. Zur Praxis des Prinzips Verantwortung. Frankfurt am Main: Insel Verlag
Jonas, Hans (1986): Das Prinzip Verantwortung. Frankfurt am Main: Insel Verlag, 5.Aufl.
Kant, Immanuel (1787): Kritik der reinen Vernunft. Neue Auflage: Leipzig: Insel Verlag 1922
Kant, Immanuel (1788): Kritik der praktischen Vernunft. Neue Auflage: Stuttgart: Reclam 1961
Katz, Jack (1999): How Emotions Work. Chicago: University of Chicago Press
Kreutz, Henrik (1988): Die Integration von empirischer Forschung, theoretischer Analyse und praktischem Handeln. Leitlinien eines pragmatischen Arbeitsprogramms. In: Kreutz (1988): XI-XXXII

Kreutz, Henrik (1995): Die Transformation der kommunistischen Herrschaft in Ostmitteleuropa und der Sowjetunion: Zusammenbruch, Reform oder Trojanisches Pferd? In: Schachtschneider (Hrsg.): 563-600
Kreutz, Henrik (2000): Democracy: The Rule of the 'Demos' – Who is that? In: Innovation Vol 13. No 2. 155-168
Kreutz, Henrik (2001): Das Überleben des Untergangs der Titanic. In: Angewandte Sozialforschung 22. 2001. 9-20
Kreutz, Henrik (2001a): Die Transformationslegende. Elitenzirkulation, Systemänderung oder Metamorphose? Nürnberg/ Wien: Institut für Angewandte Soziologie
Kreutz, Henrik (Hrsg.) (1988): Pragmatische Soziologie. Opladen: Leske + Budrich
Lehrer, Keith (1997): Self-Trust. A Study of Reason, Knowledge and Antonomy. Oxford: Clarendon Press
Lichenstern, Christa (1992): Metamorphose. Vom Mythos zum Prozeßdenken. Weinheim: VCH-Verlagsgesellschaft
Mannheim, Karl (1952): Ideologie und Utopie. Frankfurt am Main: Schulte-Bulke, 3. verm. Aufl.
Mannheim, Karl (1928): Das Problem der Generationen. In: Kölner Vierteljahresjahreshefte für Soziologie 7. 1928. 157-185
Massey, Douglas S. (2002): A Brief History of Human Society: The Origin and Role of Emotion in Social Life. In: American Sociological Review, Vol. 67. 1-29
McVeigh, Tracy (2001): Dead man talking. In: The Observer Magazine vom 22. April 2001. 23-26
Menaud, Lois (2001); The Metaphysical Club. New York: Farvar, Strauss and Giroux
Meng, Wieland/ Ziegler, Reinhard (1997) Endokrinologie. 2. Aufl. Stuttgart: Gustav Fischer
Moore-Ede, Manfred C./ Sulzmann, Frank M./ Fuller, Charles A. (1982): The Clocks that Time Us: Physiology of the Circadian Timing System. Cambridge M.A.: Harvard University Press
Nagl, Ludwig (1992): Charles Sander Peirce. Frankfurt am Main: Campus
Oehler, Klaus (1993): Charles Sander Peirce. München: Verlag C.H. Beck
Ostwald, Wilhelm (1895): Die Überwindung des Materialismus. Leipzig: Veit
Pape, H. (1989): Erfahrung und Wirklichkeit als Zeichenprozeß. Charles S. Peirces Entwurf einer Spekulativen Grammatik des Seins. Frankfurt am Main: Suhrkamp
Parsons, T./ Shils, E.A. (Hrsg) (1951): Toward a General Theory of Action. Cambrigde: Harvard University Press
Parsons, Talcott (1951): The Social System. Glencoe (III)/ London: The Free Press
Peirce, Charles Sanders (1892/93): Evolutionary Love. In: Monist 3. 176-200
Peirce, Charles Sanders (1903-1997): Pragmatism as a Principle and Method of Right Thinking. The 1903 Harvard Lectures on Pragmatism. Albany: State University of New York Press
Peirce, Charles Sanders (1905): What Pragmatism is. In: Monist 15. 161-181
Peirce, Charles Sanders (1923-1997): Chance, Love and Logic: Philosophical Essays by the Late Charles Sanders Peirce. The Founder of Pragmatism. Edited by Morris R. Cohen. New York: Barnes & Noble
Peirce, Charles Sanders (1931-66): Collected Papers of Charles Sanders Peirce. Cambridge (Mass.): Harvard University Press, 8 vol.
Peirce, Charles Sanders (1970): Vom Pragmatismus zum Pragmatizismus. Frankfurt am Main: Suhrkamp
Peirce, Charles Sanders (1971): Graphen und Zeichen. Stuttgart: Roth
Peirce, Charles Sanders (1973): Lectures on Pragmatism – Vorlesungen über Pragmatismus. Hamburg: Felix Meiner
Peirce, Charles Sanders (1976): The New Elements of Mathematics. Vol. IV. The Hague/ Paris: Mouton
Peirce, Charles Sanders (1976a): The New Elements of Mathematics. Vol III/1. The Hague/ Paris: Mouton
Peirce, Charles Sanders (1983): Phänomen und Logik der Zeichen. Frankfurt am Main: Suhrkamp
Peirce, Charles Sanders (1985): Die Festigung der Überzeugung. Frankfurt am Main: Ullstein

Peirce, Charles Sanders (1986): Semiotische Schriften I. Frankfurt am Main: Suhrkamp
Peirce, Charles Sanders (1988): Naturordnung und Zeichenprozess. Aachen: Alano Publ.
Peirce, Charles Sanders (1878): Die Lehre vom Zufall. In: Peirce (1985): 79-92
Peirce, Charles Sanders (1991): Vorlesungen über Pragmatismus. Hamburg: Felix Meiner
Peirce, Charles Sanders (2001): Das Denken und die Logik des Universums. Frankfurt am Main: Suhrkamp
Popitz, Heinrich (2000): Wege der Kreativität. Tübingen: Mohr Siebeck: 2. erw. Aufl.
Rorty, Richard (2002): Der unendliche Krieg. Die permanente Militarisierung Amerikas: Wie die Regierung Bush den 11. September für den eigenen Machterhalt ausgenutzt hat. In: Süddeutsche Zeitung vom 7./8.9. 2002. 11
Schachtschneider, K.A. (Hrsg.) (1995): Wirtschaft, Gesellschaft und Staat im Umbruch. Berlin: Duncker & Humblot
Schmidt-Nielsen, Knut (1999): Physiologie der Tiere. Heidelberg/ Berlin: Spektrum Akademischer Verlag
Schönrich, Gerhard (1990): Zeichenhandeln. Untersuchungen zum Begriff einer semiotischen Vernunft. Frankfurt am Main: Suhrkamp
Stocké, Volker (2002): Framing und Rationalität. Die Bedeutung der Informationsdarstellung für das Entscheidungsverhalten. München: Oldenbourg
Titze, Hans (1985): Die Einheit der Welt. Oberwil-Zug: R. Kügler
Weber, Max (1895): Der Nationalstaat und die Volkswirtschaftspolitik. Akademische Antrittsrede. Freiburg i. Br.
Weber, Max: Energetische Kulturtheorien. In: Archiv für Sozialwissenschaften 29. 1909. 578-79
Whitehead, Arthur North (1927): Symbolism. Its Meaning and Effect. New York: Fordham University Press. Deutsch (2000): Kulturelle Symbolisierung. Frankfurt am Main: Suhrkamp
Whitehead, Arthur North (1928): Process and Reality. New York: Macmillan
Whitehead, Arthur North (1933): Adventures of Ideas. New York: Macmillan. Deutsch (1971): Abenteuer der Ideen. Frankfurt am Main: Suhrkamp
Wieser, Wolfgang (1989): Vom Werden zum Sein. Energetische und soziale Aspekte der Evolution. Berlin/ Hamburg: Paul Parey
Wigglesworth, Vincent Brian (1959): The Control of Growth and Form: A Study of the Epidermal Cell in an Insect. Ithaca/ New York: Cornell University Press

Technik und Gesellschaft: Evolutionäre Betrachtungen einer folgenreichen Beziehung

Eva Buchinger

1 Einführung: Reflexion des Technik-Gesellschaft-Verhältnisses

Technologien erhöhen den Wohlstand der Nationen und die Lebensqualität der Bürgerinnen und Bürger. Diese Überzeugung wird immer wieder ausgedrückt mit dem Hinweis auf Wettbewerbsfähigkeit, materiellen Lebensstandard oder Gesundheitsvorsorge und genauso oft kritisiert mit dem Verweis auf Risiken, technologischen Determinismus oder die Benachteiligung derjenigen mit suboptimalem Zugang zu Technologien. Nichtsdestotrotz sind sich alle Parteien in einem Punkt einig: technologische Innovation und gegenwärtige gesellschaftliche Entwicklung hängen zusammen, sie konditionieren einander.

Ist das Co-Evolution? Erstens, wenn der Begriff metaphorisch gemeint ist, würde ich ja sagen. Der augenscheinliche Vorteil des popularisierenden Gebrauchs des Gedankens der Co-Evolution liegt in dem Ersetzen von Vorstellungen eines linearen technologischen Fortschritts oder eines technologischen Determinismus. Zweitens, wenn der Begriff wissenschaftlich gebraucht wird, muss geklärt werden, auf Basis welchen Ansatzes und damit verbunden welcher Definition von evolutionären Einheiten geantwortet wird. Beispiele sind die „Artefakt-Aktivität Kopplung" (J. Fleck 2000), welche die Co-Evolution von Artefakten, Wissen und Organisationen umfasst, oder die Co-Evolution von Technologien und Institutionen (R.R. Nelson 2001). Vermehrt finden sich aber Beispiele dort, wo die Evolution „integrierter Einheiten" behandelt wird wie „Routine", „Technik", „technologisches Wissen" oder „Firma" (R.R. Nelson/ S.G. Winter 1982, J. Mokyr 2000, R. Coombs 1995, E. Constant 2000).

Ein Antwortversuch auf Basis eines systemorientierten Ansatzes wirft eine weitere Frage auf, nämlich die, ob zwei Typen von Systemen unterschieden werden können – soziale und technische – oder nicht. Der Theorie der sozialen Systeme folgend, ist dies möglich (N. Luhmann 1984: 2; 2000: 376). Der Operationsmodus technischer Systeme (z.B. Maschinen, Produkte, Anlagen) ist allopoietisch (von außen kontrolliert) und der von sozialen Systemen ist autopoietisch (selbstorganisierte Kontrolle der Reproduktion). Allopoietische Systeme sind als evolutionäre Einheiten nicht geeignet. Zum Beispiel gelten Maschinen, die unvorhersehbare Variationen produzieren, normalerweise als Fehlfunktional[1]. Die Beziehung zwischen technischen und sozialen Systemen kann daher nicht als co-evolutionär beschrieben werden.

In der Theorie sozialer Systeme ist Technologie eine Kategorie, die über Maschinen oder andere technische Artefakte hinausgeht. Technologie ist definiert als *funktionierende Simplifikation*, die auf *strikter Kopplung* basiert (N. Luhmann 1990: 224, 1997: 524 f., 2000: 370). Das Kennzeichen strikt bedeutet, dass nur solche Kopplungen als Technologien bezeichnet werden können, die auf kausalen Zusammenhängen beruhen; also Ursache-Wirkung-Beziehungen. So definierte Technologien sind in modernen Gesellschaften allgegenwärtig (um das zu vergegenwärtigen, braucht beispielsweise nur an Max Webers Erklärung der Gesellschaftsentwicklung als Prozess zunehmender Rationalisierung erinnert werden). Beispiele strikter Kopplung sind Gedankenprozesse und Verhaltensformen, die „automatisch" ablaufen (z.B. die Fähigkeit zu lesen oder ein Auto zu fahren) genauso wie mechanische oder elektronische Verbindungen. Diese Definition verweist auf den *heterogenen Charakter* von Technologie (z.B. die Möglichkeit von kognitiv-sozial-physisch Kopplungen); eine Vorstellung, die in den Arbeiten der Vertreter der Aktor-Netzwerk-Theorie eine wichtige Rolle spielt[2].

In der Theorie sozialer Systeme findet sich kein eigenständiges Konzept einer „Evolution von Technologie", die mit der Konzeption der „Evolution der Gesellschaft" vergleichbar wäre.[3]. Technologie hat eine besondere Rolle als Errungenschaft im Verlauf gesellschaftlicher Entwicklung. Evolutionäre Errungenschaften sind durch „Emergenz" und „Komplexität" gekennzeichnet und tendieren dazu, eine Basis für weitere gesellschaftliche Evolution zu sein (N. Luhmann 1997: 510). Druck ist ein Beispiel einer Technologie, die die gesellschaftliche Evolution weitgehend beeinflusst hat[4]. Die Verfügbarkeit von

---

1 Künstliche Intelligenz ist ein Sonderfall, der hier nicht behandelt wird.
2 Vgl. für eine anschauliche Beschreibung M. Callon (1987) und für eine (selbst-)kritische Diskussion J. Law/ J. Hassard (1999).
3 Es findet sich aber der Gedanke der Evolution von bestimmten Technologien; zum Beispiel spricht Luhmann (1997: 312) von einer „Evolution der Verbreitungsmedien". Damit sind Kommunikationstechnologien von Sprache über Druck bis zu elektronischen Medien gemeint. Vor diesem Hintergrund ist (a) die Frage nach einer Co-Evolution von Technologie und Gesellschaft neu zu stellen, was (b) wiederum eine andere Perspektive für die Analyse des Zusammenwirkens von technischen und sozialen Systemen ergibt, als die Unterscheidung allopoietisch/autopoietisch (da technische Systeme Teile von Technologien sind). Ich danke Rudolf Stichweh, der mich auf diese Unterschiede hingewiesen hat.
4 Vgl. zur Geschichte der Drucktechnologie und deren gesellschaftliche Auswirkungen M. Giesecke (1991), E.L. Eisenstein (1979) und L. Febre/ H.-J. Martin (1958).

gedrucktem Wissen befreite von der Notwendigkeit, „anwesend" sein zu müssen, verhalf Lehrer-Schüler-Verhältnissen zu einer neue Dimension (Vergleich von Autoritäten) und war vor allem wichtig für die Ausdifferenzierung des Wissenschaftssystems.

Die Konzeption von Technologie als kausale Kopplung legt es nahe zu fragen, wie Technologie und *Wissen* zusammenhängen. Mein Vorschlag (der auf vorhandener Literatur basiert, die in der Folge diskutiert wird) ist, für die Definition von Technologie nicht nur strikte Kopplung, sondern als zweites universales Kennzeichen Wissen zu nutzen. Die Konzeptualisierung von Technologie als Wissen erlaubt es, technologische Innovation als *Wachstum von Wissen* zu erklären. Das wird in diesem Beitrag auf Basis der evolutionären Erkenntnistheorie getan.

Die Theorie sozialer Systeme wird aber dabei nicht verlassen, sondern gibt mit ihren Systemdefinitionen folgenden Analyserahmen vor. Wissensprozesse erhalten gesellschaftliche Relevanz, wenn sie kommuniziert werden und Kommunikationsprozesse passieren in drei unterschiedlichen sozialen Systemen: in Interaktionssystemen, Gesellschaftssystemen und Organisationssystemen (N. Luhmann 1984: 2). Davon ausgehend werde ich zunächst technologische Innovation im Zusammenhang mit diesen sozialen Systemen beschreiben. Dem folgt eine Erläuterung von unterschiedlichen Formen technologischen Wissens und deren Erscheinungsformen in den drei sozialen Systemen. Zuletzt werde ich wissensrelevante Variations- und Selektionsmechanismen diskutieren und deren Verhältnis zu den technologischen Wissensformen und den sozialen Systemen skizzieren.

2 Kommunikationssysteme: Gesellschaftliche Orte technologischer Innovation

In diesem Abschnitt werden die drei sozialen Systeme – Interaktionssystem, Gesellschaftssystem, Organisationssystem – als gesellschaftliche Orte technologischer Innovation behandelt. Die sozialen Systeme bilden dabei eine stabile Referenzstruktur, die (zunächst) ohne räumlich-physikalische Abgrenzung auskommt und damit größeren Raum für Erklärungen von Technologie lässt.

Interaktionssysteme sind die einfachsten unter den drei sozialen Systemen. Im Minimalfall bestehen sie aus zwei Personen, die miteinander kommunizieren. Das Kriterium für das Entstehen eines Interaktionssystems ist physische Anwesenheit. Obwohl Interaktionssysteme ständig entstehen und zerfallen, also der Normalfall sind, sollte ihre Komplexität nicht unterschätzt werden. In Kommunikation von Angesicht zu Angesicht kann neben expliziten Botschaften ein beträchtliches Ausmaß an Information mit geringer analytischer Präzision ausgetauscht werden. Damit sind nicht nur Tonhöhe, Sprechtempo, Mimik, Gestik oder Körperhaltung gemeint, sondern auch Wissensbestandteile, die nicht oder nur schwer sprachlich fassbar sind.

Besonders dieser letzten Kategorie – dem sprachlich schwer fassbaren Wissen – wird in der Innovationsforschung hohe Bedeutung zugemessen, da Innovation einerseits ein kreativer und andererseits ein sozialer (also interaktiver) Prozess ist. Sprachlich schwer fassbares Wissen kann mit den Begriffen „stillschweigend" im Sinne von nicht artikulierbar (tacit) und „implizit" beschrieben werden. *Tacit knowledge* ist nach Michael Polany jener Teil des persönlichen Wissens, der nicht ausgedrückt werden kann: „We know more that we can tell." (1966: 136). Zum Beispiel kennen wir das Gesicht einer Person und können es unter Tausenden erkennen. Normalerweise sind wir aber nicht imstande zu erklären, *wie* wir es erkennen – und genau das ist der stillschweigende Anteil des Wissens im Prozess des Erkennens des Gesichtes. Der begriffliche Gegenpol zu stillschweigend ist kodifiziert. *Kodifiziert* ist jenes Wissen, das als Norm, Regel oder Anleitung in Lehrbüchern, Patenten, Manuals, Formularen, Organisationsdiagrammen oder Ähnlichem dargestellt ist. Zwischen den begrifflichen Polen „stillschweigend" und „kodifiziert" liegt „artikuliert" (R. Cowan/ P.A. David/ D. Foray 1999: 12): Stillschweigendes Wissen kann nicht artikuliert werden, kodifiziertes Wissen ist artikuliert worden, bevor es in Form von Kodes[5] standardisiert werden konnte und nur ein Teil des artikulierten Wissens wird kodifiziert.

Der Erwerb und die Nutzung jeglichen Wissens bedeutet Aufwand. Dabei ist kodifiziertes Wissen natürlich leichter zu erwerben und auszutauschen als stillschweigendes Wissen. Aber auch die Nutzung kodifizierten Wissens braucht Vorwissen, das heißt Kenntnis der verwendeten Kodes. Das Verstehen von Lehrbuch- oder Manualwissen ist bereits oft mit erheblichem Aufwand verbunden und noch schwieriger kann es sein, sich organisationsspezifische Kodes (K.J. Arrow 1974: 47ff.) anzueignen. Wissen, das innerhalb einer Organisation oder im Zusammenwirken mehrerer Organisationen kodifiziert wurde, oft auch schriftlich festgehalten ist (allerdings nicht in Lehrbüchern) und von den Beteiligten als Standardwissen genutzt wird, hat *impliziten* Charakter. Obwohl ein solcher Wissensbestand von vielen Personen genutzt wird, ist es für eine einzelne dieser Personen wahrscheinlich nicht möglich, den kompletten Wissensbestand darzustellen (sondern nur Ausschnitte).

Stillschweigendes und implizites Wissen kann nicht direkt ge- oder verkauft werden. Eine indirekte und verbreitete Möglichkeit, stillschweigendes und im-

---

5 Laut Duden, neue Rechtschreibung, ist „Kode" die erste und „Code" die zweite der beiden korrekten Schreibweisen des Wortes – dem folgt dieser Text.

plizites Wissen zu kaufen/verkaufen, ist Beratung, welche kaum ohne intensive persönliche Kommunikation (face-to-face) auskommt. Für Innovationsprozesse ist die persönliche Kommunikation in Kooperationen effektiver als bei Kauf/Verkauf, weil hier nicht nur stillschweigendes und implizites Wissen ausgetauscht, sondern darüber hinaus auch neues Wissen generiert wird.

In den vorigen Ausführungen wurde die Kategorie Individuum/Person benutzt, ohne bislang deren Konzeptualisierung in der Theorie der sozialen Systeme darzustellen. Individuen werden – ungeachtet ihrer physischen Dimension – als *psychische Systeme* modelliert, welche von sozialen Systemen unterschieden werden müssen. Das ist eine analytische Unterscheidung[6], da alle drei sozialen Systeme vom psychisch-physischen Substrat abhängig sind. Trotz dieser Abhängigkeit ist es notwendig, vier unterschiedliche Systeme – psychische und drei soziale – zur Erklärung von Innovationsprozessen zu verwenden.

Interaktionen sind Episoden umfassenderer gesellschaftlicher Prozesse. Trotzdem sind Gesellschaft und Interaktion soziale Systeme unterschiedlichen Typs. Während sogenannte einfache Gesellschaften sehr nahe an Interaktionen sind, sind sogenannte moderne Gesellschaften durch Abstraktion von Interaktion gekennzeichnet. Unter verschiedenen Formen der Abstraktion ist diejenige, die sich auf symbolisch generalisierte Kommunikationsmedien und binäre Kodierung bezieht, die folgenreichste für gesellschaftliche Evolution (so die Luhmannsche [1975] Rekonstruktion der sozialen Wirklichkeit). Symbolisch generalisierte Kommunikationsmedien – wie Geld, Wahrheit oder Macht – sind hochabstrakte Mittel, die Erwartungen von Menschen bündeln und/oder strukturieren. Gemeinsam verwendete Erwartungsstrukturen, welche im Verlauf der (primären, sekundären, tertiären) Sozialisation erlernt werden, ermöglichen die sinnhafte Kommunikation zwischen Individuen, selbst wenn diese auf der persönlichen Ebene durch nichts verbunden sind.

Gesellschaftssysteme sind das Resultat evolutionärer Differenzierungsprozesse entlang binärer Kodierung, orientiert an symbolisch generalisierten Kommunikationsmedien. Beispiele von Gesellschaftssystemen, deren symbolisch generalisierten Kommunikationsmedien und deren binärer Kodes sind[7]: Geld ist das Medium des Wirtschaftssystems, das mit dem Kode „zahlen/nicht zahlen"

---

6 In der Theorie sozialer Systeme wird das Zusammenwirken von psychischen und sozialen Systemen als Interpenetration beschrieben. „Von Penetration wollen wir sprechen, wenn ein System die eigene Komplexität (...) zum Aufbau eines anderen Systems zur Verfügung stellt. In genau diesem Sinne setzen soziale Systeme Leben voraus. Interpenetration liegt entsprechend dann vor, wenn dieser Sachverhalt wechselseitig gegeben ist" (N. Luhmann 1984:290).

7 Vgl. zur Diskussion symbolisch generalisierter Kommunikationsmedien und binärer Kodierung N. Luhmann (1975: 170-193, 1984: 92-97, 1986: 75-88) und zur Diskussion gesellschaftlicher Differenzierung N. Luhmann (1977).

operiert; Wahrheit ist das Medium des Wissenschaftssystems mit dem Kode „wahr/falsch"; Macht gehört zum Politiksystem und nutzt den Kode „Regierung/Opposition". Binäre Kodierung stellt die operative Schließung der Gesellschaftssysteme sicher; ein Phänomen, das besser unter dem populären Begriff Autopoiese bekannt ist[8]. Die operative Schließung führt dazu, dass jedes Gesellschaftssystem eine eigene Systemrationalität ausbildet. Wir sprechen zum Beispiel von der wissenschaftlichen Rationalität, die oft schlecht vereinbar ist mit der ökonomischen Rationalität. Bei der Verwendung des Begriffs Rationalität ist zu beachten, dass moderne Gesellschaften weder eine Spitze noch ein Zentrum haben und es deshalb auch nicht „eine" Rationalität gibt, in der die Rationalitäten der Gesellschaftssysteme integriert sind (N. Luhmann 1997: 18ff.).

Systemrationalitäten sind die grundlegenden Orientierungsstandards für technologische Innovation. In der Sichtweise eines Unternehmens, welches naturgemäß von der ökonomischen Rationalität dominiert wird, wird der Erfolg von Innovationsanstrengungen letzten Endes am Umsatz oder am Gewinn gemessen. Einer der wichtigsten Begründer der Innovationstheorie, Josef A. Schumpeter (1939: 59), unterschied deshalb auch zwischen (wissenschaftlicher) Erfindung und (wirtschaftlicher) Innovation. Im Gegensatz dazu ist eine Innovation im akademischen Bereich ein neues Paradigma, wenn wir der Wissenschaftsforschung Thomas S. Kuhns (1962: 111) folgen, welches als solches erst nach der Prüfung durch die wissenschaftliche Gemeinschaft (peer review) anerkannt wird.

Moderne Gesellschaften sind durch die Art ihrer Differenzierung gekennzeichnet, die, bildlich gesprochen, die Gesellschaft auseinanderzieht. Gesellschaftliche Integration wird (unter anderem) durch *eine* organisatorische Rationalität realisiert. Nach Max Weber (1922: 551ff.) nutzen moderne Gesellschaften eine gesellschaftliche Institution, welche er rational-bürokratische Herrschaft nannte (und die ältere, nicht-rationale Strukturformen wie patriarchale, patrimoniale oder feudale Herrschaft ablöste). Kennzeichen der rationalen Bürokratie sind: Regeln, Hierarchie, speziell ausgebildetes Personal, geltende Bindung der Regeln für alle Mitglieder, Verkürzung der Reaktionszeit, Kalkulierbarkeit. Die prominentesten Manifestationen dieser Institution sind der Organisationstyp

---

8 Der Begriff Autopoiese wurde von Humberto Maturana und Francisco Varela (1972: 81) eingeführt um Leben zu erklären. Die beiden gehen davon aus, dass die Grenzen eines autopoietischen Systems im Verlauf von dessen Selbstproduktion entstehen. Um das zu illustrieren, unterscheiden sie autopoietische von allopoietischen Maschinen, wobei die Grenzen von letzteren vom Beobachter definiert werden, der mit der Festlegung von Systeminput und Systemoutput spezifiziert, was eine Operation ist. Luhmann (1986: 266) ist eng an diese Konzeptualisierung angelehnt, wenn er Autopoiese als Reproduktionsweise soziale Systeme definiert und geht darüber hinaus, wenn er spezifiziert, dass Kommunikation die elementare Einheit ist.

Behörde in der öffentlich-rechtlichen Sphäre und der Typ Betrieb in der privatwirtschaftlichen Sphäre. Die öffentliche Verwaltung und die Privatwirtschaft sind in dieser Konzeption Kennzeichen der Moderne, deren evolutionärer Erfolg auf ihrer „technischen Überlegenheit", das heißt ihrer *bürokratischen Rationalität* beruht. Weber (1922: 561) verglich diese Überlegenheit mit den Eigenschaften von Maschinen wie Präzision, Schnelligkeit, Eindeutigkeit, Kontinuierlichkeit und Ersparnis von Reibungen.

Die Rationalitäten der Gesellschaftssysteme sind die grundlegendsten Orientierungsstandards und die bürokratische Rationalität von Organisationssystemen ist die wichtigste Antriebskraft technologischer Innovation. Dies nicht nur, weil die Produktion technologischer Innovation fast ausschließlich in Organisationen wie Firmen, Forschungsinstituten oder Universitäten stattfindet, sondern auch, weil die jeweiligen organisatorischen Rationalitäten in Form von Organisationskulturen (Selbstbild, Werte, Strategie, Größe, Managementstil, Art der Hierarchie) das Ausmaß und das Wesen der technologischen Innovationen bestimmen[9]. Beiden Systemen ist gemeinsam, dass sie autopoietisch operieren. Sie unterscheiden sich aber durch den Mechanismus der Schließung: Gesellschaftssysteme sind operativ geschlossen durch die binären Kodes und autopoietische Schließung von Organisationssystemen wird über „Entscheidungen" realisiert. Das heißt, dass innerhalb von Organisationssystemen Entscheidungen an frühere Entscheidungen anschließen und zukünftige Entscheidungen ermöglichen müssen (N. Luhmann 2000: 65). Gerade wegen dieses Operationsmodus sind Organisationen effektive Mittel, um Unsicherheit zu absorbieren. Die Innovativität von Organisationen hängt deshalb auch vom Verlauf der „Entscheidungspfade" zwischen den Polen Stabilität (Absorption von Unsicherheit) und Flexibilität (Toleranz gegenüber Neuheit und Risiko und damit Unsicherheit) ab.

3 Wissen als Universalie der unterschiedlichen Erscheinungsformen von Technologie

Den völlig unterschiedlichen Erscheinungsformen von Technik kann ein gemeinsames Kennzeichen unterstellt werden: jede Form von Technik ist mit Wis-

---

9 Um hier Missverständnisse auszuschließen: Es existiert *eine* gesellschaftliche Institution, welche als bürokratische Rationalität bezeichnet wird. Die Realisierung bürokratischer Rationalität in Form individueller Organisationen bringt so viele individuelle organisatorische Rationalitäten hervor als Organisationen existieren. Natürlich ist es möglich und sinnvoll, für bestimmte Zwecke (wissenschaftliche Analysen, politische Maßnahmen etc.) individuelle Rationalitäten zu bündeln.

sen verbunden[10]. Von diesem Gedanken ausgehend werden im Folgenden drei Formen technologischen Wissens – *Artefakte, Techniken, Wissen technologischer Gemeinschaften* – unterschieden und erklärt. Diese Klassifikation folgt hauptsächlich dem Artikel „Technology as Knowledge" (1974), in dem Edwin T. Layton Technologie als Spektrum erklärt: Ideen stehen an einem Ende, Techniken und Dinge am anderen und Design ist in der Mitte. Ideen müssen in Design übersetzt werden und mittels Techniken und Werkzeugen werden die Designs als Artefakte realisiert. Die Ideen kommen aber nicht aus dem Nichts, sondern entstehen normalerweise im Kontext einer Gemeinschaft von Technikern und Ingenieuren und der Beziehung einer solchen Gemeinschaft zu anderen kollektiven Akteuren. Dieses Beziehungsgeflecht ist wichtig, weil geniale Ideen/Designs, die ihrer Gemeinschaft voraus sind (wie z.B. diejenigen in Leonardo Da Vincis berühmten Notizbuch), mit der Technologie ihrer Zeit nicht verwirklicht werden können. Wegen der Wichtigkeit der interaktiven Dimension von technologischer Innovation[11] sind technologische Gemeinschaften die dritte Kategorie, die in diesem Text behandelt wird.

Artefakte enthalten Wissen, das notwendig war, sie herzustellen. Dieses Wissen kann ganz oder teilweise durch umgekehrtes Engineering rekonstruiert werden. Wie effektiv eine solche Art der Wissensbeschaffung sein kann, zeigt sich in der Militärtechnologie. Es ist zum Beispiel ein „schlechtester Fall"-Szenario, wenn ein neues U-Boot oder ein neues Aufklärungsflugzeug in einem Areal verloren geht, welches vom Gegenspieler kontrolliert wird und der Gegenspieler für fähig gehalten wird, die enthaltene Technologie zu rekonstruieren.

Techniken sollten nicht mit Maschinen verwechselt werden. Der griechischen Wurzel *techne*[12] folgend, bezeichnet das Wort die menschliche Fähigkeit, angestrebte Ergebnisse zu erreichen sowie die Vertrautheit mit den relevanten Prinzipien. In der Formulierung von Robert K. Merton (1964: vi): „Technique refers to any complex of standardized means for attaining a predetermined result. Thus, it converts spontaneous and unreflective behavior into behavior that is deliberate and rationalized." Techniken können als Speichermedien für Wissen mit (teilweise) stillschweigendem (tacit) Charakter angesehen werden, welche nur dann existieren, wenn sie angewendet werden. Wegen dieser beiden Dimen-

---

10 Der Universalienbegriff wird hier als Metapher verwendet, was die wissenschaftstheoretische Auseinandersetzung mit diesem Begriff nicht negiert. Vgl. für einen Überblick des letzteren den Sammelband P.M. Hejl (2001).
11 Vgl. dazu die Ausführungen im vorigen Kapitel und zur Wichtigkeit von interaktivem Lernens und Netzwerken für technologische Innovation E.v. Hippel (1988), K. Pavitt (1984), B.-A. Lundvall (1988), E. Mansfield (1991, 1998), F. Narin/ K. Hamilton/ D. Olivastro (1997), OECD (1999).
12 Vgl. zur Etymologie des griechischen Wortes *technologia* Ph. Wheelwright (1966).

sionen – Existenz durch Tun und Stillschweigend – werden Techniken oft im Rahmen eines persönlichen Lehrer-Schüler-Verhältnisses erworben (Klavierspieltechnik, Kommunikationstechnik), für die Kommunikation von Angesicht zu Angesicht wichtig ist.

Techniken konstituieren auch die Verbindung zwischen Artefakten und Individuen und/oder der gesellschaftlichen Sphäre. Sie integrieren Werkzeuge, Maschinen oder Anlagen in die Gesellschaft, indem sie den Anwendungskontext vorgeben. James Fleck (2000) beschreibt dies als die Artefakt-Aktivität-Kopplung. Bei vergleichsweise einfachen Artefakten ist auch die Verwendungstechnik einfach, zum Beispiel bei einem Hammer. Vergleichsweise komplexere technologische Einheiten benötigen ein umfangreicheres Bündel an Fähigkeiten, um sie zu nutzen. Oft sind diese Fähigkeiten nicht in der Hand einer Person, sondern verteilt auf Gruppen von Personen, die für Nutzung und Wartung zusammenwirken müssen. Beispiele für solche Technologien mit Koordinationserfordernis sind das Klavier oder das Auto. Je komplexer Technologien werden, desto mehr Koordination ist erforderlich. Zum Beispiel werden beim Betrieb einer industriellen Fertigungsstrasse die notwendigen Aktivitäten durch Teams ausgeführt, in denen jedes Mitglied eine spezialisierte Rolle in einer klaren Organisationsstruktur hat.

Die Erfordernis, Techniken zu koordinieren, um Technologiekomplexe zu ermöglichen[13], verweist auf die Bedeutung von Interaktionssystemen. Im Folgenden wird nun das Auftreten von Techniken in Organisationssystemen und in psychischen Systemen diskutiert. Den evolutionären Ökonomen Richard R. Nelson and Sidney G. Winter (1982: 72ff.) folgend, können Techniken als Fähigkeiten (skills) oder Routinen in Erscheinung treten. *Individuelle Fähigkeiten* werden als Formen koordinierten Verhaltens mit programmatischem Charakter definiert. Programmatisch meint, dass sie effektiv relativ zu einem Ziel oder einer Absicht sind und eine Sequenz von zusammenhängenden Schritten bilden, bei welcher jeder weitere Schritt vom vorausgehenden (mit)bestimmt ist. Der Hauptnutzen von Fähigkeiten liegt darin, dass sie vereinfachen. Obwohl das Ausführen einer Fähigkeit viele „Wahlentscheidungen" beinhalten kann, sind die

---

13 Es ist nicht beabsichtigt, in diesem Beitrag die unterschiedlichen Definitionen des Technikbegriffs aufzuarbeiten. Der hier gewählte Ansatz – Technik als Wissen – führt zu folgender Abgrenzung: Bezogen auf die unterschiedlichen Systeme ergeben sich die Typen (a) Technik als individuelle Fähigkeit, (b) Technik als kollektive Fähigkeit in Organisationen (Routinen), (c) Technik als gesamtgesellschaftliche kollektive Fähigkeit (Institutionen, Differenzierungstechniken) und (d) Technik inkorporiert in Artefakten (Maschinentechnik). Der Begriff Technologie verweist auf die Erklärungs- und Reflexionsdimension (vgl. dazu die Ausführungen weiter unten), die alle vier Typen von Technik beinhalten kann. Deshalb wird Technologie als Oberbegriff verwendet und führt zu Bezeichnungen wie Gentechnologie, Kommunikationstechnologie oder Abwassertechnologie.

Optionen, zwischen denen gewählt wird, zumeist automatisch vorgegeben und die Wahlentscheidungen werden mitunter gar nicht mehr bewusst als solche wahrgenommen.

Im vorigen Abschnitt wurde bürokratische Rationalität selbst als Schlüsseltechnik auf gesellschaftlicher Ebene beschrieben. *Organisatorische Routinen* sind spezielle Formen der Koordination von Organisationsmitgliedern oder, anders ausgedrückt, spezielle Anwendungen von bürokratischer Rationalität, welche eine individuelle organisatorische Rationalität ausmachen. Routinen gehören zu den wichtigsten Speichermedien für das operative Wissen von Organisationen. Sie vereinfachen, indem sie (a) jedem Organisationsmitglied die Tätigkeitsbeschreibung vorgeben, (b) ohne dass es notwendig ist, dass jede/r die Einzelheiten der anderen Tätigkeiten kennt und (c) ohne die Notwendigkeit für jede/n imstande zu sein, alle Prozeduren beschreiben zu können, die von der Organisation verwendet werden.

Technologische Gemeinschaften: Während der Begriff Technik eine große Nähe zu so etwas wie praktischen Fähigkeiten hat, stellt der Begriff Technologie den Zusammenhang zu der Wissensdimension her, die über das Praktische hinausgeht. Die griechische Wurzel *logos* verweist auf „argumentieren", „erklären" und „urteilen". Trotzdem bleibt, wenn von technologischem Wissen gesprochen wird, die Bedeutung des Praktischen und des Tuns erhalten. „Wissen" und „Tun" verdeutlichen die gänzlich unterschiedlichen Ziele von Wissenschaft und Technologie (E.T. Layton 1974: 40).

Bei technologischen Gemeinschaften kann zwischen „Netzwerken" und „Paradigmen" unterschieden werden. Unter Innovationsnetzwerken sind die mehr oder weniger stabilen Muster der Interaktionen zwischen Akteuren (üblicherweise Organisationen) zu verstehen. Beispiele sind[14]: (a) Firmennetzwerke auf Basis von Zuliefer-Nutzer-Beziehungen, Netzwerke von Pionieren und Nachfolgern innerhalb desselben Sektors, Design-Netzwerke, internationale strategische Allianzen oder Forschungs- & Entwicklungskonsortien, (b) Wissenschaft-Wirtschaft-Netzwerke wie Forschungskooperationen zwischen Universitäten und Firmen, (c) „reine" Politiknetzwerke, bestehend aus Organisationen der öffentlichen Verwaltung, die die Integration unterschiedlicher Politikfelder anstreben und (d) „gemixte" Politiknetzwerke, bestehend aus Organisationen der öffentlichen Verwaltung, Firmen, akademischen Organisationen und NGOs[15].

---

14 Vgl. für die empirische Analyse von Netzwerken u.a. R. Narula/ J. Hagedoorn (1999), M. Callon (1995), J. Law/ M. Callon (1992), Chr. DeBresson/ F. Amesse (1991), B. Marin/ R. Mayntz (1991) oder B.-A. Lundvall (1988).
15 Non Governmental Organizations.

Die Interaktionen zwischen den Netzwerkpartnern können formal (Verträge) oder informell oder, was oft der Fall ist, ein Mix aus beidem sein. Obwohl es Sinn macht, Netzwerke anhand der Art der unterschiedlichen Interaktionen zu beschreiben, sind diese m.E. nicht die charakteristischsten Kennzeichen. Dasselbe gilt für Beschreibungen, die Anzahl der Netzwerkmitglieder oder die hierarchischen Strukturen innerhalb eines Netzwerks heranzuziehen. Ich schlage vor, Innovationsnetzwerke zu definieren als (a) gesellschaftliche Institutionen des Wissensaustausches mit (b) minimal stabilen Beziehungen, die auf Vertrauen basieren (oder einem vergleichbaren Faktor) und (c) als Potential für tatsächlich stattfindende Interaktionen[16], also Interaktionssysteme.

Die Idee des Vorhandenseins technologischer Paradigmen bietet sich an, die Wissensdimension auf der Ebene technologischer Gemeinschaften zu konzeptualisieren. Inspiriert durch den von Thomas S. Kuhn (1962) eingeführten Begriff des wissenschaftlichen Paradigmas, entwickelte Giovanni Dosi (1982) die Idee des technologischen Paradigmas. Wie ein wissenschaftliches Paradigma versorgt ein technologisches Paradigma seine Nutzer mit Anleitungen für Fragen wie: Was ist ein Untersuchungsgebiet? Was ist ein relevantes Problem? Was sind die adäquaten Prozeduren, um das Problem zu behandeln? In welcher Richtung ist Fortschritt zu erwarten? Das ist das „normale Lösen von Problemen" – basierend auf *mächtigen Heuristiken* (G. Dosi 1982: 153). Die Heuristiken sind durch das Paradigma vorgegeben und können als technologische Trajektorien[17], die den Verlauf des Fortschritts innerhalb eines Paradigmas zeigen, beobachtet werden. Forschung geleitet durch ein Paradigma, führt typischerweise zu inkrementellen Innovationen, während das Auftauchen eines neuen Paradigmas die radikale Innovation ist.

Obwohl die Erklärung von technologischen Paradigmen so eng an die Erkenntnisse der Wissenschaftsforschung angelehnt ist, soll hier noch einmal betont werden, dass Wissenschaft und Technologie deutlich verschieden sind. Als erstes Kriterium soll die „Wissen/Tun"-Unterscheidung von Layton dienen. Daran anschließend soll die „Art des Probleme" als zweites Kriterium herangezogen werden. Technologische Forschungsprogramme haben andere Probleme als

---

16 Dieser Gedanke wird u.a. von F. Scharpf (1993: 147ff.) und D. Baecker (1999: 26) diskutiert.
17 Der Gedanke von natürlichen technologischen Trajektorien soll zeigen, dass Innovationen einem selbst-evidenten Weg folgen. Das heißt, die Aufmerksamkeit von Forschern oder Technikern ist normalerweise angeregt durch die Annahme eines Potentials oder durch anstehende Probleme, die jeweils von existierenden technologischen Lösungen ausgehen. Zum Beispiel das DC3-Flugzeug startete in den 1930ern eine Trajektorie mit Metallhaut, niedrigen Flügeln und Kolbenmotoren. Für mehr als zwei Jahrzehnte waren die Innovationen im Flugzeugdesign darauf ausgerichtet, das vorhandene Potential zu verbessern (die Motoren zu verbessern, das Flugzeug zu vergrößern und effizienter zu machen) (R.R. Nelson/ S.G. Winter 1977: 56).

wissenschaftliche, indem sie zuletzt Konsumenten mit Gütern versorgen, die diese sich wünschen oder die deren Bedürfnisse am meisten befriedigen. Das Ausmaß der Artikulation des Wissens sei ein drittes Kriterium. Technologisches Wissen ist viel weniger gut artikuliert als wissenschaftliches Wissen. Das heißt, dass technologische Paradigmen größere Anteile stillschweigenden Wissens haben als wissenschaftliche. Wenn die wissenschaftlichen Paradigmen primär dem Gesellschaftssystem Wissenschaft zugeordnet werden, dann macht es Sinn, technologische Paradigmen primär dem Gesellschaftssystem Wirtschaft zuzuordnen. Nichtsdestotrotz ist die wissenschaftliche und die technologische Wissensproduktion oft auf das Engste miteinander verwoben[18]. Beispiele solcher Verwobenheit sind Gentechnologie, Informations- und Kommunikationstechnologie oder Materialtechnologie.

Tabelle 1: Fünf Orte technologischen Wissens

	Wissen in Artefakten	*Wissen als Techniken*	*Gemeinschaftswissen*
Psychisches System		*Fähigkeiten*	
Organisationssystem		*Routinen*	
Interaktionssystem			*Netzwerke*
Gesellschaftssystem			*Paradigmen*

Alle Hauptkategorien, die bislang beschrieben wurden – drei soziale Systeme, das psychische System, drei Formen technologischen Wissens – können in einer Matrix integriert werden (Tabelle 1). Das erlaubt das Identifizieren von fünf Orten technologischen Wissens: Artefakte, Fähigkeiten, Routinen, Netzwerken und Paradigmen. Mein Vorschlag ist, technologische Innovation als Prozess zu konzeptualisieren, der in diesen fünf Orten beobachtet werden kann.

---

18 Auf diese Unterscheidung wird deshalb so deutlich hingewiesen, um die Kategorien, die für die Modellierung von Realwelt-Innovationen genutzt werden, so eindeutig wie möglich zu bestimmen. Selbstverständlich ist und bleibt die Realwelt als „Erfahrungsraum" von Menschen vielfältig, verwoben, unscharf, Multi-Kontextuell etc. Der Begriff technoscience, der von Bruno Latour (1987) eingeführt wurde, oder die Idee der „Mode 2"-Produktion von Wissen, ausgearbeitet von Gibbons und seinen Kolleginnen und Kollegen (1994), sind Beispiele der soziologischen Reflexion solch einer Multi-Kontextualität.

4 Technologische Innovation als Wachstum von Wissen

Wenn Technologie als Wissen konzeptualisiert wird, dann kann technologische Innovation konsequenterweise nur als Hervorbringung neuen Wissens verstanden werden. Um dies zu erklären, werden in diesem Abschnitt Elemente der Theorie der sozialen Systeme mit Elementen der evolutionären Erkenntnistheorie kombiniert.

Wachstum von Wissen ist ein Prozess von blinder Variation und selektiver Bewahrung. Dieser Ansatz wurde von Donald D. Campbell (1960, 1974) ausgearbeitet, einem der prominentesten Vertreter der evolutionären Erkenntnistheorie, welcher sich u.a. intensiv mit den Überlegungen Karl Poppers (1934, 1961) zur Produktion u. Selektion von Wissen beschäftigte. Die Verwendung des Begriffs „blind" anstatt „zufällig" reflektiert die Dis-Analogie zwischen biologischer und Wissens-Entwicklung. Blinde Variation bezieht sich auf das Hervorbringen von „Gedanken als Versuche" (thought trials) in Form von kreativem Denken. Natürlich stimmt das Argument, dass auch kreatives Denken einen erfolgreichen Abschluss hat, zum Beispiel einen *Heureka*-Akt oder ein „Aha-Erlebnis", aber die einzelnen Gedankenversuche sind blind, weil sie keine Voraussicht haben (D.T. Campbell 1960: 213).

Popper argumentierte, dass die Produktion von Wissen immer durch Probleme angeregt ist. Sobald ein Problem identifiziert ist, wird geraten und vermutet (guesses and conjectures) und das, was dabei herauskommt, einem Prozess der Kritik unterzogen. Nur manche Gedankenversuche werden zurückbehalten, viele werden widerlegt. Zurückbehalten/widerlegen ist nicht nur das Ende einer Episode der Wissensproduktion, sondern auch der Beginn der nächsten. Selbst wenn ein Problem zufriedenstellend gelöst wurde, gibt das Anlass für das Entstehen neuer Probleme. Deshalb gibt es folgendes Schema: „The growth of knowledge proceeds from old problems to new problems, by means of conjectures and refutations" (K.R. Popper 1961: 258). Dies ist ein Prozess von Versuch und Irrtum, welcher dem ähnelt, den Darwin natürliche Selektion nannte. Angewandt auf das Wachstum von Wissen ist es daher möglich, von der „natural selection of hypotheses" (K.R. Popper 1961: 261) zu sprechen.

Gedankenversuche und Hypothesen werden von Individuen hervorgebracht. Bei technologischer Innovation halte ich aber psychische Systeme und Interaktionssysteme für gleich wichtig. Durch diese Sicht wird nicht das kreative Denken als individueller Prozess in Frage gestellt, sondern daran erinnert, dass Forschung oft in Teams stattfindet, in denen die Mitglieder ihre individuellen Aktivitäten durch Brainstorming oder andere Kreativtechniken zu einem Prozess kollektiven kreativen Denkens verbinden. Neue Ideen, die in solchen Diskussionen auftauchen, können individuelle Heureka-Akte mehr oder weniger gleichzeitig hervorbringen. Insgesamt ist es so, dass die Erklärung von technologischer Innovation als interaktiver Prozess in der Zwischenzeit selbst den Status eines Paradigmas bekommen hat.

Selektionsprozesse passieren auf mehreren Ebenen. Campbell unterschied zehn Ebenen, die von „nicht-gedächtnisgestützter Problemlösung" bis zu „Wissenschaft" reichen (D.T. Campbell 1974: 403ff.). Im Folgenden sind solche Selektionseinrichtungen beschrieben, die ich für die relevantesten für technologische Innovation halte. Ich beginne mit dem individuellen Prozess der *Selektion beim kreativen Denken.* Alle Gedankenversuche werden einem internen Selektionsprozess unterzogen, bevor sie geäußert werden. Diese innerpsychische Selektion beinhaltet eine dreifache Substitution (D.T. Campbell 1960: 212): die Gedankenversuche sind eine (a) substitutive Exploration einer (b) substitutiven Repräsentation der Umwelt und es wird eine Lösung selektiert nach einem (c) Kriterium, das externe Selektion substituiert. Das interne Hervorbringen der einzelnen Gedankenversuchen ist blind, aber der Prozess als Ganzer ist absichtsvoll, sobald einer der blinden Gedankenversuchen das Selektionskriterium passiert hat und beim denkenden Individuum einen Heureka-Akt zur Folge hat.

Die durch das Gedächtnis unterstützte stellvertretende Variation und Selektion ist zumeist durch Problemlösungsheuristiken geleitet. Die heuristische Suche ist eine Technik auf individueller (Fähigkeit) wie auf organisatorischer Ebene (Routine). Zweitens, *individuelle Heuristiken* werden als kognitive Abkürzungsverfahren zur Problemlösung beschrieben. Der Begriff Heuristik wurde populär durch die Simulation von Denken und Lernen mit Computern, wobei Schachspiele als besonders geeignet gelten. Allen Newell, Cliff Shaw and Herbert Simon (1960) entwickelten Schachprogramme, mit denen sie zeigten, wie hoch selektive Suchschritte, geleitet von Heuristiken und Zielen, die während des Suchprozesses entstanden, (künstliche) Intelligenz hervorbrachten. Campbell, welcher die Problemlösung mit Computern als hilfreich für die Erklärung von Wissensgenerierung betrachtete, adoptierte den Begriff Heuristik mit dem Hinweis, dass Heuristiken selbst ein Produkt von vorhergehenden Versuch-und-Irrtum-Prozessen sind. Darauf aufbauend beschreibt er das Wachstum von Wissen als „a nested hierarchy of selective-retention processes" (D.T. Campbell 1974: 399), welche als Evolution von immer spezieller werdenden Selektionskriterien beobachtbar ist.

Drittens, die Definition, dass Heuristiken Abkürzungsverfahren zur Problemlösung sind, gilt auf der individuellen wie auf der organisatorischen Ebene. Für die Beschreibung *organisatorischer Heuristiken* kann auf die Arbeiten von Richard R. Nelson and Sydney G. Winter (1977: 52) über Forschung und Entwicklung (F&E) in Firmen zurückgegriffen werden. Sie unterscheiden drei Anwendungsbereiche: (a) F&E Projekte können als Suchprozesse, die von Heuristiken geleitet sind, angesehen werden. (b) Die Prozeduren, die benützt werden, um die Aussichten eines vorgeschlagenen F&E Projektes zu bewerten, sind ebenfalls heuristische Suchprozesse. (c) Die F&E Strategie einer Organisation kann als quasi stabile Bindung an ein spezifisches Set von Heuristiken, die die Selektion von F&E Projekten betreffen, beschrieben werden.

Viertens, *technologische Paradigmen* beinhalten mächtige Heuristiken[19]. Dosi folgte Kuhn in der Konzeption, dass ein Paradigma ein „promise of success" (Th.S. Kuhn 1962: 23) ist. Alltägliche Forschung und Entwicklung besteht dann in der Einlösung dieses Versprechens. Die Aufmerksamkeit der Forscher wird vom Paradigma auf bestimmte Daten und Fakten gelenkt und diese werden darauf überprüft, wie weit sie die Vorhersagen des Paradigmas stützten.

Insgesamt beeinflussen Heuristiken die Produktion neuen Wissens zweifach. Sie geben einerseits Anreize für Gedankenversuche und Hypothesen und sie sind andererseits stellvertretende (vorwegnehmende) Selektoren. Heuristiken sind darüber hinaus selbst einem Versuch-und-Irrtum-Prozess unterworfen. Sie sind Episoden eines umfassenderen evolutionären Prozesses (in den Worten Poppers) oder Teil einer verschachtelten Hierarchie von selektiven Beibehaltungsprozessen (in den Worten Campbells).

Heuristische Selektion ist gedächtnisgestützt und ist fünftens von *Marktselektion* zu unterscheiden. Der kategoriale Unterschied zwischen diesen beiden ist „stellvertretende" und „direkte" Selektion. Objekte der direkten Selektion sind Produkte und Dienstleistungen (wobei Dienstleistungen in den meisten Fällen die Form einer Technik haben und manchmal eine Suchheuristik sind, z.B. bei Unternehmensberatung).

Eine weitere, und damit sechste, Selektionsinstanz ist *Regulierung*. Ich neige dazu, Regulierung der Kategorie direkte Selektion zuzuordnen, weil sie auf Produkte und Dienstleistungen einen Einfluss hat, der der Marktselektion ähnlicher ist als der heuristischen Selektion. Das soll aber nicht den Eindruck erwecken, dass der bestimmende Einfluss, den Paradigmen bei der Formulierung von Regulierungsbestimmungen haben, unterschätzt wird. Dies ist zum Beispiel erkennbar bei der Diskussion, was die beste verfügbare Technologie eines Technologiefeldes ist. Ein Thema, das häufig bei Regulierungsvorhaben der Umweltpolitik eine wichtige Rolle spielt.

Siebtens und zuletzt komme ich noch einmal zu den, von mir als äußert wichtigen eingeschätzten, Interaktionssystemen und ihrer strukturellen Unterstützung, den Netzwerken. Oben in diesem Abschnitt wurde die Rolle von Interaktionssys-

---

19 Vgl. dazu auch den vorigen Abschnitt.

temen in Form von Teams diskutiert. Solche Teams, deren Mitglieder gemeinsam kreativ denken, kommen vorwiegend innerhalb von Organisationssystemen oder im Rahmen formaler Kooperationen (z.B. F&E-Kooperationen) vor. Die Gemeinschaften, die kollektiv Paradigmen erzeugen, nutzen und weitertreiben, sind viel weniger eng gekoppelt. Es ist auch zu vermuten, dass nicht alle Mitglieder einer technologischen Gemeinschaft sich so mit ihr verbunden sehen, wie das im vorigen Abschnitt bei den Netzwerken beschrieben wurde (Interesse an Wissensaustausch, Beziehungen, die auf Vertrauen basieren, Interesse an tatsächlich stattfindenden Interaktionen). Ich gehe aber trotzdem davon aus, dass eine kritisch große Anzahl von Mitgliedern technologischer Gemeinschaften in Netzwerken organisiert ist. Und ich vermute darüber hinaus, dass jene Gemeinschaftsmitglieder am ehesten wichtige Knoten solcher Netzwerke sind, welche am aktivsten zur Weiterentwicklung eines technologischen Paradigmas beitragen.

5 Zusammenfassung und Schlussfolgerung

Dieser Text soll einen Beitrag zum Verstehen technologischer Innovationsprozesse leisten. Neu daran ist, Ecksteine der Theorie sozialer Systeme als Basiskategorien zu verwenden. Ebenfalls Neuheitscharakter hat die Anwendung der evolutionären Erkenntnistheorie. Die Idee, Technologie als Wissen zu konzeptualisieren und über Selektionskriterien technologischen Wissens zu reflektieren, ist jedoch in der vorhandenen Literatur bereits diskutiert. Im Folgenden eine kurze Zusammenfassung:

Erstens wurden vier Typen von Systemen, welche in der Theorie sozialer Systeme definiert sind, als gesellschaftliche Orte technologischer Innovation vorgestellt. *Gesellschaftssysteme* wie Wirtschaft, Wissenschaft oder Politik repräsentieren unterschiedliche Systemrationalitäten (die durch operative Schließung der Systeme entstehen). Systemrationalitäten, wie zum Beispiel die wissenschaftliche oder die ökonomische Rationalität, sind die primären Orientierungsstandards für technologische Innovation. *Interaktionssysteme* sind die Orte der Kommunikation von Angesicht zu Angesicht. Wegen des interaktiven Charakters technologischer Innovation ist Kommunikation unter Anwesenden unverzichtbar. Während die unterschiedlichen Systemrationalitäten gesellschaftliche Differenzierung widerspiegeln, repräsentieren *Organisationssysteme* einen Integrationsmechanismus. Als soziale Institution „bürokratische Rationalität" ist dieser Integrationsmechanismus in Organisationen wie Firmen oder Universitätsinstituten realisiert. *Psychische Systeme* sind von sozialen Systemen analytisch zu unterscheiden, aber trotzdem untrennbar mit ihnen verbunden (entwickelten sich in Co-Evolution).

Zweitens wurde Wissen als Universalie von Technologie diskutiert. Die drei Wissensformen von Technologie sind Artefakte, Techniken und Gemeinschaftswissen. Wenn aus den vier Systemen einerseits und den drei Formen technologischen Wissens andererseits eine Matrix gebildet wird, können fünf Orte technologischen Wissens identifiziert werden: gesellschaftliche Paradigmen, Netzwerke, organisatorische Routinen, individuelle Fähigkeiten und Artefakte.

Drittens, wenn Technologie als Wissen konzeptualisiert wird, kann technologische Innovation als Wachstum von Wissen erklärt werden. Auf Basis der evolutionären Erkenntnistheorie wurde beschrieben, wie „blinde Variation" und „verschachtelte Hierarchien von selektiven Beibehaltungsprozessen" technologische Innovation bestimmen. Variation in Form von Gedankenversuchen und Hypothesen passiert sowohl in psychischen als auch in Interaktionssystemen (in und zwischen Organisationssystemen). Selektion ist zumindest zweidimensional. Heuristiken zur Problemlösung in individuellen Fähigkeiten, organisatorischen Routinen und technologischen Paradigmen repräsentieren *stellvertretende Selektion* in ineinander verschachtelten Hierarchien. *Direkte Selektion* passiert in Form von Marktkräften und in Form von Regulierung.

Die Schlussfolgerung aus diesen Ausführungen ist: Die Beobachtung technologischer Innovation mit Hilfe der Theorie sozialer Systeme und der evolutionären Erkenntnistheorie ist in zweifacher Hinsicht fruchtbar. (a) Beide Theorien können mit Ansätzen der evolutionären Ökonomie verbunden werden. Das ist wichtig, weil dadurch die umfangreichen (theoretischen und empirischen) Forschungsergebnisse der evolutionären Ökonomie genutzt und erweitert werden können. (b) Beide Theorien liefern wissenschaftlich abgesicherte Kategorien, mit denen der interaktive und lernorientierte Charakter von technologischer Innovation präziser als bisher erklärt werden kann.

Literatur

Arrow, Kenneth J. (1974): The limits of organizations. New York: W.W. Norton & Company
Baecker, Dirk (1999): Organisation als System. Frankfurt am Main: Suhrkamp
Bijker, Wiebe E./ Law, John (1992): Shaping technology, building society. Studies in sociotechnical change. Cambridge/ London: MIT Press
Bijker, Wiebe/ Hugh, Thomas/ Pinch, Trevor (ed.) ([1987] 1994): The social construction of technological systems. Cambridge/ London: MIT Press
Callon, Michel (1987): Society in the making: The study of technology as a toll for sociological analysis. In: Bijker et al (1987): 83-103
Callon, Michel (1995): Technological conception and adoption network. In: Rip et al (1995): 307-330
Campbell, Donald T. (1960): Blind variation and selective survival. In: Yovits/ Cameron (1960): 205-231
Campbell, Donald T. (1974): Evolutionary epistemology. In: Campbell (1988): 393-434

Campbell, Donald T. (1988): Methodology and epistemology for social science. Selected papers. Chicago/ London: University of Chicago Press.
Constant, Edward (2000): Recursive practice and the evolution of technological knowledge. In: Ziman (2000): 219-233
Coombs, Rod (1995): Firm strategies and technical choices. In: Rip et al (1995): 331-345
Cowan, Robin/ David, Paul A./ Foray, Dominique (1999): The explicit economics of knowledge codification and tacitness. Paper presented at the 3rd TIPIK Workshop, University of Louis Pasteur, April 24, 1999, Strasbourg
DeBresson, Chris/ Amesse, Fernand (1991): Networks of innovators: A review and introduction to the issue. In: Research Policy 20. 363-380
Dosi, Giovanni (1982): Technological paradigms and technological trajectories. In: Research Policy 11. 147-162
Dosi, Giovanni/ Freeman, Christopher/ Nelson, Richard R./ Silverberg, Gerald/ Soete, Luc (eds.) (1988): Technical change and economic theory. London/ New York: Pinter Publisher
Eisenstein, Elisabeth L. (1979): The printing press as an agent of change. Cambridge: Cambridge University Press
Ellull, Jaques ([1954] 1964): The technological society. Toronto: Vintage Books
Febre, Lucien/ Martin, Henri-Jean ([1958] 2000): The coming of the book. London/ New York: Verso
Fleck, James (2000): Artefact↔activity: the coevolution of artefacts, knowledge and organization in technological innovation. In: Ziman (2000): 248-266
Foster, John/ Metcalfe, Stanley J. (eds.) (2001): Frontiers of evolutionary economics. Cheltenham/ Northampton: Edward Elgar
Gibbons, Michael/ Limoges, Camille/ Nowotny, Helga/ Schwartzman, Simon/ Scott, Peter/ Trow, Martin (1994): The new production of knowledge. London: Sage Publications
Giesecke, Michael ([1991] 1998): Der Buchdruck in der frühen Neuzeit
Hejl, Peter M. (Hrsg.) (2001): Universalien und Konstruktivismus. Frankfurt am Main: Suhrkamp
Hippel, Eric von (1988): The sources of innovation. New York/ Oxford: Oxford University Press
Kuhn, Thomas S. ([1962] 1996): The structure of scientific revolutions. Chicago/ London: The University of Chicago Press
Latour, Bruno ([1987] 1999): Science in action. Cambridge: Harvard University Press
Law, John/ Callon, Michel (1992): The life and death of an aircraft: A network analysis of technical change. In: Bijker/ Law (1992): 21-52
Law, John/ Hassard, John (ed.) (1999): Actor network theory and after. Oxford: Blackwell Publishers
Layton, Edwin T. (1974): Technology as knowledge. In: Technology and Culture 15 (1). 31-41
Luhmann, Niklas ([1975] 1986): Soziologische Aufklärung 2. Aufsätze zur Theorie der Gesellschaft. Opladen: Westdeutscher Verlag.
Luhmann, Niklas ([1984] 1985): Soziale Systeme. Frankfurt am Main: Suhrkamp
Luhmann, Niklas (1977): Differentiation of society. In: Canadian Journal of Sociology 2 (77). 29-53
Luhmann, Niklas (1986): Ökologische Kommunikation. Opladen: Westdeutscher Verlag
Luhmann, Niklas (1990): Technology, environment and social risk: A systems perspective. In: Industrial Crisis Quarterly 4. 223-231
Luhmann, Niklas (1997): Die Gesellschaft der Gesellschaft. Frankfurt am Main: Suhrkamp
Luhmann, Niklas (2000): Organisation und Entscheidung. Opladen/ Wiesbaden: Westdeutscher Verlag
Lundvall, Bengt-Ake (1988): Innovation as an interactive process: From user-producer interaction to the national system of innovation. In: Dosi et al (1988): 349-369
Mansfield, Edwin (1991): Academic research and industrial innovation. In: Research Policy 20. 1-12

Mansfield, Edwin (1998): Academic research and industrial innovation: An update of empirical findings. In: Research Policy 26. 773-776
Marin, Bernd/ Mayntz, Renate (eds.) (1991): Policy networks. Empirical evidence and theoretical considerations. Boulder: Westview Press.
Maturana, Humberto R./ Varela, Francisco J. ([1972] 1980): Autopoiesis and cognition. The realization of the living. Dordrecht/ Boston/ London: Reidel Publishing Company
Merton, Robert K. (1964): Foreword to the English translation of Jacques Ellul's „La Technique ou l'enjeu du siècle". In: Ellull ([1954] 1964): 5-8
Mokyr, Joel (2000) Evolutionary phenomena in technological change. In: Ziman (2000): 52-65
Narin, Francis/ Hamilton, Kimberly / Olivastro, Dominic (1997): The linkages between US technology policy and public science. In: Research Policy 26. 317-330
Narula, Rajneesh/ Hagedoorn, John (1999): Innovating through strategic alliances. Moving towards international partnerships and contractual agreements. In: Technovation 19. 283-294
Nelson, Richard R. (2001): The co-evolution of technology and institutions as a driver of economic growth. In: Foster/ Metcalfe (2001): 19-30
Nelson, Richard R./ Winter, Sydney G. (1977): In search of useful theory of innovation. In: Research Policy 6. 36-76
Nelson, Richard R./ Winter, Sydney G. (1982): An evolutionary theory of economic change. Cambridge/ London: Harvard University Press
Newell, Allen/ Shaw, J. Cliff/ Simon, Herbert A. (1960): A variety of intelligent learning in a general problem solver. In: Yovits/ Cameron (1960): 153-189
OECD (1999): Managing national innovation systems. Paris: OECD
Pavitt, Keith (1984): Sectoral patterns of technical change. Towards a taxonomy and a theory. In: Research Policy 13. 343-373
Polany, Michael (1966): Tacit knowledge. In: Prusak (1997): 135-146
Popper, Karl R. ([1934] 1994): Logik der Forschung. Die Einheit der Gesellschaftswissenschaften. Tübingen: Mohr
Popper, Karl R. (1961): Evolution and the tree of knowledge. In: Popper (1979): 256-284
Popper, Karl R. (1979) Objective knowledge. An evolutionary approach. Oxford: Clarendon Press
Prusak, Laurence (ed.) (1997): Knowledge in organizations. Boston: Butterworth-Heinemann
Rip, Arie/ Misa, Thomas J./ Schot, Johan (eds.) (1995): Managing technology in society. London/ New York: Pinter
Scharpf, Friedrich (1993): Games and hierarchies in networks. analytical and empirical approaches to the study of governance institutions. Frankfurt am Main: Campus
Schumpeter, Joseph A. ([1939] 1989): Business cycles. Porcupine Press
Weber, Max ([1922] 1972): Wirtschaft und Gesellschaft. Tübingen: J.B.C. Mohr
Wheelwright, Philip (1966): The presocratics. New York: The Odyssey Press.
Yovits, Marshall C./ Cameron, Scott (eds.) (1960): Self-organizing systems. Oxford: Pergamon Press
Ziman, John (ed.) (2000): Technological innovation as an evolutionary process. Cambridge: Cambridge University Press

Biologie und gesellschaftliche Reformprojekte in der ersten Hälfte des 20. Jahrhunderts

Thomas Junker

> „Die Hauptursachen der Degeneration der Kulturen und Kulturvölker sind aber nach meiner festen Überzeugung biologischer Natur, und leider sind fast alle Historiker, Wirtschaftspolitiker, Soziologen usw. biologisch hoffnungslos ungebildet und kommen mit allen ihren Untersuchungen nie recht an den Kern der Sache heran" (Erwin Baur 1933: 3-4).

Die Frage, ob bei der Organisation menschlichen Zusammenlebens auch Erkenntnisse und Theorien der Biologie berücksichtigt werden müssen, wird bis heute mit beträchtlicher emotionaler Energie diskutiert. Auf einer grundlegenden Ebene wird und wurde dies zwar allgemein anerkannt – Menschen haben aufgrund ihrer Biologie Bedürfnisse wie Wohnen, Nahrung, Licht, Luft usw., ohne die sie nicht existieren können und die für eine gewisse Lebensqualität notwendig sind. Welche (echten oder vorgeblichen) Bedürfnisse konkret genannt oder ignoriert wurden und welche eine vordergründig biologische Begründung erhielten, hat im Laufe der Geschichte je nach Stand der Wissenschaft und der politischen Situation stark geschwankt. Entsprechend vielfältig waren auch die konkreten Vorschläge von Biologen, wie die Erkenntnisse ihrer Wissenschaft umzusetzen sind.

Ich werde im Folgenden auf eine der politisch brisantesten Fragen in diesem Zusammenhang eingehen, die Anwendung *evolutionstheoretischer Erkenntnisse* auf gesellschaftspolitische Fragen. Wie soll eine Gesellschaft damit umgehen, dass sich die Menschheit in ihren biologischen Eigenschaften aufgrund natürlicher bzw. zivilisatorischer Faktoren ständig wandelt sowie potentiell gezielt veränderbar ist? Mit welchen möglichen negativen Effekten muss man rechnen, wie sollte eine optimale Zukunftsvorsorge aussehen? Die Diskussion dieser Fragen wird bis in die Gegenwart von den Erfahrungen und Theorien bestimmt, die im knappen Jahrhundert zwischen 1859 und 1950 gewonnen wurden. In diesen Jahrzehnten hatte zunächst Charles Darwin mit seinem Buch *On the Origin of Species* (1859) die Grundlage für das moderne dynamische Weltbild gelegt. Er zeigte, dass biologische Arten veränderlich sind und identifizierte als wichtigsten kausalen Mechanismus die Selektion oder natürliche Auslese. Biologische Arten und damit auch die Menschen sind demnach nicht nur innerhalb enger

Grenzen, sondern zumindest im Prinzip uneingeschränkt und in verschiedene Richtungen veränderbar.

Erste systematische Überlegungen, wie Darwins Erkenntnisse im Sinne einer gezielten Verbesserung der genetischen Ausstattung der Menschheit umgesetzt werden können, gehen auf den Engländer Francis Galton zurück. 1883 führte er für entsprechende Programme das Wort 'Eugenik' ein (F. Galton 1883: 24-5 Fn); 1904 schlug er folgende Definition vor: „Eugenics is the science which deals with all influences that improve the inborn qualities of a race; also with those that develop them to the utmost advantage" (F. Galton 1904: 35). Eugenik lässt sich mit 'gute Abstammung' übersetzen und hat das Ziel, die genetische Ausstattung einer Gruppe von Menschen (ihren Genpool) zu verbessern bzw. eine Verschlechterung zu verhindern. Auf diese Weise soll der blinde Naturprozess der biologischen Evolution in einen von den Menschen bestimmten Vorgang überführt werden. Im 20. Jahrhundert sprach man deshalb auch von „control over evolution" (G.G. Simpson 1949: 325). Evolution (und Eugenik) findet über die Vererbung statt, d.h. generationenübergreifend, und bezieht sich auf die genetische Ausstattung zukünftiger Menschen. Zwischen Eugenik und Evolutionstheorie bestehen nicht nur enge historische sondern auch inhaltliche Verbindungen, und man kann die Eugenik (wie auch Tier- und Pflanzenzucht) als angewandte Evolutionstheorie bezeichnen.

Eine wichtige Voraussetzung zur erfolgreichen Umsetzung dieser Ideen war eine zutreffende Vorstellung über die Kausalität der Evolution. Darwin hatte hier mit der Selektionstheorie einen wichtigen Grundstein gelegt, in einigen zentralen Punkten bestanden aber noch große Lücken. So vertrat er, wie die meisten anderen Biologen seiner Zeit, die unzutreffende Ansicht, dass während der Lebenszeit eines Organismus erworbene Eigenschaften vererbt werden können (Lamarckismus). In den 1920er- bis 40er-Jahren kam es dann zu einer grundlegenden Modernisierung der Evolutionstheorie, die Darwins Grundidee bestätigte, zugleich aber weitere Erkenntnisse, vor allem die neue Vererbungstheorie der Genetik, integrierte. Der moderne synthetische Darwinismus (die Synthetische Evolutionstheorie) entstand (T. Junker/ U. Hoßfeld 2001). Im gleichen Zeitraum kam es auch zu einer Vielzahl gesellschaftlicher Reformprojekte, die explizit biologisch bzw. evolutionstheoretisch begründet wurden. Heute werden diese Versuche oft als oberflächliche Biologisierung kritisiert und gelten sowohl unter moralischen als auch praktischen Aspekten als unzulänglich. Dabei werden meist einzelne Maßnahmen aus dem Zusammenhang gerissen und übersehen, dass eine ganze Reihe ursprünglich auch evolutionstheoretisch begründeter Reformvorschläge sich durchgesetzt und bewährt hat. Ich werde im Folgenden einige typische Themen und Argumente dieser Zeit exemplarisch darstellen.

Dabei beziehe ich mich im Wesentlichen auf die programmatische Schrift *Der Untergang der Kulturvölker im Lichte der Biologie* (1922 bzw. 1932/1933) des Genetikers und Evolutionstheoretikers Erwin Baur (1875-1933). Ich werde zunächst die wichtigsten Thesen Baurs darstellen; in einem zweiten Schritt wird dann eine Diskussion und historische Einordnung erfolgen.

1 Erwin Baur: Der Untergang der Kulturvölker im Lichte der Biologie (1922/1932)

Baur gehörte – auch international – zu den bedeutendsten Biologen seiner Zeit. 1914 war er zum Direktor am ersten und jahrzehntelang einzigen Hochschulinstitut für Vererbungsforschung in Deutschland ernannt worden. Von 1928 an war er Direktor des auf seine Initiative hin gegründeten Kaiser-Wilhelm-Instituts für Züchtungsforschung in Müncheberg. Er wirkte auch über seine weit verbreiteten Publikationen wie sein Lehrbuch *Einführung in die experimentelle Vererbungslehre*, das zwischen 1911 bis 1930 in elf, z.T. stark überarbeiteten Auflagen erschien. Baur war zeit seines Lebens bestrebt, die biologischen Erkenntnisse politisch umzusetzen und nutzbar zu machen. Dies gilt für seine Forschungen zu Fragen der Landwirtschaft ebenso wie für seine evolutionstheoretischen und eugenischen Überlegungen (N.X. Jacobs 1990; H.-P. Kröner/ R. Toellner/ K. Weisemann 1994).

Baurs Vorschläge für biologisch fundierte gesellschaftliche Reformprojekte lassen sich folgendermaßen positionieren: 1) Sie stammen von einem der führenden Biologen der Zeit, der großes Interesse an den gesellschaftspolitischen Konsequenzen seiner Wissenschaft hatte. Sie wurden 2) auf dem ersten Höhepunkt des Ansehens biologischer Reformvorschläge gemacht. 3) Theoretische Grundlage der Argumentation war die genetische Selektions- und Evolutionstheorie, die in ihren Grundzügen bis heute in der Biologie anerkannt ist. 4) Baurs Verständnis dieser Theorie ging weit über das der meisten seiner Fachkollegen hinaus. 5) Die Schrift erschien in einer politischen und ökonomischen Krisenzeit: Die zwei Auflagen markieren gleichsam Entstehung und Untergang der Weimarer Republik: Erstmals 1922 veröffentlicht, folgte 1932/1933 eine zweite, modifizierte und erweiterte Version. 6) Baur selbst war politisch konservativ, ähnliche Ideen lassen sich aber im gesamten politischen Spektrum nachweisen.

Die Argumentation in *Der Untergang der Kulturvölker im Lichte der Biologie* beruht auf der Überzeugung, dass die gesellschaftlichen und sozialen Probleme der Zeit Anzeichen allgemeiner „Verfallserscheinungen unserer Kultur und unseres Volkskörpers" sind und überwiegend *biologische Ursachen* haben (E. Baur 1933: 3). In gewisser Weise ist letzteres eine notwendige Voraussetzung jedes biologisch argumentierenden gesellschaftspolitischen Programms –

nur wenn die jeweiligen Merkmale und Strukturen eine biologische Basis haben, kann es auch biologische Lösungen geben. Autoren, die in diesem Sinne argumentieren, werden also in der genetischen Vererbung zumindest einen wichtigen Faktor neben dem Milieu sehen. Bei Baur wird der Schwerpunkt ganz eindeutig auf die Vererbung gelegt, nach heutigem Verständnis spricht er ihr übertriebenen Wert zu. So geht er nicht nur davon aus, dass kulturelle Errungenschaften auf biologischen Voraussetzungen beruhen und von diesen mitgeprägt werden. Er glaubt auch, dass die spezifische Färbung und Charakteristik einer Nationalkultur auf der genetischen Zusammensetzung eines Volkes beruht. Sobald es zu Veränderungen in der genetischen Mischung kommt, beispielsweise durch Selektion oder Migration, soll sich auch die Kultur dieses Volkes ändern. Dies wird an folgendem Gedankenexperiment erläutert:

„Wenn unsere Frauen eines Tages nicht mehr gebären wollten, wenn sie es bequemer fänden, daß wir kleine Säuglinge aus China importierten, und wir diese Adoptivkinder dann in unserer Sprache und unserer Kultur wie unsere eigenen Kinder erziehen würden, dann würde so ein Volk entstehen, das unsere Sprache spricht, das alle unsere geschichtlichen und kulturellen Überlieferungen, alle unsere Kenntnisse hätte, aber es wäre ein völlig anderes Volk und wäre nicht imstande, unsere Kultur zu behaupten, und erst recht nicht, weiter zu entwickeln. Es würde im Laufe von wenigen Jahrzehnten die ihm entsprechende Kulturstufe und Kulturart bekommen" (E. Baur 1933: 7).

Als weitere erbliche Merkmale zählt er Haarfarbe, Intelligenz, Musikalität, Nasenform, verschiedene Krankheiten (harnsaure Diathese, Fettsucht, Zuckerkrankheit) sowie die Neigung zu sexuellen Perversionen, Führungseigenschaften und künstlerische Begabung auf. Auch bei Geisteskrankheiten, Epilepsie, zu enger Beckenform und mangelnder Fähigkeit zum Stillen bei Frauen, Kurzsichtigkeit und der Neigung zu Verbrechen und Asozialität soll es sich um biologisch ererbte Eigenschaften handeln (E. Baur 1933: 6, 12, 16 n.). Mit dieser ungeordneten und willkürlich anmutenden Aneinanderreihung legt er nahe, dass man bei allen körperlichen und geistigen Merkmalen mit einer genetischen Determinierung zu rechnen hat.

Die Überzeugung, dass die Eigenschaften eines Organismus ganz wesentlich von der Vererbung bestimmt werden, ist bei Biologen weit verbreitet und durch eine Fülle von Beobachtungen an Pflanzen und Tieren bestätigt. Entsprechend ging man auch von einer genetischen Determiniertheit sozialer Verhaltensweisen bei Menschen aus. Darwin beispielsweise nennt als Personengruppen, die moralisch abzulehnende, vererbliche Eigenschaften haben, Verbrecher (malefactors), psychisch Kranke (melancholic or insane persons), gewalttätige, streitsüchtige oder unstete Männer (violent and quarrelsome men), maßlose (intemperate) und lasterhafte (profligate) Frauen oder Männer (C. Darwin 1871, 1: 172-3). Bei

Konrad Lorenz sind Ausdrucksformen des Sexual- und Reproduktionsverhaltens bis hin zur Verlobung und Monogamie sowie ästhetische und moralische Normen genetisch bedingt. Er spricht beispielsweise von den „genotypisch anständigsten Menschen" (K. Lorenz 1940: 24) und impliziert damit die genetische Determination charakterlicher Merkmale, in diesem Falle der 'Anständigkeit'.

Wenn es sich um erbliche Eigenschaften handelt, dann lassen sich Entstehung, Verschwinden und Häufigkeitsveränderungen dieser Merkmale in einer Population (einer Nation, einem Volk) durch populationsgenetische Modelle beschreiben und mit den Mechanismen der Evolutionstheorie erklären. Diese biologischen Vorgänge sollen nun nach Ansicht vieler Eugeniker in der Gegenwart zu Problemen führen, da Kultur und Zivilisation eine neue Umwelt entstehen ließen, die direkt (über eine erhöhte Mutationsrate) und indirekt (über veränderte Selektionsbedingungen) die Richtung der Evolution beeinflusst. Der eigentliche Evolutionsvorgang und seine Mechanismen, wie diese im modernen Darwinismus bestimmt wurden, ändern sich also nicht, wohl aber die Rahmenbedingungen, wodurch es zu Veränderungen der Evolutionsrichtung kommt.

Baur plädiert nun dafür, alle kulturellen Errungenschaften darauf hin zu überprüfen, ob sie negative oder positive Auswirkungen auf die genetische Zusammensetzung eines Volkes (einer Population) haben können. Besondere Beachtung schenkt er Medizin, Städtebau, Steuer- und Strafgesetzgebung, Umweltschutz sowie Migration zwischen Stadt und Land bzw. zwischen verschiedenen Ländern, die alle zu genetischer Verschlechterung (Degeneration) führen können. Biologisch gesehen lassen sich diese Effekte auf drei so genannte Evolutionsfaktoren zurückführen: 1) Die Neuentstehung erblicher Merkmale durch *Mutationen*; 2) quantitative Verschiebungen durch unterschiedliche Fortpflanzungsraten von Menschen mit unterschiedlichen erblichen Merkmalen (*Selektion*) sowie 3) durch Ein- und Auswanderung (*Migration*). Um eine qualitativ möglichst hoch stehende (d.h. gesunde, intelligente, sozial kooperative, allgemein fähige) Bevölkerung zu erhalten, hält Baur eine Reihe gesellschaftlicher Reformprojekte für unabdingbar. Diese sollen geeignete Rahmenbedingungen schaffen, unter denen sich die biologischen Evolutionsmechanismen in positiver Weise auswirken.

1.1 Mutationen – Strahlenschutzmaßnahmen

Weitgehend unproblematisch wirkt die erste Gruppe gesellschaftlicher Reformprojekte aus heutiger Sicht. Aus diesem Grund werden sie in vielen Darstellungen zur Geschichte der Eugenik auch 'vergessen', sie stellen aber einen wichtigen Bestandteil eugenischer Programme dar (T. Junker/ S. Paul 1999). Man hatte schon bei den ersten Mutationsversuchen in den Jahrzehnten nach 1900 festgestellt, dass Mutationen sich in der Regel negativ auf die Lebensfähigkeit der Organismen auswirken. Der Grund hierfür war auch bald erkannt: Jeder Organismus und seine genetische Ausstattung stellen ein komplexes, über lange Zeit optimiertes System dar, das viel leichter zu stören als zu verbessern ist: Da „weitaus die meisten dieser Mutationen [...] eine *Verschlechterung*" bedeuten (E. Baur 1922: 259), ist es wichtig, mutagene Stoffe oder Strahlen zu identifizieren und möglichst auszuschalten. Bedingt durch den Stand des Wissens nennt Baur nur Alkohol und Röntgenstrahlung, seine Warnung vor Umweltgiften ist aber genereller angelegt und wurde in den folgenden Jahrzehnten auch so aufgefasst. Als Problem sah man vor allem, dass sich auch kleine Strahlenmengen in einer Population summieren können. In der Sprache der 1930er-Jahre fasste der in Berlin lehrende, russische Genetiker Nikolai W. Timoféeff-Ressovsky dies so zusammen:

> „Wir Strahlengenetiker haben auch von Anfang an betont, daß vom rassehygienischen [= eugenischen] Standpunkte aus nicht die starken therapeutischen Einwirkungen (die ja auch meistens an kranken Personen, die höchstwahrscheinlich keine Nachkommen mehr zeugen können, vorgenommen werden) gefährlich sind, sondern die Summierung und weite Verbreitung ganz kleiner Strahlenmengen, die aber statistisch, im Rahmen der gesamten Population sich zu einer ziemlich hohen Dosis summieren können" (N.W. Timoféeff-Ressovsky 1935b: 91).

1.2   Selektion – Differentielle Fortpflanzung

Negativere Auswirkungen noch als die Erhöhung der Mutationsrate hat für Baur die Veränderung der Selektionsbedingungen in der Kultur. Nach der Selektionstheorie nimmt man an, dass bestimmte erbliche Merkmale eines Organismus in einer konkreten Umwelt eine höhere bzw. niedrigere Fortpflanzungsrate (Fitness) mit sich bringen, was wiederum zur Ausbreitung der entsprechenden Gene und damit zur Evolution führt. Baur nimmt nun an, dass unter Kulturbedingungen Menschen einen Selektionsvorteil (eine höhere Fitness, eine größere Zahl von Nachkommen) haben, die nach gesellschaftlichen Kriterien weniger leistungsfähig sind. Die Selektion, die im Naturzustand zu einer Höherentwicklung geführt hat, gewinnt nun, in der Zivilisation, eine als negativ bewertete Richtung: „Mit zunehmender Kultur setzt dann ebenfalls wieder ein scharfer Selektionsprozeß ein, aber es wird jetzt nicht mehr das *schlechte* Erbgut ausgeschieden, *sondern das gute*." Ein Volk, so fährt Baur fort, in dem sich dies über viele Generationen abspielt, „muß unbedingt verfallen und entarten" (E. Baur 1922: 263). Dieses Phänomen lasse sich bei allen Völkern beobachten, sobald diese ein gewisses Kulturniveau erreicht haben, und die Folge ist eine rasche genetische und damit kulturelle Verschlechterung:

„Wenn aber durch viele Generationen hindurch in einem Volk gerade die hervorragenden Menschen keine oder unter Durchschnitt wenig Kinder bekommen, dann wird im Laufe der Generationen dieses Volk auch prozentual immer weniger Talente und Führerpersönlichkeiten hervorbringen und schließlich so wenige, daß nicht mehr genug Träger der Kultur vorhanden sind. Die Kulturhöhe des Volkes muß dann sinken" (E. Baur 1933: 7-8).

In dieser Situation möchte Baur nun die gesellschaftlichen Bedingungen so verändern, dass als 'hervorragend' eingestufte Menschen wieder mehr Nachwuchs haben, 'gänzlich minderwertige' dagegen weniger. Eine Erniedrigung der Fortpflanzungsrate letzterer Gruppe soll durch folgende Maßnahmen erreicht werden. Zunächst begrüßt er, dass sich die „Kenntnis der Technik der Empfängnisverhütung" auch bei „psychisch oder körperlich zweifellos stark minderwertigen Volksbestandteilen" zunehmend verbreite (E. Baur 1933: 15). Entsprechende eugenische Zielsetzungen waren, das sei am Rande bemerkt, ein wichtiges Motiv für die Entwicklung hormonaler Verhütungsmittel in den 1920er-und 30er-Jahren durch den Innsbrucker Mediziner Ludwig Haberlandt (L. Haberlandt 1924: 55-56; S. Köstering 2002). Zudem, fährt Baur fort, sei die „Gefahr der schweren Keimschädigung durch Alkohol, Kokain usw. bei den schon ohnehin erblich Minderwertigen größer als bei den Bestveranlagten", was zu einer Reduzierung der Fortpflanzungsrate führe. Die sich aus den beiden genannten Ursachen ergebenden eugenischen Nebeneffekte seien indes nicht ausreichend, vielmehr müsse die „Fortpflanzung aller *schwer* Minderwertigen, vor allem aller psychisch Minderwertigen, mit allen überhaupt anwendbaren Mitteln" zurückgehalten werden (E. Baur 1933: 16). Dies soll durch eine Kombination von Internierung und Sterilisation geschehen:

„Unsere Rechtspflege sollte durch humane, aber dauernde Asylierung und dadurch Unschädlichmachung aller asozialer Elemente uns andere schützen und sollte – am besten durch gesetzlich vorgeschriebene Sterilisation – die offensichtlich kriminell veranlagten Menschen an der Fortpflanzung verhindern" (E. Baur 1933: 16).

Auch bei körperlichen Erbkrankheiten plädiert Baur für Sterilisationen, ohne sich aber konkret darüber zu äußern, welche Krankheiten er als zureichenden Grund für eine Sterilisation ansehen würde. In einem postum erschienenen Artikel bemerkte er aber, dass „von niemand sonst die neuen Sterilisationsgesetze der Reichsregierung mehr gebilligt werden als von mir, aber damit ist, wie ich immer wieder betonen muß, nur erst ein *Anfang gemacht*" (E. Baur 1934: 35). Er bezieht sich hier auf das „Gesetz zur Verhütung erbkranken Nachwuchses" vom 14. Juli 1933. Im Zusammenhang mit diesem Gesetz kam es zu zahlreichen eugenisch motivierten Sterilisationen, ein großer Teil davon wurde zwangsweise durchgeführt. Als erbliche Krankheiten werden in dem Gesetz u.a. „angeborener Schwachsinn", Schizophrenie, erbliche Formen von Epilepsie, Blindheit, Taubheit sowie schwerer Alkoholismus genannt (A. Gütt/ E. Rüdin/ F. Ruttke 1934: 81).

Im weiteren Verlauf seiner Argumentation geht Baur vergleichsweise ausführlich auf Maßnahmen zur Erhöhung der Fortpflanzungsrate gesunder bzw. 'hochwertiger' Menschen ein. Auch hier nennt er zunächst einen ungeplanten, aber im Sinne der Eugenik positiven Effekt. So habe die ökonomische Misere der Nachkriegsjahre große Teile des gebildeten Bürgertums besitzlos gemacht, wodurch ein wesentlicher Grund für die Kleinhaltung der Kinderzahl, die Rücksicht auf Erbteilung, wegfalle (E. Baur 1933: 16). Trotzdem bleibe eine ganze Reihe von Problemen, die durch gesellschaftliche Reformprojekte behoben werden können und müssen. Sehr ungünstig sei beispielsweise das hohe Heiratsalter vieler Männer aus dem Bürgertum: „Je später die Männer heiraten, desto größer ist die Wahrscheinlichkeit, daß sie geschlechtskrank und dadurch ganz oder teilweise zeugungsunfähig werden." Auch die „grobmaterielle, genußsüchtige Wesensart unserer Zeit" führe, zusammen mit der Tatsache, dass „Kinderreichtum unter allen Umständen eine Familie sozial herabdrückt", dazu, dass viele Paare auf Kinder verzichten (E. Baur 1922: 267). Um zu verhindern, dass Kinderreichtum zu einer schweren Last werde, schlägt er verschiedene Maßnahmen vor, von der „Verteilung der Aufzuchtskosten der Kinder auch auf die Schultern der Kinderarmen" über Elternschaftsversicherungen bis zur „Berücksichtigung der Kinderzahl bei der Gehaltsbemessung" (E. Baur 1922: 268).

Als zentrales eugenisches Problem, das den genannten Effekten zugrunde liegt, bestimmt Baur aber die Landflucht und zunehmende Verstädterung. Folgende Ursachenkette führe dazu, dass die Entstehung der Städte die Kulturentwicklung zwar ursprünglich erst möglich gemacht habe, nun aber zum Untergang der Kultur führe: Von einer bestimmten Kulturhöhe an wandern ständig Menschen vom Land in die Stadt. Dabei kommt es bereits zu einer gewissen Auslese, da „im allgemeinen überdurchschnittlich intelligente und unternehmungslustige Menschen" in die Stadt ziehen (E. Baur 1933: 10; vgl. R.P. Sieferle 1989: 164-168). In der Stadt wiederum steigen die Begabteren in die höheren sozialen Schichten auf. Die Stadtbevölkerung allgemein und die Oberschicht speziell haben nun weniger Kinder als die Landbevölkerung und die niederen sozialen Schichten: „Die Städte wirken gewissermaßen als *Fallen*, in denen die bestveranlagten Menschen gefangen und an einer genügenden Fortpflanzung verhindert werden" (E. Baur 1933: 10).

Letztlich werden deshalb alle oben genannten Maßnahmen nichts nützen, wenn es nicht gleichzeitig gelinge, die Verstädterung aufzuhalten. Baur schlägt deshalb vor, die Bevölkerung der Städte zu einem großen Teil wieder aufs Land zu bringen, da „heute eine erfolgreiche Bevölkerungspolitik" nicht mehr nur allein auf der Bauernbevölkerung aufgebaut werden kann. Durch „Stadtrandsiedlung und die Verlegung der Industrie aus den großen Städten" soll erreicht werden, dass neben den Bauern „selbständige, menschenwürdig wohnende und mit dem Land durch ihr Eigenheim und ihre Gärten in Verbindung bleibende Arbeiter [... den] Lebensquell unseres Volkes bilden" (E. Baur 1933: 18; E. Baur 1934: 35-6).

1.3 Migration

Ähnlich wie die Landflucht wirkt auch die Auswanderung. Da „im allgemeinen die nach Übersee auswandernden Menschen körperlich und geistig *über* dem Durchschnitt stehen, wirkt diese Auswanderung im gleichen Sinne wie die Abwanderung vom Lande in die Stadt" (E. Baur 1933: 13). Man könnte nun annehmen, dass sich dies durch Einwanderung ausgleiche, denn auch hier müsste es sich um überdurchschnittlich begabte Menschen handeln. Diese Parallele zieht Baur indes nicht, sondern er sieht hier das Problem genetischer Unterschiedlichkeit:

> „Bei den einzelnen Kulturvölkern im ungleichen Ausmaße kommt noch hinzu, daß durch Zuwanderung fremder Rassenbestandteile das ganze Volkstum sich ändern kann. [...] Einwanderung rassefremder Elemente spielt auch heute in manchen Ländern z. B. in Frankreich und den Vereinigten Staaten eine *sehr* große Rolle. In Deutschland hat die starke Zuwanderung von Ostjuden in den Nachkriegsjahren sich ungünstig ausgewirkt. Allerdings gleicht sich das wieder aus, weil die emanzipierten Juden eine ganz *besonders* kleine Kinderzahl aufweisen" (E. Baur 1933: 12-13).

Auch an diesem Punkt argumentiert Baur konservativ: Er möchte das bewährte „Rassengemisch" der europäischen Kulturvölker aufrechterhalten; eine Bevorzugung bestimmter äußerlicher, z.B. „körperlich nordeuropäischer" Merkmale lehnt er ab (E. Baur 1933: 4, 8).

2 Diskussion

Baurs *Der Untergang der Kulturvölker im Lichte der Biologie* umfasste in der ersten Auflage nur 12, in der überarbeiteten Form von 1932/33 dann 17 Seiten. In diesem kurzen Text spricht er eine Vielfalt von Vorschlägen für gesellschaftliche Reformprojekte an, von medizinischen Überlegungen und Umweltschutz, über Strafrecht, Steuergesetzgebung, Kindergeld, Ehegattensplitting, Stadtplanung, quantitativer Bevölkerungspolitik bis hin zur Frage von Zu- und Auswanderung. Lässt man Baurs Vorschläge Revue passieren, so überrascht, wie viele dieser Maßnahmen realisiert wurden. Stark gewandelt hat sich aber die Begründungsstruktur; eugenische oder allgemein biologische Erwägungen werden heute kaum noch vorgebracht, sondern man bevorzugt ökonomische, soziale oder moralische Argumente. Eine Ausnahme stellen lediglich die Strahlenschutzmaßnahmen dar. Zur toxikologischen Prüfung einer Substanz gehört heute selbstverständlich auch die Untersuchung auf ihre Erbgut-verändernde Wirkung. Bei der Frage des Schutzes vor zunehmender genetischer Belastung durch Mutationen sind die Forderungen der Eugeniker zur selbstverständlichen Grundlage unseres ökologischen und medizinischen Denkens und Handelns geworden. Dass dieser Gedanke auch von den meisten Kritikern der Eugenik implizit anerkannt wird, zeigt die Gegenprobe. Niemand käme beispielsweise auf die Idee, die Häufigkeit krankheitsverursachender Gene zu erhöhen, indem man auf Strahlenschutz beim Röntgen oder den Schutz vor radioaktiven Materialien verzichtet.

Ein Grund, warum die eugenische Motivation heute trotzdem nur noch marginale Bedeutung hat, besteht darin, dass zwei zentrale Voraussetzungen kaum mehr vertreten werden. Zum einen bewertet man heute das Problem der *Zeiträume*, die evolutionäre Veränderungen in einer Population benötigen, anders und zieht selten das Wohlergehen der übernächsten oder noch späteren Generationen in Betracht. Als Darwinist ist Baur davon überzeugt, dass die Evolution nicht sprunghaft, sondern graduell abläuft: Änderungen gehen „*sehr langsam vor sich, aber 5 bis 10 Generationen genügen schon, um die Folgen deutlich erkennen zu lassen*" (E. Baur 1933: 8). Ein Zeitraum von 100 bis 200 Jahren überschreitet aber in der Regel den Horizont politischer Entscheidungen.

Zum anderen hat Baurs weitgehender *genetischer Determinismus*, der Glaube an die überragende Bedeutung der Vererbung im Verhältnis zum Milieu, auch unter Biologen kaum mehr Anhänger, wenn es um Verhaltensmerkmale geht. So hat Hubert Markl, Präsident der Max-Planck-Gesellschaft und Biologe, in der Klon-Debatte darauf hingewiesen, dass Menschen mit der gleichen genetischen Ausstattung nicht identisch sind, sondern durch ihre persönliche Umwelt und Erfahrung zu unterschiedlichen Individuen werden. Viel gefährlicher als die „genetisch identische Vervielfachung durch reproduktionstechnisches Klonen" sei „ein fast schon klonhafter Konformismus unseres Denkens und Fühlens durch die immer wirkungsvollere kommunikative Indoktrination von immer mehr geistig gleichgeschalteten Medienzombies" (H. Markl 2000: 5). Ein wichtiger Grund für diesen Meinungswandel war, dass die genaue Wirkung genetischer Faktoren bei Verhaltensmerkmalen schwierig zu bestimmen ist. Die Entstehung eines bestimmten Phänotyps auf der Basis eines Genotyps ist ein Prozess, der von einer Reihe von Faktoren abhängt und in vielen Fällen erst sehr unvollständig verstanden wird. Dies wird natürlich durch die Schwierigkeit, psychische und soziale Merkmale zu bewerten, noch verstärkt. Der gesellschaftliche Erfolg alleine kann kein zuverlässiger Gradmesser sein, wie auch Baur bemerkt:

„'Führend' und 'bestveranlagt' ist selbstverständlich durchaus nicht identisch mit 'wohlhabend' oder 'sozial hochstehend'. Es ist wohl gut, das ganz ausdrücklich zu betonen. Unter der heutigen Hyperkultur werden sogar zu einem großen Teil doch gerade ethisch recht minderwertige Menschen rasch wohlhabend und damit auch stark unterfrüchtig und kommen so zum Aussterben" (E. Baur 1922: 263).

Lediglich bei schweren körperlichen Krankheiten gibt es eine breite Übereinstimmung, was ihre negative Einschätzung betrifft. Aber auch hier gibt es technische Probleme, die schon in den 1930er-Jahren bekannt waren. Im „Gesetz zur Verhütung erbkranken Nachwuchses" wurden ausdrücklich nur Personen erfasst, die manifest erkrankt sind, d.h. eine Sterilisation gesunder Heterozygoter ('Nuranlageträger') wurde explizit ausgeschlossen:

„Lediglich das Vorhandensein einer verborgenen (verdeckten, latenten) Veranlagung zu einem Leiden, und mag dieses auch noch so verhängnisvoll für einzelne Glieder einer Familie sein, genügt nach dem Wortlaut des Gesetzes *nicht* zur Vornahme einer Unfruchtbarmachung. Die Nuranlageträger, welche selbst nie krank werden, aber doch kranke Kinder haben können, dürfen also nicht unfruchtbar gemacht werden" (A. Gütt/ E. Rüdin/ F. Ruttke 1934: 82).

Untersuchungen der Populationsgenetik hatten aber gezeigt, dass die Zahl der Merkmalsträger verglichen mit der Zahl der Anlageträger gering ist: „Rezessive Merkmale sind bekanntlich in viel größerer Zahl in heterozygotem Zustand in einer freilebenden Population verbreitet als man nach der Zahl der selten herausspaltenden homozygoten Individuen vermuten könnte" (N.W. Timoféeff-Ressovsky 1935a: 117). Die Sterilisationspraxis war in diesen Fällen unwirksam, da die Selektion von Homozygoten bei rezessiven Krankheiten nur zu einer sehr langsamen Abnahme der Allel-Frequenz und damit zu signifikanten Ergebnissen führt. Eine Konsequenz könnte nun sein, auch die heterozygoten Träger zu erfassen. Dies ist jedoch nicht geschehen. Hier spielten sicher die praktischen Schwierigkeiten einer entsprechenden Erfassung eine gewisse Rolle. Vor allem aber ist die Zahl der (gesunden) Träger rezessiver Gene so hoch – beispielsweise ist jeder 20. Mitteleuropäer Träger eines mutierten Gens, das Zystische Fibrose hervorrufen kann –, dass damit die vom NS-Regime vorrangig angestrebte, quantitative Bevölkerungspolitik zum Scheitern verurteilt gewesen wäre. Dass diese technischen Schwierigkeiten stärker zur Abwendung von der Eugenik beigetragen haben als rechtliche oder ethische Erwägungen, wird durch die jüngsten Entwicklungen im Gefolge der Gentechnik dokumentiert.

Eines der charakteristischsten Merkmale von Baurs Text ist aber sein zutiefst pessimistischer, apokalyptischer Grundton. Die negative Utopie der Degeneration und die Angst vor genetischer Verschlechterung dominieren. Ein Gefühl der Krise, verknüpft mit negativen Erwartungen, war in der Weimarer Republik weit verbreitet und keinesfalls nur auf die Biologie oder die Naturwissenschaften beschränkt; andere Bereiche der Wissenschaft, der Politik, der Kunst oder der öffentlichen Meinung wurden ebenso von ihm erfasst. Als Beispiel sei nur das wohl bekannteste kulturpessimistische Werk dieser Zeit erwähnt, Oswald Spenglers *Der Untergang des Abendlandes* (1918-22; vgl. auch T. Mann 1924; T. Junker 1996). Auch Sigmund Freuds „Das Unbehagen in der Kultur" (S. Freud 1930) ist hier zu nennen. Bei Baur erfährt dieser allgemeine Pessimismus eine evolutionstheoretische Begründung. Die eugenischen Maßnahmen und die daraus abgeleiteten gesellschaftlichen Reformprojekte zielen dabei auf ein Gesellschaftsmodell ab, in dem der Naturzustand so weit wie möglich wieder hergestellt werden soll. Baurs Vorstellungen sind durchgängig konservativ und restaurativ, es geht darum, negative Entwicklungen abzuwehren und wenn möglich rückgängig zu machen.

Damit ist aber nur ein möglicher Umgang mit den Erkenntnissen der Evolutionstheorie benannt. Unter anderen historischen und politischen Bedingungen wurden auf Grundlage derselben evolutionstheoretischen Überlegungen progressive und revolutionäre Ideen – Utopien einer bewussten Um- und Neukonstruktion aller Organismen einschließlich der Menschen – entwickelt. Intensiv diskutiert wurden diese Ideen in der frühen Sowjetunion, aber auch in anderen Industriestaaten (L. Weß 1989). Gemeinsam war allen diesen genetischen Utopien ein radikaler Modernismus, der Wille zur Veränderung. Nur ein Beispiel: 1924 bemerkte Leo Trotzki in seinem Aufsatz über „Die Kunst der Revolution und die sozialistische Kunst":

> „Das Menschengeschlecht wird doch nicht darum aufhören, vor Gott, den Kaisern und dem Kapital auf allen vieren zu kriechen, um vor den finsteren Vererbungsgesetzen und dem Gesetz der blinden Geschlechtsauslese demütig zu kapitulieren! Der Mensch wird sich zum Ziel setzen, [...] einen höheren gesellschaftlich-biologischen Typus, und wenn man will – den Übermenschen zu schaffen. [...] Der durchschnittliche Menschentyp wird sich bis zum Niveau des Aristoteles, Goethe und Marx erheben. Und über dieser Gebirgskette werden neue Gipfel aufragen" (L. Trotzki 1924: 251-3).

Wie populär diese und ähnliche Ideen auch unter westlichen Wissenschaftlern waren, dokumentiert das so genannte „Geneticists' Manifesto", das „Manifest der Genetiker", von 1939. Das Manifest wurde auf dem 7. Internationalen Kongress für Genetik in Edinburgh verabschiedet und in *Nature* unter dem Titel „Social Biology and Population Improvement" veröffentlicht (H.J. Muller et al. 1939). Nicht nur eine genetische Verschlechterung soll verhindert werden, sondern weitgehende Verbesserungen seien möglich. Unter sozialen Gesichtspunkten seien drei Ziele bei der Verbesserung der genetischen Eigenschaften anzustreben: Gesundheit, Intelligenz und angeborene Charaktereigenschaften, die soziales Verhalten fördern. Die zukünftigen Generationen hätten ein Recht darauf, als 'genius' geboren zu werden.

Da man unter den Bedingungen der modernen Zivilisation nicht darauf vertrauen könne, dass sich die Selektion 'automatisch' in der gewünschten Richtung auswirkt, sei eine bewusste Lenkung der Selektion zu fordern. Jeder effektive Fortschritt in dieser Hinsicht sei zudem auf intensive humangenetische Forschungen angewiesen. Die Autoren sind sich der Tatsache bewusst, dass es sich bei der Frage, unter welchen Umständen ein eugenisches Programm verwirklicht werden kann, nicht nur um ein rein biologisches, sondern vor allem auch um ein gesellschaftliches Problem handelt. Bevor eine effektive genetische Verbesserung der Menschheit möglich sei, müsse es deshalb erst zu größeren Veränderungen in den sozialen Verhältnissen und in den Einstellungen der Menschen kommen. Eine Voraussetzung, ohne die eine gültige Bewertung verschiedener Individuen nicht möglich sei, bestehe darin, dass alle Mitglieder der Gesellschaft ähnliche ökonomische und soziale Voraussetzungen und damit annähernd gleiche Möglichkeiten erhalten. Solange die Gesellschaft Menschen aufgrund ihrer Geburt sehr unterschiedliche Privilegien zukommen lasse, sei dies nicht möglich. Ein analoges Hindernis für eine genetische Verbesserung entstehe aus den ungleichen ökonomischen und politischen Bedingungen in Bezug auf Völker, Nationen und Rassen. Als weitere Voraussetzungen, die eugenische Programme erst möglich machen, seien die Verbesserung der ökonomischen und anderen Sicherheiten von Eltern und die Verfügbarkeit von effektiven Methoden der Geburtenkontrolle zu nennen. Nach Ansicht der Genetiker ist es wichtig zu bedenken, dass sowohl die Umwelt als auch die Erbanlagen notwendige und sich ergänzende Faktoren sind. Aber *beide Faktoren* stehen unter der möglichen Kontrolle durch die Menschen und erlauben unbegrenzten Fortschritt.

Kann die Biologie, speziell die Evolutionstheorie, zur Richtschnur gesellschaftlicher Reformprojekte werden? Die Überlegungen, die in der ersten Hälfte des 20. Jahrhunderts in dieser Hinsicht angestellt wurden, haben einige der dabei auftretenden Probleme deutlich gemacht. Wissenschaftler aller Fachbereiche neigen zur Überschätzung ihres eigenen Wissens und werden oft nicht zwischen Vermutungen, Zukunftsvisionen und gesicherter Erkenntnis trennen. Zudem kann eine Technik immer nur so gut sein, wie es die Rahmenbedingungen zulassen, unter denen sie angewendet wird.

Eine historische Betrachtungsweise, die der Geschichte der Eugenik mehr abgewinnt als den teleologischen Tunnelblick auf die NS-Zeit, macht aber zugleich deutlich, dass eugenische Ideen integraler Bestandteil des neuzeitlichen Programms der Naturbeherrschung waren und sind. Der wissenschaftlichen und säkularen Weltanschauung zufolge sind Menschen eine biologische Art, deren Genpool sich im Laufe vieler Millionen Jahre durch Mutationen, Selektion und verschiedene Zufallsereignisse herausgebildet hat. Durch diesen ungesteuerten

Naturprozess sind faszinierende Anpassungen und Fähigkeiten entstanden, es haben sich aber auch eine ganze Reihe von Eigenschaften erhalten, auf die die meisten Menschen wohl gerne verzichten würden. Die aktuelle Zusammensetzung des menschlichen Genpools ist ein historisches Durchgangsstadium und wird sowohl durch biologische als auch soziale Rahmenbedingungen und Ursachen ständig verändert. Die schon heute existierenden Möglichkeiten der Gentechnik werden mit Sicherheit zu einer Renaissance von Ideen und gesellschaftlichen Reformprojekten führen, wie sie schon Erwin Baur und seine Zeitgenossen vorgebracht haben. Mit einer Beschwörung der Vergangenheit wird es beim Streit über die Realisierung dieser Ideen nicht mehr getan sein. Stattdessen wird es darauf ankommen, die Möglichkeiten gentechnischer Naturbeherrschung in humaner Weise einzusetzen.

Literatur

Adams, Mark B. (Hrsg.) (1990): The Wellborn Science: Eugenics in Germany, France, Brazil, and Russia. Oxford/ New York: Oxford University Press
Baur, Erwin (1922 bzw. 1932/1933): Der Untergang der Kulturvölker im Lichte der Biologie. In: Deutschlands Erneuerung 6. 1922. 257-268.
Baur, Erwin (1930): Einführung in die Vererbungslehre. 7.-11, völlig neu bearb. Aufl. Berlin: Gebrüder Borntraeger
Baur, Erwin (1933): Der Untergang der Kulturvölker im Lichte der Biologie. München: J.F. Lehmanns Verlag. Auch in: Volk und Rasse 7. 1932. 65-79.
Baur, Erwin (1934): Pflanzenzüchtung und Rasse. In: Köhn-Behrens (1934): 32-37
Darwin, Charles (1859): On the Origin of Species by Means of Natural Selection, or the Preservation of Favoured Races in the Struggle for Life. London: John Murray
Darwin, Charles (1871): The Descent of Man, and Selection in Relation to Sex. 2 vols. London: John Murray
Engels, Eve-Marie (Hrsg.) (1999): Biologie und Ethik. Stuttgart: Philipp Reclam jun.
Freud, Sigmund (1930): Das Unbehagen in der Kultur. In: Freud (1948): 419-506
Freud, Sigmund (1948): Gesammelte Werke. Bd. 14, Werke aus den Jahren 1925-1931. London: Imago Publishing Co.
Galton, Francis (1883): Inquiries into Human Faculty and Its Development. London: Macmillan
Galton, Francis (1904): Eugenics: Its Definition, Scope, and Aims. In: Galton (1909): 35-43
Galton, Francis (1909): Essays in Eugenics. London: Eugenics Education Society
Gütt, Arthur/ Rüdin, Ernst/ Ruttke, Falk (Hrsg.) (1934): Zur Verhütung erbkranken Nachwuchses. Gesetz und Erläuterungen. München: Lehmann
Haberlandt, Ludwig (1924): Über hormonale Sterilisierung des weiblichen Tierkörpers. Ein Beitrag zur Lehre von der inneren Sekretion des Eierstockes und der Placenta. In: Fortschritte der naturwissenschaftlichen Forschung 6. 1927. 1-70
Holmes, Frederic L. (Hrsg.) (1990): Dictionary of Scientific Biography, vol. 17, Supplement II. New York: Charles Scribner's Sons
Hoßfeld, Uwe/ Junker, Thomas (Hrsg.) (2002): Die Entstehung biologischer Disziplinen II – Beiträge zur 10. Jahrestagung der DGGTB. Berlin: Verlag für Wissenschaft und Bildung
Höxtermann, Ekkehard/ Kaasch, Joachim/ Kaasch, Michael (2002): Die Entstehung biologischer Disziplinen I – Beiträge zur 10. Jahrestagung der DGGTB. Hg. Von Verhandlungen zur Geschichte und Theorie der Biologie. Bd. 8. Berlin: Verlag für Wissenschaft und Bildung
Jacobs, Natasha X. (1990): Baur, Erwin. In: Holmes (1990): 53-58

Junker, Thomas/ Hoßfeld, Uwe (2001): Die Entdeckung der Evolution – Eine revolutionäre Theorie und ihre Geschichte. Darmstadt: Wissenschaftliche Buchgesellschaft

Junker, Thomas/ Paul, Sabine (1999): Das Eugenik-Argument in der Diskussion um die Humangenetik: eine kritische Analyse. In: Engels (1999): 161-193

Junker, Thomas: Kulturpessimismus und Genetik: Von Weimar zum Dritten Reich. In: Biologisches Zentralblatt 115. 1996. 145-152.

Köhn-Behrens, Charlotte (Hrsg.) (1934): Was ist Rasse? Gespräche mit den größten deutschen Forschern der Gegenwart. 2. Aufl. München: Zentralverlag der NSDAP, Frz. Eher Nachf.

Kolle, W. (Hrsg.) (1935): Erbbiologie. Leipzig: Georg Thieme

Köstering, Susanne (2002): Ludwig Haberlandt, ein Wegbereiter der Pille. Aus den autobiographischen Aufzeichnungen eines Hormonforschers, 1919-1931. In: Höxtermann/ Kaasch/ Kaasch (2002): Die Entstehung biologischer Disziplinen I – Beiträge zur 10. Jahrestagung der DGGTB: 245-259

Kröner, Hans-Peter/ Toellner, Richard/ Weisemann, Karin (1994): Erwin Baur. Naturwissenschaft und Politik. München: Max-Planck-Gesellschaft

Lorenz, Konrad: Nochmals: Systematik und Entwicklungsgedanke im Unterricht. In: Der Biologe 9. 1940. 24-36

Mann, Thomas (1924): Über die Lehre Spenglers. In: Mann (1978): 146-152

Mann, Thomas (1978): Ausgewählte Essays. Bd. 3, Schriften über Musik und Philosophie. Hg. von H. Kurzke. Frankfurt am Main: Fischer Taschenbuch Verlag

Markl, Hubert: Dolly und die Folgen: Ist der Mensch wirklich ein Schaf? In: Mitteilungen des Übersee-Club Hamburg. März I 2000. 5-39

Muller, Hermann J. et al.: Social Biology and Population Improvement. In: Nature 144. 1939. 521-22

Sieferle, Rolf Peter (1989): Die Krise der menschlichen Natur. Zur Geschichte eines Konzepts. Frankfurt am Main: Suhrkamp

Simpson, George Gaylord (1949): The Meaning of Evolution. A Study of the History of Life and of Its Significance for Man. New Haven: Yale University Press

Spengler, Oswald (1918-22): Der Untergang des Abendlandes. Umrisse einer Morphologie der Weltgeschichte. München: dtv, 1972

Timoféeff-Ressovsky, Nikolai W.: Aussprache. In: Kolle (1935b): 91

Timoféeff-Ressovsky, Nikolai W.: Experimentelle Untersuchungen der erblichen Belastung von Populationen. In: Der Erbarzt 2. 1935a. 117-8

Trotzki, Leo (1924): Die Kunst der Revolution und die sozialistische Kunst. In: Trotzki (1994): 226-252

Trotzki, Leo (1994): Literatur und Revolution. Übers. von Eugen Schäfer und Hans von Riesen. Essen: Arbeiterpresse-Verlag

Weingart, Peter/ Kroll, Jürgen/ Bayertz, Kurt (1992): Rasse, Blut und Gene. Geschichte der Eugenik und Rassenhygiene in Deutschland. Frankfurt am Main: Suhrkamp

Weß, Ludger (Hrsg.) (1989): Die Träume der Genetik. Gentechnische Utopien von sozialem Fortschritt. Nördlingen: Delphi

Sozio-Biologie als letzte „große Erzählung" – wider den biologischen Reduktionismus

Max Preglau

Reduktionistische Vertreter/innen der Sozio-Biologie und insbesondere der populäre sozio-biologische Diskurs in den Medien erwecken den Eindruck, auf biologischer Grundlage eine umfassende Erklärung menschlichen Verhaltens anbieten zu können. Dieser Erklärungsanspruch wird in Berufung auf die Autorität der Wissenschaft erhoben und in der Folge auch in normative Empfehlungen für die politische Praxis übersetzt. Neuerdings wird sogar versprochen oder zumindest suggeriert, über kurz oder lang ein (gen-) technologisches Instrumentarium zur praktischen Korrektur menschlicher Körper- und Verhaltensdefekte bereitstellen zu können.

Modische Philosoph/inn/en wie P. Sloterdijk bauen auf solche sozio-biologische Versprechen post-humanistische Zukunftsvisionen von einer Pazifizierung des „Menschenparks" durch Umstellung der menschlichen Verhaltenssteuerung von Kultur und kommunikativer Verständigung auf Natur und genetische Recodierung, neurechte Politiker/innen, fühlen sich dadurch wiederum gestützt in ihrer sozialdarwinistischen und misanthropen Ansicht, dass Gleichheit, friedliche Koexistenz heterogener Lebensformen und Verständigung über kulturelle Grenzen hinweg im genetischen Bauplan des Menschen nicht vorgesehen sind, bestärkt in ihren Sehnsüchten nach starkem Staat und homogener Volksgemeinschaft und bestätigt in ihrer ideologischen Ablehnung von Gleichstellungsprogrammen für Frauen, benachteiligte Schichten und Ethnien sowie in ihrer xenophoben Abscheu vor Multikultur.

Im Folgenden sollen zunächst in exemplarischer Weise Methoden, Ergebnisse und praktische Empfehlungen einer reduktionistisch argumentierenden Sozio-Biologie rekonstruiert (1.) und die philosophischen Steuerungsutopien und politischen Ideologien skizziert werden, die daran anknüpfen (2. und 3.). Im Anschluss daran soll gezeigt werden, dass reduktionistische Soziobiolog/inn/en ihre Erklärungsansprüche vielfach zu Unrecht und zu umfassend erheben, und dass insofern auch ihre Gestaltungsempfehlungen und die an sie anknüpfenden politischen Ideologien und anthropotechnischen Steuerungsutopien einer rationalwissenschaftlichen Grundlage entbehren (4.). Abschließend wird der Status bestimmt, der einer Sozio-Biologie zukommt, die ihren legitimen Aussagenbereich als Naturwissenschaft vom Menschen verlassen hat: Sie wird zur spekulativen „Meta-Biologie" mit Weltbildfunktion – und als solche zur letzten „großen Erzählung" –, deren Ende Lyotard bereits Ende der 60er-Jahre offenbar vorschnell verkündet hatte (5.).

1 Drei Varianten der Sozio-Biologie

Was hier mit dem Stichwort Sozio-Biologie bezeichnet wird, existiert in drei verschiedenen, nacheinander in der genannten Reihenfolge aufgetretenen Formen: als Humanethologie (1.1), als Soziobiologie i.e.S. (1.2) und als Verhaltensgenetik als Teilgebiet der modernen Humangenetik (1.3).

1.1 Humanethologie

Die *Humanethologie* ist eng mit den Namen Konrad Lorenz, und Irenäus Eibl-Eibesfeld verbunden. Sie geht aus von der Beobachtung der vergleichenden Verhaltensforschung, dass es innerhalb einer Tierart, zwischen verschiedenen Tierarten, aber auch zwischen Tier und Mensch „(...) verblüffende Gemeinsamkeiten im Verhalten" gibt. Diese Gemeinsamkeiten könnten „(...) vernünftigerweise nur als gemeinsames Erbe gedeutet werden" (K. Lorenz 1978a: 177) – Etholog/inn/en gehen also aus von der Grundannahme, dass das Verhalten bei Tier und Mensch weitgehend „erbkoordiniertes Instinkthandeln" ist, mithin auf angeborenen biologischen Grundlagen beruht.

Diese biologischen Anlagen wurden – so lautet die weitere Annahme – im Wege evolutionären Lernens erworben: „Außer (...) (dem) ontogenetischen Informationserwerb gibt es den phylogenetischen: Durch Auslese der jeweils geeigneteren genetischen Varianten sammelt die Art Erfahrung. Funktionell ist dieser Prozess einem Lernen am Erfolg durchaus vergleichbar; die gesammelten Erfahrungen werden allerdings in diesem Fall im Genom der Art gespeichert und im Lauf der Ontogenese entschlüsselt" (K. Lorenz 1978a: 180). Über den Prozess der Evolution der Arten finden diese Erfahrungen schließlich auch Eingang ins artenübergreifende stammesgeschichtliche Erbe.

Wie weisen Etholog/inn/en diese Niederschrift im Genom nach? Da Genom und genetischer Code den Analysemethoden einer vergleichenden Verhaltensforschung direkt nicht zugänglich sind, wird das Angeborensein eines Verhaltens auf indirektem Wege nachgewiesen, und zwar „(...) durch die Aufzucht unter Erfahrungsentzug (...) oder durch das Kreuzungsexperiment" (K. Lorenz 1978a: 179).

Bezüglich des Menschen vertritt die Ethologie entschieden den Standpunkt, dass auch er „(...)in sehr vielen Bereichen seines Verhaltens durch stammesgeschichtliche Anpassung festgelegt ist" (K. Lorenz 1978a: 194f.). Diese Festlegung betrifft Verhaltensmuster wie den Saug- und den Klammerreflex des Säuglings, Weinen und Lachen, Mimik und Gestik, Hunger und Durst, weiters das Sexualverhalten und die Aggression, Neugier und Besitzstreben, den männlichen Jagdtrieb und den weiblichen Kinderpflegetrieb (vgl. K. Lorenz 1978a: 195ff.). Sie gelte aber auch für Lerndispositionen: Sprechen und Gesprächstypen, Urvertrauen, Geschlechtsrollen, sowie für die „(...) Einstellung des Menschen zu jener Gesellschaftsordnung und jenen anderen Werten der Gemeinschaft, zu denen er sich in den Jahren um die Pubertät bekennt" (K. Lorenz 1978a: 212f.). Aber auch Normen des Sozialverhaltens – von der Bindung an primäre Bezugspersonen und die Fremdenablehnung über ehige Paarbeziehung als phylogenetischer Neuerwerb, das phallische Imponieren und die Dominanz der im Allgemeinen körperlich stärkeren und aggressiveren Männer über die Frauen und Kinder, Hierarchie und gehorsame Unterordnungsbereitschaft bis hin zum Anspruch auf Territorium und die Abgrenzung von Fremdgruppen (K. Lorenz 1978a: 214ff.) – seien von dieser stammesgeschichtlichen Festlegung betroffen.

Gedanken über die Notwendigkeit und Wünschbarkeit dieser Muster kommen nicht auf, denn diese hätten sich ja evolutionär bewährt. Einig ist man sich im Kreis der Etholog/inn/en daher auch in der negativen Bewertung der Abweichung von solchen Mustern:

- Kinderaufzucht: Kinder, die in Kinderkrippen untergebracht werden, „(...) erleiden schwere, offenbar irreversible Entwicklungsstörungen" (K. Lorenz 1978a: 213);
- Geschlechtsrollen: „Innendienstspezialisierung" der Frau und „Außendienstspezialisierung" des Mannes gelten als im Prinzip unaufgebbares phylogenetisches Erbe. Ein Aufbegehren dagegen könne „(...)eine homosexuelle Prädisposition schaffen" (K. Lorenz 1978a: 213). Feministische Revolutionen, wie die im Kibbuz, enden daher mit Notwendigkeit „(...) in einer femininen Gegenrevolution, mit einer Aufwertung der traditionellen Frauenrolle (...) – gewissermaßen in einem Sieg der Biologie über die Ideologie"(I. Eibl-Eibesfeldt 1984: 358).
- Homosexualität: Durch die Homosexuellenehe werde „(...) eine Perversion sanktioniert (...), und das ist sicherlich nicht vorteilhaft für unsere Gesellschaft. Nicht die Verbreitung, sondern die Eindämmung einer Krankheit muss das Ziel sein" (I. Eibl-Eibesfeldt 1984: 312).
- Hierachie: „Rangstreben und auch eine Bereitschaft zur Unterordnung und zum Gefolgsgehorsam (...) (sind) beim Menschen stark ausgeprägt" (I. Eibl-

Eibesfeldt 1984: 403) und ebenso als „stammesgeschichtliche Anpassungsleistungen" aufzufassen wie die Bereitschaft zur „normerhaltenden Aggression gegen Abweichung" (ebenda, 414).

- Zu den stammesgeschichtlichen Dispositionen zählen auch Abgrenzung von Eigen- und Fremdgruppe, Territorialität, und das Bedürfnis zum Abstandhalten (vgl. I. Eibl-Eibesfeldt 1984: 409ff.): Der Mensch brauche „(...) die Bindung an eine Heimat, (...) ferner die ideologische Einbindung in eine Gemeinschaft", und ein Volk hätte – so Eibl weiter – „(...) nicht nur das Recht, sondern auch die Verpflichtung (...), ihre eigene Existenz abzusichern. Nur wenn sie überleben, können sie ihren positiven Beitrag zur Vielfalt der Weltkulturen leisten. Und Überleben bedeutet nun einmal Überleben in eigenen Nachkommen – eine Trivialität, die jene zu vergessen scheinen, die darauf drängen, ihr Land allen Bedürftigen zur Einwanderung zu öffnen" (ebenda, 774f.).

Das Verhalten des Menschen ist für die Humanethologie also wesentlich biologisch – durch das stammesgeschichtliche Erbe – bestimmt. Abstrakt wird zwar zugestanden, dass man „(...) wegen der (...) Ablösung der Antriebe von festen Verhaltensmustern (...) im Einzelnen schwer feststellen (kann), wie viele angeborene Antriebe dem Menschen eigen sind" (K. Lorenz 1978a: 211). Man räumt auch ein, dass der Mensch auch ein „Kulturwesen" sei und dass daher „(...) stammesgeschichtliche Anpassungen, die ihren Anpassungswert verloren haben, einer wirksamen kulturellen Kontrolle unterworfen werden können" (ebenda, 227). Im konkreten Fall unterstellt man aber regelmäßig die biologische Grundlegung, und wie im wegen seiner mangelhaften Argumentation berüchtigten Strukturfunktionalismus B. Malinowskis oder des frühen T. Parsons' kommt die Frage nach funktionalen Äquivalenten und dem tatsächlichen aktuellen Anpassungswert eines Verhaltensmusters erst gar nicht auf.

1.2 Soziobiologie i.e.S.

Die *Soziobiologie* i.e.S. der „neuen Synthese" von E.O. Wilson (1975) bringt ein neues Erklärungsmuster ins Spiel: Ähnlich wie im ökonomischen Erklärungsmodell die Maximierung des Eigennutzes und rationale Kalkulation von Handlungsfolgen die entscheidenden Parameter darstellen, stehen im soziobiologischen Modell die Maximierung der Verbreitung der eigenen Gene und die Kalkulation des Reproduktionserfolgs im Zentrum:

„Der Organismus handelt richtig, wenn er durch sein Verhalten die Verbreitung seiner Gene maximiert". Das kann durch eigene Fortpflanzungsaktivitäten geschehen; es kann aber auch indirekt dadurch sichergestellt werden, dass Individuen „(...) anderen Individuen, die Träger gleichartiger Gene oder Allele sind, altruistisch helfen, sodass diese einen höheren Fortpflanzungserfolg haben" (I. Eibl-Eibesfeldt 1984: 121; vgl. auch F.M. Wuketits 1990: 50ff.). Handlungseinheiten sind dabei freilich nicht die Organismen, sondern die Gene selbst; diese bedienen sich der Individuen und ihrer Verbände lediglich als „Gepäcksträger" (vgl. F.M. Wuketits 1990: 59). Und ganz wie in der Ökonomie kann man dann auf Basis dieser Annahme „(...) mathematische Modelle konstruieren, die experimentell prüfbare Aussagen gestatten" (I. Eibl-Eibesfeldt 1984: 123).

Dieses Erklärungsmuster wird nun auf das Verhalten von Individuen und Gruppen bezogen, wobei wie in der Ethologie der evolutionistischen Annahme gefolgt wird, dass die verschiedenen Verhaltensformen, vom differenziellen Sexualverhalten der Geschlechter bis hin zu Moral und Religion, auf Grund der ihnen inhärenten Selektionsvorteile „(...) beim Steinzeitmenschen genetisch verankert worden sind und uns moderne Vertreter des homo sapiens ebenso nachhaltig prägen" (F.M. Wuketits 1990: 71).

Zu diesen reproduktionssichernden Verhaltensstrategien zählt die Soziobiologie bekanntlich geschlechtsspezifische Reproduktionsstrategien (Promiskuität des Mannes, Monogamie der Frau), aber auch Gruppen- und Ethnozentrismus und Fremdenfeindlichkeit – ein Phänomen, mit dem sich aus soziobiologischer Sicht u.a. A.K. Flohr (1994) beschäftigt hat. Die Wurzel von Ethnozentrismus und Fremdenfeindlichkeit sieht Flohr in der „rein biologisch bedingten Abstufung von Sympathie und Hilfsbereitschaft" nach Graden der Verwandtschaft (A.K. Flohr 1994: 163). Diese bilde zunächst die Naturbasis der Vorliebe für die Eigengruppe der Verwandten, die sich u.a. im Nepotismus und reziprokem Altruismus äußert. In der Folge wird sie aber auch zur Grundlage der ethnozentrischen Vorliebe für die eigene Ethnie, die in der anonymen Massengesellschaft gewissermaßen als „imaginierte Abstammungsgemeinschaft" manipulativ geschaffen wurde und die begünstigte Rolle der Verwandtschaftsgruppe geerbt habe („manipulierter Nepotismus", vgl. ebenda, 170ff.). Als Erkennungskriterien der eigenen Ethnie dienen dabei Indikatoren für „genetic similarity" – genetisch bedingte Körpermerkmale (z.B. Körperstatur, Gesichtszüge, Haarfarbe), kulturell bestimmte Verhaltensmerkmale (v.a. Sprache und Sitten) und die – ebenfalls kulturbedingte – „ethnic uniform" (Kleidung, äußerer Habitus) (ebenda, 168ff.).

Aus soziobiologischer Sicht sind Ethnozentrismus und Fremdenfeindlichkeit also nur eine der vielen Listen der biologischen Vernunft, den Genen der Eigengruppe zum Durchbruch zu verhelfen und die Gene der Fremdgruppe an der Verbreitung zu hindern. Als Indizien für die biologische Determination von Xenophobie und Fremdenfeindlichkeit führt Flohr u.a. deren Universalität, die Beliebigkeit der Objekte, ihre Stabilität, das „Fremdeln" von Kleinkindern, sowie die Tatsache an, dass analoge Phänomene auch im Tierreich verbreitet seien (ebenda, 202ff.).

Wie Etholog/inn/en so leugnen auch Soziobiolog/inn/en die Existenz kultureller bzw. mentaler Phänomene nicht. So erwähnt Wuketits die Unterscheidungen zwischen „biogenetischer" und „tradigenetischer Informationsübertragung" (C. Vogel 1986), zwischen „Genen" und „Kulturgenen" (C.J. Lumsden und E.O. Wilson 1981) bzw. „Genen" und „Memen" (R. Dawkins 1978). Er nimmt jedoch mit Lumsden und Wilson an, dass dabei „epigenetische Regeln, genetisch determinierte Prozesse, die mentalen Vorgänge steuern" (E.O. Wuketits 1990: 78). Im Geist eines „Diamat" á la Marx und Engels gehen sie offenbar davon aus, dass die Muster des Sozialverhaltens lediglich „kulturell überlagert" und in letzter Instanz doch „biogenetisch verursacht" (ebenda, 84) sind. Dabei wird auch angesichts kultureller Phänomene am darwinistischen Selektionsmodell fest gehalten. Nur finde hier „(...) die natürliche Auslese nicht mehr zwischen den Genen, (...) sondern zwischen 'Memen' statt" (H. Hemminger 1983: 101).

1.3 Verhaltensgenetik

Die fortgeschrittenste Version der Sozio-Biologie ist aber zweifellos die *Verhaltensgenetik* als Teilgebiet der modernen Humangenetik. Hier wird nicht mehr wie in Humanethologie und Soziobiologie i.e.S. bloß theoretisch-interpretativ auf Gene, genetischen Code und Genom Bezug genommen, sondern auch forschungspraktisch (Entschlüsselung des menschlichen Erbguts im v.a. mit dem Namen Craig Venter verbundenen und seit kurzem abgeschlossenen Genom-Projekt – von den 37.000 menschlichen Genen, die die 32 Mrd. Ziffern des Genoms enthalten, liegt nunmehr eine grobe Skizze vor) und technisch (Gentechnologie).

Mit den anderen beiden Versionen einer reduktionistischen Sozio-Biologie teilt die Verhaltensgenetik die reduktionistische These, dass Verhalten durch nichts anderes als ererbte natürliche Anlagen bestimmt und daher auch durch die Biologie und nur durch diese erklärt und beeinflusst werden könne. Fundamentalist/inn/en und PR-Spezialist/inn/en der Humangenetik versprechen sogar, schon in naher Zukunft in der Lage zu sein (vgl. zuletzt profil Heft 28/2001: 98ff.),

- eine kausale Zurechnung von Merkmalen, Eigenschaften und Verhaltensweisen zu Elementen des genetischen Codes vorzunehmen: Krebs, Parkinson und Fettleibigkeit, aber auch Intelligenz, Kreativität, Anpassungsfähigkeit, Aggressivität und Extrovertiertheit, sexuelle Orientierung, Neugier, Abenteuerlust und Erregbarkeit, Angstbereitschaft, ja überhaupt die Grund-

stimmung des Menschen – alles stecke in den Genen (vgl. den Überblick in M. Aspalter u.a. 2001: 9ff.);
- genetische Kopien von Organismen herzustellen („Clonen", im Tierversuch – Fall Dolly – bereits erfolgt, beim Menschen plant das u.a. der italienische Reproduktionsmediziner Severino Antinori) und Ersatzteillager für so genannte Stammzellen anlegen zu können, die später für die Züchtung von Botenstoffen (z.b. Insulin) oder von Organen für die Transplantationsmedizin herangezogen werden können (in USA bzw. Australien im Tierexperiment bereits geglückt);
- „Fehler" (organische Erbkrankheiten wie Krebs, Parkinson oder Alzheimer, geistige Krankheiten und Behinderungen wie Schizophrenie oder das Down-Syndrom, aber auch vermeintlich genetisch bedingte „Verhaltensstörungen" wie Homosexualität, Alkohol- und Drogensucht, oder defizitäre Intelligenz, möglicherweise aber auch – man bedenke die diesbezüglichen Auslassungen von K. Lorenz, I. Eibl-Eibesfeldt und A.K. Flohr – Feminismus oder Ungehorsam und Nichtübereinstimmung mit den Werten der Gemeinschaft, oder vielleicht gar Ethnozentrismus und Fremdenfeindlichkeit) früh erkennen („Präimplantationsdiagnostik" – in Spanien bereits legale Praxis) und diese qua Gentechnik gezielt korrigieren zu können („negative Eugenik");
- ja sogar die Zusammensetzung des Genpools eines Individuums im Hinblick auf vorausgesetzte Fitnesskriterien zu optimieren („positive Eugenik").

Soweit die Sozio-Biologie. Nun zu den philosophischen Utopien und den politischen Ideologien, die an sie anknüpfen.

2 „Sozio-Biosophie": P. Sloterdijks Sozialutopie der anthropotechnischen Steuerung

Derlei Nachrichten und Verheißungen aus den Laboren haben in Öffentlichkeit und Politik teils ängstliche, teils staunende Orientierungslosigkeit erzeugt – eine Situation, die wiederum die Zunft der Ethiker/inn/en und Philosoph/inn/en auf den Plan gerufen hat. Seitdem wird auf Kongressen und in Regierungskommissionen (z.B. die Anfang Juli 2001 gegründete österreichische Bioethik-Kommission) teils stille, pragmatische und sachliche Arbeit geleistet, z.T. aber auch hochfliegende Spekulationen über die zukünftige Machbarkeit des Menschen angestellt – z.B. von Peter Sloterdijk, der vor etwa zwei Jahren im oberbayrischen Ellmau auf einer Tagung zum Allerweltsthema „Philosophie am Ende des Jahrhunderts" vor handverlesenem Publikum mit einem Vortrag unter dem Titel „Regeln für den Menschenpark. Ein Antwortschreiben zum Brief über den Humanismus" (1999) aufhorchen ließ. Dieser Vortrag verdient deshalb besondere Aufmerksamkeit, weil er die gattungspolitische Dimension der Wende deutlich macht, die eine Humangenetik und Gentechnologie, die ihre großen Versprechungen einlöst, einläuten könnten. Sloterdijks Thesen im Überblick:

1. Der Humanismus als historisches Projekt, mit den kommunikativen Mitteln von Aufklärung und moralischer Belehrung sei heute a) medientechnisch überholt und überdies, wie die Geschichte des 20. Jahrhunderts gelehrt habe, b) im Hinblick auf sein Ziel – „die Rückholung des Menschen aus der Barbarei" – nicht nur nicht erfolgreich, sondern sogar kontraproduktiv gewesen.
2. Heidegger habe dies in seinem „Aufsatz über Humanismus" erkannt und mit seiner Existentialontologie einen „posthumanistischen Denkraum eröffnet", demzufolge der Mensch als Teil des Seins vom Sein an der „Lichtung des Seins" zum „Hirten des Seins" bestellt ist. Heideggers „ontologische Hirtenspiele" mögen heute „vollends anachronistisch erscheinen", sie haben aber die „Epochenfrage" gestellt: „Was zähmt den Menschen, wenn der Humanismus als Schule der Menschenzähmung scheitert?"
3. Heidegger habe jedoch übersehen, dass der Mensch nicht kontemplativ an der „Lichtung des Seins" verharrt hat, sondern – wie v.a. A. Gehlen bemerkt habe – handelnd in diese hinausgetreten ist. Die „Lichtung des Seins" sei daher immer schon auch ein „Kampfplatz und Ort der (gattungspolitischen) Entscheidung" gewesen. Dabei sei es Nietzsches „Also sprach Zarathustra" vorbehalten gewesen, im Klartext zu sagen, was dort vorgehe, nämlich der Kampf zwischen „Kleinzüchtern und Großzüchtern, Menschenfreunden und Übermenschenfreunden, Humanisten und Superhumanisten". Zwar mag uns Nietzsches Idee des „Übermenschen" aus heutiger Sicht hysterisch und seine Theorie einer klerikal-paulinischen Verschwörung paranoid und irreführend erscheinen, er habe aber das „vom Humanismus Ungedachte" ans Licht gebracht: dass menschliche Bildung nicht nur eine Frage des „Lesens bzw. der Lektion", sondern auch eine Frage der „Auslese bzw. der Selektion" sei.
4. Im gegenwärtigen „technischen und anthropotechnischen Zeitalter" sei der Mensch „mehr und mehr auf die aktive und subjektive Seite der Selektion geraten". Es sei daher heute an der Zeit, sich vom vergeblichen und technisch überholten humanistischen Bemühen zu verabschieden, den Menschen mit vernünftiger Verständigung und Moral zu zivilisieren, und das von Molekularbiologie und Humangenetik eröffnete neue Spiel „(...) aktiv aufzugreifen und einen Kodex der Anthropotechniken zu formulieren."

Vordergründig plädiert Sloterdijk für ethische Regeln im Umgang mit der Gentechnologie, aber eigentlich propagiert und legitimiert er hier die Umstellung des menschlichen Zivilisationsprozesses von Ethik und Moral auf verhaltensgenetische Steuerung, indem er vorspiegelt, dass diese gar keinen dramatischen Bruch mit der bisherigen Entwicklung darstellt – es sei in der Geschichte ja immer schon um „Auslese *und* Selektion" gegangen – und ohnehin das „Seinsgeschick" einer Gattung ist, die auf Fortschritte in der „handelnden Selbststabilisierung" (A. Gehlen) angewiesen ist (zu P. Sloterdijks Thesen und zur Kontroverse darüber vgl. ausführlich M. Preglau 2000b).

3 „Sozio-Biopolitik": die politischen Projekte der Neuen Rechten

Sozio-biologische Thesen haben, seit es sie gibt, auch vorzugsweise rechte politische Ideen inspiriert. Bekannt sind der Sozialdarwinismus des 19. Jahrhunderts und natürlich der Rassismus und die Euthanasieprogramme nationalsozialistischer Provenienz in der ersten Hälfte des 20. Jahrhunderts. Die moderne Biologie hat sich davon sowie von älteren biologischen Theorien, die dieser politischen Vereinnahmung Vorschub geleistet haben, entschieden distanziert (z.B. F.M. Wuketits 1990: 109ff., Seidler 1998).

Dabei wird jedoch übersehen, dass auch modernere Versionen der Sozio-Biologie Ideen enthalten, die sich als Anleihen für neu-rechte Ideologienbildung und Programmentwicklung eignen. Dazu einige Kostproben aus dem Bereich der FPÖ, einer laut „Weisenbericht" (M. Ahtisaari u.a. 2000) „rechtspopulistischen Partei mit radikaler Ausdrucksweise und extremen Elementen":

- Es klingt wie aus dem Lehrbuch der Biologie des geschlechtsspezifischen Verhaltens, wenn Haider die rhetorische Frage stellt: „ (...) hat man schon einmal darüber nachgedacht, dass die Frau von ihrer biologischen Struktur her ein ausgesprochen starkes Schutz- und Sicherheitsbedürfnis wegen ihrer Kinder hat? Mutterliebe ist durch Vaterliebe nicht zu ersetzen. Davon kommt auch das Bedürfnis der Frau, sich vorrangig ihren Kindern zu widmen" (J. Haider 1993: 167f.).
- Es liest sich wie eine Anwendung des genetic-similarity Ansatzes und ethologischer Agressionstheorien, wenn H. Partik-Pablé 1999 im Österreichischen Nationalrat erklärt: „Schwarzafrikaner sehen nicht nur anders aus, sie sind auch anders, und zwar besonders aggressiv. Das liegt offensichtlich in der Natur dieser Menschen" (DÖW 2001).
- Es klingt wie eine Anleihe an Eibl-Eibesfeldts Plädoyer für Volk und Heimat (s. oben), wenn im Programm der FPÖ Heimat zum „Schutzobjekt" und „Grundrecht" erklärt wird, das „(...) keine unkontrollierte Zuwanderung nach Österreich" gestatte, die Ablehnung „multikultureller Experimente" gebiete und auch in Zukunft „(...) den Erhalt der vollen Souveränität in Ausländerfragen" erfordere (FPÖ 2000, 11).

- Es erinnert an Eibl-Eibesfeldts Mahnung, eine Ethnie habe nicht nur das Recht, sondern die Verpflichtung zur Selbsterhaltung, wenn A. Mölzer, einer der freiheitlichen Chef-Ideologen, die Gefahr der „Umvolkung" durch zu hohe Zuwanderung an die Wand malt.
- Und es klingt wie die Therapie zur ethologischen Krisendiagnose der „überfremdeten" modernen Massengesellschaft, wenn Haider beim Auftakt zum letzten Wiener Wahlkampf erklärt, dass es in den nächsten Jahren „nicht nur einen Einwanderungsstopp geben (soll), sondern auch eine klare Sichtung jener, die hier anwesend sind. Viel zu viele Illegale, Straftaten, Drogenhändler – alle haben hier in Österreich nichts verloren. Das muss unser Interesse sein, hier eine konsequente Beseitigung herbeizuführen" (DÖW 2001).

Sozio-Biologie und politische (neue) Rechte haben also immer noch sehr viel mehr miteinander gemeinsam, als Biolog/inn/en, die um Bewältigung der dunklen Vergangenheit ihrer Disziplin bemüht sind, wahr haben wollen (zur Beziehung zwischen Sozio-Biologie und Neuer Rechter vgl. ausführlicher M. Ralser 2000).

4 Beweisnot, Fehlschlüsse, Grenzüberschreitungen – Zur Kritik der Sozio-Biologie

Parallelen in den Ansichten von Sozio-Biologie und Neuer Rechter sagen per se noch nichts über die Wahrheit oder Falschheit dieser Ansichten aus. Diese bedürfen daher einer von der bloßen Feststellung einer Übereinstimmung unabhängigen, methodologischen Beurteilung, die im Folgenden versucht werden soll.

So kann etwa die für die *Humanethologie* zentrale Methode der vergleichenden Verhaltensforschung, die ja nie die im genetischen Code vermuteten Informationen selbst erfasst, lediglich Indizien liefern, die die innerhalb des vorausgesetzten biologischen Bezugsrahmens angenommenen Kausalbeziehungen mehr oder weniger plausibel erscheinen lassen; die üblichen Schlüsse von der Parallele des Verhaltens innerhalb einer Art auf gemeinsames biologisches Erbe und von Verhaltensparallelen bei verschiedenen Arten auf gemeinsames stammesgeschichtliches Erbe enthalten jedoch einen empirisch nicht gedeckten und mit den Methoden der vergleichenden Verhaltensforschung prinzipiell uneinholbaren spekulativen Überschuss. So hat G. Roth schon vor einiger Zeit darauf hingewiesen, dass K. Lorenz' Theorie des Instinkthandelns mit verschiedenen Ebenen einander verschachtelter Modellen arbeitet, wobei die höheren Modelle „(…) nicht unmittelbar beweisbar oder widerlegbar sind. (…) Das birgt die Gefahr in sich, dass sich solche Modelle gegenüber der empirischen Basis verselbständigen" (G. Roth 1974a: 162). Dadurch werde „(...) der für den wissenschaftlichen Fortschritt notwendige Rückkoppelungsmechanismus zwischen experimenteller Arbeit und Theorienbildung nachhaltig gestört" (ebenda: 189).

Noch spekulativer und unverbindlicher wird es, wenn von den Verhältnissen in einem untersuchten Bereich (z.B. körperliche Merkmale wie Haut-, Haar- oder Augenfarbe) auf die Verhältnisse in anderen, nicht untersuchten Bereichen (z.B. Sozialverhalten) geschlossen wird. Problematisch ist auch die Anfälligkeit von Etholog/inn/en für Fehlschlüsse, die aus der Kritik des kulturanthropologischen und soziologischen Strukturfunktionalismus bekannt sind: der Fehlschluss von Funktionalität eines Verhaltensmusters auf dessen allgemeine Überlebens-Notwendigkeit und Alternativlosigkeit. So erscheint etwa die These von der funktionalen Unersetzlichkeit von Hierarchie und Folgebereitschaft im Lichte neuerer Forschung über Vorteile dezentraler Autonomie und horizontaler Vernetzung offenkundig nicht mehr haltbar.

Nicht zuletzt führt eine spezifisch evolutionistische Voreingenommenheit dazu, dass (Macht-)Interessen als darwinistisch nicht rekonstruierbare, spezifisch soziale Determinanten von Normen und Institutionen (vgl. M. Foucault 1978) außer Betracht bleiben.

Solange die *Soziobiologie* i.e.S. sich im „dogmatischen Schlummer" normalwissenschaftlicher Bestätigungsforschung (T. Kuhn 1973) darauf beschränkt, Modellprognosen mit experimentell ermittelten oder quasiexperimentellen Daten zu vergleichen und der „Egoismus der Gene" (R. Dawkins 1978) nicht direkt im Genom lokalisiert werden kann, erscheint auch deren „neue Synthese" als bloßes interpretatives Sprachspiel, das im Nachhinein über die Daten gestülpt wird. Innerhalb dieses Sprachspiels werden, wie Hemminger (1983) in seiner scharfen Kritik formuliert hat, „(...) in unkritischer (...) Ausweitung darwinistischer Ideen" alle menschlichen Handlungen und Lebensformen auf „zwei Grundprinzipien (...), nämlich auf (...) (die) Erblichkeit und auf (...) (die) stammesgeschichtliche Anpassung" (30ff.) bezogen, wobei „(...) die entscheidende Rolle der individuellen sozialen Lernfähigkeit und der Flexibilität des Verhaltens" übersehen wird (91). Ideologiekritisch lässt sich anmerken, dass dabei in einem „naturalistischen Fehlschluss" (E. Topitsch) Motive einer kapitalistischen Marktgesellschaft, und zwar die „Einstellungen und Präferenzen eines kompetitiven Besitzindividualismus", zunächst in das „Wesen" des Menschen hinein projiziert werden, um dann scheinbar wiederum daraus herausgelesen zu werden (vgl. dazu E. List 1993a: 73ff.).

Was die *Verhaltensgenetik* betrifft, so hat sie ihren Gegenstand zweifellos begrifflich-theoretisch präziser definiert und ist methodisch näher an ihn herangerückt, ihre Ergebnisse bleiben jedoch bis auf weiteres weit hinter den (z.T.

von ihr selbst) in sie gesetzten Erwartungen zurück: auch im Bereich des genetischen Bedingten gibt es nicht-deterministische Zusammenhänge, Interaktionen mit anderen Genen sowie mit der Umwelt – und daher auch keinen exakt prognostizierbaren Zusammenhang zwischen Genotypus und Phänotypus. Nur wenige Erbkrankheiten werden dominant – von nur einem Elternteil – vererbt, zumeist müssen zwei defekte Genkopien zusammenkommen. Dazu kommen die spezifischen Probleme der gentechnologischen Verpflanzung von Genen: alle Versuche in diese Richtung seien bisher gescheitert. Die Verhaltensgenetik schließlich bewege sich heute überhaupt noch „in trübem Fahrwasser" (vgl. J. Albrecht 1999, G. Utermann 1999).

Woher stammt aber dann der Überschuss der sozio-biologischen Selbstgewissheit über die offenkundigen Unzulänglichkeiten der Beweisführung und des Wissens[1]? Er stammt offenbar aus einem biologistisch-reduktionistischen Weltbild bzw. aus einer daraus abgeleiteten Erwartung, die nicht nur die methodologische Funktion einer der Forschung aus heuristischen Gründen hypothetisch vorausgesetzten Grundannahme erfüllt, sondern eine metaphysische bzw. metabiologische ontologische Grundüberzeugung zum Ausdruck bringt. Diese der empirischen Forschung vorausgesetzte und erfahrungsresistente, weil durch empirische Forschung nicht mehr korrigierbare, ontologische Grundüberzeugung lautet: „Für jedes Verhalten gibt es eine genetische Ursache" oder: „Jedes Verhalten ist biologisch und nur oder jedenfalls 'in letzter Instanz' biologisch determiniert".

Demgegenüber betonen Philosoph/inn/en und Biolog/inn/en mit weiterem Horizont, dass menschliches Verhalten auch von der Kultur her zu verstehen ist und weitgehende kulturelle Freiheitsgrade besitzt. Diese Ansicht beruht auf einer Weltsicht, die nicht monistisch mit nur einer Welt objektiver Naturtatsachen rechnet, sondern pluralistisch mit einer Mehrzahl von Welten, die nicht aufeinander reduzierbar sind, je eigenen Gesetzmäßigkeiten oder Regeln folgen, und die in einer komplexen Weise miteinander interagieren. Beispiele für solche Mehr-Welten-Theorien sind u.a.

- von K.R. Popper inspirierte Drei-Welten-Theorien (K.R. Popper 1973, T. Meleghy 2001):

---

1 Was M. Weber vor fast 100 Jahren dem Rassenbiologen A. Ploetz vorgehalten hat, scheint mir daher auch heute noch aktuell zu sein: „Dass es heutzutage auch nur eine einzige Tatsache gibt, die für die Soziologie relevant wäre, auch nur eine exakte konkrete Tatsache, die eine bestimmte Gattung von soziologischen Vorgängen wirklich einleuchtend und endgültig, exakt und einwandfrei zurückführte auf angeborene und vererbliche Qualitäten (...), das bestreite ich mit aller Bestimmtheit und werde ich solange bestreiten, bis mir diese eine Tatsache genau bezeichnet ist" (M. Weber 1924: 459).

Welt 1a – die physikalisch-chemische Ebene, die beherrscht ist von empirischen, physikalischen und chemischen Naturgesetzen;
Welt 1b – die biologische Ebene, beherrscht von empirischen biologischen Gesetzen;
Welt 2 – die Ebene der Bewusstseinsphänomene bzw. die „Welt der subjektiven Erfahrung", die empirischen psychologischen Gesetzmäßigkeiten unterliegt;
Welt 3a – die Ebene der Normen, Vorschriften und Institutionen, und Welt 3b – die Welt der objektiven Gedankeninhalte bzw. der „Sätze an sich", die (wie auch die Normen, Vorschriften und Institutionen der Welt 3a) durch logische Gesetze miteinander verbunden sind.
Parsons' System der menschlichen Grundverfassung (T. Parsons und G.M. Platt 1990), bestehend aus:

(1) physikalisch-chemische Welt;
(2) biologische Welt;
(3) Handlungswelt;
(4) (transzendente Wirklichkeit)

Pluralistische Weltenmodelle dieser Art haben auch in der Biologie Verwendung gefunden, u.a. in Form der „Hierarchie der Komponenten des Lehrens und Lernens" bei Lumsden und Wilson: „Die Mehrzahl der Tiere ist akulturell organisiert, mit nur geringer oder kaum vorhandener Lernfähigkeit (...) (wirbellose Tiere, niedere Wirbeltiere), auf den 'protokulturellen' Organisationsstufen (Vögel, Säugetiere) ist die Imitation bereits ausgeprägt, während bei einigen in hochentwickelten Sozietäten lebenden Säugetieren (Wölfen, Löwen, Menschenaffen) zusätzlich schon die Fähigkeit des Lehrens – und damit beginnende Traditionsbildung – vorkommt und schließlich beim Menschen (auf der 'eukulturellen' Stufe) Symbolbildung entwickelt ist, also die Fähigkeit, Lern- und Lehrinhalte auf materiellen Trägern, etwa durch die Schrift, aufzuzeichnen und damit auf eine 'außerkörperliche' Ebene zu verlagern" (F.M. Wuketits 1990: 79). Das bedeutet aber nicht mehr und nicht weniger als die von biologischen Reduktionismus offenbar nur schwer zu akzeptierende Tatsache, dass sich auf „eukultureller" Ebene Lehren und Lernen und damit auch die Bildung von Verhaltensmustern von angeborenen Grundlagen lösen können, und dass auf dieser Ebene infolge deren sinnhaften Aufbaus auch die Methoden der vergleichenden Verhaltensforschung und andere Methoden der Naturwissenschaften nicht mehr greifen[2].

---

2 Auch das wusste bereits Max Weber. In der bereits zitierten Diskussionsbemerkung zum Rassenbiologen A. Ploetz wies er auch darauf hin, dass „(...) wir die Möglichkeit (haben), rationa-

Bleibt die interessante Frage offen, wie diese verschiedenen Welten miteinander interagieren. Soll das Zusammenspiel biologischer und soziokultureller Komponenten des Handelns nach einem linear-hierarchischen Schichtenmodell oder nach dem Modell einer gegenseitigen „dialektischen" Durchdringung verstanden werden? Sind Ideen, Normen und Institutionen (Poppers Welten 2 und 3) bloß Epiphänomene einer ursprünglichen Menschennatur (Poppers Welt 1), die doch „in letzter Instanz" durch das biologische Erbe bestimmt werden und allenfalls selektiv und/oder repressiv auf diese Naturbasis zurückwirken, wie dies Sozio-Biolog/inn/en annehmen, oder ist Kultur eine gleichursprüngliche und relativ selbständige Quelle der Verhaltensorientierung, die – wie etwa C. Geertz (1992) herausstreicht – die Evolution der menschlichen Natur entscheidend mitbestimmt hat und die die biologischen Antriebe auch prägend und in produktiver Weise formt und umgestaltet, wie das die Rede von den „Triebschicksalen" und Konzepte der „Triebmischung" oder „-sublimierung" in der psychoanalytischen Tradition von S. Freud (vgl. K. Horn 1974) oder die figurationssoziologische Zivilisationstheorie von N. Elias (1989) unterstellen? Ist die sprachliche Repräsentation nur „Widerspiegelung", die biologische Vorgaben bloß in die Ebene symbolischer Bedeutung transponiert, oder wird das menschliche Handeln durch Symbolisierung von der Naturbasis abgekoppelt und auf reflexive, sinnhaft-kulturelle Handlungsorientierung umgestellt, wie das G.H. Mead (1968) oder Habermas (1981) annehmen? Und schließlich die Frage: zählt für jede Evolution nur das darwinistische Kriterium des „Anpassungserfolgs", oder folgt die kulturelle Evolution des Menschen nicht auch Kriterien ethisch-moralischer und/oder ästhetischer Art, die nicht auf das darwinistische Fitnesskriterium reduzierbar sind? Nur wenn hier jeweils die zweite Antwortalternative gewählt wird, wird der Bannkreis des reduktionistischen Biologismus und Evolutionismus durchbrochen (vgl. dazu M. Preglau 2000a).

5   Resümee: Sozio-Biologie als meta-biologische „große Erzählung"

Wie gezeigt werden konnte, hält sich der sozio-biologische Diskurs in seiner reduktionistischen Variante in Methode und Erkenntnisanspruch nicht an die Grenzen, die für eine empirisch-analytische Naturwissenschaft vom Menschen angesichts einer Welt, die nicht nur aus Naturtatsachen besteht, gezogen sind. Er überzieht mit seinen Behauptungen in fahrlässiger Weise das Konto des Belegbaren, er überschreitet in imperialistischer Weise seinen legitimen Geltungsbe-

---

les Handeln der einzelnen menschlichen Individuen geistig nacherlebend zu verstehen. Wenn wir eine menschliche Vergesellschaftung ... nur nach der Art begreifen wollen, wie man eine Tiervergesellschaftung untersucht, so würden wir auf Erkenntnismittel verzichten, die wir nun einmal beim Menschen haben und bei den Tiergesellschaften nicht" (M. Weber 1924: 461).

reich und er verspricht offenbar wesentlich mehr, als er einlösen kann. An Stelle eines schwachen, „methodologischen Naturalismus", der bloß heuristisch motiviert und mit hypothetischem Anspruch verbunden wird und als solcher unvermeidlich und legitim ist, vertritt er einen starken „ontologischen Naturalismus", der als solcher rational nicht zu rechtfertigen ist.

Im Gegensatz zu seiner Selbstinszenierung als „hard science" erweist er sich damit als eine Metaphysik bzw. Metabiologie mit umfassender Weltbildfunktion – und damit als allerletzte (?) „große Erzählung" i.S. von J.-F. Lyotard (1986), eine Erzählung, die zwar nicht wahr ist, aber insofern durchaus sozial funktional, als sie angesichts der durch „(Post-)Modernisierung und Individualisierung" hervorgerufenen Verunsicherung und Desorientierung „(...) Sicherheit und Orientierung (vermittelt)" (G. Dressel 1998: 118) und die sich auf Grund innerer weltanschaulicher Korrespondenzen hervorragend dafür eignet, antihumanistische und reaktionäre politische Projekte der Neuen Rechten zu legitimieren.

Literatur

Ahtisaari, Martti/ Frowein, Jochen/ Oreja, Marcelino (9.9.2000): „Weisenbericht" – Bericht an die Französische EU-Präsidentschaft, angenommen am 8. September 2000 in Paris. http://www.virtual-institute.de/

Albrecht, Jörg (1999): „Die Guten ins Töpfchen". Gentechnik kommt auf den Markt – die Forscher bedienen die steigende Nachfrage der Mütter und Väter in spe. In: Die Zeit Nr. 38. 1999

Aspalter, Michaela u.a. (16.7.2001): Gendiagnose: ich bin meine Gene. Methoden, Ziele und mögliche Folgen der Gendiagnose bei Kindern und Erwachsenen. In: http://schulen.eduhi.at/bakip.steyr/gen/gruppe3.htm/

Dawkins, Richard (1978): Das egoistische Gen. Berlin/ Heidelberg/ New York: Springer

DÖW (17.7.2001): Auswahl rechtsextremer, antisemitischer, rassistischer und europafeindlicher Äußerungen von FPÖ-SpitzenpolitikerInnen und -Medien. Stand 2. 3. 2001. http://www.doew.at/

Dressel, Gert (1998): Von Soziobiologen und anderen Männern, die immer noch nur an das eine denken. In: Reinalter et. al. (1998): 98-129

Eibl-Eibesfeldt, Irenäus (1984): Die Biologie des menschlichen Verhaltens. München/ Zürich: Piper

Elias, Norbert (1989): Über den Prozess der Zivilisation. Soziogenetische und psychogenetische Untersuchungen. 2 Bände. Frankfurt am Main: Suhrkamp

Flohr, Anne Katrin (1994): Fremdenfeindlichkeit. Biosoziale Grundlagen von Ethnozentrismus. Opladen: Westdeutscher Verlag

Foucault, Michel (1978): Dispositive der Macht: über Sexualität, Wissen und Wahrheit. Berlin: Merve

FPÖ (02.2000): Das Programm der Freiheitlichen Partei Österreichs. http://www.fpoe.at/

Geertz, Clifford (1992): Kulturbegriff und Menschenbild. In: Habermas/ Minkmar (1992): 56-82

Habermas, Jürgen (1981): Theorie kommunikativen Handelns, 2 Bände. Frankfurt am Main: Suhrkamp

Habermas, Rebekka/ Minkmar, Nils (Hrsg.) (1992): Das Schwein des Häuptlings. Beiträge zur Historischen Anthropologie. Berlin: Wagenbach

Haider, Jörg (1993): Die Freiheit, die ich meine. Das Ende des Proporzstaates – Plädoyer für die Dritte Republik. Frankfurt am Main/ Berlin: Ullstein

Hemminger, Hansjörg (1983): Der Mensch – eine Marionette der Evolution? Eine Kritik an der Soziobiologie. Frankfurt am Main: Fischer
Horn, Klaus (1974): Die humanwissenschaftliche Relevanz der Ethologie im Lichte einer sozialwissenschaftlich verstandenen Psychoanalyse. In: Roth (1974): 190-222
Kuhn, Thomas (1973): Die Struktur wissenschaftlicher Revolutionen. Frankfurt am Main: Suhrkamp
List, Elisabeth (1993): Die Präsenz des Anderen. Theorie und Geschlechterpolitik. Frankfurt am Main: Suhrkamp
List, Elisabeth (1993a): Politik des Natürlichen – Technologie des Lebendigen. Zur Konstruktion der Geschlechterdifferenz in der Soziobiologie. In: dieselbe (1993): 67-89
Lorenz, Konrad (1978): Das Wirkungsgefüge der Natur und das Schicksal des Menschen. München/ Zürich: Piper
Lorenz, Konrad (1978a): Die stammesgeschichtlichen Grundlagen menschlichen Verhaltens. In: derselbe (1978): 176–245
Lumsden, Charles J./ Wilson, Edward O.(1981): Genes, Mind and Culture. The Coevolutionary Process. Cambridge/ Mass.: Harvard University Press
Lyotard, Jean-Francois (1986): Das postmoderne Wissen: ein Bericht. Graz/ Wien: Böhlau
Mead, George Herbert (1968): Geist, Identität und Gesellschaft aus der Sicht des Sozialbehaviorismus. Hrsg. von Charles W. Morris. Frankfurt am Main: Suhrkamp
Meleghy, Tamás (2001): Soziologie als Sozial-, Moral- und Kulturwissenschaft. Untersuchungen zum Gegenstandsbereich, zur Aufgabe und Methode der Soziologie auf Grundlage von Karl Poppers „Evolutionärer Erkenntnistheorie". Berlin: Duncker & Humblot
Parsons, Talcott/ Platt, Gerald M. (1990): Die amerikanische Universität. Ein Beitrag zur Soziologie der Erkenntnis. Frankfurt am Main: Suhrkamp
Popper, Karl R. (1973): Objektive Erkenntnis. Hamburg: Hoffmann und Campe
Preglau, Max (2000a): „Die" Logik der Sozialwissenschaften? Anmerkungen zu einem darwinistischen Forschungsprogramm aus der Sicht der „Theorie kommunikativen Handelns". In: Angewandte Sozialforschung 3/ 4. 1999/ 2000. 159-165
Preglau, Max (2000b): „Humanismus" oder „Anthropotechnik", oder: Wie schafft man Frieden im „Menschenpark"? – Eine Kontroverse. In: Wolf (2000): 90-119
Profil 28/9.7.2001: Klonen. Reproduktionsmediziner Severino Antinori will noch heuer den ersten Menschen klonen
Ralser, Michaela (2000): Angriff auf das Leben im Namen des Lebens. Im Gegenlicht der Optimierung die Vernichtung: Biopolitik und Neue Rechte. In: Wolf (2000): 209–230
Reinalter, Helmut/ Petri, Franko/ Kaufmann, Rüdiger (Hrsg.) (1998): Das Weltbild des Rechtsextremismus. Die Strukturen der Entsolidarisierung. Innsbruck: Studien-Verlag
Rössner, Hans (Hrsg.) (1986): Der ganze Mensch. Aspekte einer pragmatischen Anthropologie. München: DTV
Roth, Gerhard (1974a): Kritik der verhaltensphysiologischen Grundlagen der Lorenzschen Instinkttheorie. In: Roth (1974): 156-189
Roth, Gerhard (Hrsg.) (1974): Kritik der Verhaltensforschung. Konrad Lorenz und seine Schule. München: C.H. Beck
Seidler, Horst (1998): Rassenhygiene und das völkische Menschenbild. In: Reinalter et. al. (1998): 77-97
Sloterdijk, Peter (1999): „Regeln für den Menschenpark. Ein Antwortschreiben zum Brief über den Humanismus". In: Die Zeit 38. 1999
Utermann, Gerd (1999): Kann man den Menschen genetisch manipulieren? Vortrag im Rahmen des Senatsarbeitskreises „Wissenschaft und Verantwortlichkeit" der Universität Innsbruck (unveröffentlicht)
Vogel, Christian (1986): Von der Natur des Menschen in der Kultur. In: Rössner (1986): 47-66

Weber, Max (1924): Diskussionsrede zu dem Vortrag von A. Ploetz über „Die Begriffe Rasse und Gesellschaft". In: Gesammelte Aufsätze zur Soziologie und Sozialpolitik. Tübingen: Mohr, 456-462

Wilson, Edward O. (1975): Sociobiology. The New Synthesis. Cambridg/ Mass.: The Belknap Press of Harvard University Press

Wolf, Maria (Hrsg.) (2000): Optimierung und Zerstörung. Intertheoretische Analysen zum menschlichen Lebendigen. Innsbruck: Studia Universitätsverlag

Wuketits, Franz M. (1990): Gene, Kultur und Moral. Soziobiologie – Pro und Contra. Darmstadt: Wissenschaftliche Buchgesellschaft

AutorInnenverzeichnis

Gerda Bohmann, Ass. Prof. Dr., Institut für Allgemeine Soziologie und Wirtschaftssoziologie, Wirtschaftsuniversität Wien. Forschungsschwerpunkte: Soziologische Theorien, Theorie des sozialen Wandels, Soziologie der Sozialpolitik. Publikationen: *Radikaler Islamismus – beharrlicher Traditionalismus oder Aufbruch in die Moderne? Eine historisch-genetische Provokation.* In: Wenzel, U./ Bretzinger, B./ Holz, K. (Hrsg.): Subjekte und Gesellschaft. Zur Konstitution von Sozialität. Weilerswist: Velbrück, 2003; *Zur historisch-genetischen Rekonstruktion eines „fremden" Weltbilds: das Beispiel des radikalen Islamismus.* In: Srubar, I./ Wenzel, U./ Renn, J. (Hrsg.): Konstitution und Vergleichbarkeit von Kulturen (in Vorbereitung); Hrsg.: *Politische Religionen der Gegenwart.* Schwerpunktheft der Österreichischen Zeitschrift für Soziologie 4/2001.
E-mail: gerda.bohmann@wu-wien.ac.at

Eva Buchinger, geb. 1961, Soziologin, wissenschaftliche Mitarbeiterin von ARC Seibersdorf research, Koordinatorin des European Science and Technology Observatory-Netzwerkes für die ARCS. Forschungsschwerpunkte: Technologische Innovationen, Systemtheorie und Technologiepolitik, Lebensqualität und Nachhaltigkeit. Publikationen: *Developments in Austrian Science and Technology Policy.* In: Bell, E./ Gokhberg, L./ Schuch, K. (ed.): Dialogue on S&T between the European Union and the Russian Federation. Moscow: Centre for Science Research and Statistics, 2002; *Innovation im Netz der Systeme: Gesellschaftliche Spielregeln bestimmen den technisch-wissenschaftlichen Wandel.* In: it's T.I.M.E. Technology.Innovation.Management.Engineering 2/02, 13-20, 2001; *Natur und Gesellschaft: Systemtheoretische Aspekte einer Beziehung.* In: BMWV (Hrsg.): Theorien und Modelle. Forschungsschwerpunkt Kulturlandschaft Nr. 4. Wien: Bundesministerium für Wissenschaft und Verkehr, 1998.
E-mail: eva.buchinger@arcs.ac.at

Johan Goudsblom, geb. 1932, emeritus professor of sociology, University of Amsterdam. Forschungsschwerpunkt: The Expansion of the Antroposphere. Publikationen: *Sociology in the Balance* (1977), in German: *Soziologie auf der Waageschale* (1979); *Fire and Civilization* (1992), in German: *Feuer und Zivilisation* (1995); (with Bert de Vries) *Mappae Mundi. Humans and their Habitats in a Long-Term Socio-Ecological Perspective* (2002).
E-mail: jgoudsblom@fmg.uva.nl

Thomas Junker, geb. 1957, PD Dr., Forschungs- und Lehraufenthalt am Institut für Wissenschaftsgeschichte, Universität Göttingen. Forschungsschwerpunkte: Geschichte der Biologie, besonders der Genetik und Evolutionstheorie. Publikationen: (mit U. Hoßfeld) *Die Entdeckung der Evolution – Eine revolutionäre Theorie und ihre Geschichte.* Darmstadt: Wissenschaftliche Buchgesellschaft, 2001; *Geschichte der Biologie.* München: Beck, 2003; *Die zweite Darwinsche Revolution: Geschichte des synthetischen Darwinismus in Deutschland 1924 bis 1950.* Acta Biohistorica. Marburg: Basilisken-Presse, 2003.
E-mail: Thomas.Junker@uni-tuebingen.de

Henrik Kreutz, geb. 1938 in Budapest, Professor für Soziologie und Sozialanthropologie an der WiSo-Fakultät der Universität Erlangen-Nürnberg. Publikationen: *Pragmatische Soziologie.* Opladen: Leske + Budrich, 1986; (gem. mit J. Bacher) *Disziplin und Kreativität. Sozialwissenschaftliche Computersimulation.* Opladen: Leske + Budrich, 1991; (gem. mit J. Wessel) *Organisierte Kriminalität oder gesellschaftliche Desorganisation?* Freiburg: Nomos, 2003.
E-mail: Henrik.Kreutz@wiso.uni-erlangen.de

Tamás Meleghy, geb. 1941 in Budapest/Ungarn, A. Univ.-Prof. am Institut für Soziologie der Universität Innsbruck. Forschungsschwerpunkte: Soziologische Theorie und Methodologie der Sozialwissenschaften. Laufende Forschungsprojekte: Evolutionäre Handlungstheorie; Emotion und Handlung. Publikationen: *Über den hierarchischen Aufbau der Welt. Talcott Parsons' und Karl Poppers Theorien im Vergleich.* In: H. Staubmann/ H. Wenzel (Hg.): Talcott Parsons. Zur Aktualität eines Theorieprogramms (Österreichische Zeitschrift für Soziologie, Sonderband 6). Wiesbaden: Westdeutscher Verlag, 2000, 107-140; *Soziologie als Sozial-, Moral- und Kulturwissenschaft.* Berlin: Duncker & Humblot, 2001; *Die „Versozialwissenschaftlichung" der Soziologie. Zur Transformation einer Disziplin.* In: Österreichische Zeitschrift für Soziologie 28 (2003) 1, 3-28.
E-mail: tamas.meleghy@uibk.ac.at

Peter Meyer, geb. 1941, Apl.-Prof. für Soziologie, Philosophisch-Sozialwissenschaftliche Fakultät der Universität Augsburg. Forschungsschwerpunkte: Konflikt- und Gewaltforschung, Evolutionäre Sozialwissenschaft, Anthropologie. Publikationen: *Evolution und Gewalt.* Hamburg/ Berlin: P. Parey, 1981; *Evolutionary Theory and Human Social Institutions.* In: Weingart, P. et al (1997): Human by Nature. Mawah N.J., 201-225; *Grundlagen menschlicher Gewaltbereitschaft.* In: Heitmeyer, W./ Soeffner, H.G. (Hg.): Gewalt – Neue Entwicklungen und alte Analyseprobleme. Frankfurt am Main: Suhrkamp (im Druck).
E-mail: peter.meyer@Phil.Uni-Augsburg.de

Heinz-Jürgen Niedenzu, geb. 1954 in Düsseldorf, Ass. Prof. am Institut für Soziologie der Universität Innsbruck. Forschungsschwerpunkte: Anthropologische Grundlagen der Sozialtheorie; Theorie der Sozialen Evolution. Publikationen: *Die ‚Große Evolution' und die Humangeschichte. Überlegungen zur Verknüpfung von Evolutions- und Entwicklungstheorie bei Norbert Elias.* In: Wenzel, U./ Bretzinger, B./ Holz, K. (Hg.): Subjekte und Gesellschaft. Zur Konstitution von Sozialität. Weilerswist: Velbrück, 2003; *Soziologische Theorie. Abriß der Ansätze ihrer Hauptvertreter.* München/ Wien: Oldenbourg, 2001 (7. Aufl.) (gem. mit J. Morel; E. Bauer; T. Meleghy; M. Preglau; H. Staubmann); *Biologische und soziokulturelle Bestimmungsfaktoren kultureller Evolution.* In: Ethik und Sozialwissenschaften 9 (1998) 2, 321-324.
E-mail: Heinz-Juergen.Niedenzu@uibk.ac.at

Max Preglau, geb. 1951, Univ.-Prof. am Institut für Soziologie an der SOWI-Fakultät der Universität Innsbruck. Forschungsschwerpunkte: Theorie und Methodologie der Soziologie, Strukturprobleme und Entwicklungsperspektiven der Gegenwartsgesellschaft, politisches System Österreichs. Publikationen: *Postmodernes Österreich? Konturen des Wandels in Wirtschaft, Gesellschaft, Politik und Kultur.* Band 15 der Schriftenreihe des Zentrums für angewandte Politikforschung (Mitherausgeber). Wien: Signum-Verlag, 1998; *Soziologische Theorie. Abriß der Ansätze ihrer Hauptvertreter.* München/ Wien: Oldenbourg, 2001 (7. Aufl.) (gem. mit J. Morel; E. Bauer; T. Meleghy; H.-J. Niedenzu; H. Staubmann); *Rechtsextrem oder postmodern? Über Rhetorik, Programmatik, Interaktionsformen und ein Jahr Regierungspolitik der (Haider) FPÖ.* In: SWS-Rundschau 2/2001, 193-213.
E-mail: Max.Preglau@uibk.ac.at

Mihály Sárkány, geb. 1944, Ethnologe, Leiter der Abteilung für Nicht-Europäische Studien am Institut für Ethnologie der Ungarischen Akademie der Wissenschaften. Forschungsschwerpunkte: Theorie und Methodologie in der Kultur- und Sozialanthropologie, ökonomische und soziale Organisation in Ostafrika und in Ungarn. Publikationen: *Kalandozások a 20. századi kulturális antropológiában* (Exkursionen in die kulturelle Anthropologie des 20sten Jahrhunderts). Budapest:

L'Harmattan, 2000; *A közösségek közötti csere* (Austausch zwischen Gemeinschaften). Budapest: MTA Néprajzi Kutatóintézet, 1998.
E-mail: sarkany@neprajz.mta.hu

Antonio Scaglia, geb. 1939, Professor für Allgemeine Soziologie an der Universität Trient, Italien. Forschungsschwerpunkte: Theorie und Geschichte der Soziologie. Publikationen: *La sociologia europea del primo Novecento. Il conflitto fra sociologia e dittatura* (1992); *Il governo della città nella trasformazione del welfare* (2001); *Max Webers Idealtypus der nichtlegitimen Herrschaft. Von der revolutionär-autonomen mittelalterlichen Stadt zur undemokratischen Stadt der Gegenwart* (2002).
E-mail: antonio.scaglia@soc.unitn.it

Michael Schmid, Prof. Dr., Lehrstuhl für Allgemeine Soziologie an der Pädagogischen Fakultät der Universität der Bundeswehr, Neubiberg/ München. Forschungsschwerpunkte: Soziologische Theorie, Wissenschaftstheorie der Sozialwissenschaften. Publikationen: *Handlungsrationalität. Kritik einer dogmatischen Handlungswissenschaft.* München: Fink Verlag, 1979; *Rationalität und Theoriebildung. Studien zu Karl R. Poppers Methodologie der Sozialwissenschaften.* Amsterdam/ Atlanta GA: Rodopi Verlag, 1996; *Soziales Handeln und strukturelle Selektion. Studien zur Theorie sozialer Systeme.* Opladen: Westdeutscher Verlag, 1998.
E-mail: michael.schmid@unibw-muenchen.de

Péter Somlai, geb. 1942, Professor und Leiter des Lehrstuhls Theoriegeschichte am Institut der Soziologie, Eövtvös Lóránd Universität, Budapest. Forschungsschwerpunkte: Geschichte der Soziologie, Sozialisationsforschung. Publikationen: *Familie in den mittel- und osteuropäischen Ländern.* In: Vaskovics, L.A. (Hrsg.) (1997): Familienbilder und Familienrealität im Wandel. Europäische Fachtagung zur Familienforschung. Opladen: Leske und Budrich, 68-79; *Socialization. The process of cultural reproduction and social integration* (in Hungarian). Budapest: Corvina kiadó, 1997; *Sizing up the Forest, or Brief Reflection on the Question of Whether There is Such a Thing as Society.* In: Canadian Journal of Sociology, Vol. 23, 1998, Nr. 2-3, Spring-Summer, 209-216.
E-mail: h1643som@ella.hu

Gerhard Vowinckel, Dr. rer. pol., apl. Professor Universität Hamburg. Forschungsschwerpunkte: Verknüpfung von Biologie und Sozialwissenschaften, Sozialökologie politisch-moralischer Denkformen, Emotionen. Publikationen: *Verwandtschaft, Freundschaft und die Gesellschaft der Fremden. Grundlagen menschlichen Zusammenlebens.* Darmstadt: Wissenschaftliche Buchgesellschaft, 1995; *Gesinnungstäter und Strategen. Politisch-moralische Denkformen und soziale Lebensräume.* Konstanz: Universitäts-Verlag Konstanz, 1996; *Biotische, psychische und soziokulturelle Konstruktion der Wirklichkeit und wie sie zusammenhängen.* In: Hejl, Peter M. (Hg.): Universalien und Konstruktivismus. Frankfurt am Main: Suhrkamp, 2001, 257-278.
E-mail: GerhardVowinckel@t-online.de

Detlef Weinich, geb. 1951, Lehrer am Gymnasium (Oberstudienrat, Fächer Chemie/Biologie), Mitarbeiter am Institut für Geschichte der Medizin der Universität Würzburg, Lehrstuhl Prof.Dr. Gundolf Keil. Forschungsschwerpunkte: Interdisziplinäre Fragestellungen, insbesondere biologisch-soziologischer Art. Publikationen: *Aussterben, Niedergang und Verfall – der Zivilisationsprozeß aus biologisch-soziologischer Sicht.* Dettelbach: Röll, 1997; *Konrad Lorenz – ein Darwinist? Zum Theoriebegriff der 'Zivilisationspathologie'.* In: Jahrbuch für Geschichte und Theorie der Biologie V, 1988, 71-104. Berlin: Verlag für Wissenschaft und Bildung, 1998; *Ethische Aspekte der Hu-*

manklonierung. In: Würzburger medizinhistorische Mitteilungen, Bd. 18, 1999, 525-532. Würzburg: Königshausen und Neumann, 1999.
E-mail: info@weinich.de oder ddwoss31@kkag.de

Nico Wilterdink, geb. 1946, professor in sociology, University of Amsterdam. Forschungsschwerpunkte: long-term social developments, particularly in social inequality; cultural sociology, particularly the dynamics of intellectual discourses. Publikationen: *Sociale evolutie. Het evolutie perspectief in de sociologi.* (mit J. Goudsblom, Hrsg.). Groningen: Wolters-Noordhoff, 2000; *The Ends of Globalization. Bringing Society Back In* (mit D. Kalb e.a., Hrsg.). Lanham etc.: Rowman & Littlefield, 2000; *The Sociogenesis of Postmodernism.* In: Archives Européennes de Sociologie/ European Journal of Sociology, XLIII, 2 (2002), 190-216.
E-mail: wilterdink@pscw.uva.nl

GPSR Compliance

The European Union's (EU) General Product Safety Regulation (GPSR) is a set of rules that requires consumer products to be safe and our obligations to ensure this.

If you have any concerns about our products, you can contact us on

ProductSafety@springernature.com

In case Publisher is established outside the EU, the EU authorized representative is:

Springer Nature Customer Service Center GmbH
Europaplatz 3
69115 Heidelberg, Germany

www.ingramcontent.com/pod-product-compliance
Lightning Source LLC
LaVergne TN
LVHW010253260326
834688LV00044B/1260